Rainer Schützeichel · Thomas Brüsemeister (Hrsg.)

Die beratene Gesellschaft

Rainer Schützeichel
Thomas Brüsemeister (Hrsg.)

Die beratene Gesellschaft

Zur gesellschaftlichen Bedeutung von Beratung

VS Verlag für Sozialwissenschaften
Entstanden mit Beginn des Jahres 2004 aus den beiden Häusern
Leske+Budrich und Westdeutscher Verlag.
Die breite Basis für sozialwissenschaftliches Publizieren

Bibliografische Information Der Deutschen Bibliothek
Die Deutsche Bibliothek verzeichnet diese Publikation in der Deutschen Nationalbibliografie;
detaillierte bibliografische Daten sind im Internet über <http://dnb.ddb.de> abrufbar.

1. Auflage Oktober 2004

Alle Rechte vorbehalten
© VS Verlag für Sozialwissenschaften/GWV Fachverlage GmbH, Wiesbaden 2004
Der VS Verlag für Sozialwissenschaften ist ein Unternehmen von Springer Science+Business Media.
www.vs-verlag.de

Das Werk einschließlich aller seiner Teile ist urheberrechtlich geschützt. Jede Verwertung außerhalb der engen Grenzen des Urheberrechtsgesetzes ist ohne Zustimmung des Verlags unzulässig und strafbar. Das gilt insbesondere für Vervielfältigungen, Übersetzungen, Mikroverfilmungen und die Einspeicherung und Verarbeitung in elektronischen Systemen.

Die Wiedergabe von Gebrauchsnamen, Handelsnamen, Warenbezeichnungen usw. in diesem Werk berechtigt auch ohne besondere Kennzeichnung nicht zu der Annahme, dass solche Namen im Sinne der Warenzeichen- und Markenschutz-Gesetzgebung als frei zu betrachten wären und daher von jedermann benutzt werden dürften.

Umschlaggestaltung: KünkelLopka Medienentwicklung, Heidelberg
Druck und buchbinderische Verarbeitung: Lengericher Handelsdruckerei, Lengerich
Gedruckt auf säurefreiem und chlorfrei gebleichtem Papier
Printed in Germany

ISBN 3-531-14208-9

Inhalt

Rainer Schützeichel, Thomas Brüsemeister
Einleitung 7

Stephan Bröchler
Kalliope im Wunderland? Orientierungen,
Bedarfe und Institutionalisierung von wissenschaftlicher
Politikberatung im bundesdeutschen Regierungssystem 19

Uwe Schimank
Leistungsbeurteilung von Kollegen als Politikberatung –
Am Beispiel von Evaluation im Hochschulsystem 39

Ursula Bohn, Stefan Kühl
Beratung, Organisation und Profession –
Die gescheiterte Professionalisierung in der Organisationsentwicklung,
systemischen Beratung und Managementberatung 57

Eva Maria Bäcker
Beratung als Legitimation und Limitation
Barrieren externer Unternehmensberatung in mittelständischen
Familienunternehmen 79

Albert Scherr
Beratung als Form wohlfahrtsstaatlicher Hilfe 95

Rainer Schützeichel
Von der Buße zur Beratung.
Über Risiken professionalisierter Seelsorge 111

Thomas Brüsemeister
Zum steigenden Beratungsbedarf im Schulsystem 141

Karin Esch, Sybille Stöbe-Blossey
Strategische Entwicklung von Netzwerken:
Zum Beratungskonzept der „aktiven Moderation" 161

Heidemarie Winkel
„Reden ist aber gerade das Entscheidende..." – Trauerberatung und die
Ausdifferenzierung semantischer Strukturen der Problematisierung
individuellen Leids 181

Nadine M. Schöneck
Zeitmanagement als Beratung des Selbst 205

Frank Meier
Der Akteur, der Agent und der Andere –
Elemente einer neoinstitutionalistischen Theorie der Beratung 221

Peter Fuchs
Die magische Welt der Beratung 239

Thomas Brüsemeister
Beratung zwischen Profession und Organisation 259

Rainer Schützeichel
Skizzen zu einer Soziologie der Beratung 273

Autorenverzeichnis 287

Rainer Schützeichel, Thomas Brüsemeister

Einleitung

Nur selten ist Sozialwissenschaftlern das Glück vergönnt, dass sie sich zur Analyse von sozialen Phänomenen entschließen, bevor diese zu einer gewissen Reife und Blüte oder zu einer öffentlichen Prominenz gefunden haben. In der Regel verhält es sich umgekehrt – der öffentliche Diskurs weist der sozialwissenschaftlichen Analyse den Weg. Als die Herausgeber sich im Spätsommer 2002 überlegten, dem sozialen Phänomen der Beratung nachzugehen und in den ersten Monaten des Jahres 2003 Kolleginnen und Kollegen baten, sie darin durch explorative Studien zu unterstützen, konnte man noch nicht absehen, dass in den folgenden Monaten in der Öffentlichkeit das Thema der Beratung eine enorme Karriere machen und damit auch der Thematik dieses Buches unverdientermaßen eine hohe Aktualität verleihen würde. Aber so ist es: Beratungen werden zurzeit skandalisiert. Sie stehen unter keinem guten Stern, weder im Bereich der Politik noch der Wirtschaft noch in anderen Feldern wie etwa dem Sport. Dabei entzündet sich die öffentliche Debatte nicht so sehr an dem Punkt, dass die Berater in der Regel für ihre Dienstleistungen exorbitant honoriert werden, sondern dass sie Eigeninteressen vertreten und auf Schaltstellen gesellschaftlicher Entscheidungsfindung einen unkontrollierbaren und nicht legitimierten Einfluss ausüben. Im Zuge dieser Debatten wird deutlich, in welchem Ausmaß Berater inzwischen nicht nur in privaten Unternehmungen, sondern auch in öffentlichen Verwaltungen, halbstaatlichen Agenturen oder in Kirchen, Krankenhäusern und Vereinen ihre Dienste ausüben. Und während es in der Selbstbeschreibung der Berater immer darum geht, notwendige Modernisierungen einzuleiten und scheinbar verkrustete Strukturen aufzubrechen, so ist in der öffentlichen Wahrnehmung die Tätigkeit der Berater oft mit der Durchsetzung von Machtinteressen, der Reduktion von Leistungen und Arbeitsplätzen verbunden. Trotz alledem: Die Zunft der Berater hat Zukunft. Sozialwissenschaftlichen Untersuchungen zufolge ist die Beratungsbranche eine der wenigen Wachstumsbranchen. Immer mehr Menschen und Organisationen verdienen ihr Geld mit Beratungsleistungen, und immer mehr Menschen und Organisationen werden auf Beratungen zurückgreifen. Und es treten immer wieder neue Beraterzünfte mit immer neuen Zielbereichen auf den Plan, wie etwa jüngst Kommunikations-

und Medienberater, die sich um das Image ihrer Klienten kümmern, oder Laufbahnberater, die die Karrieren ihrer zu Ich-AGs mutierten Klienten begleiten. Dies alles sind Phänomene, die mit dem Schlagwort einer „McKinsey-Gesellschaft" beschrieben werden könnten.

Aus soziologischer Sicht ist dabei nicht nur interessant, wie sich immer mehr solcher speziellen „Beraterzünfte" etablieren, sondern weit mehr auch, wie sich Beratung generell in der Gesellschaft verankert. In dieser Hinsicht spricht das Buch von einer „beratenen Gesellschaft".[1] Dabei ist klar, dass die Gesellschaft als solche nicht Objekt von Beratung sein kann, da es keinen Ort außerhalb der Gesellschaft gibt, von dem aus eine solche Beratung erfolgen könnte. Gesellschaften stellen keine kommunikative Adresse dar – Beratungen benötigen aber eine solche. Der Titel des Bandes gibt vielmehr alltagssprachlich zum Ausdruck, dass Beratungen in der Gesellschaft weit fortgeschritten und offensichtlich für sie konstitutiv werden; immer mehr Lebensbereiche werden als Objekt von Beratung konstituiert oder zumindest von ihnen beeinflusst. Dieses Phänomen scheint in der öffentlichen Diskussion kaum angemessen wahrgenommen zu werden. Während beispielsweise in der Öffentlichkeit die Verhältnismäßigkeit und die vertragliche Rechtsförmigkeit der Beratung des ehemaligen Vorstandes der ehemaligen Bundesanstalt für Arbeit debattiert wird, mutiert die Bundesanstalt zu einer Bundesagentur, die ihre Aufgabe in der Beratung und nicht mehr in der Hilfe sieht, und Arbeitslose, die um Hilfe nachfragen, mutieren zu Kunden, die für ihre Lage selbst verantwortlich sind. Dieser Fall steht paradigmatisch für eine Vielzahl von Entwicklungen. Was passiert mit sozialen Beziehungen, wenn immer mehr von ihnen auf Beratung umgestellt werden? Welche gesellschaftlichen Funktionen und Auswirkungen haben Beratungen? Unter welchen sozialen Voraussetzungen finden Beratungen statt? Was sind ihre Gelingens- und was ihre Scheiternsbedingungen? In welchen Formen treten Beratungen dabei auf? Dies sind einige der Fragen, denen die Beiträge in diesem Buch nachgehen. Dabei ist nicht intendiert, eine weitere soziologische Gegenwartsdiagnose oder gesellschaftliche Selbstbeschreibung zu erfinden. Vielmehr verweisen die Beiträge in ihrer Gesamtheit mit Nachdruck darauf, dass die Eröffnung einer soziologischen Theorie der Beratung dringend notwendig ist. Auch wenn die einzelnen Autorinnen und Autoren im vorliegenden Buch sich zunächst mit einer Art Bestandsaufnahme für einzelne soziale Felder begnügen, kommen dabei jedoch immerhin Facetten einer Theorie der Beratung zum Tragen. Soziologinnen und Soziologen befassen sich seit einiger Zeit mit dem Phänomen Beratung, aber vornehmlich unter dem Aspekt, wie sich eine soziologische Beratung auf verschiedenen Beratungsmärkten etablieren kann und was die soziologische Beratung von anderen Formen der Beratung unter-

---

[1] Wir danken Uwe Schimank für die Titelberatung bzw. dafür, dass ihm dieser Titel spontan eingefallen ist.

Einleitung

scheidet. Was derzeit fehlt, ist eine umfassende und integrative Erörterung der gesellschaftlichen Relevanz von Beratung – um sich gleichsam auf den Weg zu einer Theorie der Beratung zu machen, von der wir derzeit noch weit entfernt sind. Auch der vorliegende Band kann diese Lücke nicht schließen. Aber er möchte diesbezüglich eine Diskussion um die erweiterten gesellschaftlichen Funktionen und Folgen von Beratung initiieren.

Obwohl die hiesige Auswahl von Beiträgen keinesfalls Vollständigkeit beanspruchen kann, werden doch wichtige Teilbereiche der Gesellschaft dahingehend beschrieben, wie sich in ihnen Beratungsprozesse ausbreiten – und zwar auch in solchen Bereichen, in denen man es weniger vermutet. Was bei der Zusammenschau – so hoffen wir – herauskommt, ist eine Bestätigung der Vermutung, Beratungen würden kaum einen gesellschaftlichen Bereich verschonen. Beratungen finden sich in vielen Bereichen der Gesellschaft, zunächst in denen, von denen man es mit Sicherheit weiß, z.B. in der Politik, in Unternehmen, in der sozialen Arbeit. Aber auch in Teilsystemen wie beispielsweise der Religion oder im Schulsystem breitet sie sich aus. Zudem lassen sich ganz unterschiedliche Arten von Systemen beraten: Organisationen und psychische Systeme. Diese verschiedenen Beschreibungen, an welchen Stellen der Gesellschaft, in welchen Formen und zu welchen Zeiten Beratung vorkommt, machen deutlich, wo die Schwierigkeiten für eine Theorie der Beratung liegen; Beratungen sind eben zu facettenreich, zu sehr an einzelne Teilbereiche der Gesellschaft gebunden, als dass man ad hoc eine generalisiertere Sicht von Beratung daraus entwickeln könnte. Dies erscheint in einer Zeit des Wenigwissens über Beratung als Vorteil, und, nebenbei gesagt, als eine positive Eigenart der gegenwärtigen Soziologie, die, anders als in früheren Jahrzehnten, nicht gleich erst eine general theory entwirft, welche dann Schwierigkeiten hat, eine empirische Phänomenvielfalt zu integrieren. Von daher versteht sich dieser Band als ein erster explorativer Schritt zu einer empirisch gesättigten Soziologie der Beratung.

Überblick über die Beiträge

Aus politikwissenschaftlicher Sicht fragt Stefan Bröchler nach dem „Verhältnis von beratender Wissenschaft und beratener Politik". Bröchler geht es zunächst darum zu zeigen, in welchem Ausmaß die wissenschaftliche Beratung in einem besonderen Feld der Politik – dem bundesdeutschen Regierungssystem – zugenommen hat. Dass Politiker generell Berater hinzuziehen und sich dabei gleichsam ganze Programme schreiben lassen, dafür finden sich genügend Beispiele, nicht erst seit den Empfehlungen der Hartz-Kommission. Doch gerade von diesem öffentlichkeitswirksamen Fall ausgehend zeigt Bröchler, dass die Umsetzung von Beratungsergebnissen oftmals ganz anders verläuft. Aufschlussreich ist dabei eine Differenzierung verschiedener Leitbilder, denen jeweils ein bestimmter Verlauf der Umsetzung von Beratungsergebnissen immanent ist. Während zum Beispiel im Leitbild der „schlüsselfertigen Beratung" eine „selbsttransformative Kraft der Beratungsergebnisse" impliziert ist – eine Umsetzung der wissenschaftlichen Expertise in politische Entscheidungen sei 1:1 möglich –, verläuft die Vermittlung der Beratungsergebnisse im Leitbild der „politisch nützlichen Beratung" gänzlich anders, nämlich nur orientiert an den Vorteilen, die der Politiker für sich sieht, und dies gänzlich abgekoppelt von der Expertise des wissenschaftlichen Beraters. Im Leitbild „Beratung als Diskurs" steckt wiederum ein anderer Vermittlungsprozess: in partizipativen Verfahren sollen Teilöffentlichkeiten systematisch einbezogen werden; die Differenz von Leitbild und Umsetzung wird hierbei explizit anerkannt; und die Umsetzung erfolgt in wechselseitiger Verständigung der Akteure, unter Berücksichtigung ihrer Werte, Ziele und der zur Verfügung stehenden Mittel, das Beratungsergebnis zu adaptieren. Die Leitbildanalysen zeigen also, dass es sehr verschiedene Wege der Umsetzung von Beratungsergebnissen gibt.

Einen feldspezifischen Zugang wählt auch Uwe Schimank. Er befasst sich mit einer besonderen Spielart der Politikberatung, wie man sie derzeit im Feld der Hochschule und den dortigen Bemühungen sehen kann, bei Evaluierungsfragen das Objekt der Steuerung, nämlich die Wissenschaft, an der Evaluierung zu beteiligen. Damit ergibt sich eine komplexe Konstellation, „in der ein Berater einem Beratenen empfiehlt, wie mit Dritten umzugehen ist, die Fachkollegen des Beraters sind". Als Erfahrungsbeispiel berichtet Schimank hierbei über die Wissenschaftliche Kommission des Landes Niedersachsen, die sich die fachbezogene Evaluation der niedersächsischen Hochschulen zur Aufgabe gemacht hat. In seinem Beitrag widmet sich der Autor insbesondere dem Vertrauensproblem, das entsteht, wenn die bislang bestehende Intransparenz der Leistungsbeurteilung innerhalb des wissenschaftlichen Kollegiums durch eine Beratung aufgebrochen wird. Das Problem hat dabei zum einen das wissenschaftliche Kollegium, sofern bestehende Gleichheitsfiktionen durch die Beratung aufgehoben werden. Ein Vertrauensproblem haben jedoch auch die beratenden Kollegen, sofern sie zwar einerseits zu den gleichen Kollegialitätsstrukturen gehören, diese aber andererseits durch ihren Beratungsauftrag durchbrechen. Dieses Problem lässt sich wesentlich nur dadurch in den Griff bekommen, in der Beratung den Bezugspunkt auszuwechseln: von der Evaluierung des wissenschaftlichen Personals hin zu einer Beurteilung des Faches. Und zudem, so Schimank, dürfe von einem Peer-review nichts Übermenschliches erwartet werden, d.h. die politischen Konsequenzen aus Leistungsbeurteilungen dürfen nicht von den Beratern, sondern müssen von der Politik gezogen werden. Die Beratung durch die Wissenschaftler selbst hat dabei den grundsätzlichen Vorteil, dass die Kriterien der deskriptiven Ist-Einschätzung eines Faches sehr viel genauer sind, als würden sie von der Politik extern – und dann das gesamte Leistungs-

Einleitung

spektrum von Hochschulen kaum erfassend – vorgegeben. Die beratenden Fachkollegen stützen sich hierbei auf Maßstäbe, wie sie „für die betreffenden Handlungseinheiten selbst handlungsanleitend gewesen sind". Dies führt Schimank zu dem Schluss, dass die Politikberatung durch Peer-review den Belangen eines Faches erheblich besser Rechnung tragen kann, als dies rein externe Politikentscheidungen tun könnten, obwohl Dilemmata der Vertrauensproblematik für die beratenden Fachkollegen unübersehbar bleiben.

Der nächste Beitrag von Ursula Bohn und Stefan Kühl widmet sich einem der wohl bekanntesten Felder von Beratung, nämlich der Organisationsberatung. Ihre Fragestellung ist hierbei, warum es in diesem Feld nicht zu einer Professionalisierung gekommen ist, d.h. zu einer übergreifenden Kontrolle von Ausbildungsinhalten, einer Kontrolle des Zugangs zur Organisationsberatung und eines Ethik-Kodexes. Dem Thema der – gescheiterten – Professionalisierung widmen sich Ursula Bohn und Stefan Kühl anhand dreier Beispiele: der „Gesellschaft für Organisationsentwicklung", der „systemischen Organisationsberatung" und der „Managementberatung". Ausgangspunkt ist hierbei, dass eine Professionalisierung von Beratungsleistungen eigentlich auf der Hand gelegen hätte, um diese Leistungen zu standardisieren. Im Zuge eines detaillierten Durchgangs durch die Geschichte der – durchaus vorhandenen –Professionalisierungsbemühungen in den drei Einrichtungen beschreiben Bohn und Kühl dann zunächst, warum eine Professionalisierung nicht erfolgreich war. Am Ende des Beitrages werden dafür allgemeinere Gründe gesucht – und in der Tatsache gefunden, dass Organisationsberatung der Form nach Organisation ist. Die Zurechnung eines via Professionalisierung erbrachten Beratungsergebnisses setze ein für Professionen typisches Verhältnis zwischen Personen (dem Berater und dem Beratenden) voraus, welches in der „organisationalen" Form der Organisationsberatung jedoch durch die Komplexität der Organisation gleichsam „geschluckt" werde. Insgesamt zeigt damit der Beitrag in genereller Hinsicht, dass und wie Akteure bemüht sind, die Form der Beratung zu verändern oder (durch eine Professionalisierung) zu ergänzen – dies als genereller Hinweis, dass es die „eine" festgestellte Form von Beratung offensichtlich nicht gibt.

Mit einem weiteren speziellen Teilfeld von Beratung beschäftigt sich Eva Maria Bäcker, nämlich mit der Beratung von mittelständischen Familienunternehmen. Auf Grund von eigenen Erfahrungen als Mittelständlerin, als Beraterin und als forschende Soziologen trägt die Autorin hierbei zunächst verschiedene Befunde zusammen, die eine auffällige Resistenz gegenüber Beratungen bei dieser Art von Unternehmen benennen. Offensichtlich nehmen mittelständische Familienunternehmen Beratung zwar in Anspruch, „schrumpfen" dann jedoch das Wissen der Berater gleichsam ein, indem eine „abgespeckte" Bedeutungsvariante gewählt wird, die auf die Bestätigung vorhandener Kompetenzen des Familienunternehmers hinausläuft. Der Berater selbst mutiert dabei mitunter zum mitwissenden Komplizen, der sich auf die gleichen Familienwerte verpflichten soll, an denen sich der Unternehmer orientiert. Die Beratung hat es diesem Typus zufolge mit zwei Bezugspunkten zu tun, auf die gleichzeitig nicht eingegangen werden kann. Auf der einen Seite ist dies der Bezugspunkt der Familie des Beratenden, auf die sich der Unternehmer in seinem Handeln verpflichtet. Auf der anderen Seite stehen die Organisationsbelange des Unternehmens, an die sich der Unternehmer ebenfalls orientiert. Entsprechend wird die Beratung zu einem Spagat zwischen a) personalen, familiären und b) organisationalen Bedürfnissen gezwungen, die am „Erfolg" der Beratung insgesamt zweifeln lassen. Allerdings sollte man hierbei „Erfolg" – so Eva Maria Bäcker – nicht einseitig sehen. Denn auch wenn ein mittelständischer Unternehmer durch die Nutzung einer Beratung zeigen kann, er sei modern, kann dies ein Erfolg im Sinne der Selbstbehauptung und der Identitätsbedürfnisse des Familienunternehmers sein. Man kann dann, wie die Autorin es am Ende ihres Beitrags tut, letztlich auch fragen, ob nicht die Resistenz gegenüber Beratungen von Vorteil ist, eben weil nicht jede ihrer Moden mitgemacht wird, und weil Beratung als „Reibungsfläche" instrumentalisiert werden kann, mit der sich eine gesellschaftliche Instanz davon überzeugt, so weiterzumachen wie bisher.

Mit der Beratung als einem Element der wohlfahrtsstaatlichen Hilfe befasst sich Albert Scherr. Er geht von der Tatsache aus, dass in der Sozialen Arbeit bereits in den 1920er und 1930er Jahren Beratungskommunikation relevant wurde. Von dieser Zeit an bis zur Gegenwart wird „auf vielfältige Problemlagen von Individuen, Familien und sozialen Gruppen mit Beratung als einer Form professioneller Hilfe" reagiert. Dabei werden Beratungen als eine Möglichkeit der Einwirkung auf die Lebensführung und die Lebensgestaltung von Individuen und Familien eingesetzt. Von daher begreift Albert Scherr Beratungen als eine gesellschaftlich strukturierte Kommunikationsform. Sozialarbeiterische Beratung wird dabei in Krisensituationen nachgefragt, die von Seiten der Ratsuchenden mit eigenen Mitteln in der Regel nicht zu lösen sind. Daraus resultiert auch im Bereich der sozialarbeiterischen Beratung eine asymmetrische Konstellation zwischen Ratgeber und Ratsuchendem – dem Ratgeber wird ein spezialisiertes Expertenwissen für die Lösung dieser Krisen unterstellt. Trotz dieser grundsätzlichen Asymmetrie lassen sich jedoch im Bereich der sozialen Arbeit divergente Beratungsansätze identifizieren, die von expertokratischen bis hin zu dialogischen Formen reichen. Scherr arbeitet weiterhin strukturelle Probleme der Sozialberatung heraus. Sie liegen zum einen darin, dass mit ihnen ein doppeltes und widersprüchliches Mandat von Hilfe einerseits, sozialer Kontrolle andererseits verbunden sind. Und sie liegen darin, dass in der Beratung soziale Problemstellungen nur am Individuum „bearbeitet" werden können. Der Beitrag endet mit einem Ausblick auf die möglichen Formen zukünftiger Sozialberatung. Foucaults Begriff der „Gouvernementalität" aufgreifend, skizziert Scherr ein Szenario, in welchem die Sozialberatung zwar weiterhin rasant zunimmt, da-

Einleitung

bei jedoch immer stärker Momente sanktionierender Eingriffe in die Lebensführung von Individuen als einem Mittel vorsieht, die Eigenverantwortung der Individuen für ihre Integration in soziale und ökonomische Zusammenhänge zu stärken. Diese Entwicklung könnte zudem zu einer fachlichen Entgrenzung der sozialen Arbeit führen, denn immer stärker werden in den verschiedenen Massenmedien Formen sozialarbeiterischer Beratung aufgegriffen, kommerzialisiert und trivialisiert – die allseits „beratene Gesellschaft" wirft ihre Schatten voraus.

Ein anderes soziales Feld, nämlich die Religion, untersucht Rainer Schützeichel in seinem Beitrag über den Wandel der Seelsorge. Er zeichnet die verschiedenen Stationen der Seelsorgepraxis und Seelsorgelehre bis zu den jüngeren „beratenden" Konzeptionen nach. Die Hauptthese dieses Beitrages besteht darin, dass die Profession der Seelsorger unter den modernen Bedingungen einer polykontexturalen Gesellschaft nur noch beratend tätig sein kann, dabei aber gewisse nichtintentionale Effekte in Kauf nehmen muss, die dem Ziel der Seelsorge widersprechen können. Dabei wird unter Beratung eine kommunikative Gattung verstanden, die sich von anderen, den religiösen Organisationen und Professionen zur Verfügung stehenden kommunikativen Gattungen wie beispielsweise der Verkündigung oder der Beichte, dadurch unterscheidet, dass die Annahme oder Ablehnung der religiösen Botschaft in die Entscheidungsmacht des Gläubigen fällt. Die beratende Seelsorge individualisiert und „autonomisiert" den Gläubigen, sie führt zu einer „Anspruchsinflation" auf Seiten der Gläubigen, denen die Seelsorger kaum nachkommen können. Und die „beratende Seelsorge" kann zu einer Kontingentsetzung der religiösen Inhalte führen. Dieser Beitrag stellt also gerade die unter Umständen paradoxen Konsequenzen in den Vordergrund, die mit Beratungen verbunden sein können.

Ein weiterer Beitrag behandelt den Beratungsbedarf im Schulsystem. Hier bemerkt Thomas Brüsemeister zunächst, dass im staatlichen Schulsystem lange Zeit kaum Beratung gebraucht wurde. Erst in jüngster Zeit, in der sich einzelne Einheiten des staatlichen Schulsystems voneinander differenzieren und selbständiger auftreten dürfen, gibt es sichtbaren Beratungsbedarf. Voraussetzung dafür ist, dass die Steuerungs- oder Governancemodelle dies auch rechtlich gesehen zulassen. Obwohl diese Entwicklung im deutschsprachigen Raum erst beginnt, stellt Brüsemeister konzeptionelle Überlegungen dahingehend an, wie der Beratungsbedarf in drei ausgewählten Teilbereichen des Schulsystems (Eltern, Einzelschulen, Schulverwaltung) aussehen könnte. Wichtigstes Ergebnis der Überlegungen ist, dass Beratungen, auch wenn sie vielleicht Schulen „unpassende" Konzepte nahe bringen, doch einzelne Schulen zu einer Selbstverständigung anregen, darüber nachzudenken, was sie denn aus eigenen Kräften tun wollen. Entlang dieses klassischen Differenzierungsmodells haben wahrgenommene Differenzen zwischen äußerer und innerer Umwelt Folgen für ein soziales System – und gerade Beratung produziert diese Differenzen. Diesbezüglich, so resümiert der Autor, findet sich das staatliche Schulsystem – nach dem es lange Zeit kaum Bedarf für Beratungen hatte – auf dem Weg, ein „normales" Teilsystem zu werden, dass durch Umwelten – in diesem Fall: Berater – irritiert werden kann.

Dass neue Problembezüge und neue Adressaten von Beratung auch immer wieder neue Beratungskonzepte erforderlich machen, machen Karin Esch und Sybille Stöbe-Blossey in ihrem Beitrag über das Beratungskonzept der „aktiven Moderation" deutlich. Dieses von ihnen mitentwickelte Konzept möchte dem Umstand gerecht werden, dass sich in vielen sozialen Feldern Netzwerke zwischen den verschiedenen Akteuren bilden, um Kooperations- und Steuerungsleistungen zu erbringen, die von den herkömmlichen Modellen des Marktes oder im Rahmen von herkömmlichen administrativen Maßnahmen nicht zu erbringen sind. Die Autorinnen weisen dabei auf das in den letzten Jahren entwickelte Leitbild des „aktivierenden Staates" hin, welcher durch die Schaffung von geeigneten Rahmenbedingungen die Vernetzung von gesellschaftlichen Akteuren zum Zwecke gemeinsamer Problemlösungen fördern soll. Jedoch garantiert eine solchermaßen forcierte Vernetzung noch keine Kooperation der Akteure. Soziale Netzwerke stehen vor dem Problem, dass die Akteure gegensätzliche Interessen und unterschiedliche Handlungslogiken verfolgen, die aufeinander bezogen und in ein kooperatives Verhältnis gebracht werden. Dies geht mitunter nur unter der aktiven Anleitung seitens externer Dritter. Netzwerke verlangen dementsprechend nach einer Form der beratenden Intervention, die über herkömmliche „gutachterliche" oder „neutrale" Techniken hinaus gehen. Das Beratungskonzept der aktiven Moderation sieht nun im Unterschied zu traditionellen Formen der Beratung und der Organisationsentwicklung eine aktive, mitgestaltende, „störende" Rolle des Beraters vor, eine Kombination von Selbsthilfe und Fremdhilfe. Von daher sprechen die Autorinnen diesem Konzept eine hohe Funktionalität für die Beratung von Netzwerken zu.

Welche tiefgreifenden Auswirkungen auf den kommunikativen Haushalt einer Gesellschaft mit Beratungsprozessen verbunden sein können, thematisiert Heidemarie Winkel in ihrer Studie über die Genese und die Funktion von Trauerberatung. Seit den 1980er Jahren sind in Deutschland vielfältige Beratungsangebote entstanden, die sich zum Ziel setzen, den Trauernden ein Angebot zur Thematisierung ihres Erlebens und Empfindens zu unterbreiten und sie dadurch vor der Gefahr einer sozialen Ausgrenzung zu bewahren. Trauerhilfen und Trauerberatungen geben der Trauer einen semantischen, an psychologischen Deutungsmustern orientierten Rahmen, in welchem sich Trauernde und ihre soziale Umwelt begegnen können, ohne jedoch die Trostlosigkeit der Trauer je sprengen zu können. Die Trauerberatung steht auch beispielhaft für die Ambivalenzen von Beratungsprozessen schlechthin. Wie Heidemarie Winkel herausstellt, bewirkt gerade die Institutionalisierung von Trauerberatungen die Individualisierung von Trauer und Leid, denn gerade angesichts kommunikativer Angebote wird die Unkommunizierbarkeit von Trost und Leid bestätigt. Denn die subjektiven und persönlichen Belange der Trauernden werden durch spezifische Praktiken und Diskurse überformt. Sie stellt ein Institut der „Enttäuschungsabwicklung" dar. Die Autorin kommt zu dem Fazit, dass der Trauerberatung ein Paradox innewohnt: „Je mehr sie sich institutionalisiert und als Handlungs- und Erwartungshorizont der individuellen Besonderheit Trauernder Respekt verschafft, desto stärker macht sie Individualisierung und gesellschaftliche Unsicherheit selbst zum Programm. Die Untröstlichkeit individuellen Leids und der damit verbundenen Schwierigkeit der Kommunizierung von Trauer wird – in einem bestimmten Rahmen – zwar soziale Anerkennung verschafft, gleichzeitig wird die strukturell bedingte Individualisierung von Trauer und Leid bestätigt: Trauer kennt keinen Trost".

Der „angina temporis" der hoch temporalisierten modernen Gesellschaft, den gesellschaftlichen Beschleunigungsprozessen und der sozial verursachten Knappheit der Ressource Zeit geht Nadine M. Schöneck in ihrem Beitrag nach. Sie zeigt auf, dass auch hier ein spezialisiertes Beratungsgenre seine Dienste anbietet, die Zeitberatung. Zeitberatungen stehen stellvertretend für eine Vielzahl von (massenmedial) verbreiteten Selbstmanagementratgebern, die in die letzten Winkel unserer Lebenswelt eindringen. Sie fordern uns auf, angesichts unserer temporalen Probleme in Abkehr von bisherigen Lebensgewohnheiten ein persönliches Zeitmanagement zu entwickeln nach dem Motto: „Maximaler Zeitgewinn durch optimale Zeitausnutzung". Sie dienen damit, wie die Autorin herausarbeitet, letztlich der Rationalisierung unseres Verhältnisses zur Zeit – sie übertragen tayloristische Vorstellung auf unsere alltägliche Zeitorganisation selbst dort, wo sie, wie in jüngeren Ratgebern, zur Entschleunigung statt Beschleunigung des Lebens aufrufen. An der Zeitberatung kann ein typisches Phänomen von Beratungsprozessen aufgezeigt werden: Sie wenden sich beratend an das Individuum, wo eigentlich soziale Probleme „behandelt" werden müssten. Sie sprechen das Individuum an, unterstellen schwache persönliche Zielsetzungen und unkluge Zeiteinteilungen, übersehen aber die sozialen Gründe für die Zeitprobleme der Einzelnen. Sie individualisieren die Problematik. Entsprechend kommt Nadine M. Schöneck in ihrer Analyse der Ratgeberliteratur zu dem Urteil, dass diese „kaum mehr als eine Symptombehandlung" betreiben, die dazu führen kann, dass wir nicht mehr Zeit, sondern mehr Zeitstress haben.

Beratungen haben eine wichtige gesellschaftliche Funktion: Sie stellen die Mechanismen dar, mit Hilfe derer Vorstellungen, Ideen, Leitbilder und Theorien diffundieren können und einen rationalen Impetus erhalten. Dieser Aspekt steht im Zentrum der neo-institutionalistischen Soziologie der (Organisations-)Beratung, wie sie von Frank Meier vorgestellt wird. Der Neo-Institutionalismus geht von der These aus, dass soziales Handeln durch institutionalisierte Regeln geprägt ist. Dabei wird ein breites Verständnis von

Institutionen zugrunde gelegt, welche sich über normative Regeln hinaus beispielsweise auch auf den Bereich des Wissens, der Kognitionen und der Vorstellungen ausdehnt. Auch Rationalitätskonzeptionen werden als solche (mythischen) Institutionen aufgefasst. Organisationen bedienen sich solcher institutionalisierten Rationalitätsmythen, um gewissen Legitimitäts- und Effizienzanforderungen gerecht zu werden. An dieser Stelle gewinnen Beratungen eine hohe legitimatorische Relevanz. Organisationen können ihre Modernität und „Rationalität" demonstrieren, wenn sie Beratungen in Anspruch nehmen. Beratungen dienen als Medium, um Rationalitätsmythen zu institutionalisieren und zu zertifizieren. Sie stellen zudem einen zentralen Mechanismus der strukturellen Angleichung („Isomorphie") in organisationalen Feldern dar. Es handelt sich um „Kanäle", über die standardisierte Problemlösungsmuster diffundieren. Aber mehr noch: Wie Frank Meier herausstellt, stellen Beratungen nicht nur kommunikative Knotenpunkte dieser Diffusion von institutionellen Mustern dar, sondern sie geben diesen Mustern auch eine „rationale" Deutung und Interpretation. Berater können in einem allgemeinen Sinne als Agenten von gesellschaftlich institutionalisierten Vorstellungen beschrieben werden, die nicht nur Konzepte über das „Wesen" und die „Identität" von Organisationen, sondern allgemein über soziale „Akteure" transportieren und als „vernünftig" ausweisen. In dieser Perspektive, so das Fazit von Frank Meier, stellen Berater nicht nur noch einfach Beratungsleistungen zur Verfügung, sondern sie fühlen sich den höheren Prinzipien einer Rationalisierung der modernen Gesellschaft verpflichtet.

Der „Magie der Beratung" geht Peter Fuchs in seinem Beitrag auf den Grund. Woher stammt die Attraktivität der Beratung, wenn sie doch im Grunde genommen nicht die Funktionen erfüllt, für die sie in Anspruch genommen wird? Der Autor versteht die institutionelle Beratung als einen einer magischen Praxis vergleichbaren Krisenbewältigungsmechanismus, eine der polykontexturalen Welt verpflichteten Kommunikationsform, die aber die mit der polykontexturalen Welt verbundenen Probleme unterläuft und mit „okkulten" Größen arbeitet. Denn die von Beratungen eingeforderte Ontologie ist hoch voraussetzungsreich. Dies sieht man, wenn man der Frage nachgeht, über welche Unterscheidungen die Beratung verfügen muss, damit sie als Beratung beobachten und beobachtet werden kann. Beratungen supponieren eine „Volitionswelt" – sie setzen schlichtweg voraus, dass krisenhafte Situationen durch einen Appell an „appellationsfähige Individuen" und deren vernunftgestützten Entscheidungskompetenzen zu meistern sind. Sie setzen strukturkonservativ „Subjekte" voraus, die in ihrer Freiheit und durch ihr Wollen über Kausalitäten entscheiden können. Sie setzen schließlich auch voraus, dass die Welt, über die beraten wird, nicht determiniert ist, sondern sich von den Ergebnissen der Beratung und dem Wollen der Beratenen beeindrucken lässt. Beratungen sind auf „Kontingenzimport" angewiesen. Sie unterstellen, dass sich in der Welt Kontingenzen auftun, hinsichtlich derer

Einleitung

man beraten kann. Andererseits ist Beratung darauf angewiesen, dass nicht zuviel an Kontingenz in der sozialen Welt ist, denn weshalb sollte man in einer chaotischen Welt noch beraten? Die Kommunikationsform der Beratung wandelt auf einem schmalen Grat zwischen zu wenig und zu viel Kontingenz. Als eine vollzogene Operation hat die Beratung eine entschleunigende Funktion: Sie setzt die Unterscheidung von Rat und Tat voraus. Sie ist eine Tat, die einen Rat über eine zukünftige Tat gibt. Aber dabei verbraucht sie Zeit: „Die Zukunft wird in der Aktualität als Register eine Mehrheit möglicher Alternativen vorgeführt. Die Erzeugung dieses Registers nimmt Zeit in Anspruch und schiebt die Tat auf – durch die Modalisierung zukünftiger Gegenwarten."

In einem weiteren Beitrag beschäftigt sich Thomas Brüsemeister mit der Frage, welche Form Beratung hat. Nach einer relativ einheitlichen gesellschaftlichen Form von Beratung zu fragen, muss offensichtlich so beantwortet werden, dass gleichzeitig verschiedene Anwendungsdimensionen von Beratung berücksichtigt werden. Brüsemeister unterbreitet bezüglich der Form-Frage den Vorschlag, von einer Zwei-Seiten-Form der Beratung auszugehen. Er zeigt, dass in Beratung eine Professions- und eine Organisationsförmigkeit ineinander verschachtelt sind. Erstere zielt darauf, einem Klienten zu einem vergrößerten Orientierungswissen zu verhelfen; letztere beinhaltet ein erweitertes Entscheidungswissen. Die Kombination beider Form-Elemente wird schließlich als attraktiv gesehen erstens für Professionen; diese können ihre professionelle Praxis, zusammen mit Klienten Orientierungshorizonte auszudeuten, um eine entscheidungsförmige Seite ergänzen, was insbesondere dann attraktiv erscheinen muss, wenn Professionen in einem umgebauten Sozialstaat einem verstärkten Rechenschaftsdruck ausgesetzt werden. Mit der organisationsförmigen, von der Beratung gestärkten Seite können Professionen zu einem gestärkten Selbstbewusstsein gelangen, eigene Entscheidungsleistungen auch als solche öffentlich darzustellen. Zweitens ist Beratung auch attraktiv für Organisationen, denn hier verhilft die professionsförmige Seite der Beratung dazu, durch das Aufzeigen von ganz anderen Möglichkeitshorizonten der Selbstfestlegung einer Organisation durch vorangehende Entscheidungen zu entkommen. Insgesamt wird in dem Beitrag so gezeigt, dass die Zwei-Seiten-Form der Beratung in unterschiedlichen sozialen Feldern zur Anwendung kommt, wobei innerhalb der beiden Formen verschiedene Schwerpunkte gesetzt werden können. Dies macht Beratungen einerseits enorm flexibel; andererseits kann man die beiden Formen auch als ein einheitliches Formelement der Beratung kennzeichnen.

Im letzten Beitrag über „Skizzen zu einer Soziologie der Beratung" geht Rainer Schützeichel der Frage nach Affinitäten und Wahlverwandtschaften zwischen „Beratung" und „moderner Gesellschaft" nach. Er führt diese auf die strukturellen Besonderheiten und Effekte von Beratung als einer kommunikativen Gattung zurück. Kommunikative Gattungen sind institutionelle

Vorrichtungen, die Kommunikation angesichts gewisser Kommunikationsprobleme erleichtern oder gar erst ermöglichen. Beratungen befassen sich insbesondere mit einem Kommunikationsproblem: Sie bearbeiten das Problem der Anschlussfähigkeit von Kommunikation, welches darin besteht, dass zwischen bestimmten (meist unterstellten) Anschlussoptionen eine Wahl getroffen werden muss. Auch andere kommunikative Gattungen bearbeiten diese Problemstellung, aber die Beratung unterscheidet sich von diesen unter anderem dadurch, dass sie Akteure als „entscheidende Sinneinheiten" generiert. Von daher plädiert der Autor dafür, Beratungen als einen hochambivalenten, kommunikativen Mechanismus zu betrachten, der aufgrund seiner strukturellen Effekte spezifische Eigenheiten moderner Gesellschaft produziert und reproduziert, etwa die „Individualisierung" ihrer Akteure, die zunehmende Entscheidungszentriertheit ihrer Kommunikation wie auch die Pluralisierung ihrer Lebenswelten.

Rainer Schützeichel, Thomas Brüsemeister
Hagen, im April 2004

Stephan Bröchler

Kalliope im Wunderland

Orientierungen, Bedarfe und Institutionalisierung von wissenschaftlicher Politikberatung im bundesdeutschen Regierungssystem

Im 16. August 2002 überreichte der Vorsitzende der nach ihm benannten Hartz Kommission, Peter Hartz, Bundeskanzler Gerhard Schröder vor den zahlreich erschienenen Pressevertretern im Bundeskanzleramt eine Mini-Disc. Sie enthält den Abschlussbericht und die Empfehlungen des Expertengremiums zur Überwindung der Massenarbeitslosigkeit in Deutschland. Der Kanzler verspricht – ex cathedra – die konsequente Umsetzung der 13 Innovationsmodule des Dr. Hartz – notfalls gegen alle Widerstände.

In dieser medial geschickten Inszenierung versinnbildlicht sich ein weit verbreitetes Verständnis von wissenschaftlicher Politikberatung. Die Expertise besitzt in dieser Vorstellung die Qualität eines Meisterstücks, das im Blick auf seine Problemlösungsfähigkeit nicht mehr zu verbessern ist. Der Expertenratschlag müsse nur noch in die Regierungsmaschinerie eingespeist werden, um die Umsetzung im Verhältnis 1:1 zu produzieren. Doch die Transformation der Vorschläge in politische Entscheidungen folgt offensichtlich nicht umstandslos den Regieanweisungen des Regierungschefs und seiner Experten. Denn die Pläne treffen auf zahlreiche Widerstände, nicht nur der Oppositionsparteien, sondern auch von Gewerkschaften und auch von Teilen der Regierungsfraktionen im Bundestag. In der Öffentlichkeit werden die Probleme bei der Umsetzung als Versagen der Regierungspolitik interpretiert: Statt zu handeln, zerrede und verwässere die Politik die dringend erforderlichen Reformen (Der Spiegel 33/2002).

Aus politikwissenschaftlicher Sicht wirft diese Diskussion spannende Fragen nach dem Verständnis von Politikberatung und dem Verhältnis von beratender Wissenschaft und beratener Politik auf. In diesem Beitrag sollen deshalb genauer die Ziele, Funktion und erwartbare Folgen von Politikberatung untersucht werden. Um Hinweise darüber zu gewinnen wie Politikberatung funktioniert, wird in zwei Schritten vorgegangen. Zunächst werden unterschiedliche Politikmodelle in den Blick genommen und hinsichtlich ihrer Implikationen reflektiert. In einem zweiten Schritt wird der Blick von den normativen Modellen auf die Analyse der Praxis gewechselt: Im Fokus steht nun die Frage, wie in einer Kerninstitution des Regierungssystems, dem Deutschen Bundestag, Politikberatung institutionalisiert ist. Mit Hilfe dieses

Vorgehens sollen Hinweise darüber gewonnen werden, ob sich die theoretischen Modelle in der Praxis der Parlamentsberatung wiederkennen lassen oder nicht.

1. Leitbilder der Politikberatung

Politikwissenschaft als reflexives System steht noch immer am Beginn, sich über Politikberatung systematisch zu vergewissern. Angesichts dieser Ausgangssituation eröffnet die Leitbildanalyse hier einen Weg (Barben 2000; Dierkes/Canzler/Marz/Knie 1995). Denn sie erlaubt Hinweise darüber zu vermitteln, was Politikberatung bewirken *soll*. Im Folgenden werden unterschiedliche Leitorientierungen von Politikberatung untersucht. Aus der Debatte werden drei besonders prägnante Leitbilder herausgearbeitet.[1]

Leitbild „schlüsselfertige Beratung": Die Kernbotschaft des Leitbildes „schlüsselfertige Beratung" lautet: Die Umsetzung wissenschaftlicher Expertise in politische Entscheidungen im Verhältnis 1:1 ist möglich. Diese Annahme einer selbsttransformativen Kraft der Beratungsergebnisse beruht auf einem kognitivistischen Wissenschaftsverständnis, das annimmt, dass die gewonnenen Erkenntnisse der Politik den Königsweg für die Problemlösung weisen können. Das Leitbild der „schlüsselfertigen Beratung" gewinnt seine Popularität daraus, dass es sowohl durch die mediale Inszenierung seitens der Politik erfolgreich verbreitet wird als auch in der Wissenschaft vertreten wird (Weidenfeld/Turek 2003). Politik, im engeren Sinne verstanden als Parlament und Regierung/Verwaltung, dient in dieser Vorstellung als notwendiges Stempelkissen. Denn die gewonnenen Vorschläge bedürfen um politisch wirksam zu werden der Legitimation durch die Verfahren der parlamentarischen Demokratie. Die Verfahren sind aus Sicht des Leitbildes jedoch prekär, droht doch die „Zerredung" bzw. „Verwässerung" der Umsetzung der Beratungsergebnisse. Dem Leitbild liegt eine dualistische Konzeption des Verhältnisses von Parlament, Regierung/Verwaltung einerseits und Wissenschaft andererseits zugrunde. Beide Bereiche sind sowohl im Blick auf ihre Rationalität (politische bzw. wissenschaftliche Rationalität) als auch institutionell (Politik bzw. Wissenschaft) getrennt. Die Beratung soll den Brückenschlag zwischen beiden Systemen herstellen, jedoch nicht als wechselseitiger Austauschprozess, sondern als Monolog. Es zeigt sich, dass die Leitvorstellung der schlüsselfertigen Beratung mit dem technokratischen Modell der Beratung der Kerninstitutionen des Regierungssystems korrespondiert (Habermas 1968: 122f.). Politik wird zum Vollzugsorgan für den wissenschaftlichen Sachverstand, denn nur der Experte ist aufgrund wissenschaftlicher Rationa-

---

[1] Um den Rahmen dieses Beitrags nicht zu sprengen, kann nur diese kleine Zahl in die Analyse einbezogen werden.

lität in der Lage, aus der Vielzahl möglicher Entscheidungen, den „one best way" zu bestimmen.

Leitbild „Politisch nützliche Beratung": Die zentrale Botschaft des Leitbildes „Politisch nützliche Beratung" lautet, dass nur die Expertise, die dem Politiker Vorteile verschafft, eine gute, das heißt erfolgreiche Beratung darstellt. Diese Leitvorstellung beurteilt den Wert wissenschaftlicher Politikberatung allein aus Opportunitätsgesichtspunkten der Politik. Den politischen Akteuren in Parlament und Regierung/Verwaltung wird unterstellt, dass ihre Handlungsrationalität nutzenmaximierend orientiert ist. Die Begriffe Nutzen bzw. Vorteil umfassen dabei ein breites Spektrum, zum Beispiel Wiederwahl, Erfolge bei Abstimmungen oder Aufstieg auf der Karriereleiter. Positionen, die dem Leitbild zugeordnet werden können, finden sich in der Politikwissenschaft (Wewer 2003; kritisch Hoffmann-Riem 1988), in der traditionellen Theorie der Wirtschaftspolitik (kritisch: Cassel 2000) und in der Public-Choice-Theorie (Mueller 1989). Das Leitbild knüpft an das dezisionistische Modell und seine Vorstellungen an, dass Wissenschaft der Politik durch Beratung diene, während sich die Politik der Wissenschaft durch Aufträge bediene (Habermas 1968: 121f.). Es zähle einzig die Dezision des Politikers, die im Kern nicht wissenschaftlich ableitbar sei. Wissenschaftliche Rationalität bleibe für das politische Entscheidungshandeln äußerlich. Im dezisionistischen Leitbild „Politisch nützliche Beratung" wie auch in der technokratischen Vorstellung der „schlüsselfertigen Beratung" werden die Rollen des Sachverständigen und des Politikers strikt getrennt. In jüngster Zeit hat das Leitbild eine Radikalisierung erfahren, die für das Verständnis der Rolle von Wissenschaft als beratende Instanz bedeutsam ist. So wird diagnostiziert, dass fachliche Information und Aufklärung als Aufgabe wissenschaftlicher Beratung für die Politik unerheblich sei.[2] Demgegenüber wird der Nutzen der Expertise darauf reduziert, dass sie für die Politiker ihren politischen Zweck erfüllt (Wewer 2003: 386). Die Differenz von wissenschaftlich gewonnener Erkenntnis und Alltagswissen wird aus Sicht der Politik eingeebnet: Denn der situationsgerechte Rat kann von einem Wissenschaftler ebenso kommen wie von einem Bürger, Parteifreund oder einem Consultant. Zweitens verändert sich die Funktion des Wissenschaftlers: Der Sachverständige ist in erster Linie nicht mehr nur Experte, sondern er übernimmt neue Rollen: Er wird Lobbyist, Vertreter seines Landes und sogar politischer Mitentscheider (Wewer 2003: 370).

Leitbild „Beratung als Diskurs": Der Kern des Leitbildes „Beratung als Diskurs" kommt in der Vorstellung zum Ausdruck, dass Politikberatung in demokratischen Gesellschaften nur dann auf Umsetzungserfolge hoffen darf,

---

2 „Der Nutzen von Gutachten liegt für Politiker nicht in der fachlichen Information oder Aufklärung, die darin steckt, sondern vorrangig in dem Nutzen, der sich politisch daraus ziehen lässt" (Wewer 2003: 377).

wenn die erzielten Ratschläge durch wechselseitige Argumentation im Blick auf verallgemeinerungsfähige Interessen gewonnen werden. Diskursive Politikberatung, so die Annahme, erhöht angesichts komplexer Problemstellungen die Fähigkeit pluralistischer Gesellschaften zur Problemerkennung und Problemlösung. In der wissenschaftlichen Debatte nimmt die Diskussion diskursiver Ansätze im Umfeld von Politikberatung einen breiten Raum ein: beispielsweise in der partizipativen Politikberatung (Renn 2001a; 2001b; 1999), der Technikfolgenabschätzung und -bewertung (Nennen 2000; Petermann 1999; Köberle/Gloede/Nennen 1997); der Mediationsforschung (Vorwerk 1999), für beteiligungsorientierte Planungsverfahren wie Planungszelle (Dienel 2002), Planungswerkstatt (Tacke 1999) und Zukunftswerkstatt (Jungk 1997), für neuere Ansätze der Institutionenökonomie (Cassel 2000) sowie für die Diskussion über Voraussetzungen deliberativer Politik (Habermas 1996; 1992a; 1992b; 1968c). Es zeigt sich, dass die Prämissen des Leitbildes „Beratung als Diskurs" auf dem pragmatischen Verständnis der Beratung der Politik fußen (Habermas 1968: 126f.). Denn im pragmatischen Modell steht die kritische geführte wechselseitige Kommunikation zwischen Politikern und Wissenschaftlern im Vordergrund. In diskursiven Verständigungsprozessen sollen Werte und technische Entwicklungen offen gelegt und thematisiert werden. Das pragmatische Modell unterscheidet sich signifikant von den beiden anderen Konzeptionen der wissenschaftlichen Beratung von Politik. Im technokratischen wie im dezisionistischen Modell sind die Rollen des Sachverständigen und des Politikers voneinander getrennt. Dort vollzieht sich Beratung als Monolog: Entweder dekretiert die Wissenschaft der Politik ihre Problemlösungen, oder die Politik entscheidet über den Kopf der Wissenschaft hinweg, welche Beratungsergebnisse situationsgerecht, d.h. nützlich sind und welche nicht. Dagegen müssen Problemlösungen im pragmatischen Modell erst im Prozess des Argumentierens besonders über das Problemverständnis, tangierte Wertvorstellungen, Ziele und Mittel der Problembearbeitung sowie alternative Problemlösungen erzielt werden. Doch selbst wenn sich die Akteure auf eine Lösung verständigt haben, ist kein „one best way" beschritten. Erst die Analyse der Praxis kann die Tauglichkeit der Lösung erweisen oder ihr Scheitern feststellen. Auch in Bezug auf das Verhältnis von Leitbild und Modell zeigt sich eine bedeutsame Differenz. Das ältere pragmatische Modell bleibt an der Vorstellung der Politiker-Beratung rückgebunden und lässt offen, wie die geforderte demokratische Öffentlichkeit prozedural eingelöst werden kann. Demgegenüber orientiert sich das jüngere Leitbild „Beratung als Diskurs" am weiter gefassten Begriff der Politik-Beratung und versucht mittels partizipativer Verfahren Teilöffentlichkeiten systematisch einzubeziehen. Erst solche gesellschaftlich-diskursiven Beratungsprozesse, so die Annahme, erhöhen angesichts komplexer Problemstellungen die Handlungsfähigkeit pluralistischer Gesellschaften im Umgang mit Problemen. Dabei wird kommunikativen Verfahren viel zugetraut: Sie sollen helfen gegenseitige Missverständnisse abzubauen, die Transparenz von Konflikten zu erhöhen, zur Deeskalation von Konflikten beizutragen und Konsenszonen zu identifizieren (Bröchler/Simonis 1998: 37).

Die Analyse erweist sich für die Beantwortung der Frage, was Politikberatung bewirken soll als hilfreich. So können aus der Debatte drei Vorstellungen zu Leitbildern verdichtet werden: „schlüsselfertige Beratung", „politisch nützliche Beratung" und „Beratung als Diskurs". Jedes vermittelt Hinweise über Zielvorstellungen, das Wechselverhältnis von Wissenschaft und Politik und die Institutionalisierung der wissenschaftlichen Beratung. Dabei erweist sich jede Leitvorstellung als in hohem Maße Standpunkt abhängig. Das Leitbild der „schlüsselfertigen Beratung" folgt einer experten- bzw. wissenschaftszentrierten Sichtweise. Es interessiert sich in erster Linie für die Problemlösung und nicht für die Mechanismen der Umsetzung. Ein gutes Beispiel dafür ist die Hartzkommission. Die Leitvorstellung der „Politisch nützlichen Beratung" betrachtet Politikberatung demgegenüber aus einer spezifisch politikerzentrierten Sicht, die an individuellen Nutzenkalkülen der Beteiligten aus Parlament und Regierung/Verwaltung ausgerichtet ist. Das Leitbild „Beratung als Diskurs" betrachtet Politikberatung aus demokratietheoretischer Perspektive. Hier geht es um Verfahren, die unter Bedingungen von Demokratie sowohl als angemessen wie auch als verträglich bewertet werden können.

Die Analyse vermittelt jedoch nicht nur Hinweise auf wichtige Implikationen der Leitbilder, sondern legt auch Defizite offen. Alle drei Leitbilder lassen wichtige institutionelle Rahmenbedingungen des Regierungssystems außer Acht. Dies soll am Beispiel zweier Faktoren illustriert werden:

Institutionelle Eigensinnigkeit: In allen drei Leitbildern sind Wissenschaft und politische Institutionen nur ungenügend miteinander vermittelt. Ursache hierfür ist, dass die Bedeutung der Eigensinnigkeit des engeren Policy-Making-Systems nicht erkannt wird. Im Leitbild „schlüsselfertige Beratung" lässt sich die Funktion von Parlament und Regierung als Stempelkissen beschreiben, dem mit dem „one best way" die erforderliche Legalität und Legitimität für die Umsetzung attestiert wird. Auch aus Sicht der Vorstellung der „Politisch nützlichen Beratung" stellt die Regierungsmaschinerie eine Blackbox dar. Es interessiert nur die Qualität des Outputs für den Politiker, ob die gefällte Entscheidung ihnen Vorteile verschafft oder nicht. Auch im dritten Leitbild wird die Bedeutung von Parlament und Regierung/Verwaltung für Politikberatung nicht thematisiert. Dies hat seine Ursache darin, dass der Fokus der diskursiven Verfahren im Bereich der Problemdefinition und der Agendagestaltung liegt, also der Befassung in Regierung und Parlament vorgelagert ist. Die Vernachlässigung der institutionellen Eigensinnigkeit schwächt für die beteiligten Akteure aus Politik und Wissenschaft die Handlungswirksamkeit der Leitbilder. Denn jeder Ratschlag, ob technokratischer, dezisionistischer oder pragmatischer Provenienz muss durch den Regierungsapparat bearbeitet werden. Hier erweist es sich als bedeutsam, dass Parlament und Regierung eigenständige ausdifferenzierte Teilsysteme innerhalb des politischen Systems darstellen. Denn beide besitzen eigene Handlungsrationalitäten, aus denen spezifische Funktionen, Aufgaben und Organisationsprofile folgen. Vor allem aber verfügen Parlament und Regierung gegenüber der wissenschaftlichen Beratung über eigenständige und unabhängige Mechanismen der formalen wie informellen Willensbildung und Entscheidungsfindung. Die in den Leitbildern unterstellten Transformationsprozesse erweisen sich angesichts der Eigensinnigkeit von Parlament und Regierung/Verwaltung als unrealistisch und führen deshalb in die Irre.

Verhandlungsdemokratie: Das bundesdeutsche Regierungssystem lässt sich als ein Mischtypus aus Mehrheitsdemokratie und Verhandlungssystemen charakterisieren (Benz 1998; Mayntz 1993; Scharpf 1992). Bezogen auf Politikberatung bedeutet dies, dass wissenschaftlicher Rat für seine Umsetzung auf Mehrheiten im Parteienparlamentarismus und auf Durchsetzungsfähigkeit in gesellschaftlich pluralistisch zusammengesetzten Ausschüssen und Kommissionen angewiesen ist. Allen drei Leitbildern liegt jedoch die Vorstellung zugrunde, dass die gewonnenen wissenschaftlichen Ratschläge im System der Interessenvermittlung privilegiert sind: Im technokratischen und dezisionistischen Leitbild besitzt die Expertise aufgrund ihrer Wissenschaftlichkeit gegenüber anderen Positionen Vorrang. In der Vorstellung der schlüsselfertigen Beratung wird die überlegene Problemlösungsfähigkeit der Wissenschaft betont. In der Leitvorstellung „Politisch nützliche Beratung", verspricht allein die Berufung auf Wissenschaftlichkeit für den Politiker in der politischen Auseinandersetzung Vorteile. Doch auch das pragmatisch orientierte Leitbild weist der gewonnenen Expertise einen Sonderstatus zu. Denn im Leitbild „Beratung als Diskurs" besitzt zwar nicht der Expertenratschlag Exklusivität, dafür jedoch die durch aufwendige Verfahren gewonnen Konsenszonen. Aus politikwissenschaftlicher Sicht erweisen sich aufgrund der Komplexität und institutionellen Vorstrukturiertheit des politischen Systems alle drei Leitbilder als unterkomplex. Denn unter den Bedingungen der Verhandlungsdemokratie stellt die wissenschaftliche Expertise nur eine Stimme in einem vielstimmigen Chor unterschiedlicher Interessen dar. Sie erweist sich als ein Vektor unter anderen im politischen Kräfteparallelogramm der Willensbildung und Entscheidungsfindung. Dies deutet darauf hin, dass die Prägekraft wissenschaftlicher Expertise in der Praxis weit geringer einzuschätzen ist, als es die Leitbilder suggerieren. Politikberatung in der Verhandlungsdemokratie stellt somit in Bezug auf die Umsetzung der angetragenen Lösungsvorschläge keinen deterministischen, sondern einen ergebnisoffenen Prozess dar.

Die Analyse der Leitbilder zeigt unterschiedliche Orientierungen von Politikberatung auf. Dabei wird deutlich, dass sich keines der Leitbilder „Schlüsselfertige Beratung", „Politisch nützliche Beratung" oder „Beratung als Diskurs" als Blaupause empfiehlt, die umstandslos umgesetzt werden kann. Denn wichtige institutionelle Rahmenbedingungen des Regierungssystems wie die Eigensinnigkeit von Parlament und Regierung/Verwaltung und Verhandlungsdemokratie werden nicht hinreichend berücksichtigt. Offen bleibt die Frage, ob den Leitbildern überhaupt eine Bedeutung für die Praxis der Politikberatung zukommt. Um Hinweise für die Beantwortung zu erhalten, wird im folgenden Abschnitt der Blick auf Beratungsformen des Parlaments gerichtet.

2. Politikberatung im Deutschen Bundestag

Der deutsche Bundestag verfügt wie viele Parlamente in westlichen Demokratien über Instrumente zu seiner Beratung. In diesem Abschnitt soll untersucht werden, welchem Leitbild die Politikberatung des deutschen Parlaments folgt. Zunächst werden kurz wichtige Bedarfe des Parlaments nach Politikberatung aufgezeigt: Welche strukturellen Ursachen lassen sich für die Beratung des Bundestages in Berlin identifizieren? In einem zweiten Schritt werden unterschiedliche Institutionalisierungsformen von Politikberatung im Parlament in Berlin in den Blick genommen: Wie ist Politikberatung im Parlament institutionalisiert? Um den Rahmen des Beitrags nicht zu sprengen, wird der Fokus dabei auf die Politikberatung „von innen", also auf verschiedene Beratungskapazitäten des Deutschen Bundestages begrenzt.[3] In einem dritten Schritt werden die untersuchten Beratungsformen im Lichte der Relevanz der drei Leitbilder „schlüsselfertige Beratung", „Politisch nützliche Beratung" und „Beratung als Diskurs" befragt: Leiten die Leitbilder die Institutionalisierung der Politikberatung im Deutschen Bundestag oder lässt sich kein Bezug zur realen Beratungswelt des Parlaments feststellen?

2.1 Bedarfe für Politikberatung des Parlaments

Zunächst verwundert es, dass es in Deutschland überhaupt zur Institutionalisierung wissenschaftlicher Politikberatung beim Bundestag gekommen ist. Denn anders als im präsidentiellen Regierungssystem der USA stehen sich Regierung und Parlament idealtypisch nicht als zwei gegensätzliche Pole gegenüber. Im Regierungssystem der USA hat diese Architektur konsequen-

---

3   Die Bedeutung externer Beratungsinstitutionen wie Hochschulen, Forschungsinstituten wie die Stiftung Wissenschaft und Politik, das Wissenschaftszentrum Berlin, die Hessische Stiftung für Frieden und Konfliktforschung, das Centrum für angewandte Politikforschung, die Rolle der parteinahen Stiftungen sowie von Unternehmen des Politik-Consulting muss deshalb ausgespart werden.

terweise dazu geführt, dass als Gegengewicht zur großen Regierungsbürokratie ein bedeutender Parlamentsapparat geschaffen wurde. Doch unter den Verhältnissen einer parlamentarischen Demokratie, wie sie das politische System Deutschlands seit 1949 darstellt, verlaufen die Konfliktlinien anders. Bundesregierung und parlamentarische Mehrheitsfraktion(en) bilden – zumindest in Zeiten von koalitionsinternen Gutwetterperioden – eine Handlungseinheit. So betrachtet hätten nur die Oppositionsparteien Interesse an einer parlamentsberatenden Gegenbürokratie. Die Frage, warum sich auch die Parlamentarier der Mehrheitsfraktion für die Schaffung eigener Beratungskapazitäten entschieden haben, kann auf zwei Ursachen zurückgeführt werden:

Historisch-politische Entwicklung: Der Aufbau einer parlamentsinternen wissenschaftlichen Politikberatung stellt eine Folge der Dynamisierung im Verhältnis von Regierung und Parlament in den 1960er Jahren dar. Bis dahin versuchten die Abgeordneten des Bundestages die traditionelle Informationslücke zwischen Regierung und Parlament ohne besondere eigene wissenschaftliche Beratungskapazitäten zu überbrücken. Das Informationsdefizit des Parlaments gegenüber der Regierung kommt vor allem in vier Bereichen zum Ausdruck (Kevenhörster 1975: 236f.): in der Komplexität der Regierungspolitik, welche die Detailkontrolle des Parlaments einschränkt; in der lediglich selektiven Weitergabe von Informationen der Regierung an das Parlament; im deutlichen Zuwachs an Staatsaufgaben und der mangelnden Wirkung der traditionellen parlamentarischen Kontroll- und Informationsinstrumente. In den 1960er Jahren ändern sich jedoch die Rahmenbedingungen der Politik. Die Kanzlerdemokratie Adenauers ist beendet, die Wirtschaftskrise 1966/67 erschüttert die Ideologie des Wirtschaftswunders, technische Innovationen, besonders im Bereich der Computertechnik versprechen nicht nur die Landung auf dem Mond, sondern auch einen Quantensprung auf der Erde: rationales Regieren. Besondere Dynamik in das Verhältnis von Regierung und Parlament bringt die Regierungsübernahme durch die sozialliberale Koalition unter Willy Brandt und Walter Scheel. Als Initialzündung für die wissenschaftliche Beratung des Bundestages erweisen sich die ambitionierten, auf Computertechnik und neuen Planungsmethoden basierenden Aktivitäten der Regierung unter dem Motto „aktiver Politik" (Bröchler 2001: 214f.; Mayntz/Scharpf 1973). Nicht nur seitens der Parlamentsopposition schien für das Parlament die Gefahr einer „neuen Informationslücke" (Kevenhörster 1989: 18) zu drohen, in der sich die Regierung als Gewinnerin des Technikeinsatzes und das Parlament als Verlierer erweisen würde. Die Computertechnik ermögliche es, ein zentrales Problem des Regierens, die Kluft zwischen interdependenten Problemstrukturen und segmentierter Entscheidungsstruktur, durch den Einsatz rechnergestützter Informationssysteme zu verringern. Im Gegensatz dazu führe der Einsatz der Computertechnik tendenziell zu einem

„information overload", in welchem der Informationsfluss nicht mehr kontrolliert werden kann. Angesichts eines solchen Szenarios setzte sich trotz der Logik der Verbundenheit von Regierung und Fraktionsmehrheit ein parlamentarisches Gesamtinteresse durch, das zum Aufbau parlamentseigener wissenschaftlicher Beratungskapazitäten führte. Im Ergebnis konnte man sich 1969 zwar nur auf eine kleine Parlamentsreform statt einer umfassenderen Reform einigen, aber im Blick auf diese und weitere Reformen änderte sich die parlamentarische Arbeitspraxis merklich.

Entwicklung des Arbeitsaufkommens: Das Ziel, durch die Inanspruchnahme wissenschaftlicher Beratungskapazitäten den Wettlauf um Daten, Informationen und Wissen mit der Regierung nicht aufzugeben, konkretisiert sich im Alltag darin, die Arbeit der Parlamentarier durch Politikberatung zu erleichtern. Denn die Erfüllung der unterschiedlichen Parlamentsaufgaben in den Bereichen Gesetzgebungsarbeit, Kontrolle der Regierung, Initiierung politischer Aktivitäten, Kommunikationsaufgaben und Wahrnehmung der Repräsentationsaufgaben erweist sich als besonders arbeits- und informationsintensiv. Einige wenige Zahlen sollen dies verdeutlichen. Pro Wahlperiode sollen die Abgeordneten beispielsweise (Schick/Hahn 1995: 1f.):

– ca. 8 500 Parlamentsdrucksachen im Gesamtumfang von mehreren tausend Seiten lesen;
– zu ca. 800 Gesetzentwürfen begründet Position beziehen können;
– die Übersicht behalten über 20 000 Einzelfragen an die Bundesregierung und ihre Antworten sowie
– informiert an ca. 250 Plenarsitzungen teilnehmen.

Den Parlamentariern droht das Dilemma, in einer Datenflut zu ertrinken und gleichzeitig in einem Informationsmangel zu verdursten. Der Beratung der Abgeordneten kommt so auch die wichtige Funktion eines rettenden Strohhalms bei der Bewältigung des hohen Aufgabenpensums zu. Am Aufgabenprofil der persönlichen Mitarbeiter der Abgeordneten in Berlin wird die Unterstützungsfunktion offenbar: So wird der Arbeitsalltag stark durch politische Kommunikationsaufgaben (z.B. Verbindungsstelle zum Wahlkreis) und Sekretariatsaufgaben (wie Terminkoordination und andere Bürodienste) geprägt (Bröchler/Elbers 2001: 9ff.)

2.2 Beratung der Parlamentarier durch wissenschaftliches Personal

Für den ersten Blick soll der Begriff wissenschaftlicher Berater des Parlaments weit gefasst werden: vom wissenschaftlichen Mitarbeiter bis zum sachverständigen Hochschullehrer. Im Folgenden werden fünf Beratungsformen näher in den Blick genommen, in denen die Abgeordneten des Deutschen

Bundestages regelmäßig durch wissenschaftlich ausgebildetes Personal unterstützt werden:[4]

Abgeordneten- und Fraktionsebene: Seit der „Kleinen Parlamentsreform" 1969/70 steht jedem einzelnen Abgeordneten eine Finanzpauschale zur Verfügung, um wissenschaftliche Mitarbeiter und Sekretariatskräfte zu beschäftigen. Im Regelfall arbeitet ein wissenschaftlicher Mitarbeiter im Abgeordnetenbüro in Berlin und ein weiterer im Wahlkreis des Parlamentariers. In der zurückliegenden Legislaturperiode – also vor der Verkleinerung der Abgeordnetenzahl von 669 auf 603 Abgeordnete – waren in Berlin 746 Mitarbeiter als persönliche Abgeordnetenmitarbeiter in Berlin – häufig auf der Basis von Teilzeitverträgen – tätig. Im Vergleich zur Schweiz erweist sich die Zahl von zwei Mitarbeitern und Sekretariat als hoch. Denn ein Parlamentarier der Bundesversammlung in Bern verfügt weder über wissenschaftliche Mitarbeiter noch über eine Sekretärin bzw. einen Sekretär (Bröchler 2001: 223). Im Rahmen einer Volksabstimmung wurde den im Nebenamt tätigen Parlamentariern dieser Wunsch von der Bürgerschaft abgeschlagen. Ganz im Unterschied zu den Verhältnissen im US-Congress in Washington: Im Büro eines Abgeordneten des Repräsentantenhauses arbeiten bis zu 18 Vollzeitbeschäftigte und vier Teilzeitbeschäftigte (Singh 2003: 208). Für Senatoren liegt die Zahl noch höher: hier sind durchschnittlich 40 bzw. für Senatoren größerer Bundesstaaten bis zu 70 Mitarbeiter (Singh 2003: 208) tätig.

Fraktionsebene: Die Fraktionen stellen neben den Ausschüssen wichtige Verdichtungsorte für die parlamentarische Arbeit des Bundestages dar. Nach dem Prinzip der kommunizierenden Röhren korrespondieren die ordentlichen Ausschüsse des Bundestags mit Ausschussarbeitsgruppen auf Fraktionsebene. In der SPD-Fraktion ist dieses Verhältnis sogar exakt gespiegelt: den 21 ständigen Ausschüssen stehen 21 Ausschussarbeitsgruppen gegenüber. Zur Unterstützung der Arbeitskreise und Fraktionsvorstände werden ebenfalls wissenschaftliche Fraktionsmitarbeiter eingesetzt (Ismayr 2000: 82). Leider verfügen wir bisher über keine genaueren Analysen, die sich mit dem Aufgabenprofil dieser Gruppe befassen.

Wissenschaftliche Dienste: Lange Zeit war das Parlament in Bezug auf politikrelevante Daten, Informationen und Wissen prima facie auf das „Informationssystem Regierung" angewiesen. Bis zur kleinen Parlamentsreform stand den Parlamentariern nur eine Parlamentsbibliothek, ein Archiv und das Parlamentsregister zur Verfügung. Erst mit der Reform 1969/70 wurde das

---

4 Die Darstellung stellt eine Auswahl dar und erhebt deshalb nicht den Anspruch alle Beratungsformen zu umfassen. Klaus von Beyme unterscheidet für die Vorbereitung von Gesetzen die folgenden Formen wissenschaftlicher Expertise: 1) Enquêtekommissionen, 2) Anhörungen, 3) Berichte von Sachverständigenkommissionen, wissenschaftlichen Ämtern (z.B. Gesundheits- oder Umweltamt), Berichte von Ombudsman-Institutionen (wie Datenschutz- und Frauenbeauftragten) und 4) Einrichtungen der Technikfolgenabschätzung (Beyme 1997: 160f.)

Dienstleistungsangebot quantitativ wie qualitativ erweitert (Backhaus-Maul 1990). Die Abteilung „Wissenschaftliche Dienste" ist neben den Abteilungen P: Parlamentarische Dienste und Z: Zentrale Dienste Teil der ca. 2300 köpfigen Verwaltung des Deutschen Bundestages (Schick/Hahn 1995: 4). In der Abteilung W sind ca. 100 Mitarbeiter beschäftigt, davon ca. 60 mit Hochschulabschluss. Die Palette der Dienstleistungen, die durch Mitarbeiter mit Hochschulabschluss erbracht wird, kann zu folgenden Punkten zusammengefasst werden:

- unterschiedliche Dokumentationsdienste (Bibliothek, Parlamentsarchiv);
- die Unterstützung der ordentlichen Ausschüsse, der Untersuchungsausschüsse und von Enquêtekommissionen;
- die Erstellung von Gutachten über politisch bedeutsame Fragen für die Abgeordneten (zumeist durch Volljuristen);
- die Unterstützung der Bearbeitung von Petitionen und Eingaben an den Deutschen Bundestag *und*
- schnelle informationelle Erstversorgung der datenhungrigsten Parlamentarier durch eine Telefonhotline.

Enquêtekommissionen: Eine spannende Innovation der Kleinen Parlamentsreform stellen Enquêtekommissionen dar (Altenhof 2003; Ismayr 2000). Als besondere Ausschussform liegt ihre Aufgabe darin (Ismayr 2000: 418f.),

- Bestandsaufnahmen über Auswirkungen technischer wie ökonomischer Entwicklungen sowie rechtlicher und politischer Maßnahmen aufzuzeigen;
- künftige Regelungs- und Entwicklungsmöglichkeiten aufzuzeigen und
- Empfehlungen für politische Entscheidungen zu erarbeiten.

Um die Aufgaben Analyse von Entwicklungstrends, Vorausschau und Entwicklung von Handlungskorridoren zu gewährleisten, besitzen Enquêtekommissionen eine für den Bundestag einzigartige Zusammensetzung, Zielsetzung, Organisationsform und Arbeitsweise. Nur hier arbeiten – hybrid organisiert – Parlamentarier, Wissenschaftler und andere Sachverständige gleichberechtigt zusammen. Die Egalität kommt darin zum Ausdruck, dass die Wissenschaftler die gleichen Rechte besitzen wie die MdBs (Ismayr 2000: 418):

- ihre Stimme zählt gleichgewichtig bei Abstimmungen,
- sie haben Antragsrecht und
- das Recht zur Abgabe von Sondervoten.

Bis dato sind die Kommissionen häufig paritätisch aus Parlamentariern und Wissenschaftlern zusammengesetzt. Auch im Blick auf die Frage, wer im Parlament das Recht besitzt, die Einsetzung von Enquetekommissionen zu verlangen, ist bedeutsam. Denn es handelt sich um ein Minderheitenrecht:

Nicht erst die Mehrheit der Regierungsfraktionen kann die Einsetzung verlangen, sondern es entscheidet ein geringeres Quorum: ein Viertel der Abgeordneten. Das Minderheitenrecht kommt jedoch auch schnell an seine Grenzen: Im Verfahren wird mit Mehrheit entschieden und die parlamentarischen Mitglieder sind nach Fraktionsstärke vertreten. Hier ist die Minderheit auf die eigenen guten Argumente oder das Wohlwollen der Mehrheit angewiesen. Eine weitere wichtige Verfahrensnorm stellt der Grundsatz der Diskontinuität dar: Auch die Arbeit von Enquetekommissionen muss innerhalb der Legislaturperiode abgeschlossen werden. Das skizzierte Design der Enquetekommission soll – so Wolfgang Ismayr – dazu dienen (Ismayr 2000: 418f.):

- die Gestaltungsaufgabe des Parlaments zu unterstützen
- einen Informations- und Gedankenaustausch zwischen Parlamentariern und Abgeordneten zu ermöglichen
- und wechselseitige kommunikative Lernprozesse in Gang zu setzen.

Für die Willensbildung und Entscheidungsfindung der Enquetekommissionen machen die Kommissionsmitglieder neben der Nutzung des eigenen politischen und wissenschaftlichen Sachverstands von einer Reihe weiterer Informationsmöglichkeiten Gebrauch: durch Vergabe von externen Gutachten, die Einholung von Stellungnahmen, Erkundungen im In- und Ausland und die Durchführung von Anhörungen. Unterstützt wird die Arbeit der Enquetekommissionen durch ein Ausschusssekretariat, das aus Mitarbeitern des Wissenschaftlichen Dienstes besteht. Bis dato sind 33. Enquetekommissionen eingerichtet worden, davon wurden mehrere in der folgenden Legislaturperiode (zum Beispiel zur Technikfolgenabschätzung) erneut eingesetzt. Seit der 6. Wahlperiode hat der Bundestag in unterschiedlichem Ausmaß – zwischen 2 und 5 Kommissionen – zu unterschiedlichen Themenschwerpunkten eingesetzt. In der laufenden 15. Legislaturperiode arbeiten zwei Enquetekommissionen: Enquetekommission „Ethik und Recht" sowie „Kultur in Deutschland".

Der „Ausschuss für Forschung, Technologie und Technikfolgenabschätzung" und das Büro für Technikfolgenabschätzung beim Deutschen Bundestag: Die Einrichtung einer parlamentarischen Instanz zur Technikfolgenabschätzung ist das Resultat einer „schweren Geburt". Denn erst nach langjährigen politischen Kontroversen und der Einrichtung zweier Enquetekommissionen, kam es im Jahre 1989 zu einem Beschluss (Petermann 1992; Meyer 1999: 460). In der 11. Legislaturperiode wurde die Geschäftsordnung des Bundestages um die Norm des § 56 a GO BTag erweitert. Dies hatte die Umbenennung des Forschungs- und Technologieausschusses in „Ausschuss für Forschung, Technologie und Technikfolgenabschätzung" zur Folge. Die politikberatende Technikfolgen-Abschätzung des TAB hat zum Ziel (TAB 1999: 7):

- „die Potenziale neuer wissenschaftlich-technischer Entwicklungen zu analysieren und die damit verbundenen gesellschaftlichen, wirtschaftlichen und ökologischen Chancen auszuloten,
- die rechtlichen, wirtschaftlichen und gesellschaftlichen Rahmenbedingungen der Realisierung und Umsetzung wissenschaftlich-technischer Entwicklungen zu untersuchen,
- die potenziellen Auswirkungen der Nutzung neuer wissenschaftlich-technischer Entwicklungen vorausschauend und umfassend zu analysieren und Möglichkeiten für eine strategische Nutzung der Chancen des Technikeinsatzes und die Vermeidung oder Abmilderung seiner Risiken aufzuzeigen
- und auf dieser Grundlage alternative Handlungs- und Gestaltungsoptionen für politische Entscheidungsträger zu entwickeln."

Aufgabe des Parlamentsausschusses ist es, solche Technikfolgenanalysen zu veranlassen, für den Deutschen Bundestag aufzubereiten und auszuwerten. Die Durchführung der TA-Analysen übernimmt jedoch nicht der Ausschuss selbst. Vielmehr wird für einen begrenzten Zeitraum eine Forschungseinrichtung mit dieser Aufgabe betraut. Seit 1999 ist das Büro für Technikfolgenabschätzung beim Deutschen Bundestag (TAB) für die Vergabe zuständig. Das TAB wird vom Institut für Technikfolgenabschätzung und Systemanalyse (ITAS) des Forschungszentrums Karlsruhe betrieben. Seit September 2003 kooperiert es bei der Durchführung des Arbeitsprogramms mit dem Fraunhofer-Institut Systemtechnik und Innovationsforschung (ISI). Organisatorisch ist das TAB vom Bundestag unabhängig. Doch arbeitet das TAB ausschließlich für das Parlament in Berlin. Direkter Auftraggeber ist der Ausschuss für Bildung, Forschung und Technikfolgenabschätzung. Darüber hinaus haben sowohl alle Ausschüsse als auch alle Fraktionen des Bundestages ein Vorschlagsrecht für TA-Studien. Herr des Verfahrens ist eindeutig der Ausschuss für Forschung, Technologie und Technikfolgenabschätzung. Zu Beginn entscheidet er – nach Anhörung des Vorsitzenden – mit Mehrheit, welche TA-Projekte verfolgt werden. Zum Ende ist der Ausschuss für die Abnahme und Freigabe der TAB Berichte verantwortlich. Im TAB-Büro in Berlin arbeiten derzeit acht wissenschaftliche Mitarbeiter mit unterschiedlichem disziplinärem Hintergrund. Aufgabe des TAB sind wissenschaftliche Politikberatungsaufgaben in folgenden Bereichen (TAB 1998: 7):

- Konzeption und Durchführung von Projekten der Technikfolgen-Abschätzung (TA-Projekte),
- Beobachtung und Analyse wichtiger wissenschaftlich-technischer Trends und damit zusammenhängender gesellschaftlicher Entwicklungen sowie die Auswertung wichtiger TA-Projekte im In- und Ausland (Monitoring),
- Teilnahme an und Förderung der Diskussion über konzeptionelle Fragen der Technikfolgen-Abschätzung (Konzepte und Methoden) und jeweils

– parlamentsorientierte Aufbereitung und Vermittlung der Untersuchungsergebnisse.

Der erste Blick auf unterschiedliche interne Beratungsinstitutionen des Deutschen Bundestages vermittelt den Eindruck, als wären die Parlamentarier auf Schritt und Tritt von wissenschaftlichen Politikberatern umgeben. Denn eigentlich sind immer Wissenschaftler um unsere Abgeordneten herum: In seinem Abgeordnetenbüro in Berlin und zuhause im Wahlkreis umsorgen ihn wissenschaftliche Mitarbeiter, ebenso in den Ausschuss- und Fraktionssitzungen. Die wissenschaftlichen Dienste halten Daten, Informationen und Wissen in Form von Dokumentationsdiensten und eigens erstellten Gutachten bereit. Für ganz dringende Fälle ist die Telefonhotline immer für sie da. Wenn die Willensbildung und Entscheidungsfindung bei komplexen und umfangreichen Themenstellungen schwierig wird, gibt es Enquetekommissionen. Für Fragen nach der Entwicklungsrichtung und der Gestaltbarkeit stehen ein ordentlicher Parlamentsausschuss und das TAB zur Seite. Ein zweiter Blick zeigt, dass für den Bundestag eine differenzierte Betrachtung der wissenschaftlichen Beratung der Politik erforderlich ist. Es wird deshalb vorgeschlagen, für die Analyse der parlamentsinternen Beratung zwischen Verwissenschaftlichung der Parlamentsarbeit durch wissenschaftliche Mitarbeiter und Politikberatung durch Sachverständige zu unterscheiden. Verwissenschaftlichung der Parlamentsarbeit des Bundestages steht begrifflich für die Entwicklung, dass seit den 1970er Jahren auf verschiedenen Ebenen der Parlamentsarbeit die Zahl der Hochschulabsolventen als Assistenzkräfte signifikant gestiegen ist. Dass diese Assistenzkräfte keine wissenschaftlichen Politikberater darstellen, zeigen die folgenden drei Bereiche. So erweist die Studie: „Hochschulabsolventen als Mitarbeiter des Parlaments: Politikberater oder Bürohilfskräfte" (Bröchler/Elbers 2001), dass bei persönlichen Mitarbeitern der MdB´s der Begriff wissenschaftlicher Politikberater fehlgreift. Zwar verfügen die Mitarbeiter sowohl über einen Hochschulabschluss als auch über einen zuweilen beratenden Zugang zu ihren Abgeordneten, doch wissenschaftliche Beratung können sie – in aller Regel – nicht leisten. Sie sind inhaltlich keine praktizierenden Wissenschaftler und können somit dem System Wissenschaft auch nicht zugerechnet werden. Denn weder forschen die wissenschaftlichen Mitarbeiter noch ist ihr Arbeitsplatz an einer Hochschule oder einem universitären oder außeruniversitären Forschungsinstitut, sondern sie sind Beschäftigte der Bundestagsabgeordneten. So erweist sich, dass diese Assistenten Teil des politisch-administrativen Systems sind und als Zuarbeiter der Handlungsrationalität ihrer Arbeitgeber, den Abgeordneten, unterliegen. Ähnliches gilt analog für die wissenschaftlichen Mitarbeiter auf der Ebene der Fraktionsausschüsse. Drittens sind auch die wissenschaftlichen Dienste aufgrund ihres Aufgabenprofils und Arbeitspensums – in der Regel – nicht in der Lage, wissenschaftliche Politikberatung zu leisten. Denn eigenständige Forschung betreiben auch die Mitarbeiter dieser Serviceeinrichtung des Bundestages nicht. Dies wird offensichtlich bei den Dokumentationsdiensten und den Sekretariatsfunktionen für die Parlamentsausschüsse. Doch es trifft auch auf die Gutachterdienste zu. Zum großen Teil sind es Volljuristen (ca. 50%), die unter hohem zeitlichem Druck zu disziplinär heterogenen Themen Sachstandsberichte verfassen müssen. Im Unterschied zur verwissenschaftlichten Aufgabenerfüllung durch Assistenzkräfte kann demgegenüber in zwei Bereichen von der Institutionalisierung wissenschaftlicher Politikberatung gesprochen werden: Politikberatung durch Experten findet sich strukturell in der Architektur von Enquêtekommissionen und im Büro für Technikfolgenabschätzung (TAB). In den hybrid organisierten Enquêtekommissionen bringen wissenschaftliche Spezialisten ihre Erkenntnisse im Rahmen systematischer Interaktion ein. Das TAB versorgt die Parlamentarier des „TA-Ausschusses" und weitere Bundestagsausschüsse mit wissenschaftlichen Fachgutachten und leistet auf diesem Wege seinen Beitrag zur parlamentarischen Willensbildung und Entscheidungsfindung.

2.3 Leitbilder der Parlamentsberatung

Die Analyse hat gezeigt, dass wissenschaftlich ausgebildetes Personal die Parlamentsarbeit durch wissenschaftliche Assistenzkräfte im Abgeordnetenbüro in Berlin, im Wahlkreis, auf Fraktionsebene und durch Serviceleistungen der wissenschaftlichen Dienste sowie durch wissenschaftliche Sachverständige in Enquêtekommissionen als auch im TAB unterstützt. Im Folgenden interessiert die Frage, ob sich Hinweise dafür finden lassen, dass die Leitbilder „schlüsselfertige Beratung", „Politisch nützliche Beratung" und „Beratung als Diskurs" die parlamentsinterne Beratung prägen.

Eindeutig scheiden die Beratungsformen aus, die mithilfe wissenschaftlicher Assistenzkräfte in den Büros der Abgeordneten und für die Vorstands- und Fraktionsmitglieder geleistet werden. Weiter wird die Tätigkeit der Mitarbeiter der „Wissenschaftlichen Dienste", die für das Gesamtparlament erbracht werden, aus dem Blick genommen. Denn es hat sich gezeigt, dass diese Servicefunktionen keine Politikberatung darstellen, sondern Ausdruck der Verwissenschaftlichung der Aufgabenerledigung der Parlamentsarbeit sind. Es verbleiben zwei Typen, die für die Leitbildanalyse in Betracht zu ziehen sind: Enquêtekommissionen und das TAB. Ein Blick auf die Institutionalisierung beider Institutionen führt zu folgenden Einsichten:

Enquêtekommissionen: Am ehesten können Enquêtekommissionen einem der drei Leitbilder zugerechnet werden. Diese Variante der Parlamentsausschüsse ist durch ihre hybride Konstruktion charakterisiert, in der Politiker und Sachverständige in einen wechselseitigen Dialog über das Ausschussthema treten. Dadurch, dass die Mitglieder der Kommission in der Regel über

Jahre gleichberechtigt zusammenarbeiten, erwächst die Chance, dass argumentativ gemeinsame Problemsichten und Lösungsvorschläge entwickelt werden. Aufgrund dieser kommunikativen Orientierung lassen sich Enquêtekommissionen dem Leitbild der „Beratung als Diskurs" zurechnen. Dabei unterliegen Enquêtekommissionen auch den Restriktionen des pragmatischen Modells der Politikberatung: So droht erstens die Verhandlungskomponente durch Mechanismen der Mehrheitsdemokratie überlagert zu werden. Dies kommt zum Beispiel darin zum Ausdruck, dass es aufgrund von Differenzen nicht zur Entwicklung von Konsenszonen kommt. In diesen Fällen setzt die Ausschussmehrheit ihre Sichtweise im Text des Abschlussberichts durch, während die Minderheit ihre Meinungen in Sondervoten kundtut. Zweitens gibt es selbst bei konsensual verfassten Berichten keinen Automatismus, dass die vorgelegten Vorschläge im Gesetzgebungsverfahren im Verhältnis 1:1 umgesetzt werden. Denn die von Enquêtekommissionen formulieren Empfehlungen müssen erst noch durch das Nadelöhr der parlamentarischen Willensbildung und Entscheidungsfindung.

Büro für Technikfolgenabschätzung beim Deutschen Bundestag (TAB): Die Analyse des TAB lenkt den Blick rasch auf die strikte institutionelle Trennung von beratender Wissenschaft und der beratenen Politik. So sind im „Ausschuss für Forschung, Technologie und Technikfolgenabschätzung" – im Unterschied zu Enquêtekommissionen – allein Parlamentarier vertreten. Demgegenüber ist das TAB dadurch charakterisiert, dass es durch eine kleine inhouse-Kapazität von Wissenschaftlern betrieben wird und in der Regel externe wissenschaftliche Expertisen einholt. Die Trennung von Wissenschaft und Politik ist so weit getrieben, dass das Büro für Technikfolgenabschätzung, das allein für den Bundestag arbeitet, organisatorisch vom Parlament getrennt ist. Dieses Konstruktionsmerkmal hat zur Folge, dass das Leitbild „Beratung als Diskurs" als prägend ausscheidet. Erfordert doch das pragmatische Modell die Durchbrechung der dualen Beratungsstruktur. Eher scheinen die Leitbilder deshalb in Richtung „Schlüsselfertige Beratung" bzw. „Politisch nützliche Beratung" zu weisen. Doch auch diese Leitvorstellungen führen im Fall des TAB in die Irre. Denn weder dekretieren die Sachverständigen ihrem Gegenüber, den Abgeordneten, ihre Problemlösungen, noch versprechen die Gutachten für die Parlamentarier kurzfristige politische Vorteile. Die Gutachten sind bewusst so verfasst, dass sie dezidiert keinen „one best way" versprechen. Und auch zur Instrumentalisierung durch die Abgeordneten sind die Expertisen schlecht geeignet. Erstens bestimmt nicht die Politik, wer aus der scientific community die Sachverständigengutachten verfasst. Die Erstellung situationsgerechter Politikberatung ist somit kaum möglich. Zweitens zeigt die Entstehungsgeschichte des TAB, dass die duale Konstruktion gerade zum Ziel hatte, TA-Analysen vom aktuellen Einfluss auf die aktuelle Forschungs- und Technologiepolitik der Regierung auf Abstand zu halten. Das Organisationsmodell ist Ausdruck der Waffenstillstandslinie zwischen Regierung und Opposition Ende der 1990er Jahre in der Debatte um die Institutionalisierung parlamentarischer TA-Kapazitäten. Damals befürchtete die Regierungsmehrheit, dass durch einen zu großen Einfluss wissenschaftlicher „Bedenkenträger" Technology Assessment zu Technology Arrestment führe. Im Blick auf das TAB lässt sich so keines der gewonnenen Leitbilder als prägend diagnostizieren.

Der Blick in den Bundestag erweist sich als instruktiv. Denn die Analyse der unterschiedlichen Formen der Beratung vermittelt interessante Hinweise für die Orientierung wissenschaftlicher Politikberatung im Deutschen Bundestag und die Relevanz der gewonnenen Leitbilder. So wird deutlich, dass interne wissenschaftliche Politikberatung nur von wenigen Institutionen geleistet wird. Im Unterschied hierzu ist die Verwissenschaftlichung der Parlamentsarbeit durch wissenschaftlich ausgebildete Assistenzkräfte weitaus stärker vorangeschritten. Zweitens zeigt sich, dass die aus der Debatte entwickelten Leitbilder nicht bedeutungslos sind. Denn Enquêtekommissionen können dem Leitbild „Beratung als Diskurs" sinnvoll zugerechnet werden. Am Beispiel des Büros für Technikfolgenabschätzung zeigt sich demgegenüber die Grenze der Aussagekraft der drei Leitbilder. Denn die vorliegenden Leitvorstellungen bilden die Praxis der Institutionalisierung wissenschaftlicher Politikberatung nur unzureichend ab. Dies kommt darin zum Ausdruck, dass das TAB keiner der Leitvorstellungen zu entsprechen vermag.

Fazit

In der griechischen Mythologie ist Kalliope die Muse der Wissenschaften. Begibt sie sich in die Politik, kann es ihr ergehen wie Alice im Wunderland: Sie erfährt eine seltsame Welt, die nicht ihren Vorstellungen von Wirklichkeit entspricht, vielmehr eigenen Regeln folgt. Aber wie Alice lernt sich zu behaupten, kann auch Kalliope lernen zu beraten. Dabei kann ihr die politikwissenschaftliche Analyse helfen, zu einem besseren Verständnis von Politikberatung zu gelangen. Die Beratung der Politik stellt einen vielfach vorstrukturierten wechselseitigen Prozess dar, in dessen Verlauf die Umsetzung der Beratungsvorschläge zunächst völlig offen ist. Als eine bedeutsame Ursache für die Prozesshaftigkeit des Verlaufs und die Unwägbarkeit der Verwendung der Ratschläge erweisen sich die institutionellen Rahmenbedingungen des Regierungssystems. Denn alle Politikberatung muss sich auf die Besonderheit der Funktionslogik von Parlament bzw. Regierung/Verwaltung und ihrer Verfahren der Willensbildung und Entscheidungsfindung einlassen.

Literatur

Altenhof, Ralf (2003): Die Enquêtekommissionen des Deutschen Bundestages. Opladen.
Backhaus-Maul, Holger (1990): Die Organisation der Wissensvermittlung beim Deutschen Bundestag – Am Beispiel der Wissenschaftlichen Dienste. In: Thomas Petermann (Hg.): Das wohlberatene Parlament. Berlin, S. 19-63.
Barben, D. (2000): Leitbildforschung. In: Stephan Bröchler/Georg Simonis/Karsten Sundermann (Hg.): Handbuch Technikfolgenabschätzung. Berlin, Band 1, S. 167-182.
Benz, Arthur (2001): Der moderne Staat. München, Wien.
Benz, Arthur (1998): Postparlamentarische Demokratie?, Demokratische Legitimation im kooperativen Staat, In: Michael T. Greven (Hg.): Demokratie – eine Kultur des Westens? 20. Wissenschaftlicher Kongress der Deutschen Vereinigung für Politische Wissenschaft. Opladen, S. 201-222.
Beyme, Klaus von (1997): Der Gesetzgeber. Opladen.
Bröchler, Stephan (2003): Die Technik des Regierens. Eine Analyse institutioneller Veränderungen der Bundeskanzlerämter in Deutschland und Österreich sowie der Bundeskanzlei der Schweiz durch den Einsatz moderner Informations- und Kommunikationstechnik, Habilitationsschrift (Ms.). Hagen.
Bröchler, Stephan (2001): Does technology matter? Die Rolle von Informations- und Kommunikationstechniken in Regierung und Parlament. In: Georg Simonis/Renate Martinsen/Thomas Saretzki (Hg.): Politik und Technik – Analysen zum Verhältnis von technologischem, politischem und staatlichem Wandel am Anfang des 21. Jahrhunderts, PVS-Sonderheft 31/2000. Wiesbaden 2001, S. 213-231.
Bröchler, Stephan/Sundermann, Karsten/Simonis, Georg (Hg.) (1999): Handbuch Technikfolgenabschätzung, 3 Bände. Berlin.
Bröchler, Stephan/Simonis, Georg (1998): Konturen des Konzepts einer innovationsorientierten Technikfolgenabschätzung und Technikgestaltung. In: TA-Datenbank-Nachrichten, Nr. 1, 7. Jahrgang, März 1998, S. 31-40.
Bröchler, Stephan/Elbers, Helmut (2001): Hochschulabsolventen als Mitarbeiter des Parlaments: Politikberater oder Bürohilfskräfte? Ergebnisse einer internetgestützten Befragung der persönlichen wissenschaftlichen Mitarbeiter der Abgeordneten des Deutschen Bundestages. Hagen 2001 (=polis-Arbeitspapiere aus der FernUniversität Hagen Nr. 52/2001)
Carrol, Lewis (1865): Alice's Adventures in Wonderland. London.
Cassel, Susanne (2001): Politikberatung und Politikerberatung. Eine institutionenökonomische Analyse der wissenschaftlichen Beratung der Wirtschaftspolitik. Bern, Stuttgart, Wien.
Der Spiegel (2002): Wie das Hartzkonzept verwässert wird. In: Der Spiegel vom 12.08.2002, Heft 33.
Dienel, Peter C. (2002): Die Planungszelle. Eine Alternative zur Establishment-Demokratie, 5. Auflage. Opladen.
Dierkes, Meinolf/Canzler, Weert/Marz, Lutz/Knie, Andreas (1995): Politik und Technikgenese. In: Verbund Sozialwissenschaftliche Technikforschung (Hg.): Mitteilungen Heft 15. Köln, S. 7-28.
Habermas, Jürgen (1996): Die Einbeziehung des Anderen. Frankfurt/M.
Habermas, Jürgen (1992a) Faktizität und Geltung. Frankfurt/M.
Habermas, Jürgen (1992b): Drei normative Modelle der Demokratie: Zum Begriff deliberativer Demokratie, in: Münkler, Herfried (Hg.): Die Chancen der Freiheit. Grundprobleme der Demokratie. München, S. 11-24.
Habermas, Jürgen (1968d): Verwissenschaftliche Politik und öffentliche Meinung, In: derselbe: Technik und Wissenschaft als Ideologie. Frankfurt/M.

Hoffmann-Riem, Wolfgang (1988): Schleichwege zur Nicht-Entscheidung Fallanalyse zum Scheitern der Enquêtekommission „Neue Informations- und Kommunikationstechniken". In: Politische Vierteljahresschrift 29, S. 58-84.
Ismayr, Wolfgang (2000): Der Deutsche Bundestag. Opladen.
Jungk, Robert/Müllert, Norbert R. (1997): Zukunftswerkstätten. Mit Phantasie gegen Routine und Resignation. München.
Kevenhörster, Paul (1989): Der Einsatz von Computern in der Demokratie. In Aus Politik und Zeitgeschichte B 19/89, S. 15-24.
Kevenhörster, Paul (1985): Chancen und Risiken der neuen Technologien für das politische System. In: Hans-Hermann Hartwich (Hg.): Politik und die Macht der Technik. Tagungsbericht 16. wissenschaftlicher Kongress der DVPW. Opladen, S. 120-128.
Kevenhörster, Paul (1984): Politik im elektronischen Zeitalter. Baden-Baden.
Kevenhörster, Paul (1979): Synthetische Informationen und die Orientierung des Politikers. In: Jürgen Reese et al. (Hg.): Die politischen Kosten der Datenverarbeitung. Frankfurt/New York, S. 106-149.
Kevenhörster, Paul (1975): Informationslücke des Parlaments? In: Peter Hoschka/Uwe Kalbhen (Hg.): Datenverarbeitung in der politischen Planung. Frankfurt/M., S. 233-256.
Köberle, Sabine/Gloede, Fritz/Nennen, Leonhard (1997) (Hg.): Diskursive Verständigung?: Mediation und Partizipation in Technikkontroversen. Baden-Baden.
Mayntz, Renate (1993): Policy-Netzwerke und die Logik von Verhandlungssystemen. In: Adrienne Héritier (Hg.): Policy-Analyse: Kritik und Neuorientierung. Opladen, S. 39-56.
Mayntz, Renate/Scharpf, Fritz (1973): Kriterien, Voraussetzungen und Einschränkungen aktiver Politik. In: Renate Mayntz/Fritz Scharpf (Hg.): Planungsorganisation. Die Diskussion um die Reform von Regierung und Verwaltung des Bundes. München, S. 115-145.
Mueller, Dennis C. (1989): Public Choice II. Cambridge.
Nennen, Heinz-Ulrich (2000) (Hg.): Diskurs. Begriff und Rationalisierung. Würzburg.
Petermann, Thomas (1999): Einführung: Technikfolgen – Abschätzung – Konstituierung und Ausdifferenzierung eines Leitbilds. In: Stephan Bröchler/Karsten Sundermann/ Georg Simonis (Hg.) (1999): Handbuch Technikfolgenabschätzung, 3 Bände. Berlin, Band 1, S. 17-52.
Petermann, Thomas (1992): Technikfolgen-Abschätzung im Deutschen Bundestag – ein Institutionalisierungsprozess. In: Thomas Petermann (Hg.): Technikfolgen-Abschätzung als Technikforschung und Politikberatung. Frankfurt/New York, S. 209-224.
Renn, Ortwin (2001a): The Role of Social Science in Environmental Policy Making: Experiences and Outlook. Science and Public Policy 28 (6): 427-437.
Renn, Ortwin (2001b): Science and Technology Studies: Experts and Expertise. In: Neil J. Smelser (Hg.): International Encyclopedia of the Social and Behavioral Sciences. Cambridge MA, Band 20, S. 13647-13654.
Renn, Ortwin (1999): Sozialwissenschaftliche Politikberatung: Gesellschaftliche Anforderungen und gelebte Praxis. Berliner Journal für Soziologie 9: 531-549.
Scharpf, Fritz W.(1992): Zur Theorie von Verhandlungssystemen. In: Arthur Benz /Fritz Scharpf/Reinhard Zintl (Hg.): Horizontale Politikverflechtung: zur Theorie von Verhandlungssystemen. Frankfurt/M., S. 11-28.
Schick, Rupert/Hahn, Gerhard (1995): Wissenschaftliche Dienste des Deutschen Bundestages, 4. Ausgabe, Reihe „Stichwort" des Referats Öffentlichkeitsarbeit des Deutschen Bundestages. Bonn.
Singh, Robert (2003): Governing America. The Politics of a Divided Democracy. New York.

TAB (1999): Jahresbericht des TAB für die Zeit vom 01.09.1996 bis 31.08.1997 (TAB-Arbeitsbericht Nr. 57), Stand: April 1998. Berlin.

Tacke, Kirsten (1999): Planungswerkstatt, in: Bröchler, Stephan/Sundermann, Karsten/ Simonis, Georg (Hg.): Handbuch Technikfolgenabschätzung, 3 Bände, Berlin, Bd. 2, S. 679-686.

Tschiedel, Robert (1989): Kommunale Denktechniken, Zur Resistenz und Rezeptivität von Trägern lokaler Kommunikation hinsichtlich ihrer technischen Formatierung. In: Walter Blumberger /Heinz Hülsmann (Hg.): Menschen, Zwänge, Denkmaschinen. Zur technologischen Formatierung der Gesellschaft, Band 2. München, S. 247-264.

Weidenfeld, Werner/Turek, Jürgen (2003): Schlüsselfertige Beratung: eine Frage der Kommunikation, in: politik&kommunikation, März 2003, S. 7.

Wewer, Göttrik (2003): Politikberatung und Politikgestaltung. In: Klaus Schubert /Nils C. Bandelow (Hg.): Lehrbuch der Politikfeldanalyse. München/Wien, S. 361–390.

Wollmann, Hellmut (2002): Evaluation von Folgenforschung. In: Karl-Peter Sommermann (Hg.): Folgen von Folgenforschung, Speyerer Forschungsberichte 225. Speyer, S. 55-75.

Uwe Schimank

Leistungsbeurteilung von Kollegen als Politikberatung

Am Beispiel von Evaluationen im Hochschulsystem

Es liegt in der Natur von Beratung, dass sie eine heikle soziale Beziehung darstellt. Beratung fällt unter den Typus der „principal-agent"-Beziehung (Moe 1984; Ebers/Gotsch 1993: 203-216; Braun 1993), wobei der Berater als „Agent" eine vereinbarte Leistung für seinen „Prinzipal" – den Beratenen – erfüllen soll. Die Leistung besteht in dem Wissen, das der Berater dem Beratenen vermittelt. Ersterer besitzt in der betreffenden Angelegenheit einen Wissensvorsprung – und daher bleibt dem Beratenen nichts anderes übrig, als dem Berater zu vertrauen, um die Beratungsleistung nutzen zu können. Und warum sollte der Berater dies nicht um des eigenen Vorteils willen ausnutzen? Er könnte sich keine sonderliche Mühe geben, weil der Beratene dies ja ohnehin nicht merkt. Der Berater könnte dem Beratenen nach dem Munde reden, was dieser mit üppigen Honoraren belohnt. Die Beratung könnte darauf hinaus laufen, dass der Beratene in eine dauerhafte Abhängigkeit vom Berater hineingezogen wird. Oder – um die Ecke gedacht – der Berater empfiehlt dem Beratenen, es sei in dessen wohlverstandenen Eigeninteresse, einen Dritten zu begünstigen, der anschließend gemeinsame Kasse mit dem Berater macht. Dies sind nur einige der Möglichkeiten, das Vertrauen des Beratenen zu mißbrauchen; und die Vorkehrungen dagegen – von Beraterethik bis zur Beraterkonkurrenz – sind allesamt keine Patentlösungen.[1]

Diese Vertrauensproblematik verschärft sich noch erheblich, schaut man sich dasjenige Beratungsverhältnis genauer an, um das es im vorliegenden Beitrag gehen soll. Im einfachsten Fall stellt Beratung eine Dyade dar: Ein Berater sagt einem Beratenen, was dieser im eigenen Interesse am besten täte. Beruf- oder Studienberatung oder auch die Beratung eines Politikers, wie er bei den Wählern besonders gut ankommt, wären Beispiele hierfür. Komplizierter wird es schon, wenn ein Berater einem Beratenen sagt, was dieser tun soll, um die Situation Dritter zu verbessern. Viele Fälle von Politikberatung entsprechen diesem Muster – wenn etwa die Wirtschaftsforschungsin-

---

1 Siehe dazu auch die umfangreiche Literatur zum Verhältnis von Professionellen zu ihren Klienten – was im Kern letztlich immer ein Beratungsverhältnis ist (Parsons 1968; Freidson 2001).

stitute der Regierung empfehlen, wie die wirtschaftliche Lage zu verbessern sei.[2] Unmittelbare Nutznießer sind hier die Unternehmen und Arbeitnehmer; dass eine gute Beratung auch die Chancen der Regierung wiedergewählt zu werden, erhöht, ist selbst dann erst ein mittelbarer Effekt, wenn er für die Beratenen ganz vorne steht. Hier soll es um einen noch komplizierteren Typ von Beratung gehen: eine Konstellation, in der ein Berater einem Beratenen empfiehlt, wie mit Dritten umzugehen ist, die Fachkollegen des Beraters sind.

Das Beispiel, mit dem die folgenden Überlegungen illustriert werden, sind Evaluationen von Professoren durch Peers – im Auftrag von Hochschulleitungen oder, bislang häufiger, Ministerien. Solche Evaluationen beurteilen die relative Leistungsfähigkeit eines Professors – genauer: seines Lehrstuhls, also auch seiner wissenschaftlichen Mitarbeiter – im Vergleich zu Fachkollegen. Diese Einstufung auf einer Skala von internationaler Spitze bis zur Bedeutungslosigkeit wird beim betrachteten Beratungstypus nicht anhand von Indikatoren und Daten vorgenommen, die keinerlei kundigen Auslegung bedürfen, sondern durch Fachkollegen, die ihr entsprechendes Erfahrungswissen einbringen. Ein Professor wird also beispielsweise hinsichtlich seiner Forschungsleistungen nicht einfach nur daran gemessen, wieviel Drittmittel er eingeworben hat – was ein Verwaltungsbeamter bar jeder Sachkenntnis zu ermitteln vermag. Vielmehr wird – um im Beispiel zu bleiben – in Rechnung gestellt, ob es sich bei dem beurteilten Professor möglicherweise um jemanden handelt, dessen Forschungen ohne aufwendige empirische Projekte auskommen, so dass er keine Drittmittel benötigt, um exzellent zu forschen. Das vermögen nur Fachkollegen einzuschätzen, weshalb sich hochschulpolitische Entscheidungsinstanzen, um knappe Ressourcen möglichst effizient zu verteilen, einer Beratung durch Peer-reviews bedienen.

In der gegenwärtigen deutschen hochschulpolitischen Szene stellt die Wissenschaftliche Kommission des Landes Niedersachsen, die fachbezogene Evaluationen der Forschungsleistungen der niedersächsischen Hochschulen durchführt, ein gutes Beispiel für diesen Beratungstypus dar.[3] Um es ganz konkret zu formulieren: Was tut und bewirkt ein nordrhein-westfälischer Soziologe, der im Sommer 2003 seine Kolleginnen und Kollegen an niedersächsischen Universitäten im Hinblick auf deren Forschungsleistungen evaluiert? Der Evaluationsbericht, den dieser Soziologe gemeinsam mit anderen Kolleginnen und Kollegen, die nicht an niedersächsischen Universitäten arbeiten, erstellt, dient dem für die Hochschulen zuständigen niedersächsischen Ministerium dazu, Entscheidungen über die Soziologie an niedersächsischen

---

2   Zur Politikberatung gibt es eine Unmenge an Studien – siehe nur den knappen Überblick bei Wollmann (1994) sowie eine Diskussion der typischen Beratungsprobleme bei Schimank (1988b).
3   Siehe dazu Wissenschaftliche Kommission (2001). Eigene Erfahrungen als Mitglied einer Evaluationsgruppe der Wissenschaftlichen Kommission gehen in die folgenden Überlegungen ein.

Universitäten zu treffen. Die Palette reicht von der Umschichtung von Ressourcen zwischen verschiedenen Standorten bis zur Schließung der Soziologie an bestimmten Standorten.

In der Tat hieß es in den Zeitungen, noch bevor ein Evaluationsbericht über die niedersächsische Soziologie vorlag, das Ministerium habe auf Grundlage der Evaluation beschlossen, die Soziologie an der Universität Hannover zu schließen. Der Bericht war vorschnell; und vor allem hätte sich eine eventuelle Schließung nicht auf die Evaluation berufen können. Doch die Problematik einer solchen Beratungssituation trat insbesondere den Beratern überdeutlich vor Augen, wie in einer hitzigen Diskussion bei einem Treffen, das der Diskussion des Abschlussberichts der Evaluation dienen sollte, deutlich wurde.

Die Berater – allesamt Soziologinnen und Soziologen mit hoher Fachkompetenz – befanden sich in einem Loyalitätskonflikt. Sie identifizierten sich mit dem eigenen Fach und darüber auch mit den Fachvertretern vor Ort in den verschiedenen Universitäten; doch dies war keine blinde Loyalität, weil die fiskalischen Zwänge und guten Gründe der Politik, knappe Ressourcen fortan stärker leistungsorientiert zu vergeben, durchaus gesehen wurden. Eine Grenze dafür, was man der Politik empfehlen wollte, wurde allerdings von Anfang klar gezogen: Alle Standorte des Fachs sollten erhalten bleiben.

Wie verhalten sich Berater, die in die Fachkollegialität eingebunden sind, wenn sie Stärken und Schwächen von Kollegen für die Beratung begünstigender oder benachteiligender Ressourcenentscheidungen begutachten sollen? Zwei einander widerstreitende Vertrauensverhältnisse sind hier involviert: das Vertrauen der Beratenen, die „objektive" Einschätzungen erwarten, und das Vertrauen der Beratungsobjekte, die nicht von Kollegen „in die Pfanne gehauen" werden möchten. Diesem Spannungsverhältnis zwischen Kollegialität auf der einen und einer an Leistungsgerechtigkeit und effizientem Ressourceneinsatz orientierten Beratung auf der anderen Seite gehen die folgenden Überlegungen nach. In einem ersten Schritt wird aus der Perspektive der Politik genauer geschildert, worin der Beratungsbedarf besteht. Im zweiten Schritt wird dann die Perspektive des Beraters in der triadischen Konstellation zwischen beratener Politik und den Fachkollegen als Beratungsobjekten eingenommen.

1. Beratungserwartungen der Politik

Politische Gesellschaftssteuerung ist grundsätzlich bei jedem ihrer Steuerungsobjekte mit dem Problem der Intransparenz konfrontiert. Ein Steuerungsobjekt wie das deutsche Hochschulsystem ist ein hoch komplexes soziales Gebilde, dessen Funktionsweise niemand auch nur annähernd detailgenau und umfassend durchdringt und das zudem in dem Sinne unüberschaubar ist, dass kein Beobachter zu einem gegebenen Zeitpunkt mehr als einen kleinen Ausschnitt des Geschehens in den Blick zu nehmen vermag.[4] Jeder, der im Hochschulsystem handelt oder von außen auf es einwirkt, tut dies auf der Grundlage höchst unvollständigen und immer wieder fehlerhaften Wissens über Tatbestände und Kausalitäten. Je weitreichender und zielgenauer ein Akteur das System gestalten will, desto gravierender stellt sich ihm dieses Komplexitätsproblem.[5]

Staatliche Hochschulpolitik hat zumeist höchst ambitionierte Gestaltungsziele – z.b. eine nachhaltige Verbesserung der Qualität von Lehre und Forschung. Die Entscheidungsprobleme, die derartige Gestaltungsambitionen aufwerfen, spitzen sich noch weiter zu, wenn mitbedacht werden muss, dass die verfügbaren Ressourcen zur Umsetzung einmal getroffener Entscheidungen äußerst knapp sind und sich noch immer weiter verknappen. Die Verknappung der Gelder, die staatlicherseits für die Hochschulen aufgewendet werden, ist seit den 1970er Jahren chronisch. Doch Knappheit wirkt nicht nur als Randbedingung von Gestaltungsentscheidungen; aus ihr wird vielmehr auch ein wichtiges Gestaltungsziel abgeleitet: die wenigen und immer weniger werdenden Ressourcen möglichst effizient einzusetzen. In Bezug auf die Qualität von Lehre und Forschung an den Hochschulen wird dies zumeist so gedeutet, dass eine solche Ressourcenallokation vorzunehmen sei, die die Guten weiter stärkt und dafür Ressourcen von den Schlechten zu den Guten umverteilt. Zwingend ist diese Auslegung von Effizienz freilich nicht. Man könnte auch die Schlechten stärken, damit sie besser werden und dafür Ressourcen von den Guten abziehen, die dies ohne Qualitätseinbußen verkraften können (Schimank 1997: 156/157).

Doch auch im deutschen Hochschulsystem wird mittlerweile im Zuge von „new public management" ein Effizienzverständnis propagiert, das auf „mehr Markt!" setzt.[6] Der Markt aber ist ein Verteilungsmechanismus, der durch positives Feedback Abweichungsverstärkung hervorbringt, also von sich die Starken immer stärker und die Schwachen immer schwächer werden lässt. „Mehr Markt!" läuft auf eine Intensivierung von Konkurrenz innerhalb von und zwischen Hochschulen hinaus – und zwar eine Konkurrenz um Ressourcen, in der die in Forschung und Lehre leistungsstarken Professoren, Institute, Fachbereiche oder Hochschulen obsiegen. Überall dort, wo Ressourcenallokation dem dezentralen freien Spiel der Kräfte zwischen Leistungsnachfragern und Leistungsanbietern überlassen werden kann, unterliegt der Konkurrenzintensivierung tatsächlich ein Markt im eigentlichen Sinne. Dies

---

4   Als knappen Überblick zum deutschen Hochschulsystem siehe nur Schimank (1996), als Panorama der aktuellen Probleme dieses Gesellschaftsbereichs Stölting/Schimank (2001).
5   Grundsätzlich und anschaulich hierzu siehe nur Dörner (1989).
6   Siehe – auch unter Einbezug des internationalen Kontexts – Braun/Merrien (1999) sowie Schimank/Meier (2002).

gilt etwa für Forschungsaufträge oder generell für Drittmittel; und es ließe sich auch wie in den Vereinigten Staaten ein Markt für Studienplätze installieren, wenn Studiengebühren eingeführt würden, deren Höhe die jeweiligen Hochschulen selbst bestimmen könnten, und ein Studierender sich seine Hochschule und diese sich ihre Studierenden aussuchen könnte. Anders sieht es dann aus, wenn Ressourcenentscheidungen vom staatlichen Geldgeber zentral für alle Hochschulen in seinem Zuständigkeitsbereich getroffen werden – also etwa bei der Zuteilung der Grundausstattung, auch im Rahmen von neuerdings getroffenen Zielvereinbarungen, und im Extremfall bei der Etablierung oder Schließung von Organisationseinheiten wie Lehrstühlen, Instituten, Fächern, Fachbereichen oder sogar ganzen Hochschulen. Bei solchen Entscheidungen können Gesichtspunkte der Leistungskonkurrenz dadurch berücksichtigt werden, dass eingestuft wird, wie die betreffende Hochschule bzw. Organisationseinheit im Vergleich zu anderen dasteht; und je leistungsstärker sie sich präsentiert, desto besser schneidet sie in der Ressourcenzuteilung ab. In Zeiten der Ressourcenverknappung heißt dies im übrigen bloß noch, dass eine leistungsstarke Einheit geringere Ressourceneinbußen hinzunehmen hat als andere.

An dieser Stelle kommt für die staatliche Hochschulpolitik das Problem der Intransparenz wieder massiv ins Spiel. Diese erstreckt sich nämlich nicht nur auf die Funktionsweise des Hochschulsystems, sondern auch auf die relative Leistungsstärke seiner Einheiten – von der Ebene ganzer Hochschulen bis zur Ebene einzelner Professuren. Ein Wissen darüber ist jedoch Conditio sine qua non einer leistungsbezogenen Ressourcenallokation durch die staatliche Hochschulpolitik.

Die hochschulpolitisch zuständigen staatlichen Akteure könnten sich freilich in dieser Frage auf den Standpunkt stellen, dass es doch hinreichend valide Indikatoren für die Qualität von Forschung und Lehre gebe, die Urteile gestatten, ohne Angehörigen der jeweiligen Fächer fragen zu müssen. In der Lehre könnte man etwa an Beurteilungen von studentischer Seite denken, auf die sich die Ministerien stützen könnten. In der Forschung wären als Indikatoren denkbar: Anzahl der Veröffentlichungen, Anzahl der Zitationen oder Höhe der eingeworbenen Drittmittel. Mancherorts verlassen sich die staatlichen Akteure ja durchaus hauptsächlich auf solche Maße. Es soll hier auch keineswegs behauptet werden, dass diese völlig unzuverlässig wären.[7] Ganz im Gegenteil stellen derartige Indikatoren stets wichtige Anhaltspunkte der Leistungsbeurteilung dar. Aber mehr als das eben auch nicht! Viele Anekdoten können den höchst begrenzten Nutzen solcher auch von Nicht-Fachkollegen lesbaren Leistungsindikatoren plausibilisieren. So schneidet der Professor, der eine hervorragende Lehre macht, aber sehr strenge Leistungs-

---

7   Zur Diskussion um solche Indikatoren und ihre Verwendung im Rahmen von Evaluationen siehe als Überblicke Hornbostel (1997) und Röbbecke (2001).

kriterien bei den Prüfungen anlegt, im Urteil der Studenten sehr schnell schlecht ab. Ebenso werden die Lehrenden in den unbeliebten Teilgebieten eines Faches von den Studierenden oftmals vor allem deshalb schlecht eingeschätzt – beispielsweise diejenigen, die in der Soziologie quantitative Methoden anbieten. Diejenigen, die wenige, aber fundierte Veröffentlichungen vorzuweisen haben, stehen in der Forschungsevaluation häufig schlecht dar – genauso wie diejenigen, die als Theoretiker keine Drittmittel benötigen. All das ist den Eingeweihten sattsam bekannt – und wird dennoch bei Lehr- und Forschungsevaluationen immer wieder sträflichst mißachtet.

Wenn also diejenigen Leistungsindikatoren, die dem Außenblick auf ein Fach zugänglich sind, derart unzulänglich sind, dass sich hochschulpolitische Entscheidungen besser nicht auf sie verlassen sollten, bleibt als einzige andere Möglichkeit die Beratung der staatlichen Entscheider durch Vertreter des jeweiligen Faches. Nur sie können den erforderlichen Blick von innen beisteuern. Niemand vermag die relative Leistungsstärke von Organisationseinheiten besser einzuschätzen als erfahrene – und durch keinerlei Voreingenommenheiten geprägte – Fachkollegen. Damit ist der Typus von Beratung, der derzeit in der deutschen Hochschulpolitik gefragt ist, beschrieben. Diese Beratung besteht aus einer Leistungsbeurteilung von Fachkollegen; und das ermittelte Wissen über differenzielle Leistungsfähigkeit wird für Entscheidungen über Ressourcenzuteilungen benötigt.

Prinzipiell ist dieser Typus von Leistungsbeurteilung als Entscheidungsberatung im Wissenschaftssystem nichts Neues. Ein Peer-review liegt den Publikationsentscheidungen der wichtigen Fachzeitschriften ebenso wie den Förderentscheidungen der wichtigen Drittmittelgeber zugrunde. Das Urteil der Peers findet in beiden Hinsichten große pauschale Zustimmung – was nicht heißt, dass jemand, dessen Aufsatz oder Projektantrag negativ beschieden worden ist, nicht schon aus psychologischem Selbstschutz bisweilen abenteuerliche Verschwörungstheorien konstruiert, die die ungerechtfertigte Ablehnung erklären. Bezeichnend ist nur, dass niemandem – bei aller auch tatsächlich vorkommenden Fehlbarkeit der Peer-reviews – ein besseres Beurteilungsverfahren eingefallen ist. Allerdings geht es in beiden Fällen erstens nur um punktuelle Einschätzungen einzelner Arbeiten bzw. Arbeitsvorhaben eines Wissenschaftlers, und zweitens unterzieht sich der Betreffende diesen Beurteilungen freiwillig. Somit kann sich jeder im Konkurrenzkampf darauf beschränken, die eigenen Stärken beurteilen zu lassen – und wer keine Stärken hat bzw. sich selbst keine zutraut, muss sich überhaupt keiner Beurteilung unterwerfen. Die Art von Leistungsbeurteilungen, die nun anstehen, sind demgegenüber sowohl obligatorisch als auch umfassend. Keiner kann sich entziehen; und niemand kann bloß seine „Schokoladenseite" präsentieren.

Ferner liegen auch allen Berufungsentscheidungen Leistungsbeurteilungen durch Kommissionen, seit einiger Zeit auch durch zusätzlich eingeholte vergleichende Gutachten externer Kollegen, zugrunde. Diese Beurteilungen beziehen sich sehr wohl auf das gesamte Leistungsspektrum einzelner Wissenschaftler und sind zumindest für diejenigen, die noch keine Professur innehaben und Professor werden wollen, eine Prozedur, der sie sich unterziehen müssen. Wer erst einmal eine Professur hat, kann fortan selbst entscheiden, ob er sich noch einmal einer solchen Leistungsbeurteilung unterzieht, in dem er sich woanders hin bewirbt – was immer das Risiko in sich birgt, nicht zu einem Probevortrag eingeladen zu werden oder bei einer Besetzungsliste nicht auf Platz eins zu rangieren.[8]

In diesen drei traditionellen Arten von Leistungsbeurteilungen – Publikationen, Projekte, Berufungen – und den daraus hervorgehenden Entscheidungen ist allerdings die Politik in Gestalt des für die Hochschulen zuständigen Ministeriums entweder gar nicht oder zumeist nur ratifizierend involviert. Publikationsentscheidungen werden rein innerfachlich getroffen, Förder- und Berufungsentscheidungen werden durch Voten der zuständigen Fachkollegen weitgehend vorgezeichnet, so dass die Politik sich nur aus anders gearteten Überlegungen heraus – beispielsweise thematischen Prioritäten oder Gleichstellungsgesichtspunkten – gegen die fachlich begründeten Entscheidungen stellen kann.

Heikel im Verhältnis zur Kollegialität sind diese Arten von Leistungsbeurteilungen freilich auch schon. Um eine Zuspitzung in Gestalt persönlicher Konflikte zwischen negativ Beurteilten und Beurteilern zu vermeiden, wird dafür Sorge getragen, dass Beurteilungen möglichst nicht individuell bestimmten Beurteilenden zugerechnet werden können. Das geschieht teils durch Anonymisierung, teils dadurch, dass eine Mehrzahl namentlich durchaus bekannter Beurteiler eine gemeinsame Entscheidung trifft, die keinem einzigen von ihnen zugeschrieben werden kann; denn jeder einzelne könnte nach außen stets darauf hinweisen, dass er selbst ja durch die Mehrheit der anderen überstimmt worden sein könnte.

2. Kollegialität vs. Beratungsauftrag

Nun soll das bisher nur angedeutete Spannungsverhältnis zwischen der Kollegialität unter Angehörigen desselben Faches auf der einen Seite und dem politischen Beratungsauftrag auf der anderen Seite genauer unter die Lupe

---

8   Nicht angesprochen sind hier die Beurteilungen im Rahmen von Promotions- und Habilitationsverfahren, weil in diesen Fällen Wissenschaftler, die einen höheren akademischen Status innehaben, statusniedrigere Fachangehörige daraufhin beurteilen, ob sie eine Leistung erbracht haben, die zum Aufstieg auf die nächsthöhere Statusstufe berechtigt. Es geht also dort nicht um die Leistungsbeurteilung zwischen ranggleichen Kollegen.

genommen werden. Liegt dem wirklich ein Antagonismus von Wissenschaft und Politik zugrunde, oder handelt es sich nicht vielmehr, bei Licht besehen, um einen Konflikt, der innerwissenschaftlich bewältigt werden muss: zwischen Kollegialität und fachlichen Erfordernissen?

Kollegialität unter Professionellen wie unter Mitgliedern derselben Organisation funktioniert ganz allgemein auf der Basis einer Gleichheitsfiktion.[9] Die Gleichheitsfiktion bezieht sich diffus auf das gesamte fachlich relevante Leistungsspektrum von Personen oder Arbeitseinheiten und wird mit einer gehörigen Prise Takt gehandhabt. Der wechselseitige Takt baut einen mindestens fünfstufigen Schutzwall vor der Gleichheitsfiktion auf.[10]

Die erste Stufe besteht in der informellen Norm, nicht so genau hinzuschauen, was Fachkollegen leisten oder eben nicht leisten. In der Lehre ist das sehr einfach, weil ja ähnlich wie für Lehrer an Schulen auch gilt, dass im Hörsaal oder Seminarraum jeder jeweils allein mit den Studierenden ist. Gemeinsame Lehrveranstaltungen von zwei oder mehr Kollegen finden in der Regel nur auf freiwilliger Basis und insgesamt auch recht selten statt, und eine Visitation bei Kollegen gehört sich nicht. In der Forschung nimmt man zwar diejenigen Publikationen der Kollegen genau zur Kenntnis, die man für die eigenen Forschungsarbeit benötigt, belässt es aber ansonsten bei diesem punktuellen Eindruck. Gerade wenn man von einem Kollegen zwei- oder dreimal Schlechtes gelesen hat, wird man zwar einerseits für sich aus diesen Stichproben auf die Gesamtheit der Forschung schließen und fortan die Publikationen des Betreffenden ignorieren; andererseits behält man dies fachöffentlich für sich.

Wenn man es aus dem einen oder anderen Grunde nicht vermeiden kann, doch eine größere, sozusagen repräsentative Anzahl von Arbeitsproben eines Kollegen zur Kenntnis genommen zu haben, besteht der zweite Schutzwall der Gleichheitsfiktion in der informellen Norm, explizite Vergleiche zu unterlassen. Das gilt sowohl für Vergleiche verschiedener Kollegen untereinander als auch für Vergleiche, in denen man die Leistungsstärke eines Kollegen zu der je eigenen ins Verhältnis setzt. Wiederum geht es insbesondere darum, keine Gesamteinschätzungen vorzunehmen, also von einzelnen Arbeitsproben – etwa einer Publikation oder einem Vortrag – nicht zu verallgemeinern.

Hinschauen und vergleichen sind Aktivitäten, die jeder je für sich betreibt. Die ersten beiden informellen Normen stellen damit gewissermaßen die „Schere im Kopf" in Bezug auf Leistungsbeurteilungen von Kollegen dar. Werden beide Normen überschritten, bildet sich jemand also ein dezidiertes Gesamturteil über die Leistungsfähigkeit eines Kollegen, tritt eine dritte informelle Norm als weiterer Schutzwall der Gleichheitsfiktion in Kraft. Diese

---

9   Zu Organisation siehe Luhmann (1964: 314-331).
10   Siehe allgemein Goffman (1955) dazu, wie das „face-work" eines Akteurs von anderen unterstützt wird.

Norm besagt, dass solche individuell getroffenen Leistungsurteile unausgesprochen bleiben. Man redet möglichst nicht darüber; man tut es vor allem nicht in formellen Foren der Fachöffentlichkeit, etwa im Fachbereichsrat oder auf Tagungen; und erst Recht tut man es nicht so, dass der Betreffende es erfahren könnte. Natürlich gibt es im Kollegenkreis viel Tratsch, der wie sonst auch vorzugsweise Abwesende und Negatives thematisiert.[11] Doch das unter vier Augen durchaus nicht selten drastisch Geäußerte bleibt in der Regel überall dort unausgesprochen, wo es öffentliche negative Folgen für den Betreffenden haben könnte.

Wenn es allerdings dazu kommt, dass jemand in einem formellen fachöffentlichen Rahmen Leistungsschwächen attestiert bekommt, weil sich etwa ein Kollege im heftigen Streitgespräch nicht an die Normen hält oder weil Studierende, die nicht an die kollegiale Solidarität gebunden sind, schlechte Lehre an den Pranger stellen, tritt eine vierte informelle Norm als letzter Schutzwall der Gleichheitsfiktion in Kraft. Ihr zu Folge hat der in seiner Leistungsfähigkeit Kritisierte das Recht, diese Kritik als unzutreffend zurückzuweisen oder für eine als zutreffend akzeptierte Kritik Entschuldigungen zu finden; und die jeweils adressierten Kollegen sind gehalten, diese Erklärungen großzügig hinzunehmen und nicht etwa kritisch zu hinterfragen. Der Betreffende kann beispielsweise die Datenbasis, die einer Leistungsbeurteilung zu Grunde liegt, für inadäquat erklären; er kann denjenigen, die das Urteil abgegeben haben, niedere Motive verschiedenster Art attestieren; er kann darauf verweisen, dass die Beurteilungskriterien seinem fachlichen Profil nicht gerecht werden; er kann aber auch Leistungsschwächen zugestehen und dafür mehr oder weniger temporäre mildernde Umstände anführen – von besonderen beruflichen Belastungen der einen oder anderen Art bis zu familiären Problemen.

Diese vier informellen Normen konstituieren den Takt unter Kollegen mit Bezug auf Leistungsbeurteilungen. Insbesondere die Aufrechterhaltung der dritten und der vierten Norm sind im Einzelnen manchmal höchst kunstvolle „Ensembledarstellungen" (Goffman 1956) aller Beteiligten. Wie schon dargestellt, werden diese Normen bei bestimmten Entscheidungsanlässen partiell außer Kraft gesetzt, sodass dann Leistungsbeurteilungen abgegeben werden – dies aber eben in einer möglichst anonymisierten Form. Nicht nur, dass geheim zu halten versucht wird, wer welches Urteil abgegeben hat – auch schon der Tatbestand, dass jemand einer Leistungsbeurteilung unterworfen ist, wird möglichst verdeckt gehalten. So veröffentlichen beispielsweise weder die Fachzeitschriften noch die Förderorganisationen Listen derjenigen, die erfolglos Manuskripte oder Förderanträge eingereicht haben; und

---

11 Siehe auch Fuchs (1995) mit der nützlichen Unterscheidung von „Informationsklatsch" und „moralisierendem Klatsch".

auch die Namen derjenigen, die sich erfolglos auf eine Professur beworben haben, werden formell nirgends öffentlich gehandelt.

All die geschilderten Vorkehrungen erstrecken sich auf die Binnenöffentlichkeit des betreffenden Faches. Darüber hinaus existiert allerdings eine noch viel fester gefügte fünfte informelle Norm, der gemäß Leistungsbeurteilungen von Kollegen, ob sie nun fachintern öffentlich sind oder nur als Tratsch kursieren, auf keinen Fall nach außen gegeben werden dürfen.[12] Damit ist zum einen die Beziehung zu den jeweiligen Klienten angesprochen – im Hochschulbereich also zu den Studierenden. Ihnen gegenüber darf man sich nicht negativ wertend über Kollegen äußern. Zum anderen gilt dies für die Beziehung der Hochschulen zu den zuständigen politischen Instanzen. Auch gegenüber dem jeweiligen Ministerium gilt diese Schweigenorm. Auf diese Weise wird die Gleichheitsfiktion nicht nur intern, sondern auch extern als öffentliche und formelle Sicht der Dinge zu Grunde gelegt.

Alle fünf Normen, die einer Aufrechterhaltung der Kollegialität und ihrer Gleichheitsfiktion dienen, werden demonstrativ gebrochen, wenn Wissenschaftler die hochschulpolitischen Entscheidungsträger durch Leistungsbeurteilungen von Kollegen beraten. Da die Politik darauf besteht, ihre Ressourcenentscheidungen fortan stärker auf der Grundlage solcher Beurteilungen vorzunehmen, gibt es, wie bereits angesprochen, nur eine Alternative zur Verletzung dieser Normen. Diese Alternative besteht darin, dass die Ministerien oder auch schon die Hochschulleitungen die Leistungsbeurteilungen selbst vornehmen – was dann nur auf der Basis solcher Indikatoren und Daten geschehen kann, für deren Ermittlung und Interpretation keine Zugehörigkeit zur jeweiligen fachlichen Community erforderlich ist.

So etwas wurde und wird in der Tat immer wieder praktiziert – wobei es den politischen Akteuren dabei weniger darum ging, die Kollegialität an den Hochschulen keiner Zerreißprobe auszusetzen, sondern meistens lediglich darum, relativ schnell und vergleichsweise unaufwendig und damit auch preiswert zu Leistungsbeurteilungen zu gelangen. In diesem Sinne auch von Fachfremden handhabbare Indikatoren für Lehr- und Forschungsleistungen sind u.a.: die Anzahl der Studierenden, die in bestimmte Studiengänge eingeschrieben sind oder bestimmte Lehrveranstaltungen besuchen; die Zahl oder Quote der Absolventen eines Studiengangs; die Anzahl von Promotionen oder Habilitationen; die Menge der eingeworbenen Drittmittel; die Anzahl der Publikationen oder Zitationen.

Zur Validität jedes dieser Indikatoren gibt es gewichtige Einwände – jedenfalls dann, wenn sie „naiv", also ohne tiefergehende Kenntnisse der Besonderheiten des jeweiligen Faches und der jeweils beurteilten Arbeitseinheiten herangezogen werden. Diese Problematik entschärft sich auch nicht

---

12 Prägnant auch Luhmann (1964: 316) für Organisationskollegen: „Sich [...] gegenseitig Deckung zu geben, ist kollegiale Pflicht."

dadurch, dass mehrere Indikatoren zu einer Formel gebündelt werden. Denn nichts garantiert, dass sich die Indikatoren hinsichtlich ihrer Schwächen wechselseitig korrigieren. Dennoch basieren beispielsweise die periodischen landesweiten Evaluationen von Forschungs- und Lehrleistungen an den britischen und australischen Universitäten weitgehend auf derartigen Indikatoren, die die zuständigen politischen Instanzen, lediglich durch Wissenschaftsforscher – vor allem Bibliometriker – unterstützt, ermitteln.[13]

Auch in Nordrhein-Westfalen – um ein aktuelles hiesiges Beispiel anzuführen – vergleicht das Ministerium auf eigene Faust die einzelnen Fächer an ihren verschiedenen Hochschulstandorten anhand zweier Indikatoren: Absolventen pro Professor und eingeworbene Drittmittel pro Wissenschaftler. Diese beiden Indikatoren stellen dann die Achsen eines Koordinatensystems dar, als dessen Nullpunkt der jeweilige fachspezifische Durchschnittswert aller nordrhein-westfälischen Hochschulen gewählt wird. Daraus ergibt sich ein Koordinatensystem mit vier Quadranten: Im rechten oberen Quadranten befinden sich diejenigen Standorte eines bestimmten Faches, die sowohl überdurchschnittliche Lehr- als auch Forschungsleistungen erbringen; im linken unteren Quadranten sind diejenigen Standorte angesiedelt, die sowohl in Lehre als auch in Forschung unterdurchschnittliche Leistungen vorzuweisen haben; und in den beiden anderen Quadranten sind zum einen unterdurchschnittliche Lehr- mit überdurchschnittlichen Forschungsleistungen, zum anderen unterdurchschnittliche Forschungs- mit überdurchschnittlichen Lehrleistungen kombiniert. Dieses simple Sortierschema soll in den kommenden Jahren auf der Basis jeweils aktueller Daten fortgeschrieben werden und dazu dienen, dem Ministerium bei Entscheidungen über Ressourcenzuwächse oder -streichungen für bestimmte Fächer an bestimmten Standorten Orientierungen zu geben – bis hin zu Entscheidungen darüber, Fächer an einigen Standorten ganz einzustellen.

Der Aufschrei unter den nordrhein-westfälischen Wissenschaftlern war groß, als sie von diesem Vorhaben des Ministeriums erfuhren. Man war sich einig darin, dass völlig unsachgemäße Beurteilungsstandards auf einer unzureichenden Datenbasis nur zu weitgehend willkürlichen Beurteilungen führen könnten. Hier wie auch in Großbritannien und Australien zieht also die politische Seite den Protest auf sich, indem sie davon absieht, sich in Form von Leistungsbeurteilungen durch Fachkollegen beraten zu lassen. So wird Kollegialität geschont, und die Gleichheitsfiktion bleibt insoweit innerhalb der Fach-Community erhalten, als man sich allgemein darüber einig ist, dass die politisch ermittelten Leistungsungleichheiten jedenfalls ein völlig falsches Bild ergäben.

Man könnte hinter dem politischen Verzicht auf fachlich kundige Beratung außer den bereits genannten Gründen noch ein weiteres, strategisches

---

13 Siehe nur Schimank/Meier (2002) als Überblick.

Motiv vermuten. Politische Gesellschaftsteuerung verläuft ja in einer Reihe von Politikfeldern zumindest partiell so, dass die staatliche Seite die Steuerungsaufgaben den jeweiligen nicht-staatlichen Akteuren selbst überlässt und lediglich beobachtet, ob diese die Aufgabe im Sinne der staatlichen Zielsetzungen angemessen erfüllen.[14] Darin ist eine Drohung mit dem eigenen Dilettantismus impliziert: Schaffen es die nicht-staatlichen Akteure nicht oder sind sie nicht dazu bereit, sich auf der Linie der staatlichen Steuerungsziele selbst zu steuern, werden die staatlichen Akteure die Steuerung übernehmen, wobei von vornherein klar ist, dass sie dies vor allem aufgrund ihrer Informationsdefizite nur mit deutlich weniger Sachgerechtigkeit erledigen können. Den nicht-staatlichen Akteuren des jeweiligen Gesellschaftsbereichs wird damit vor Augen geführt, dass sie sich allesamt besser stehen, wenn ihre Selbststeuerung funktioniert. Womöglich steht eine derartige Steuerungsstrategie auch hinter den geschilderten Evaluationsmaßnahmen. Man sollte den Wissenschaftsministerien nicht soviel Dummheit unterstellen, dass man sich dort nicht abstrakt darüber im Klaren wäre, dass die eigene Kriterien und Daten höchst unzulänglich sind.[15] Das Kalkül könnte ja darin bestehen, dass man die Hochschulen mit der Vortäuschung dieser Dummheit solange quälen will, bis sich die Fach-Communities dazu bereit finden, kundige, aussagefähige und zuverlässige Selbstevaluationen in Gang zu bringen, die als hochschulpolitische Entscheidungshilfen wirken können.[16]

So gesehen mag man bei entsprechenden Beratungen, wie sie etwa im Rahmen der Forschungsevaluationen der niedersächsischen Wissenschaftlichen Kommission stattfinden, von abgepressten Informationen sprechen. In einem drastischen Bild formuliert: Aus einer Gruppe von Personen, die nicht damit herausrücken wollen, wer von ihnen bestimmte Straftaten begangen hat, greift sich die Polizei willkürlich einzelne heraus und foltert sie, damit diejenigen, die andere decken, diese Solidarität aufgeben, weil sie sie teuer zu stehen kommen kann. Es ist nicht zu erwarten, dass sich an den deutschen Hochschulen ein massenhafter Heroismus manifestiert, wie man ihn aus einschlägigen Hollywoodfilmen kennt, in denen sich Unschuldige bis hin zum eigenen Tod schweigend für Schuldige opfern. Deutsche Professoren sind gemeinhin keine Helden.[17] Das Schweigekartell der Scientific Communities wird aufgebrochen werden; es werden sich Berater finden, die Leistungsbeurteilungen über Kollegen abgeben: Die Verräter sind bereits unter uns.

---

14 Siehe nur Schimank/Glagow (1984) zu „Delegation" und „Subsidiarität".
15 Wie so oft, wäre das die wahre Dummheit: die anderen für dümmer zu halten, als sie sind.
16 Siehe auch Schimank (2004) zu einer umfassenderen Analyse der Lage, in der sich die akademische Profession derzeit befindet.
17 Was ihnen nicht vorzuwerfen wäre, wenn sich nicht zu viele von ihnen heimlich dafür halten würden.

In ihrer geradezu karikaturistischen Übertreibung soll die dramatisch moralisierende Sprache der letzten Sätze auf eine bislang oftmals nur untergründige, aber gleichwohl drastische Stimmungslage und Stimmungsmache hinweisen, die im Umfeld dieses Typus von Beratung schnell aufkommen kann, weil er eben bis dato unangefochtene Kollegialitätsnormen überschreitet. Womöglich hilft zur Verteidigung solcher Beratungstätigkeiten nur ein Gegenpathos, dass das Interesse des Faches ins Feld führt, um Kollegialität relativieren zu können. So wie jemand sich Fachkollegen solidarisch verbunden fühlen kann, kann jemand sich auch mit den Belangen seines Fachs in dessen Gesamtheit identifizieren. Und je knapper die verfügbaren Ressourcen nun einmal werden, wird es mit Blick auf die Belange des Fachs immer wichtiger, dass das Wenige möglichst zweckmäßig verteilt wird. Diese Erwägung kann dann dazu führen, die Gleichheitsfiktion aufzugeben und der Politik zu zeigen, wer wie gut oder schlecht ist. Eine blinde Solidarität mit den Leistungsschwachen könnte ja das Fach als Ganzes gefährden; und sie wäre überdies eine schreiende Ungerechtigkeit – in Termini von Leistungsgerechtigkeit – gegenüber den Leistungsstarken. Wenn Ressourcenkürzungen mit dem Rasenmäher vollzogen werden, behalten diejenigen Ressourcen, die mit ihnen nichts anzufangen wissen; Verlierer sind effektiv nur diejenigen, die noch mehr Ressourcen, als sie gehabt haben, sinnvoll hätten verwenden können, aber stattdessen ebenfalls welche abgeben müssen.

Es wäre freilich sehr viel einfacher, negative Leistungsbeurteilungen von Kollegen abzugeben, wenn man auf Seiten der Politik nicht – wie schon angesprochen – die gleichsam reflexhafte Reaktion erwarten müsste, dass Leistungsschwäche bestraft wird. Bei genauerem Hinsehen ist dies alles andere als schlüssig. Ein solches Reaktionsmuster geht stillschweigend davon aus, dass allein oder vorrangig individuelle Leistungsunwilligkeit und -unfähigkeit für die Leistungsschwäche ausschlaggebend sind. Schließt man indes die Möglichkeit nicht aus, dass Leistungsschwächen auch andere Ursachen haben könnten, ergäbe sich eine breitere Palette von Konsequenzen. Wenn etwa Ressourcendefizite, z.B. eine chronisch schlechte Laborausstattung, zugrunde lägen, läge es an den staatlichen Stellen, mehr Geld bereitzustellen – was diese freilich nicht gerne hören würden. Leistungsschwächen der Forschung könnten weiterhin beispielsweise auch an einer bürokratischen Überreglementierung im Namen von Arbeits- oder Tierschutz liegen: Macht es dann Sinn, die Forscher durch Ressourcenentzug weiter zu behindern? Oder: Bestimmte Forschungsfelder sind schwierig zu institutionalisieren, in der Struktur der deutschen Hochschulen etwa interdiziplinäre Themenstellungen. Sollen solche Bemühungen, wenn man sich schon dazu aufrafft, durch Ressourcenentzug bestraft werden? Oder wäre in derartigen Fällen aus Leistungsbeurteilungen nicht umgekehrt die Konsequenz zu ziehen, besondere Förderungsanstrengungen zu unternehmen? Dass die gängige Evaluationsdiskussion und -praxis auf solche Fragen noch nie gekommen ist, deutet stark darauf hin, dass es ihr vorrangig nur um eines geht: um die Legitimation von Kürzungen aufgrund der chronisch schlechten staatlichen Haushaltslage. Das Bemühen um Leistungsverbesserung ist sehr oft nichts weiter als ein vorgeschobenes Argument.

Dieser häufig zwielichtige Verwendungszusammenhang von Leistungsbeurteilungen durch Kollegen macht es diesen nicht einfacher, Appellen und Kritiken standzuhalten, die sie davon abhalten wollen, das Interesse des Faches wahrzunehmen. Was tut man beispielsweise als Berater mit einem ziemlich runtergekommenen Standort des eigenen Faches – Orte seien nicht genannt? Dem Lehr- und Forschungspotential des Faches würde es nicht im geringsten schaden, wenn es dort bei nächster Gelegenheit abgewickelt werden würde. Aber es würde dem Fach natürlich sehr wohl schaden: weil ein Standort verloren ginge. Soll man also versuchen, den Standort zu erhalten, auch wenn dies eine Wiedergeburt der schon lange währenden Misere bedeutet? Natürlich kann man ins Gutachten schreiben, dass nur eine grundlegende Erneuerung mit Hilfe externer Berater in Frage kommt. Aber man weiß, wie begrenzt deren Einfluß letztlich ist.

Leistungsbeurteilungen durch Kollegen könnten alles in allem, trotz der damit zweifellos verbundenen Risiken politischer Zweckentfremdung, auf eine Selbstkorrektur überzogener Kollegialität hinauslaufen. Die Gleichsetzung einer sturen Einhaltung von Kollegialitätsnormen mit dem Wohl des betreffenden Faches ist insbesondere unter Bedingungen von Ressourcenknappheit nicht gerechtfertigt. Zugleich sollte man bei diesem Typus von Beratung realistisch in Rechnung stellen, dass es ausgesprochen schwer fällt, Kollegen Leistungsschwächen zu attestieren und sie so nicht nur in der Fachöffentlichkeit, sondern auch nach außen bloßzustellen. Man sollte vom Peer-review nichts Übermenschliches verlangen.

Wie stark letzten Endes eine Solidarität auch mit den leistungsschwachen Fachkollegen zuungunsten der Belange des Fachs durchschlägt, hängt u.a. auch davon ab, wie weit die Beratung in Richtung konkreter Entscheidungsempfehlungen geht. Am einen Ende des Spektrums beschränken sich die Berater auf eine rein deskriptive Ist-Einschätzung von Leistungen; am anderen Ende des Spektrums ziehen die Berater hieraus auch spezifische präskriptive Schlüsse hinsichtlich der künftigen Ressourcenausstattung der beurteilten Einheiten. Je extensiver der Beratungsauftrag in dieser Hinsicht formuliert ist, desto zugespitzter manifestieren sich tendenziell die betrachteten Spannungsverhältnisse, denen die Berater unterliegen. Deshalb sollten die Konsequenzen aus den Leistungsbeurteilungen nicht von den Beratern, sondern von den politischen Akteuren selbst gezogen werden. Es ist schwierig genug, einem Kollegen zu attestieren, dass er – um es vornehm auszudrücken – unterdurchschnittliche Leistungen vollbringt. Die daran anschließende Entscheidung, ihm Ressourcen zu entziehen, sollten politische Instanzen auf sich nehmen und nicht ihren Beratern aufbürden. Auch wenn diese sich nicht damit herausreden können, die Implikationen ihrer Leistungsbeurteilungen für Ressourcenentscheidungen nicht gesehen zu haben, macht es einen Unterschied, ob sie die anschließenden Entscheidungen explizit selbst treffen oder nicht.

Die bisherigen Überlegungen könnten so klingen, als ginge es ganz einseitig darum, die Profession Wissenschaft an Hochschulen politischen Maßregeln – bis hin zu Moden – anzupassen. Demgegenüber ist zu betonen, dass die Politikberatung durch Leistungsbeurteilungen von Kollegen auch darauf zu achten hat, dass innerfachlichen Profilbildungen Gerechtigkeit widerfährt. Eine bestimmte Arbeitseinheit kann sich an innerfachlichen Profilbildungen in Lehre oder Forschung orientieren: z.b. an grundständiger Lehre oder wissenschaftlicher Weiterbildung, an Grundlagenforschung oder einer Forschung mit Anwendungsbezügen (Meier/Schimank 2002). Hier müssen diejenigen Maßstäbe angelegt werden, die für die betreffenden Arbeitseinheiten selbst handlungsleitend gewesen sind. Das läuft auf eine Pluralisierung von Leistungsbeurteilungen hinaus. Nicht alle Arbeitseinheiten eines Faches sind über denselben Leisten zu schlagen; und dies ist nicht als eine Strategie der Konkurrenzvermeidung im Sinne Emile Durkheims (1893: 314-343) zu werten, sondern als sachlich notwendige Besetzung von verschiedenen Feldern wissenschaftlicher Wissensproduktion.

Insgesamt dürfte angesichts der geschilderten Entwicklungen klar sein, dass die Bedeutung der wissenschaftlichen Fachgesellschaften größer werden wird. Sie haben wissenschaftspolitisch bislang eine sehr untergeordnete Rolle gespielt (Schimank 1988b; Wissenschaftsrat 1992). Man könnte sogar überlegen, ob man die Fachgesellschaften mittelfristig gezielt so fördert, dass sie sich organisatorisch konsolidieren und zu den zentralen Evaluationsinstanzen ihrer jeweiligen Disziplinen entwickeln. Sachlich liegt dies nahe, weil in den Fachgesellschaften der disziplinäre Sachverstand organisatorisch zusammengeführt wird. Zugegebenermaßen sind die Fachgesellschaften bislang in ihrer Mehrzahl eher schwache, wenig einflußreiche Zusammenschlüsse, die im wesentlichen durch die Organisation von Tagungen von sich Reden machen. Die Fachgesellschaften müssen einen Pool von Beratern aufbauen und auch prozedurale und substantielle Beratungsstandards vorgeben, an denen sich künftige Aufträge und Auftragnehmer orientieren können. Nur den Fachgesellschaften als professionellen Gemeinschaften kann es gelingen, kollegiale Solidarität und Identifikation mit dem Interesse des Faches zusammenzuführen.

3. Schluss

Der Typus von Beratung, der im vorliegenden Beitrag geschildert worden ist, ist ein besonders prekärer. Beratung läuft hierbei, um es nochmals mit verdammend schwelgerischem Pathos zu sagen, auf Verrat hinaus – und wer ist schon gerne ein Verräter? Dass der Verrat sachlich erforderlich ist, ist die andere Seite der Medaille. Vorerst sind die Einzelnen, die die Interessen des Faches – und nicht bloß die des leistungsschwachen Fachkollegen – wahrnehmen wollen, auf sich allein gestellt. Dabei darf es jedoch nicht bleiben, will man die Fachinteressen nicht der Erratik politischer Moden und Ränkespiele überlassen.

Noch aus einem weiteren Grunde könnte die nähere Betrachtung des hier eher auf der Basis eines Erfahrungsberichts reflektierten Typus von Beratung angeraten sein. Die sich nun im Zuge größer angelegter und regelmäßigerer Evaluationen von Forschung und Lehre an den deutschen Hochschulen allmählich institutionalisierende Politikberatung in Gestalt vergleichender Leistungsbeurteilung von Kollegen könnte im Zuge des „new public management" auch in anderen von staatlichen Finanzmitteln abhängigen Gesellschaftsbereichen Einzug halten. Zu denken ist etwa an Schulen, Krankenhäuser, Gerichte oder kulturelle Einrichtungen wie Museen und Theater. Die „audit society" (Power 1997) ist auf dem Vormarsch.

Literatur

Braun, Dietmar (1993): Who Governs Intermediary Agencies? Principal-Agent Relations in Research Policy-Making. In: Journal of Public Policy 13, S. 135-162.
Braun, Dietmar/Francois-Xavier Merrien (Hg.) (1999): Towards a New Model of Governance for Universities? A Comparative View. London.
Dörner, Dietrich (1989): Die Logik des Mißlingens. Strategisches Denken in komplexen Situationen. Reinbek.
Durkheim, Emile (1893): The Division of Labour in Society. New York/London 1964.
Ebers, Mark/Gotsch, Wilfried (1993): Institutionenökonomische Theorien der Organisation. In: Albrecht Kieser (Hg.): Organisationstheorien. Stuttgart. S. 193-242.
Freidson, Eliot (2001): Professionalism. The Third Logic. Chicago.
Fuchs, Stephan (1995): The Stratified Order of Gossip. Informal Communication in Organizations and Science. In: Soziale Systeme 1, S. 47-72.
Goffman, Erving (1955): On Face-Work. In: Erving Goffman, Interaction Ritual. Harmondsworth 1972, S. 5-45.
Goffman, Erving (1956): Wir alle spielen Theater. Die Selbstdarstellung im Alltag. München 1969.
Hornbostel, Stefan (1997): Wissenschaftsindikatoren. Opladen.
Luhmann, Niklas (1964): Funktionen und Folgen formaler Organisation. Berlin.
Meier, Frank/Schimank, Uwe (2002): Szenarien der Profilbildung im deutschen Hochschul-System. Einige Vermutungen. In: Die Hochschule 1/2002, S. 82-91.
Moe, Terry M. (1984): The New Economics of Organization. In: American Journal of Political Science 28, S. 739-777.

Parsons, Talcott (1968): Professions. In: International Encyclopedia of the Social Sciences, Vol. 12, S. 536-547.
Power, Michael (1997): Audit Society – Rituals of Verification. Oxford.
Röbbecke, Martina (2001): Reflexive Evaluation. Ziele, Verfahren und Instrumente der Bewertung von Forschungsinstituten. Berlin.
Schimank, Uwe (1988a): Probleme wissenschaftlicher Politikberatung. Artikel I. In: Die Krankenversicherung 40, S. 199-202.
Schimank, Uwe (1988b): Scientific Associations in the German Research System. In: Knowledge in Society 1, S. 69-85.
Schimank, Uwe (1996): Universities and Extra-University Research Institutes: Tensions within Stable Institutional Structures. In: Frieder Mayer-Krahmer/Wilhelm Krull (Hg.): Science and Technology in Germany. London, S.11-124.
Schimank, Uwe (1997): Leistungskontrollen für Professoren? In: Leviathan 25, S. 151-158.
Schimank, Uwe (2004): The Academic Profession and the Universities – Current Tensions and Tendencies. Erscheint in: Thomas Klatezki (Hg.): Organization and Profession in the Knowledge Society (i.E.).
Schimank, Uwe/Glagow, Manfred (1984): Formen politischer Steuerung: Etatismus, Subsidiarität, Delegation und Neokorporatismus. In: Manfred Glagow (Hg.): Gesellschaftssteuerung zwischen Korporatismus und Subsidiarität. Bielefeld, S. 4-25.
Schimank, Uwe/Meier; Frank (2002): Neue Steuerungssysteme an den Hochschulen. Expertise im Rahmen der Förderinititiative „Science Policy Studies" des BMBF. http://www/sciencepolicystudies.
Stölting, Erhard/Schimank, Uwe (Hg.): (2001): Die Krise der Universitäten. Leviathan Sonderheft 20. Wiesbaden.
Wissenschaftliche Kommission Niedersachsen (2001): Forschungsevaluation an niedersächsischen Hochschulen und Forschungseinrichtungen. Grundzüge des Verfahrens. Hannover: Wissenschaftliche Kommission Niedersachsen.
Wissenschaftsrat (1992): Zur Förderung von Wissenschaft und Forschung durch wissenschaftliche Fachgesellschaften. Köln: Wissenschaftsrat.
Wollmann, Helmut (1995): Politikberatung. In: Dieter Nohlen (Hg.): Wörterbuch Staat und Politik. München, S. 545-550.

Ursula Bohn, Stefan Kühl

Beratung, Organisation und Profession

Die gescheiterte Professionalisierung in der Organisationsentwicklung, systemischen Beratung und Managementberatung

1. Beratungsgesellschaft ohne Professionalisierung der Beratung?

Zeitdiagnosen, die immer neue Gesellschaftsformationen hervorrufen, sind in der Soziologie populär. Waren es früher Gesellschaftsdiagnosen wie Bürgergesellschaft, Arbeitsgesellschaft, Industriegesellschaft, Dienstleistungsgesellschaft, Klassengesellschaft oder kapitalistische Gesellschaft, sind jetzt Gesellschaftsbestimmungen wie Risikogesellschaft, Erlebnisgesellschaft, Wissensgesellschaft, Organisationsgesellschaft oder Multioptionsgesellschaft en vogue. André Kieserling spricht angesichts der Vervielfältigung von Zeitdiagnosen in der Soziologie ironisch von der Ausbildung einer Diagnosegesellschaft, in der sich die Beschreibungsformen der Gesellschaft fast explosionsartig vermehren (2001). Haben wir jetzt also Beratungsgesellschaft, die beratene und beratende Gesellschaft, im Schaufensterangebot der Soziologie?

Erst einmal überrascht die Rede von einer Beratungsgesellschaft, weil die funktional differenzierte Gesellschaft nicht beraten kann und auch nicht beraten werden kann. Wer sollte der Adressat einer Beratung durch die Gesellschaft sein? Wie sollte die Gesellschaft beraten werden? Beratung braucht einen Adressaten und sowohl die Gesamtgesellschaft als auch die gesellschaftlichen Teilbereiche wie Wirtschaft oder Politik eignen sich nicht als Adressat für Beratungsleistung. Zwar präsentiert sich das Kanzleramt gerne als Repräsentant der Politik, die Wirtschaftsverbände gebärden sich als Vertreter der Wirtschaft, aber letztlich stecken hinter diesen nur Organisationen, denen es gelungen ist, sich mit einem besonders expansiven Anspruch zu präsentieren. Berater würden alleine schon deswegen auf die Beratung *der* Wirtschaft und *der* Politik verzichten, weil es niemanden geben würde, der für eine so generell ansetzende Beratung die nötigen Überweisungsformulare für das Beraterhonorar ausfüllen würde.[1]

Als Kunden für Beratungsleistung bieten sich allem Anschein nach nicht primär die Gesellschaft oder die gesellschaftlichen Teilbereiche an, sondern nur Personen, Gruppen oder Organisationen. Die aktuelle Zeitdiagnose einer

---

1 Bei Niklas Luhmann (1997: 841) heißt dies: „Keine Organisation im Bereich eines Funktionssystems kann alle Operationen des Funktionssystems an sich ziehen und als eigene durchführen".

Beratungsgesellschaft wäre mit Hinblick auf Personen und Gruppen allein nicht zu rechtfertigen, setzte der Boom der psychotherapeutischen Beratung oder auch der Gruppenberatung wenigstens in den westlichen Industriestaaten doch schon recht bald nach dem Zweiten Weltkrieg ein. Man mag eine Zunahme dieser Beratungsleistungen in diesem Feld beobachten, einen qualitativ bemerkenswerten Sprung scheint es dort nicht zu geben. Die Zeitdiagnose, wir leben in einer Beratungsgesellschaft, wurde vermutlich vor dem Hintergrund einer explosionsartigen Zunahme von Beratungsleistungen in einem ganz bestimmten Segment gestellt: in der Beratung von Organisationen. So entpuppt sich die Bestimmung einer Gesellschaft als Beratungsgesellschaft als kleine Schwester einer Zeitdiagnose der Organisationsgesellschaft (z.b. Schmidt 1990; Schimank 2001; kritisch Kühl 2003).

Uns interessiert in diesem Artikel ein Phänomen: Während einerseits von einem Boom der Organisationsberatung ausgegangen wird, der seine Zuspitzung in der Diagnose einer Beratungsgesellschaft findet, gibt es andererseits keinerlei Indizien für eine Professionalisierung der Organisationsberatung. Wie hängt der Boom der Beratung, kumulierend in der Diagnose der Beratungsgesellschaft, mit den gescheiterten Professionalisierungsversuchen der Organisationsberater zusammen? Wie hängen die nun aufkommenden Wehklagen und Diagnosen in Zusammenhang mit der heraufbeschworenen Krise der Organisationsberatung mit Themen der Professionalisierung zusammen?

Wir gehen bei der Untersuchung von einem soziologischen Professionsbegriff aus, der sich deutlich von den Selbstbeschreibungen der Berater unterscheidet. Berater verwenden häufig Wörter wie Profession, professionell und Professionalisierung, meinen damit aber vorrangig die Beherrschung ihrer Tätigkeiten und das glaubwürdige Auftreten gegenüber ihren Kunden. Die Soziologie arbeitet dagegen mit einem engen Professionsbegriff. Gemeint ist die Ausbildung einer geschlossenen Profession, die sich selbst kontrolliert und reguliert. Der Zugang zur Profession ist durch eine akademisierte Ausbildung mit einer Abschlussprüfung geregelt, die Einhaltung eines Ethik-Kodexes wird durch den eigenen Berufsverband überwacht und die Befähigung, den entsprechenden Professionstitel (Arzt, Jurist, Theologe) zu führen, wird rechtlich nur den Professionsangehörigen zugestanden. Zudem obliegt es den Professionsangehörigen, die Interaktionssituation mit dem Klienten zu definieren (krank/gesund, recht/unrecht, Seelenheil/kein Seelenheil), es herrscht also eine ausgeprägte Wissensasymmetrie in der Interaktion.

Im ersten Abschnitt dieses Artikels werden wir aus einer funktionalistischen Perspektive die Struktur der Organisationsberatung auf ihre Chancen für eine mögliche Professionalisierung hin untersuchen. Im zweiten Abschnitt rekonstruieren wir dann die weitgehend gescheiterten Professionalisierungsbemühungen in den drei Hauptrichtungen der Organisationsberatung, der Organisationsentwicklung, der systemischen Beratung und der Management- bzw. Expertenberatung. Im dritten Abschnitt versuchen wir den Bogen von den gescheiterten Professionalisierungsbemühungen zurück zur Zeitdiagnose einer Beratungsgesellschaft zu schlagen.[2]

2. Das Problem der Standardisierbarkeit von Beratungsleistungen als Ausgangspunktspunkt für Professionalisierungsbestrebungen

Organisationsberatungsprozesse – so der banale Ausgangspunkt unserer Überlegungen – sind durch Unsicherheit gekennzeichnet. Im Gegensatz zu der Produktion einer CD-Hülle, der Organisation einer telefonischen Verkaufsaktion, der Bedienung von Kunden im Restaurant oder der logistischen Verkettung mit Zulieferern ist ein Organisationsberatungsprozess nur schwer steuer-, plan- und voraussagbar. Die Probleme des Klienten sind meistens so gebaut, dass sie nicht durch „einfache Rezeptologien" (Krämer 1981: 315) gelöst werden können. Sie sind so komplex, das für sie kein Standardablauf entwickelt werden kann und Entscheidungen von Fall zu Fall getroffen werden müssen. In der Beratungssituation scheint es der Tendenz nach „eine Überkomplexität der Situation im Vergleich zum verfügbaren Wissen zu geben" (Stichweh 1994: 306).

Die vielen Fragen, mit denen sich Organisationsberater im Beratungsprozess konfrontiert sehen, sind für diese Unsicherheit charakteristisch: Wie wirken sich Interventionen aus? Wie reagiert das Klientensystem auf die Diagnosen und Eingriffe der Berater? Welche ungewollten Nebenfolgen bilden sich im Rahmen eines Organisationsprozesses aus? Welches Eigenleben hat die Organisation und wie beeinflusst dieses mein Handeln? Welche Immunisierungsbestrebungen gibt es in der Organisation und wie reagiere ich darauf? In der Soziologie wird diese Unsicherheitsbelastung von Tätigkeiten als „Technologiedefizit" oder „Standardisierungsproblem" bezeichnet. Eine Tätigkeit ist so komplex, dass sie nicht in einzelne Komponenten zerlegt werden kann. Es ist nicht möglich, einen Arbeitsgang aus einer festen Folge von Schritten zu definieren (Wilensky 1972: 209).

Als Reaktion auf Technologiedefizite haben sich in zentralen Tätigkeitsfeldern der modernen Gesellschaften Professionen etablieren können. Profes-

---

2 Die hier dargestellten Ergebnisse beruhen auf zwei Erhebungswellen: In einem ersten Schritt wurde mit Hilfe von qualitativen, leitfadengestützten Interviews (Liebold/ Trinczek 2002) und auf der Basis von Primärliteraturanalysen die Professionalisierung der Organisationsentwickler untersucht (vgl. die Ergebnisse bei Kühl 2001a; 2001b). In einem zweiten Schritt wurde die Studie dann auf die Gruppe der Managementberater und der systemischen Berater ausgeweitet. Es wurden dabei ebenfalls qualitative Interviews mit Vertretern dieser Beratungsansätze geführt und darüber hinaus Literaturanalysen vorgenommen (vgl. die Ergebnisse bei Bohn 2003).

sionen unterscheiden sich von Berufen dadurch, dass sie mit Unsicherheit in ihren Tätigkeiten umgehen können. Während man in Berufen wie Makler, Werkzeugbauer, Steward oder Sekretär sich darauf verlassen kann, dass man alle entstehenden Probleme und Aufgaben mit einem vorher erlernten Standardrepertoire an Fertigkeiten und Fähigkeiten bewältigen kann, entwickeln Professionen auch für unerwartete Probleme und Aufgaben Umgangsformen. Der Mediziner ist auch in der Lage, eine ihm bisher nicht bekannte Krankheit oder Verletzung zu behandeln. Der Jurist sieht sich vor der Aufgabe, auch Rechtsprobleme zu bearbeiten, für die es bisher keine Präzedenzfälle gibt. Auch ein Theologe muss mit unbekannten Herausforderungen seiner Klientel umgehen können, kann er doch in seiner Ausbildung nicht auf alle Probleme vorbereitet werden, die der Gläubige mit Gott (oder Gott mit dem Gläubigen) entwickeln könnte.

Durch eine in der Regel wissenschaftlich fundierte Aus- und Fortbildung werden Professionals in die Lage versetzt, Operationen und Transformationen auf ihr eigenes Resultat anzuwenden. Sie handhaben insofern die Berufsidee reflexiv bzw. selbstbezüglich (Stichweh 1996: 51). So war es auch das Ziel der Professionalisierungsbemühungen in der Organisationsentwicklung, dass die Berater nicht nur das methodische Inventar ihres Faches kennen, sondern in der Lage sind, die Ergebnisse ihrer Interventionen zu evaluieren und dementsprechend ihr Methodenrepertoire zu variieren und selbstständig zu erweitern. Organisationsentwickler sollten durch eine professionelle, theoretisch basierte Ausbildung dazu in die Lage versetzt werden, sich von vorhergehenden genauen Durchstrukturierungen zu lösen und flexibel auf veränderte Situationen in einem Prozess reagieren zu können.

Über Professionalisierung gelingt es drei zentrale Problembereiche, die sich aus dem Technologiedefizit ergeben, in den Griff zu bekommen.

Ein erster Problembereich ist, dass bei mit Technologiedefiziten belasteten Tätigkeiten der Erfolg einer Maßnahme nicht eindeutig zu bestimmen und zu planen ist. Die Unsicherheiten in einer Tätigkeit sind so hoch, dass jeder beteiligte Akteur selbst bestimmen kann, was Erfolg bedeutet. Es werden deswegen in der Regel bei diesen Tätigkeiten auch keine Erfolgshonorare bezahlt, sondern Stundenlöhne oder Festsätze. Die Tätigkeiten von Medizinern, Juristen und Theologen sind Beispiele dafür, wie aufgrund der Unsicherheit in beruflichen Tätigkeiten sich erfolgsabhängige Honorare nicht durchsetzen konnten. Damit unterscheiden sie sich deutlich von beispielsweise Handwerksberufen, die abhängig vom Erfolg ihrer Leistung (dem Bau eines Hauses, der Reparatur einer Straße oder eines Schuhes) bezahlt werden.

Ein zweiter Problembereich betrifft die Qualitätssicherung. Bei einzelne Komponenten zerlegbaren Tätigkeiten ist es möglich, vorweg Standards der Qualität zu definieren und am Produkt oder am Prozess zu überprüfen, ob diese Standards eingehalten worden sind. Man braucht sich lediglich den Produktionsprozess in einer Dosenfabrik anzusehen, um zu sehen, welche

Rolle definierte und überprüfbare Qualitätsstandards, z.b. in Form von ISO 9000 ff.-Normen, spielen. Bei mit Unsicherheit belasteten Tätigkeiten ist diese Form der formalisierten Qualitätssicherung nicht möglich. Es lässt sich nicht eindeutig feststellen, ob eine Intervention den Qualitätsstandards entspricht. Das Urteil über seine Arbeit gesteht deswegen ein Professional nicht primär seinem Kunden oder einem Hierarchen zu, sondern Kollegen aus der gleichen Profession. Der Arzt lässt nicht den Patienten oder den Verwaltungsleiter des Krankenhauses entscheiden, ob die Herzoperation nach aller Regel der Kunst durchgeführt wurde oder nicht. Dem Klienten wird vermittelt, dass angesichts der Komplexität der Materie eine Orientierung an den Standards der Professionen letztlich auch für ihn am besten ist. Das Vertrauen wird dadurch erreicht, dass die Professionen einen definierten Standard in der Ausbildung garantiert, die Fortentwicklung und Vermittlung des theoretischen Wissens sicherstellt und Stellen zur Kontrolle der Qualität der Professionals einrichtet. Durch diese Reflexivität kann sie den Anspruch erheben, trotz des „Standardisierungsdefizits" Qualität in der Arbeit zu gewährleisten.

Ein dritter Problembereich ist, dass die Tätigkeiten nicht ohne weiteres erlern-, kopier- und automatisierbar sind. Die Tätigkeit kann nicht innerhalb von kurzer Zeit den meisten Menschen beigebracht und auch nicht auf hochautomatisierte Expertensysteme übertragen werden. Die „Kunst der Kriegsführung" entzieht sich beispielsweise einer Automatisierung, was wiederum erklären kann, weswegen die meisten Armeen auf „professional soldiers" besonders in gehobenen Positionen zurückgreifen (Janowitz 1960). Deswegen ist es für Professionen zentral, Lehre, Forschung und Ausbildung in die Hand der Professionsangehörigen zu legen und diesen Bereich auch gegen den Rest der Gesellschaft so gut es geht abzusichern.

Aus diesen – funktionalistisch hergeleiteten Gesichtspunkten – scheint die Beratung ein geeignetes Feld für eine Professionalisierung zu sein. Durch ihr Technologiedefizit sind die Organisationsberater mit einer ähnliche Problemlage konfrontiert wie etablierte Professionen in den Feldern der Medizin, der Juristerei, der Theologie oder der Erziehung. So macht es also durchaus Sinn, die oben skizzierten Merkmale einer Profession auf die Organisationsberatung zu übertragen, um zu sehen, wieweit diese aus einer soziologischen Sichtweise zu einer Profession zu zählen ist.

3. Professionalisierungsversuche der Organisationsentwicklung, der systemischen Beratung und der Managementberatung

Bei der Untersuchung der Professionalisierungsbemühungen in der Organisationsberatung konzentrieren wir uns auf die drei relevanten Stränge: die Organisationsentwicklung, die systemische Beratung und die Managementberatung. Diese Stränge der Organisationsberatung haben sich als eigenständige Beratungsfelder ausgebildet und unterschiedliche Professionalisierungswege durchlaufen. Bei der professionssoziologisch angeleiteten Darstellung arbeiten wir für jedes Beratungsfeld die Geschichte, die theoretische Fundierung, die Arbeit des Berufsverbandes, die Gestaltung der Ausbildung und den Schutz der Berufsbezeichnung heraus.[3]

3.1 Organisationsentwicklung: Die Geschichte einer gescheiterten Professionalisierung

Im deutschsprachigen Raum hat die Organisationsentwicklung ihren professionellen Höhepunkt mit der Gründung der „Gesellschaft für Organisationsentwicklung e.V." (GOE) Anfang der achtziger Jahre erfahren. Der Gründung der Gesellschaft ist die „Erfindung" der Organisationsentwicklung in den USA und die Rezeption dieser Ansätze in Deutschland vorausgegangen. Als geistige Väter der Organisationsentwicklung werden in der Regel die Sozialwissenschaftler John Dewey, Jakob L. Moreno und vor allem Kurt Lewin angeführt (Richter 1994: 41). Ab den fünfziger Jahren formte sich aus der Disziplin der Aktionsforschung und der Gruppendynamik die Organisationsentwicklung, die bis in die siebziger Jahre hinein hauptsächlich ein von sozialwissenschaftlichen Abteilungen angewandtes Verfahren zur Entwicklung von Gruppen in Organisationen war. Im Mittelpunkt stand dabei eine personen- und gruppenzentrierte Beratung. Später, als sich die Organisationsentwickler in den USA durch die schlechte wirtschaftliche Lage gezwungen sahen, ihr Angebot zu erweitern, wurde auch verstärkt auf die Organisationsstrukturen in der Beratung eingegangen. Charakteristisches Merkmal der verwendeten Methoden und Ansätze ist bis heute, dass die theoretischen Grundlagen interdisziplinär sind. So hat sich weder eine eigenständige Organisationsentwicklungstheorie herausgebildet, noch wurden die vorhandenen Ansätze systematisch weiterentwickelt. Zwar hatte seit 1982 die GOE als erste deutschsprachige Fachzeitschrift die „Zeitschrift für Organisationsentwicklung" (ZOE) herausgegeben. Das Gros der Veröffentlichungen wurde jedoch von Praxisberichten dominiert, so dass die Weiterentwicklung der theoretischen Ansätze seit den 1970er Jahren nicht mehr verfolgt wurde (Richter

---

3   Bei der Darstellung konzentrieren wir uns auf die Entwicklung im deutschsprachigen Raum. Es ist Ausdruck einer geringen Professionalisierung, dass es stark national unterschiedliche Entwicklungswege gibt und der professionelle internationale Austausch im Feld der Organisationsberatung sehr gering ist. Ausnahmen bilden lediglich die großen transnationalen Managementberatungsfirmen, wo der internationale Austausch jeweils organisationsintern (z.B. die internationalen Treffen der Boston-Consulting-Group Berater) und nicht auf die gesamte Beraterzunft bezogen sind.

1994: 37; Kühl 2001a: 216). Zwar sind vereinzelte Lehrstühle gegründet worden, die sich mit Organisationsentwicklung befassten, eine allgemeine Verankerung an den Universitäten fand dagegen nicht statt. Wie zu Beginn in den USA, hatten die personenzentrierten Komponenten der Organisationsentwicklung als erstes in Deutschland Fuß gefasst und erst danach, ab Mitte der siebziger Jahre, kam die Perspektive auf Organisationsstrukturen hinzu. Die enge Verknüpfung zur Gruppendynamik zieht sich wie ein roter Faden durch die gesamte Geschichte der Organisationsentwicklung. So war die erste institutionelle Vereinigung, die sich mit dem Thema Organisationsentwicklung befasste, die Sektion Gruppendynamik des „Deutschen Arbeitskreises für Gruppenpsychotherapie und Gruppendynamik" (DAGG)[4], aus der heraus später die „Gesellschaft für Organisationsentwicklung e.V." (GOE) gegründet wurde. Mit der Gründung der GOE beginnt in der deutschsprachigen Organisationsentwicklungs-Szene ein expliziter Professionalisierungsversuch.

Ein Motiv gab den Ausschlag dafür, dass die Organisationsentwickler durch eine Institutionalisierung ihres Berufsverbandes einen expliziten Professionalisierungsversuch gewagt haben: Nach außen, zum Markt hin bestand die Notwendigkeit, sich von den klassischen Managementberatungen abzusetzen und den eigenen im Sinne der „humanen Arbeitsgestaltung" ausgelegten Ansatz als Gegenentwurf zu präsentieren. Dafür bedurfte es eines einheitlichen Auftretens und einer klaren Außendarstellung. Deshalb musste sich die Organisationsentwicklungs-Szene intern mit den Fragen der Standardisierung der Beratung und der Beraterausbildung auseinander setzen. Im Leitbild der GOE ist daher von der „(1) Zusammenführung der auf dem Gebiet der Organisationsentwicklung tätigen Kräfte, (2) eine Verbreitung des theoretischen Gedankengutes und der praktischen Anwendung von Organisationsentwicklung und (3) eine Hebung des fachlichen Qualifikationsniveaus der Organisationsentwicklung in der Praxis (Professionalisierung)" die Rede (GOE, o.A., Leitbild der GOE e.V.).

Mit diesem Leitbild und einer Definition von Organisationsentwicklung ging es den Mitgliedern der GOE also darum, ihre Legitimität auf dem Beratermarkt zu beweisen. Die Organisationsentwicklung wurde nach eigener Einschätzung von zu vielen „Trittbrettfahrern" (Trebesch 1995: 180) und Scharlatanen missbraucht, die auf die Modewelle aufgesprungen waren und der Glaubwürdigkeit der Organisationsentwickler-Szene schadeten (Trebesch 1995; Krämer 1981: 317f.). Es ging um die Ausbildung einer eigenen Identität als Organisationsentwickler.

Allerdings erwies sich die interdisziplinäre Ausrichtung des Organisationsentwicklungs-Ansatzes als großes Hindernis auf dem Weg zu einer einheitlichen Organisationsentwicklungs-Identität: Die Mitglieder der GOE

---

4   Und entsprechend in den Schwestergesellschaften in der Schweiz und in Österreich.

setzten sich aus Vertretern der verschiedensten Fachrichtungen zusammen und auch das Verständnis von Organisationsentwicklung war sehr breit gefächert (Trebesch 1982). Um für möglichst alle Organisationsentwickler, die an einer ernsthaften Ausübung ihres Berufs interessiert waren, offen zu sein, hatten die zwölf Gründungsmitglieder des Berufsverbandes, die sogenannten „zwölf Apostel", zu Beginn keine strengen Aufnahmekriterien für die GOE definiert. Die Fürsprache zweier Bürgen, die bereits Mitglieder waren, reichte aus, um selbst Mitglied zu werden.

Ein Teil der „Gründungsapostel" verfolgte eine gezielte Professionalisierung, die vor allem in Form einer geregelten Ausbildung und eines Akkreditierungsverfahrens erfolgen sollte. Eine standardisierte und zertifizierte Ausbildung bzw. Aufnahmeprüfung erfüllt zwei Funktionen: Zum einen die Sicherung einer einheitlichen Wissensbasis und somit eine Absicherung für die Klienten, dass die Beratungsqualität auf einem einheitlichen Maßstab beruht. Zum anderen kann damit der Zugang zum Markt der Organisationsentwicklungs-Beratung geregelt und auf diese Weise monopolisiert werden. Das Akkreditierungsverfahren der Organisationsentwickler sah vor, dass sich die zukünftigen Mitglieder der GOE hinsichtlich bestimmter Kriterien zu ihrer Ausbildung, der Zahl der Projekte und ihrem theoretischen Verständnis von Organisationsentwicklung prüfen lassen mussten. Bei erfolgreich bestandener Prüfung hätten sich die Mitglieder dann „Organisationsentwickler (GOE)" nennen dürfen. Jedoch scheiterte eine reglementierte Ausbildung am Widerstand der interdisziplinär zusammengesetzten Mitglieder der GOE und der Versuch, eine standardisierte Ausbildung und Zertifizierung durchzusetzen, wurde schnell aufgegeben.

Warum ist diese Form der Standardisierung bei der GOE nicht gelungen? Trotz der Einigung innerhalb der GOE auf eine formelle Definition von Organisationsentwicklung verstanden die Mitglieder jeweils etwas anderes unter dem Beratungsansatz, da jeder eine andere Sozialisation als „OEler" erfahren hatte. Die Probezertifizierung bei den Gründern der Gesellschaft zeigte, dass ein gemeinsamer Standard nicht aus dem Boden gestampft werden konnte, weil die Qualifikationen der einzelnen zu unterschiedlich waren.

Aus einer machttheoretischen Perspektive heraus ist es den Verfechtern der Professionalisierung, die sich für eine starke Fokussierung auf Organisationsstrukturen aussprachen, nicht gelungen, sich gegenüber den anderen Akteuren, vornehmlich jenen aus der Gruppendynamik, durchzusetzen. Die Aufnahme in die GOE war mit keinen Restriktionen verbunden gewesen, so dass der Interessensverband GOE bereits so heterogen war, wie der Markt für Organisationsentwicklung im Ganzen. Aus dieser Akteurskonstellation heraus ex post Zugangskriterien zu beschließen, erwies sich demnach als nicht durchführbar.

Als Konsequenz zogen sich die Befürworter einer aktiven Professionalisierung aus den Aktivitäten der GOE zurück oder traten ganz aus dem Verband aus. Dies führte zu einer qualitativen und quantitativen Auszehrung der

GOE. Mit dem Rückzug der Professionalisierungsaktivisten aus der GOE wurde 1991 die Zeitschrift mit einem symbolischen Betrag aus dem Verband herausgekauft. Dies ist ungefähr der Zeitpunkt, als der Berufsverband GOE sich nicht mehr aktiv mit dem Thema Professionalisierung befasst hat. Die Zeitschrift besteht bis heute und verfolgt noch immer Themen der Professionalisierung. Allerdings nimmt sich die Zeitschrift heute verstärkt den Themen der systemischen Organisationsberatung an, so dass von einer reinen Zeitschrift für Organisationsentwicklung nicht mehr gesprochen werden kann.

Die ursprüngliche Motivation zur Gründung des Berufsverbandes als ein Schritt zur Legitimation auf dem Beratermarkt und zur Abgrenzung von anderen Beratungsleistungen scheint allein nicht ausgereicht zu haben, dass die Akteure auch eine ernsthafte Professionalisierung verfolgt haben. Den meisten GOE Mitgliedern reichte ein institutionalisierter Interessensverband, um auf dem Markt eine gewisse Glaubwürdigkeit vorzuweisen und sich von den „Scharlatanen", die mit unseriösen Mitteln arbeiten, zu distanzieren. Zudem bot der GOE eine Plattform, um sich über die Methoden der Organisationsentwicklung auszutauschen und um sich gegenseitig Aufträge zu vermitteln.

Die „Kosten", die mit einer Professionalisierung verbunden sind, etwa ein restriktives Aufnahmeverfahren, der Nachweis einer bestimmten Ausbildung und eine gezielte Öffentlichkeitsarbeit, war den meisten Mitgliedern zu hoch, da sie ihre Interessen auch so umsetzen konnten.

3.2. Systemische Beratung: Netzwerk als Äquivalent zur Profession?

Die systemische Organisationsberatung[5] ist die jüngste der untersuchten Beratungsrichtungen und hat ähnliche Wurzeln wie die Organisationsentwicklung. Die systemische Beratung hat ihre Wurzeln ebenfalls in der Gruppendynamik, da sie sich aus der ÖGGO „Österreichischen Gesellschaft für Gruppendynamik und Organisationsentwicklung", 1973 gegründet, heraus entwickelt hat. Demnach präsentiert sich die systemische Beratung ebenso als Gegenkonzept zur klassischen Management- und Beratungslehre. Auch hier hat man sich zunächst der Organisationsentwicklung und den Sozialtheorien zugewendet, stieß aber relativ schnell an die Grenzen des Konzepts. Es folgen die Gründungen der drei Beratungsfirmen Connecta, Neuwaldegg und OSB, die zusammen mit der ÖGGO den sogenannten „Wiener Kreis" oder die „Wiener Schule" bilden, da alle drei Firmen in Wien gegründet wurden.

---

5 Zur Unterscheidung von der systemischen Familientherapie wird die Beratung von Organisationen oft systemische Organisationsberatung genannt. Der Kürze halber werde wir im Folgenden von systemischen Beratung sprechen, wenn die systemische Organisationsberatung gemeint ist.

Ab Anfang der 1980er Jahre hat die ÖGGO führende Vertreter der Systemtheorie einmal im Jahr zu einem Workshop eingeladen. Dadurch fand ein aktiver Austausch mit Personen der Wissenschaft statt, der dazu beitrug, die theoretische Fundierung weiter voranzutreiben. Erste Ergebnisse ihrer theoretischen Auseinandersetzung publizierten die „Begründer" der deutschen systemischen Organisationsberatung in den 1980er Jahren.

Die systemische Beratung wird als eine „theoriegeleitete Beratungstätigkeit" (Kolbeck 2001: 71) beschrieben. Dabei stehen verschiedene theoretische Ansätze hinter dem Begriff „systemisch", so dass die Theorie kein entwickeltes Denkgebäude, sondern vielmehr ein Konglomerat ist. Elemente dieses Konglomerats sind der radikale Konstruktivismus, die Kybernetik zweiter Ordnung, das Autopoiesekonzept und die Theorie sozialer Systeme (ebd.). Die systemische Familientherapie um die Mailänder Schule und das Heidelberger Institut haben für den Beratungsansatz vor allem die Interventionstechniken geliefert, wie zum Beispiel die Technik des zirkulären Fragens oder die paradoxe Intervention (als Standardwerk gilt Königswieser/Exner 1999). Diese beiden Institutionen und die Privatuniversität Witten/Herdecke bilden eine Verbindung zur Wissenschaft, wobei die Institutionen sich jeweils auf einen Schwerpunkt konzentrieren: den der Systemtheorie oder der systemischen (Familien-)Therapie.

Die einzelnen Komponenten der systemischen Beratung sind wohl in der Wissenschaft verankert. Nicht zuletzt durch das Bemühen der Akteure im „Wiener Kreis", mit Systemtheoretikern im Austausch zu stehen. Eine eigene Disziplin, die sich mit der Kombination der Ansätze befasst und zu einer Theorie bündelt, gibt es dagegen nicht. Hier steht die systemische Beratung vor ähnlichen Professionalisierungsproblemen wie die interdisziplinäre Organisationsentwicklung. Die Systemtheorie von Niklas Luhmann wird beispielsweise in der Soziologie gelehrt, ohne auf die systemische Familientherapie zu verweisen, die ein Praxiskonzept entwickelt hat.

Dennoch erhebt die systemische Beratung den Anspruch, einen Beratungsansatz zu besitzen, der nicht allein auf Zitaten der einzelnen Theorieelemente beruht, sondern als eine Weiterentwicklung der bisherigen Theorieangebote zu einer praxisrelevanten Wissenschaft zu verstehen ist. Das Verständnis des Systemischen der systemischen Berater ist aber nicht vereinheitlicht und als standardisierte Definition verfügbar; es fehlt an Institutionen, die eine solche Standardisierung vorantreiben könnten. Die verschiedenen Fachbeiträge zur systemischen Beratung haben daher eine Gemeinsamkeit: Die Autoren müssen immer wieder das theoretische Verständnis und die Interventionsarchitektur der systemischen Organisationsberatung vorstellen und erklären, weil eine ausreichende Dogmatisierung des Wissens noch nicht erfolgt ist (z.B. Walger 1995b: 301ff.; Groth 1996: 21f.; Kolbeck 2001: 71ff.)

Unter professionssoziologischen Gesichtspunkten fallen zwei Dinge auf: Einerseits ist die theoretische Fundierung der systemischen Beratung ausreichend komplex und gleichzeitig allgemein genug, um als Expertenwissen monopolisiert werden zu können (Stichweh 1996: 54). Der systemische Ansatz erschließt sich nicht sofort jedem, weil ein systemtheoretisches Vorwissen nötig ist, um die Beratung auszuführen. Andererseits fehlen die Strukturen, die eine Sicherung und Standardisierung des Wissens gewährleisten, weshalb es jedem systemischen Berater überlassen ist, mit welchem Ausschnitt der systemischen Theorie er sich identifiziert (Wimmer 1992: 61). Eine Professionalisierung über eine gemeinsame Wissensbasis findet somit nicht statt.

Was die Organisation der Berater in einem Interessensverband angeht, so sind nur die systemischen Therapeuten seit September 2000 in dem Dachverband der „Deutschen Gesellschaft für systemische Therapie und Familientherapie" (DGFS) zusammengefasst, nicht aber die systemischen Organisationsberater. Obwohl die ÖGGO von allen befragten systemischen Beratern genannt wurde, kann sie nicht als eine Interessensvertretung gewertet werden, die sich mit dem Thema der Professionalisierung von systemischer Beratung auseinandersetzt. Ihr Ziel ist die Ausbildung der Mitglieder in einem gruppendynamischen Ansatz, gleichwohl sie fest in das Netzwerk der systemischen Beratung eingebunden ist. Nur über die Ausbildung zum Gruppendynamiker kann man bei der ÖGGO Mitglied werden. Ein systemischer Organisationsberater ist man dann aber noch nicht. In der Ausbildungsordnung der ÖGGO ist nachzulesen, dass die Ausbildung weniger eine formale Berufsberechtigung sein, als vielmehr als ein Teil des komplexen Lernnetzwerkes in der systemischen Beratungsszene aufgefasst werden soll.

Der Begriff des Netzwerks zieht sich als Leitmotiv durch die gesamte Analyse der systemischen Beratung. Die ÖGGO präsentiert sich selbst als ein Zugang zu diesem Netzwerk und wird in dieser Funktion von den Beratern genutzt. Die ÖGGO deckt aber nur einen Ausschnitt der Aufgaben eines Berufsverbandes ab. Es wird eine bestimmte Art von Ausbildung angeboten, die eine gewisse Vereinheitlichung des Wissensbestands der Berater bewirkt. Jedoch ist die Ausbildung keinesfalls für einen systemischen Berater verbindlich. Es ist nur eine Option unter anderen, sich das benötigte Wissen und den Zugang zum Netzwerk zu beschaffen. Die soziale Funktion, die ein Verband normalerweise erfüllt, wie gemeinsamer Wissensaustausch, die Vermittlung von neuen Aufträgen und die Pflege von Kontakten, wird von dem Netzwerk um den Wiener Kreis herum übernommen, so dass die systemischen Berater auch ohne diese institutionelle Instanz auskommen. Bei den Organisationsentwicklern wurde die GOE damals gerade wegen diesen Faktoren gegründet.

Der Zugang zur systemischen Beratung ist genauso offen wie bei der Organisationsentwicklung, denn die Ausbildung ist keine Zugangsbarriere, sondern lediglich die Möglichkeit, sich den systemischen Blickwinkel mit den dazugehörigen Interventionstechniken anzueignen. Neben der gruppendynamischen Ausbildung der ÖGGO bieten einzelne Beratungshäuser Ausbildungsgänge an. Eine Trennung zwischen der Ausbildungsphase und der praktizierten Beratung fehlt und wird zum Teil abgelehnt, weil davon ausgegangen wird, dass sich die Fähigkeiten und Fertigkeiten am besten in einer Praxissituation vermitteln lassen. Die ideale Ausbildungssituation entspricht daher eher einer Meister–Lehrling Ausbildung als einer akademisch-abstrakten Theorieausbildung, an die erst später eine Praxisphase angegliedert ist. Diese Vorstellung von Ausbildung bekräftigt auch Peter Heintel, in dem er „das ‚aufgeklärte Meisterprinzip' in realen Beratungsprojekten mit realen Organisationen" als „eine der wichtigsten Ausbildungsmöglichkeiten" darstellt (Heintel 1992: 363). Die Ausbildung selbst verläuft individualisiert, ähnlich wie bei der Organisationsentwicklung, und die Verantwortung zur Ausbildung wird dem Einzelnen überlassen. Somit treten die formellen Bescheinigungen in den Hintergrund, weil es keine Instanz gibt, die über die Einhaltung bestimmter Ausbildungsinhalte wacht. Wichtiger als die formalen Kriterien ist allerdings der Zugang zum Netzwerk und damit verbunden die Kontrolle der Mitglieder über persönliche Kontakte.

Eine Professionalisierung über die Ausbildung wird von den systemischen Organisationsberatern durchaus angestrebt, da ihr ein hoher Stellenwert eingeräumt wird. Unter Professionalisierung wird aber die individuelle Aneignung von Fertigkeiten und Fähigkeiten verstanden, die einer Persönlichkeitsbildung gleichkommt. Nachdem das Netzwerk der systemischen Berater lediglich einen Teil des Marktes kontrolliert, kann also auch nur der Teil der Berater, der sich für eine Ausbildung bei Netzwerkmitgliedern entschieden hat, über das Netzwerk kontrolliert werden.

Zudem hängt die Wissensvermittlung von den einzelnen Akteuren und ihrem persönlichen Verständnis des systemischen Ansatzes ab. Ohne die Trennung der Ausbildungs- und Praxisphase wird die theoretische Fundierung des systemischen Ansatzes zunehmend von der stark praxisorientierten Ausbildung entkoppelt. Mit der Strategie einer individualisierten Ausbildung setzen sich die systemischen Berater dem Dilemma aus, dass sich der Einzelne zwar einen systemischen Blick aneignet, aber durch die Ablehnung von formalen Strukturen die systemtheoretische Komponente vernachlässigt wird. Die Dogmatisierung des Wissens – eine Voraussetzung zur Professionalisierung – wird also nicht durch die Ausbildung vorangetrieben, sondern eher die Schulenbildung der einzelnen Akteure, die eine Ausbildung anbieten.

In der systemischen Beratung findet sich in der Regel eine starke Betonung der theoriegeleiteten Herangehensweise und das Verständnis von Organisationen als soziale Systeme. Anders als bei der Organisationsentwicklung werden hingegen keine Aussagen zur Veränderung der Organisation getroffen. Für die Beratung hat der „systemische Blickwinkel" die Konsequenz, dass der Berater sich von einer direkten Interventionsmöglichkeit in einer Organisation verabschiedet. Das Einzige, was gelingen kann, ist das Klientensystem „zu verstören" (Kolbeck 2001: 97) oder zu irritieren und so eine

Änderung in dem System zu erreichen. Mit diesem Verständnis setzen sich die systemischen Berater am deutlichsten von den anderen Beratungsansätzen ab, weil sie explizit auf die Unmöglichkeit einer Erfolgs- oder Misserfolgszuschreibung hinweisen. Damit machen sich die Berater unabhängig von dem Ausgang der Beratung und erlangen eine gewisse Autonomie gegenüber den Klienten.

Nachdem sich die systemischen Berater in einem eher informellen Netzwerk organisiert haben, stehen sie bei der Außendarstellung ihres Beratungsansatzes vor dem gleichen Problem – oder positiv ausgedrückt, vor dem gleichen Phänomen – wie die Organisationsentwickler: ihre Beratungsleistung wird vom Markt sehr personenzentriert wahrgenommen. Wenn eine Beratung erfolgreich verläuft, dann wird sie dem einzelnen Berater zugerechnet und nicht der Methodik des dahinter stehenden Ansatzes. Die Frage nach der Beratungsqualität wird ebenfalls an einzelnen Beratern festgemacht und weniger an dem Beratungsansatz. Angebot und Nachfrage verlaufen über die Person des Beraters oder über eine bestimmte Beratungsfirma, die sich durch ihren Ruf auf dem Markt etablieren konnte.

Die Akteure der systemischen Organisationsberatung verfolgen insgesamt keine Professionalisierungsstrategien: Es fehlt an den formellen Strukturen wie zum Beispiel einer verbindlichen, zertifizierten Ausbildung, einem geschützten Berufsbegriff und einer Interessensvertretung, welche die Aktionen der einzelnen Berater bündelt. Stattdessen wurde immer wieder auf das „Netzwerk" als Regelungsinstanz verwiesen. In der Tat scheint das Beratungsnetzwerk die bei einer Profession normalerweise institutionalisierten Funktionen zu übernehmen: Das Netzwerk ist eine Art Zugangsbarriere, denn erst der Zugang zum Netzwerk eröffnet die nötigen Kontakte zu Kollegen und Kunden. Innerhalb des Netzwerks findet die Aus- und Weiterbildung statt, deren Nebeneffekt wiederum eine Intensivierung der Kontakte ist. Die soziale Kontrolle, die durch die enge Verbindung aus persönlichen Kontakten hergestellt wird, gewährleistet ein Mindestmaß an Qualität und fungiert gleich einem Ehrenkodex. Die Sanktionsmöglichkeiten sind im drastischen Fall der Entzug von Kontakten und das Ausbleiben von Empfehlungen.

Wozu also sollen sich die systemischen Berater auf den langwierigen Prozess einer Professionalisierung einlassen, wenn sie anscheinend eine bessere Lösung gefunden haben, die ohne starre Strukturen auskommt?

Anders als Organisationen sind Netzwerke stärker von den einzelnen Mitgliedern abhängig. Tauscht man in Organisationen Personen aus, so bleiben meistens die Organisationszwecke weiter bestehen. Verändert sich aber der Personenkreis in einem Netzwerk, dann kann sich der Zweck, den die Akteure im Netzwerk verfolgen, in einem viel größeren Maß verändern, weil die Zwecke personengebunden sind. So lange also, wie die Gründungspersonen des Wiener Kreises im Netzwerk aktiv sind, solange wird die systemische Beratung in der jetzigen Form noch existieren. Aber eine Kontinuität dieser Beratungsrichtung ist nicht mehr gegeben, wenn diese Personen sich aus dem Netzwerk zurückziehen. Die systemische Organisationsberatung ist jedoch noch eine relativ junge Beratungsform, die kaum mehr als eine Nische auf dem Beratungsmarkt einnimmt. Deshalb ist nicht abzusehen, wie sich diese Form der Beratung weiter entwickelt.

3.3 Managementberatung

Die Managementberatung oder auch Expertenberatung ist die älteste und die mit Abstand am stärksten verbreitete Organisationsberatungsform. Sie hat alle bisherigen Beratungsrichtungen durch ihre Vorreiterrolle maßgeblich beeinflusst. Anders als bei der Organisationsentwicklung und in der systemischen Beratung hat eine parallele Entwicklung der Managementberatung in Deutschland und in den USA stattgefunden, die aber erst mit der Expansion der amerikanischen Beratungsfirmen nach Europa in den 1960er Jahren zu der heutigen Beraterlandschaft in Deutschland geführt hat (Kolbeck 2001: 9f.).

Die erste Beratungsgesellschaft wurde 1886 in den USA durch Arthur D. Little gegründet, wobei sich die großen Unternehmensberatungen erst in den 1920ern mit Booz, Allen & Hamilton (1914), McKinsey und A. T. Kearney (beide 1926) etablierten. Der richtige Aufschwung der unabhängigen Beratungshäuser erfolgte in den USA laut Michael Faust (2000) in den 1930er Jahren nach den institutionellen Reformen des Bankenwesens. Ab den 1960er Jahren internationalisierten sich dann die Beratungsunternehmen und erste Zweigniederlassungen der amerikanischen Beratungsfirmen ließen sich in Deutschland nieder. Daraus entwickelten sich zahlreiche Ausgründungen („spinn offs") aus den großen Beratungshäusern. Der Gründer der Firma Roland Berger und Partner (1965) war beispielsweise vorher bei der Boston-Consulting Group (BCG) angestellt (Faust 2000: 4; Kohr 2000: 33). Ab den 1980er Jahren setzte in ganz Europa und in den USA ein bis heute anhaltender Boom für die Managementberater ein, der auch viele kleine und mittelständische Beratungsfirmen auf den Markt lockte.

Heute ist der Markt für Managementberatung sehr breit gefächert, nahezu alle Arten von Beratungsleistungen finden sich unter dem Begriff der Unternehmensberatung. Das liegt daran, dass sich auch in der Managementberatung kein geschützter Berufstitel gebildet hat. Aus beinnahe jeder spezialisierten Beratung wächst eine neue Firma, die sich um diese Marktnische kümmert.[6]

---

6   Eine Ausnahme bildet der Beruf des Unternehmensberaters in Österreich: Hier gilt Unternehmensberater als ein gebundener Beruf, der Titel wird nach einer Prüfung von

Die frühe Managementberatung war eng mit den Annahmen und Konzepten des auf Frederick Taylor zurückgehenden „wissenschaftlichen Management" verknüpft. Chris McKenna (2001) stellt heraus, dass sich das spezifische Beratungswissen der Managementberater aus einem Amalgam von drei Berufsständen – Juristen, Ingenieure und Buchprüfer – herausgebildet hat. Die Unternehmensberater können keinen eigenständigen Wissensbereich für sich beanspruchen – basiert doch auch die Tätigkeit von Managern aus ähnlichen Wissensbeständen. Die Managementberater erhalten durch die Beeinflussung des allgemeinen Managementwissens jedoch einen gewissen Expertenstatus. Als Beispiele führt Michael Faust (1998) die „McKinsey-Methode", eine Gemeinkostenanalyse, oder die Portfolioanalyse der Boston Consulting Group an, die als anerkannte Konzepte der Betriebsführung in die Lehrbücher Eingang gefunden haben.[7] Chris McKenna spricht in dem Zusammenhang sogar von Beratern als „disseminators of organizational ideas" (McKenna 2001: 675).

In Deutschland kommt der „Bundesverband deutscher Unternehmensberater" (BDU) der Funktion eine übergeordneten Berufsverbandes am nächsten, erfüllt das Kriterium gemessen an etablierten Professionen aber nicht ganz. Der BDU wurde 1954 gegründet und gilt als der größte Berufsverband für Unternehmensberater in Deutschland. Er hat zur Zeit 540 Organisationen als Mitglieder, die insgesamt ca. 16.000 Beschäftigte (Groß 2003: 101) repräsentieren. Ziel des Verbandes ist es, „die wirtschaftlichen und rechtlichen Rahmenbedingungen der Branche positiv zu beeinflussen, die Inanspruchnahme externer Beratung zu fördern, Qualitätsmaßstäbe durch Berufsgrundsätze durchzusetzen und so letztlich den Leistungsstandard der Branche zu erhöhen" (BDU 2001). Bis auf die Aussparung der Ausbildung verfolgt der BDU also alle Ziele, die zu einer Professionalisierung der Beratung führen. Auf eine Einflussnahme auf den Markt mit einer entsprechenden Nachfrageförderung wird ebenso hingewiesen wie auf die Bestrebungen, die Zugangsbarrieren durch Qualitätskriterien zu kontrollieren und zu erhöhen. Neben der Berechtigung, nach der Aufnahme den Titel „Unternehmensberater (BDU)" tragen zu dürfen, haben die Mitglieder Zugang zu Serviceleistungen im BDU Netzwerk. Zudem kann seit 1998 der international anerkannte Titel „Certified Management Consultant (CMC)" erlangt werden, dessen Erwerb eine drei bis achtjährige Berufserfahrung, die Präsentation von drei Beratungsprojekten und ein Fachinterview unter anderem voraussetzt. Darüber hinaus hat der

---

    der Wirtschaftskammer Österreich vergeben (vgl. Fachverband Unternehmensberater und Informationstechnologie 2002a; 2002b).

7 Darüber hinaus haben einige große Managementberatungen eigene Publikationsreihen oder unterhalten enge Kontakte zur Wissenschaft durch Kooperationsprojekte oder eigene Forschungseinrichtungen (Faust 1998: 156ff.). Zu nennen sind z.B. das McKinsey Global Institute oder die Publikationsreihen „A. T. Kearney Report" oder „MkKinsey Quarterly".

BDU neun Berufsgrundsätze aufgestellt, an die sich jedes Mitglied halten soll.

Allerdings ist der Einfluss des BDU begrenzt. Kaum eines der vierzig größten Beratungsunternehmen ist Mitglied im BDU. Das bedeutet, dass der Markt der Managementberatung zweigeteilt ist. Auf der einen Seite befinden sich die großen Unternehmensberatungen, die durch ihre Größe eigene interne Standards ausbilden und deshalb keinen Berufsverband benötigen. Auf der anderen Seite sind viele kleine Unternehmensberatungsfirmen oder Ein-Mann-Beratungen, die auf das Netzwerk des BDU zurückgreifen (Groß 2003: 102). Diese Spaltung des Managementberatermarkts in wenige große und viele kleine Firmen hat Auswirkungen auf die Anforderungen an eine Beraterausbildung. Da die großen Firmen jeweils ihren eigenen Beratungsansatz entwickelt haben, den sie als Markenzeichen („branding") verkaufen, sind diese Firmen an Berufseinsteigern interessiert, die zwar eine allgemein-theoretische Hochschulbildung vorweisen, aber noch keine spezifischen Beratungskenntnisse haben. So können die Neulinge intern speziell für den eigenen Beratungsansatz ausgebildet werden (Groß 1999: 26). Dieses „training on the job" funktioniert nur dann, wenn ein Beratungsunternehmen arbeitsteilig organisiert ist, weil die Berufsanfänger schrittweise an ihre Aufgaben herangeführt werden können, ohne sofort einen kompletten Beratungsprozess bewältigen zu müssen. Die kleineren und mittleren Beratungsunternehmen rekrutieren auf der anderen Seite eher neue Mitarbeiter, die bereits Berufserfahrung aufweisen, da die Unternehmen wegen ihrer Größe meist keine so ausgeprägte Arbeitsteilung und somit keine ausgewiesenen Aufgabenbereiche für Berufsneulinge wie die großen Firmen haben. Die Berufserfahrung muss nicht unbedingt durch eine Beratertätigkeit erworben werden. Die Erfahrung als Führungskraft in einem Unternehmen reicht zum Teil aus.

Ausbildung findet zudem meist in einem abhängigen Angestelltenverhältnis statt, sei es als Trainee in einem großen Beratungsunternehmen oder als Führungskraft in einer Organisation. Beraterspezifische Fertigkeiten und Fähigkeiten (Szyperski/Elfgen 1984) werden nicht wie bei einer etablierten Profession in einer der eigentlichen Berufsausübung vorangestellten Lernphase angeeignet, stattdessen wird die Berufsausübung selbst zum Teil der Ausbildung. Wobei der Begriff Ausbildung hier problematisch erscheint, weil er auf eine strukturierte Lernsituation verweist, die bei einer Tätigkeit als Juniorberater beispielsweise nicht gegeben ist. An die Stelle einer gesonderten Ausbildung tritt in den großen Beratungshäusern ein umfassendes Weiterbildungsprogramm, das jeweils auf neue Anforderungen und neue intern entwickelte Beratungsstandards vorbereitet.

Auffällig an den Professionalisierungsbemühungen von Managementberatern ist, dass sie, anders als bei klassischen Professionen, ihr Beratungswissen nicht monopolisieren können und wollen. Zu eng ist die Verzahnung von Beratungswissen und allgemeinem betriebswirtschaftliches Wissen, zu ähnlich die Tätigkeit von Managern und Managementberatern[8]. Aus professionssoziologischer Sicht bedeutet die Überschneidung von Laien – und Expertenwissen eine massive Deprofessionalisierung – für die Managementberater ist es ihre Handlungsgrundlage. Denn neben dem Abbau von Arbeitsspitzen und der Bereitstellung von Spezialwissen werden Managementberater vor allem deshalb von Organisationen beauftragt, weil eine Maßnahme innerhalb einer Organisation extern und „objektiv" initiiert und legitimiert werden soll. Das bedeutet, dass die Managementberater eine sehr wichtige Rolle in dem von Paul DiMaggio und Walter Powell beschriebenen Mechanismus des „mimetischen Isomorphismus" (DiMaggio/Powell 2000: 151) spielen: Organisationen, die sich in dem gleichen organisationalen Feld befinden, suchen sich vor allem bei hoher wahrgenommener Unsicherheit erfolgreiche Organisationen als Vorbilder, um diese nachzuahmen. Managementberater dienen dazu einerseits als Initiatoren für die Anpassung an die Vorbilder und andererseits als Legitimatoren für die Organisationen (ebd.: 156). Mit der Beauftragung einer Managamtberatungsfirma signalisiert eine Organisation, dass sie sich an die Gepflogenheiten der Branche hält. Dies gelingt aber nur, wenn die Managementberater als Teil des organisationalen Feldes angesehen werden, was wiederum bedeutet, dass die Managementberater sich nicht im klassischen Sinn professionalisieren können.

Warum sollte die Managementberatung also Professionalisierungsstrategien verfolgen wollen? Wie bei den anderen beiden Beratungsrichtungen auch, sind die Managementberater mit Fragen der Beratungsqualität konfrontiert. Nicht umsonst steht in den Aufgaben des BDU der Schutz des Begriffs „Unternehmensberatung" vor „Branchenfremden" und „Unerfahrenen". Claudia Groß hat in ihren Arbeiten besonders auf die beratungsverwandten Berufe hingewiesen, die von dem ungefestigten Berufsbild der Managementberater profitieren. Vor allem die verkammerten Berufe der Steuerberater, Wirtschaftsprüfer und Rechtsanwälte haben ein Interesse daran, dass die Managementberatung sich nicht professionalisiert und eine geschützte Berufsbezeichnung erhält, weil diese Berufsgruppen dann aus dem Beratermarkt verdrängt würden (Groß 1999: 89ff.; Groß 2003: 106). Doch diese Berufsgruppen verstärken die Konkurrenz auf dem Managementberatungsmarkt, so dass die Notwendigkeit, sich davon abzugrenzen, wächst. Darüber hinaus müssen sich die Managementberater ihren Ruf als „Beglaubiger" (Faust 2000) erhalten, der durch die fehlerhafte Arbeit von (branchenfremden) Kollegen oder durch eine schlechte Implementierung seitens der Kunden beschädigt werden kann. Mit der relativ ungeklärten Frage nach Erfolgs- und Misserfolgszu-

---

8   Die Definition von Unternehmensberatung des BDU („Unternehmensberatung ist Rat und Mithilfe bei der Erarbeitung und Umsetzung von Problemlösungen in allen unternehmerischen, betriebswirtschaftlichen und technischen Funktionsbereichen." BDU o.A., Kurzportrait) würde ihre Aussagekraft nicht verlieren, wenn man statt „Unternehmensberatung" „Management" schreiben würde.

rechnung, eine Folge der fehlenden Professionalisierung, sind die Managementberater also in einer prekären Situation. Einerseits sind sie auf die Verflechtung mit den Strukturen ihrer Klienten angewiesen, andererseits aber müssen sie sich genau den gleichen Beurteilungskriterien wie ihre Auftraggeber unterwerfen und können sich gegen ihre Sündenbockfunktion nicht angemessen wehren.

4. Weswegen ist die Professionalisierung der Organisationsberatung gescheitert?

Insgesamt betrachtet fehlen allen drei vorgestellten Beratungsansätzen die Merkmale ausdifferenzierter Professionen. Die Ausbildung ist in keinem der Fälle so weit standardisiert und monopolisiert, dass sie als Zugangsbarriere und Mittel zur Marktschließung gewertet werden kann. Die Berufsbezeichnung ist nicht geschützt und an keine Prüfkriterien geknüpft. Wenn Berufsverbände vorhanden sind, dann repräsentieren sie nur einen Ausschnitt innerhalb einer Beratungsrichtung und können nicht als Repräsentanten der gesamten Beratungsrichtung gezählt werden, da sie noch zu sehr mit ihrer eigenen Standortbestimmung beschäftigt sind. Damit zusammenhängend bestehen keine einheitlichen Standards und keine einheitliche Berufsethik, anhand derer die Qualität der Arbeit gemessen werden könnte. Einzelne Richtlinien sind zwar vorhanden, aber nicht für alle Mitglieder einer Beratungsrichtung, geschweige denn für alle Organisationsberater verbindlich. Insgesamt fehlt der institutionalisierte Überbau, den etablierte Professionen aufweisen, wie zum Beispiel eine große Interessensvertretung, der rechtliche Schutz durch den Staat und eine institutionalisierte Ausbildung. Es stellt sich die Frage, ob den Organisationsberatern jemals eine vollständige Professionalisierung gelingen wird.[9]

Welche Ursachen haben bislang eine Professionalisierung der Organisationsberater verhindert?

Eine zentrale Ursache scheint darin zu liegen, dass die Beratung sich an Organisationen richtet. Eine mögliche Ursache für die Professionalisierungsschwierigkeiten liegt darin, dass der Effekt von Beratungsleistungen gegenüber Organisationen schwerer zuzurechnen ist als gegenüber Personen. Organisationen haben eine andere Komplexitätsstruktur als Personen. Die Beratungsleistung wird durch die Komplexität der Organisation gleichsam ge-

---

9 Angesichts der langen Tradition der Managementberatung zählt das Argument, Beratung sei eine zu junge Disziplin, um eine Profession zu sein, wenig. Auch wenn einzelne Ansätze wie die systemische Beratung erst seit den 1970er Jahren bestehen, können wir auf die ebenso junge Supervision als Beispiel für eine gelungene Professionalisierung im deutschsprachigen Raum verweisen.

schluckt. Es kann viel schwerer als bei Personen nachvollzogen werden, ob Veränderungen den Beratern oder anderen Faktoren anzurechnen sind. Für Professionen ist es aber essentiell, dass eine Veränderung beim Klienten (erfolgreich oder nicht) auf ihr Handeln zurückzuführen ist.

Zentraler scheint es jedoch zu sein, dass alle in der modernen Gesellschaft erfolgreichen Professionalisierungsversuche bei Personen ansetzen. Professionen sprechen Personen auf unterschiedlicher Ebene an, mal die physische, mal psychische oder die rechtliche Ebene, aber immer geht es um die einzelnen Personen. Die Gesellschaft kann es sich nicht leisten, dass solch riskanten Tätigkeiten wie das Operieren am offenen Herzen oder die Entscheidung über lebenslängliche Haft von Personen ausgeführt werden, deren Ausbildung und Wissensstand nicht auf einheitlichen Standards fußt. Die Vertreter von Professionen gelten als anerkannte Experten auf einem bestimmten Wissensgebiet (Medizin, Theologie, Jura) und haben damit eine erhöhte gesellschaftliche Verantwortung, das Wissen zum Wohle der Gesellschaft anzuwenden (Parsons 1968: 536).

Für Organisationsberater bedeutet das, dass die Nachfrage nach Expertenwissen aufgrund von Technologiedefiziten allein nicht einen Professionalisierungsprozess auslöst (Freidson 1994). Erst die besondere Verantwortung gegenüber Personen, die mit der professionellen Tätigkeit einhergeht, begünstigt aus einer funktionalistischen Perspektive die Bildung von Professionen. Solange im Mittelpunkt der Beratung die Organisation und nicht der Mensch in der Organisation steht, wird es aus der Gesellschaft heraus keine Unterstützung für Professionalisierungsbemühungen der Berater geben. Aber für den Boom der Organisationsberatung spielt dies sowieso eine untergeordnete Rolle.

Literatur

Abbot, Andrew (1991): The Future of Professions. In: Research in the Sociology of Organizations 8: 17-42.
BDU (Hg.) (o.A.): Grundsätze für die Berufsausübung der Unternehmensberater im BDU.
Bohn, Ursula (2003): Professionalisierungsstrategien von Organisationsberatern. Oder: Alle Wege führen zur Profession? Ms.
DiMaggio, Paul/Powell, Walter W. (2000): Das „stahlharte Gehäuse" neu betrachtet: institutioneller Isomorphismus und kollektive Rationalität in organisationalen Feldern. In: Hans-Peter Müller/Steffen Sigmund (Hg.): Zeitgenössische amerikanische Soziologie. Opladen, S. 147-175.
Fachverband Unternehmensberatung und Informationstechnologie (Hg.) (2002a): Berufsgrundsätze und Standesregeln Unternehmensberater. Ausgabe 2002. Wien.
Fachverband Unternehmensberatung und Informationstechnologie (Hg.) (2002b): Berufsbild des Unternehmensberaters. Ausgabe 2002. Wien.
Faust, Michael (1998): Die Selbstverständlichkeit der Unternehmensberatung. In: Jürgen Howaldt/Ralf Kopp (Hg.): Sozialwissenschaftliche Organisationsberatung. Auf der Suche nach einem spezifischen Beratungsverständnis. Berlin, S. 147-182.

Faust, Michael (2000): Warum boomt die Managementberatung? – und warum nicht zu allen Zeiten und überall. In: SOFI-Mitteilungen, H. 28, S. 59-85 (Ausdruck aus dem Internet, S. 1-25).

Freidson, Eliot (1994): Professionalism Reborn. Theory, Prophecy, and Policy. Cambridge.

GOE (Hg.) o.A., Leitbild der GOE e.V.

GOE (Hg.) (1984): Leitlinien zur Fortbildungspolitik der Gesellschaft für Organisationsentwicklung. Beschluss der Mitgliederversammlung am 20.06. 1984 in Wuppertal.

Groß, Claudia (1999): Unternehmensberatung – eine Profession? Hausarbeit zur Erlangung des Grades Magistra Artium, unveröffentlichtes Manuskript. Eberhard-Karls-Universität: Tübingen.

Groß, Claudia (2003): Unternehmensberatung – auf dem Weg zur Profession? In: Soziale Welt 54, S. 93-116.

Groth, Torsten (1996): Wie systemtheoretisch ist „Systemische Organisationsberatung"? Neuere Beratungskonzepte für Organisationen im Kontext der Luhmannschen Systemtheorie. Münster.

Heintel, Peter (1992): Lässt sich Beratung lernen? Perspektiven für die Aus- und Weiterbildung von Organisationsberatern. In: Rudolf Wimmer (Hg.):Organisationsberatung. Neue Wege und Konzepte. Wiesbaden, S. 345-378.

Janowitz, Morris (1960): The Professional Soldier. A social and polit. portrait. Glencoe/Ill.: Free Press.

Kieserling, André (2000): Die Soziologie der Selbstbeschreibung. In: Henk de Berg/Johannes Schmidt (Hg.): Rezeption und Reflektion. Frankfurt a.M., S. 38-92.

Königswieser, Roswita/Exner, Alexander (1999): Systemische Intervention: Architekturen und Designs für Berater und Veränderungsmanager. Stuttgart.

Kohr, Jürgen (2000): Die Auswahl von Unternehmensberatungen. Klientenverhalten – Beratermarketing. München, Mehring.

Kolbeck, Christoph (2001): Zukunftsperspektiven des Beratungsmarktes. Eine Studie zur klassischen und systemischen Beratungsphilosophie. Wiesbaden.

Krämer, Klaus (1981): Kritische Aspekte der Organisationsentwicklung. In: Henning Bachmann (Hg.): Kritik der Guppendynamik. Grenzen und Möglichkeiten sozialen Lernens. Frankfurt/M., S. 312-339.

Kühl, Stefan (2001a) Professionalität ohne Profession. Das Ende des Traums von der Organisationsentwicklung als eigenständige Profession und die Konsequenzen für die soziologische Beratungsdiskussion. In: Nina Degele/Tanja Münch/Hans J. Pongratz/ Nicole J. Saam (Hg): Soziologische Beratungsforschung. Perspektiven für Theorie und Praxis der Organisationsberatung. Opladen, S. 209-237.

Kühl, Stefan (2001b): Von den Schwierigkeiten aus einem Handwerk eine Profession zu machen – Sieben Szenarien zur Zukunft der Organisationsberatung. In: OrganisationsEntwicklung 20, S. 4-19.

Kühl, Stefan (2003c): Organisationssoziologie. Ein Ordnungs- und Verortungsversuch. In: Soziologie, H. 1, S. 37-47.

Kurtz Thomas (2000): Moderne Professionen und Gesellschaftliche Kommunikation. In: Soziale Systeme 6 (1), S. 169-194.

McKenna, Chris (2001): The World's Newest Profession: Management Consulting in the Twentieth Century, S. 673-679.

Liebold, Renate/Trinczek, Rainer (2002): Experteninterview. In: Stefan Kühl/Petra Strodtholz (Hg.): Methoden der Organisationsforschung. Ein Handbuch. Reinbek, S. 33-70.

Luhmann, Niklas (1999): Die Gesellschaft der Gesellschaft. Frankfurt/M.

Parsons, Talcott (1964): Die akademischen Berufe und die Sozialstruktur. In: Parsons, Talcott (Hg.): Beiträge zur soziologischen Theorie. Neuwied, S. 160-179.

Beratung, Organisation und Profession

Parsons, Talcott (1968): Professions. In: International encyclopaedia of social sciences. Bd. 12. New York, S. 536-547.

Richter, Mark (1994): Organisationsentwicklung. Entwicklungsgeschichtliche Rekonstruktion und Zukunftsperspektiven eines normativen Ansatzes. Bern, Stuttgart, Wien.

Schimank, Uwe (2001c): Organisationsgesellschaft. In: Georg Kneer/Armin Nassehi/Markus Schroer (Hg.): Klassische Gesellschaftsbegriffe der Soziologie. München, S. 278-307.

Schmidt, Gert (1990): Neue Produktionskonzepte, veränderte betriebliche Interessenstrukturen und Wandel institutioneller Konfliktregulierung versus alter Klassengesellschaft. In: Österreichische Zeitschrift für Soziologie 15, S. 3-16.

Stichweh, Rudolf (1994): Wissenschaft, Universität, Professionen. Soziologische Analysen. Frankfurt/M., S. 278-336.

Stichweh, Rudolf (1996): Professionen in einer funktional differenzierten Gesellschaft. In: Arno Combe/Werner Helsper. (Hg.): Pädagogische Professionalität. Frankfurt/M., S. 49-69.

Szyperski, Norbert/Elfgen, Ralf (1984): Das Leistungsangebot der Unternehmensberater. Ergebnisse einer Befragung bei Mitgliedern des BDU und des BVW. Seminar für allgemeine Betriebswirtschaftlehre und Betriebswirtschaftliche Planung. Projektbericht 11. Köln.

Trebesch, Karsten (1982): 50 Definitionen der Organisationsentwicklung – und kein Ende. Oder: Würde Einigkeit stark machen? In: Organisationsentwicklung 1, S. 37-63.

Trebesch, Karsten (1995): Organisationslernen und Organisationsentwicklung im Prozess der Unternehmensentwicklung. In: Gerd Walger (Hg.): Formen der Unternehmensberatung. Systemische Unternehmensberatung, Organisationsentwicklung, Expertenberatung und gutachterliche Beratungstätigkeit in Theorie und Praxis. Köln, S. 159-181.

Walger, Gerd (1995b): Chancen und Folgen der Irritation in der systemischen Unternehmensberatung. In: Gerd Walger (Hg.): Formen der Unternehmensberatung. Systemische Unternehmensberatung, Organisationsentwicklung, Expertenberatung und gutachterliche Beratungstätigkeit in Theorie und Praxis. Köln. S. 301-322.

Wilensky, Harold, L. (1972): Jeder Beruf eine Profession? In: Thomas Luckmann/Walter M. Sprondel (Hg.): Berufssoziologie. Köln, S. 198-218.

Wimmer, Rudolf et al. (2003): Beratung: Quo vadis? In: Zeitschrift für Organisationsentwicklung 1, S. 60-64.

Wimmer, Rudolf (1992): Was kann Beratung leisten? Zum Interventionsrepertoire und Interventionsverständnis der systemischen Organisationsberatung. In: Rudolf Wimmer (Hg.):Organisationsberatung. Neue Wege und Konzepte. Wiesbaden, S. 59-112.

Wimmer, Rudolf (o.A.): Interview mit Univ. Prof. Dr. Rudolf Wimmer. Homepage der OSB, www.oab.at, Stand: 05.03.2002.

Eva Maria Bäcker

Beratung als Legitimation und Limitation

Barrieren externer Unternehmensberatung in
mittelständischen Familienunternehmen

Es gibt kaum Zweifel, dass sich in unserer Gesellschaft professionelle Ratschläge in Form von Beratern, einschlägiger Fachliteratur, Seminaren und Workshops einer wachsenden Nachfrage und zunehmender Bedeutung für Unternehmer und Privatpersonen erfreuen. In der Bundesrepublik Deutschland ist ein konstantes jährliches Wachstum der Beratungsbranche zu verzeichnen (Sperling u.a. 1998; impulse 2001; Kieser 2002; Bundesverband Deutscher Unternehmensberater 2003). Ein flächendeckendes Beratungsangebot wird offeriert, welches jeder Ratsuchende nach seinem Gusto nutzen kann und teilweise auch muss, will er sich nicht um Wissensvorteile bringen lassen. Aber trotz vielfältiger Möglichkeiten, Rat zu bekommen, verschließen sich – gleichsam wie das bekannte Dorf in Gallien allen Belagerungsversuchen – scheinbar beratungsimmune, unbelehrbare „Unternehmungsfestungen" des Mittelstandes einer externen Beratung.[1] Vielfach lassen sich mittelständische Familienunternehmen ungern „in ihre Karten" gucken und nehmen von außenstehenden Experten, die Betriebsabläufe nicht kennen, kaum Kritik an. Werden ihnen z.B. Berater von ihrem Berufsverband angeraten und Beratungsbesuche durch Sonderkonditionen und Vorteile schmackhaft gemacht, so werden sie allenfalls zähneknirschend akzeptiert. In der mittelständischen Wirtschaft[2] dominieren immer noch stereotype Meinungen über Be-

---

1   Dies hat die Autorin auch aus eigener Erfahrung, als „waschechte Mittelständlerin" und Beraterin, erfahren.
2   Für eine Klassifizierung mittelständischer Unternehmen sei auf die Neudefinition der Europäischen Kommission im Zusammenhang mit europäischen Förderprogrammen für den Begriff KMU (Klein- und Mittlere-Betriebe) verwiesen, die den Mittelstand ausmachen. Der Begriff des Kleinstunternehmens ist neu dazu gekommen. So zeichnet sich ein mittleres Unternehmen durch 250 Mitarbeiter, einer Bilanzsumme von 43 Millionen Euro und einem Jahresumsatz von 50 Millionen Euro aus. Ein kleines Unternehmen wird durch 50 Mitarbeiter, einer Bilanzsumme von zehn Millionen Euro und einen Jahresumsatz von zehn Millionen Euro definiert. Bei einem Kleinstunternehmen liegt der Schwellenwert bei zehn Mitarbeitern, einer Bilanzsumme von zwei Millionen Euro und einem Jahresumsatz von zwei Millionen Euro. Ab Januar 2005 tritt diese neue Bestimmung in Kraft (markt + wirtschaft, 2003: 8).

rater (Sperling 1998: 48). Diese besondere Art von Unternehmen ist gut geschützt von einem weit verzweigten Clan von Familienmitgliedern, und es gilt das Credo: geschlossene Gesellschaft (Müller 2004: 105). Dass mittelständische Familienunternehmen ihrer eigenen Logik folgen, ist nicht neu (Wimmer u.a. 1996; Kappler u.a. 1999). Neu ist jedoch die aktuell auflebende Diskussion über Schwächen des Mittelstandes. Der deutsche Mittelstand steckt in einer besonders schwierigen Situation, schreibt Henrik Müller (2004: 97)[3] und fügt hinzu, dass über kaum eine andere Sphäre der deutschen Wirtschaft so viele Legenden, Mythen und Vorurteile wie über die Millionen kleiner und mittlerer Unternehmen bestehen.

Der vorliegende Beitrag möchte das Vorurteil der Beratungsresistenz als soziales Phänomen aufgreifen, um sich näher mit der Frage zu befassen, ob von Inhabern geführte Unternehmen bei der Nutzung von Beratung einer Eigendynamik folgen, die einer rationalistischen Unternehmensführung entgegengerichtet ist. Eine rationalistische Unternehmensführung zu praktizieren, heißt strategische Beratung zu nutzen. Die Besonderheit mittelständischer Familienunternehmen ist es, dass sie zwar Zugang zum System der Beratungsdienstleistungen haben, sich jedoch selbst davon aussperren oder durch eine besondere Art der Nutzung – im Sinne einer Vorzeige-Beratung – ihren eigenen Unternehmerstatus festigen. Anhand eines soziologischen Streifzuges wird somit aus unterschiedlichen Blickwinkeln versucht, die Beratungsresistenz in der mittelständischen Unternehmerlandschaft gleichsam ins Fadenkreuz zu bekommen. Gründe für die Ablehnung von Beratung werden aus einer akteur- und systemtheoretischen Perspektive überlegt.

Was ist der Mittelstand?

In der Bundesrepublik Deutschland liegt die Entwicklung der Wirtschaft[4] in erheblichem Maße auf den Schultern des Mittelstandes. Mittelständische Unternehmer sind gerade in Krisenzeiten als solide Basis für Aufschwung und Beschäftigung gefordert. In Zeiten der wirtschaftlichen Stagnation ziehen es viele Großunternehmen vor, einige ihrer Leistungen aus Kostengründen nicht mehr selbst zu erbringen und vergeben daher Aufträge an mittelständische Unternehmen, die dadurch als unerwünschte Nebenfolge mit einem globalen Wettbewerbsdruck belastet werden.

---

3 Die Daten beziehen sich auf die Studie „Perspektiven im Mittelstand" 2003 (Müller 2004). Ein Ergebnis ist, dass trotz der schlechten Wirtschaftslage nur 4 Prozent der Unternehmer Strategieberater einsetzen.
4 Im Mittelstand sind 77 Prozent aller sozialversicherten Arbeitnehmer beschäftigt, rund 80 Prozent der Ausbildungsplätze werden zur Verfügung gestellt sowie 46 Prozent der Unternehmensinvestitionen getätigt.

Mittelstand wird meist mit dem mittelständischen Familienunternehmen assoziiert.[5] Das Familienunternehmen ist die am weitesten verbreitete Unternehmensform in der Bundesrepublik (Freund u.a. 1999). Zugleich ist sie aber auch die am wenigsten erforschte Unternehmensform, wenn man auf ihre volkswirtschaftliche Bedeutung anspielt (Hernsteiner 1998: 3). Da nun das Familienunternehmen im Mittelstand im größeren Anteil als das Nicht-Familienunternehmen beheimatet ist und in der Diskussion mehr aus qualitativer als aus quantitativer Sicht analysiert wird (Hennerkes/Pleister 1999: 11), wird in diesem Beitrag Familienunternehmen mit Mittelstand gleichgesetzt, da sich gerade durch die Eigentümerzentriertheit in den Unternehmen Unterschiede in der Inspruchnahme von externer Beratung ergeben.

Besondere Kennzeichen der mittelständischen Familienunternehmen sind eine regional geprägte Unternehmenskultur, eine enge Verstrickung zwischen Unternehmenseigentum und -führung und zudem ein oft über Jahrzehnte vorhandener fester Mitarbeiterstamm (ebd.). Rudolf Wimmer (1996: 18) klassifiziert eine Unternehmung als Familienunternehmen, „wenn sich eine Wirtschaftsorganisation im Eigentum einer Familie oder eines Familienverbandes befindet und diese dann einen bestimmten Einfluss auf die Entwicklung nehmen kann". Und mit Dirk Backer (1998: 18) lässt sich die innere Struktur eines Familienunternehmens dahingehend ergänzen, dass „es die typischen Personenbindungen der Familie als Einschränkungen in einen Betrieb einführt, dem die kapitalistische Rationalität abverlangt wird". Während die Zurechnung eines Unternehmens zum Mittelstand anhand quantitativer Kriterien wie Umsatzgröße, Beschäftigtenzahl und Bilanzsumme vorgenommen wird (Institut für Mittelstand Bonn/Umsatzgrößenstatistik 2001/2002), so werden reine Familienunternehmen definiert durch eine „meist traditionelle gewachsene, enge Beziehung zwischen den Eigentümern, dem Unternehmen und dessen Mitarbeiter, so dass für Familienunternehmen eine bestimmte Unternehmenskultur kennzeichnend ist, um die uns – nebenbei gesagt – die ganze Welt im Hinblick auf die von ihr ausgehende Stabilität beneidet" (Hennerkes/Pleister 1999: 21 f.).

Diese Stabilität schließt offensichtlich Beratungsresistenz ein. Nach einer Studie der Universität St. Gallen (Hennerkes 2002) ist mehr als die Hälfte der befragten Inhaber von mittelständischen Unternehmen mit ihrem Berater unzufrieden, 41 Prozent fanden den Beratungsstil zu akademisch, was offenbar eine Wissensdifferenz zwischen Berater und Unternehmer andeutet. Andere Befragte gaben an, dass die Berater die Notsituation der Klienten ausnützen würden, wobei sie ein überhebliches und arrogantes Verhalten an den Tag

---

5 Der Begriff Familienunternehmen ist aus der Alltagssprache entlehnt. Eine offizielle Definition von Familienunternehmen als eigenständige Rechtsform existiert nicht (Wagner 1998). Sabine Klein (2000: 3 f.) beschreibt Familienunternehmen als mehrdimensionale Systeme, in denen sich die verschiedenen Dimensionen Familie und Unternehmen wechselseitig beeinflussen.

legten. Diese Untersuchung ist nur ein weiterer Baustein, der Berührungsängste und Missverständnisse zwischen Unternehmern und Beratungsdienstleistern belegt. Hennerkes resümiert, dass sich immer noch viele Inhaber zu wenig Zeit nehmen, intensiv ihre Kernprobleme zu reflektieren und sich somit als äußerst „beratungsresistent" darstellen. Passend dazu schreiben Sperling und Ittermann (1998: 38), dass in kleinen Unternehmen Problemlösung meist als Chefsache betrieben wird. Bernd Karstedt[6] bekräftigt, dass Unternehmer am liebsten Beratung von anderen Unternehmern akzeptieren. Im Unterschied zu kleinen Unternehmen zählt in großen Unternehmen aus Industrie und Dienstleistung eine Inanspruchnahme von Beratung zur betrieblichen Alltagserfahrung (Sperling/Ittermann 1998: 38). Viele Großunternehmen nehmen bekannte Unternehmensberatungen in Anspruch[7], kleine und mittlere Unternehmen hingegen vergeben eher Aufträge an kleinere und mittlere Beratungsdienstleister. Diese meist sehr themenspezialisierten Agenturen betreuen Kunden in den drei Beratungsfeldern Managementberatung, IT-Beratung und Services sowie Human-Ressources-Beratung (BDU 2003: 10).[8]

Spricht man jedoch mit Experten der Beratung, ergibt sich ein anderes Bild. Mit seinem Ausspruch, der Mittelstand sei im Hinblick auf Finanzierungsberatungen „nicht beratungsresistent", schneidet der Vorstandssprecher der KfW-Förderbank Hans Reich[9] zunächst eine Breche für den mittelständischen Unternehmer. Im gleichen Atemzug empfiehlt er ihm jedoch dringend eine solide Finanzberatung: „Er muss sich auch mental Eigenkapital von außen öffnen und seinen ‚Herr-im-Hause-Standpunkt' ein Stück weit aufgeben. Er ist dann gezwungen, transparenter zu sein und mit Dritten das Geschäftsmodell abzustimmen. Das ist eine Übung, vor der auch der deutsche Mittelstand mit Sicherheit steht". Solche Warnungen lassen aufhorchen. Ein „Herr-im-Hause-Standpunkt": Existiert dieser noch im dritten Jahrtausend?

---

6 Rede beim Bremer Schaffermahl im Bremer Rathaus am 14. Februar 2003.
7 Mc Kinsey, Ernst & Young, die Boston Consulting Group, nur um einige zu nennen sind die Namen, die man mit der klassischen Unternehmensberatung verbindet.
8 Die Nachfragerseite gliedert sich in verarbeitendes Gewerbe (mit 31 Prozent), Finanzdienstleistungen (25 Prozent), IT, Medien und Kommunikation (10 Prozent), öffentlicher Sektor (9 Prozent), Energie und Wasserversorgung sowie -entsorgung (8 Prozent), Transport und Touristik (6 Prozent), Groß und Einzelhandel (5 Prozent) und sonstige Branchen unter 5 Prozent auf (BDU 2002:12).
9 Im Interview mit Diefenthal in der Netzeitung (http://www.netzeitung.de am 04. Dezember 2002). Die KfW ist Abkürzung für Kreditanstalt für Wiederaufbau, gegründet 1948 als Förderbank für den Mittelstand.

Stimmen aus dem Mittelstand

Dazu lassen sich aus einer eigenen qualitativen Erhebung typische Vertreter des Mittelstandes mit subjektiven Einschätzungen anführen[10]:
So vertritt ein Familienunternehmer einer Druckerei mit 600 Angestellten die Auffassung: „Ich bin jetzt natürlich sechzig Jahre im Beruf. Da hat man soviel Erfahrung, dass ein Berater da einem nichts vormachen kann. Und ich bin also hier unwahrscheinlich gut informiert. Ich bin, wenn man so will, der bestinformierteste Mensch hier".

Auf die Frage, ob Beraterwissen in der Alltagspraxis des Betriebes umgesetzt werden kann, sagt eine Familienunternehmern: „Nein. Weil sie die nicht umsetzen können. [...] Die Praxis sieht anders aus, weil Sie emotionale Bindungen haben. Das ist eine ganz entscheidende Sache. Als Außenstehender ist das immer etwas anderes."

Ein weiteres Beispiel aus dem Einzelhandel: „Der kleinere Mittelständler akzeptiert im Allgemeinen nur die Meinung des Beraters, wenn sich diese mit seiner eigenen deckt. Ansonsten meint er, bei der Fülle seines Erfahrungsschatzes, es besser zu wissen. Er möchte aber liebend gern seine Meinung vom Berater bestätigt bekommen. Dann ist es nämlich in seinen Augen ein guter Berater."

Was bedeutet gerade die letzte Aussage? Beratung als Legitimation des Vorhandenen? Wird Beratung nur im Sinne von Statusfestigung in Anspruch genommen, nach dem Motto: „Seht her, ich kann mir einen Berater leisten und der unterstützt genau meine Meinung"? Existieren sogenannte „Schwellenängste", als „Lokalmatador" im eigenen Unternehmen einen Berater zu brauchen? Hoffentlich merkt keiner, dass ein Berater im Haus war. Sonst hieße es noch, der Unternehmer habe gar Probleme, sei am Ende seiner unternehmerischen Karriere! Wie kann ein Namen für diese Selbstausgrenzung externer Beratung lauten? Limitation von Beratungsbereitschaft!

Mittelständische Unternehmer scheinen sich selbst aus dem Zugang zur Beratung auszugrenzen, welche auch ein Wissensvorsprung und letztendlich dann Wettbewerbsvorteil bedeuten kann. Hennerkes und Pleister (1999: 25) beschreiben pointiert, dass der typische deutsche Familienunternehmer im Verborgenen agiert. Ein Grund für dieses unauffällige Verhalten am Markt ist, dass Familienunternehmer nicht in dem „Roulette" für Führungskräfte mitspielen müssen. Sie müssen sich nicht „lautstark" als Unternehmer präsentieren und verkaufen. Ihr Unternehmen „spricht für sich selbst", schon durch einen bekannten Familiennamen, eine lange Tradition und das damit verbundene Image. Wem an der Unternehmensspitze das Zepter nicht aus der

---

10 Entnommene Auszüge aus den narrativen Interviews der noch unveröffentlichten Studie der Autorin im Rahmen ihres Promotionsvorhabens „Unternehmerpersönlichkeiten in Familienunternehmen".

Hand genommen werden kann, der braucht keine Leistungsbeweise (ebd.). Ein eigenes Unternehmen schafft vermeintliche Sicherheit und unterstützt selbständige Entscheidungen. Fakt aber ist, dass Familienunternehmer auf Märkten mit eigenem Risiko handeln und mit dem Problem ständiger Unsicherheit zu tun haben.[11] Werden Entscheidungen bei Unsicherheit getätigt, kann der Entscheider für das Eintreten verschiedener möglicher Entscheidungsausgänge keine Wahrscheinlichkeiten mehr angeben. Praktischen Nutzwert gewährleistet daher Beratung in Unternehmen bei neuen Problemen, zu denen noch keine Erfahrungswerte existieren und die zur Hochrechnung von Wahrscheinlichkeiten genutzt werden können, z.b. bei der möglichen Positionierung auf neuen Märkten. In Großunternehmen wird aus diesem Grund in Situationen der Unsicherheit Beratung eingeholt. Wo ein Fremdmanager bei der Auswahl eines Beraters auf klare Strukturierung seines Problems sowie auf Sachlichkeit schaut, legt jedoch der Familienunternehmer beim Berater Wert auf Kompromissfähigkeit und gebremsten Ehrgeiz (Knigge 2002). Der Berater soll sich zum Unternehmen und der Familie loyal verhalten.

Die Sperre, Beratung aufzusuchen, ist somit wesentlich bei der Person des Unternehmers zu lokalisieren. Gegen eine „Herr-im-Hause-Mentalität" mahnt Bernd Karstedt in einer Rede vor hanseatischen Unternehmern an[12]: „Als Unternehmer darf man sich nicht als das Maß aller Dinge verstehen". Er appelliert an die Unternehmensinhaber, dass sie beratungsfähig und nicht beratungsresistent sein sollten. Seiner Meinung nach glauben nahezu 90 Prozent aller mittelständischen Familienunternehmer, auf einen familienunabhängigen Beirat verzichten zu können. Sie bauen offensichtlich allein auf die Qualität der „Gene" der Inhaber.

Nachfrage von Beratung: Die MIND-Studie

Die Studie MIND-Mittelstand[13] in Deutschland des Unternehmermagazins impulse entwirft als eine der bislang gründlichsten Analyse von Führungs-

---

11 Wimmer (1996) ist der Auffassung, dass die Expansion der organisationsbezogenen Beratungsdienstleistungen von der höheren Unkalkulierbarkeit und dem zunehmenden Risiko von Entscheidungen in Organisationen profitiert.
12 Die Rede von Bernd Karstedt wurde am 14. Februar 2003 im Bremer Rathaus anlässlich des 459. Schaffermahls vorgetragen. Seit 1545 zählt die auch heute noch nach fast unveränderten Regeln veranstaltete Schaffermahlzeit, als dem ältesten Brudermahl der Welt, zu einem der bedeutendsten gesellschaftlichen Ereignissen Deutschlands. Sie wird von Wirtschaftsführern aus aller Welt besucht.
13 MIND (Mittelstand in Deutschland) basiert auf einer Umfrage von 1027 mittelständischen Unternehmern, geschäftsführenden Gesellschaftern und anderen Mitinhabern, die im Frühjahr 2001 durchgeführt wurde. Die Analyse ist repräsentativ für 1,1 Mil-

kräften inhabergeführter Unternehmen nicht nur eine Gesamtsicht des deutschen Mittelstands, sondern analysiert in einem Sonderteil mit einem Blick „hinter die Fassade" die psychologischen Verhaltensmuster von Firmenchefs: „Sie haben über 900.000 Jobs zu vergeben – und finden trotz 3,7 Millionen Arbeitslosen nur schwer geeignete Mitarbeiter. Sie haben das Internet für dich erobert – und zeigen hier so manchem Konzern, wie man Geld verdient. Vor allem haben sie eins: extremes Selbstvertrauen" (impulse 2001: 31). Bei der Inanspruchnahme von Beratern gelten Steuerberater als die engsten Chef-Vertrauten (ebd.: 33), mit denen ca. 93 Prozent der Unternehmer im Mittelstand regelmäßig zusammenarbeiten. Es folgt mit 51 Prozent Rechtsberatung. Wirtschaftsprüfer werden von 18 Prozent in Anspruch genommen und Unternehmensberater von immerhin noch 17 Prozent der befragten Mittelständler. Das ist fast ranggleich mit Finanzberatern (16 Prozent). Insgesamt ist ein leichter Rückgang der Inanspruchnahme von Beratung zu verzeichnen. Von strategischen Konzepten scheinen viele Führungskräfte im Mittelstand nichts zu halten, d.h. die meisten verzichten darauf.

Dies spiegelt sich beispielsweise in der mangelnden Bereitstellung erforderlicher Finanzmittel für eine Beratung wieder. Gravierende Wissens- und Bildungsunterschiede zwischen Mittelständlern (z.b. Handwerkern) und Beratern (z.B. Diplom-Betriebswirten) verstärken offensichtlich diese Tendenz. Gerade in Familienunternehmen kann eine ausgeprägte Abneigung gegenüber Einbezug externer Experten vorherrschen. Hingegen zählt in großen Unternehmen (Industrie und Dienstleistung) die Inanspruchnahme von Beratung zur betrieblichen Alltagserfahrung (Sperling/Ittermann 1998: 38). Manager weisen in der Regel den gleichen Bildungsstand wie Berater auf, welche oft vor Aufnahme ihrer Beratertätigkeit selber Industrieunternehmen geführt haben. Hier gilt: Man spricht die gleiche Sprache. So kann sich Beratung in Großunternehmen zu langfristigen und mehrjährigen Beratungsallianzen entwickeln.

Die Nachfrage nach einer externen Unternehmensberatung variiert in den Lebensphasen von Kleinunternehmen und Großunternehmen stark. Markante Eckpunkte in Unternehmen, die eine spezialisierte Beratung von Experten mit Fachwissen bedingen, sind Gründungs-, Wachstums-, Krisen- und Übertragungsphasen (Hesse 1998, Kieser 2002). Während Großunternehmen langfristige Beratungsallianzen mit großen Unternehmensberatungen nutzen, die sie jahrelang begleitend unterstützen, setzen Klein- und Mittelbetriebe vor allem in Krisenzeiten auf Beratung, die dann nur von kurzfristiger Dauer ist. Der Zeitfaktor spielt im Dienstleistungssektor eine nicht zu unterschätzende Rolle. Im Mittelstand hat der professionelle Berater in der Regel mehrere kleine Unternehmen zu betreuen, der Betreuer von Großunternehmen zumeist nur einen Klienten. In kleinen Betrieben besteht durch einfache Unterneh-

---

lionen kleine und mittlere Unternehmen mit einem Jahresumsatz von 125.000 Euro und bis zu 499 Beschäftigten (impulse 2001: 32).

mensstrukturen und flache Hierarchien kaum die Notwendigkeit, Beratung von außerhalb zur Bewältigung alltäglicher Aufgaben zu holen. Da diesen Inhabern die nötige Erfahrung und Vertrautheit mit Experten-Dienstleistung fehlt, scheinen viele Unternehmer diese Notwendigkeit nicht zu erkennen (Freund 1999: 54). Bei auftauchenden Schwierigkeiten gibt es eine Scheu, sich an einen – zum Zeitpunkt des Auftretens des Problems noch unbekannten – Unternehmensberater zu wenden. Bei einer in Kleinbetrieben auf eine zeitlich begrenzte Dauer angelegten Beratung gelingt schwerlich eine Umsetzung von strategischen Lösungen, weil sich die sozialen Strukturen und Prozesse in diesen Betrieben sperriger und resistenter gegenüber externer Beratung verhalten als in den Großbetrieben (Sperling/Ittermann 1998: 39).

Die MIND-Studie macht darüber hinaus – als Charakteristikum des Mittelstandes – eine gewisse Lethargie bei der Nutzung von Beratung kenntlich (impulse 2001: 36f.). Typische Meinungen sind hier: „Ich kann nichts dazu lernen", und: „Ich würde das Geschäft lieber verkaufen, als verändern". Etwa 46 Prozent der Unternehmer äußert sich dahingehend, dass es in ihrem Geschäftsbereich nichts gibt, was sie noch lernen könnten. Und 26 Prozent halten unternehmerischen Erfolg für reine Glückssache. Hartmut Knigge (2001: 5) kritisiert solche Ansichten. Für ihn setzt Erfolg unternehmerische Perfektion voraus: „Angesichts gesättigter Märkte, kurzer Produktionszyklen, schmaler Margen und in der Regel geringer Kapitalausstattung entscheiden auch Kleinigkeiten und Zehntel von Prozenten über Erfolg und Misserfolg. So wie beim Formel Eins Rennen nichts dem Zufall überlassen wird, da es um Bruchteile von Sekunden geht, kann sich, wer als Unternehmer langfristig erfolgreich sein will, nur mit perfekten Handeln, auch in Details, zufrieden geben". Der Vergleich zum Sport bringt es auf den Punkt: Um erfolgreich zu sein, müssen realisierbare Ziele abgesteckt und ihre Erreichung in Etappen überprüft und bewertet werden. Jeder erfolgreiche Sportler begibt sich hierfür in die Hände eines erfahrenen Coachs. Der Mittelständler hingegen „kocht sein eigenes Süpplein" – mit Ausnahme der vorrangig persönlichen Beziehungen zwischen Geschäftspartnern. Diese werden für die Gewährleistung eines Informationentransfers zwischen Unternehmen genutzt und um den Anschluss an Marktgeschehnisse nicht zu verlieren. Netzwerke aus dem persönlichen Umfeld werden zur Beratung genutzt, wie z.B. Meinungsaustausch mit Geschäftskollegen, und auch Familienmitglieder erlangen als (subjektive) kompetente Berater eine Bedeutung. Als der wichtigste Erfolgsfaktor in Klein- und Mittelbetrieben sieht sich dabei der Unternehmer selbst. Die MIND-Studie beinhaltet dennoch einen Hoffnungsschimmer für Beratungsdienstleister, da immerhin ein leichter Anstieg der Nutzung von Unternehmensberatern zu verzeichnen ist.[14]

---

14 Immerhin hat sich zwischen 1999 (32 Prozent) und 2001 (46 Prozent) die Zahl von entsprechenden Unternehmern erhöht (impulse 2001: 33).

Barrieren gegen externe Beratung

Hemmungen von Mittelständlern, bei Problemen Unternehmensberatungen aufzusuchen, können zunächst aus einem Mangel an Ressourcen erklärt werden. Wo in Großkonzernen genügende personelle, temporäre und materielle Ressourcen für Beratung eingeplant und bereitgestellt werden, suchen die meisten mittelständischen Unternehmer nicht systematisch nach neuen Beratungspartnern.[15] Selbst in Krisen verlassen sie sich lieber auf bereits vorhandene Beziehungen mit Geschäftspartnern. Verbindungen zu bekannten Unternehmern stellen also die bevorzugte Kooperation dar. Diese Form der Hilfe ändert jedoch kaum etwas an einer für den Lebenszyklus von Familienunternehmen besonders kritischen Phase, nämlich der Unternehmensübertragung. Die „Sterberate" von Familienunternehmen – d.h. solche, die keine Nachfolgeregelung finden – ist hier bei den zurzeit anstehenden 380.000 Unternehmensnachfolgen in Deutschland außerordentlich hoch. Brisanter Diskussionspunkt ist dabei, dass die Mehrzahl der näher rückenden Übergaben nach wie vor unvorbereitet erfolgt. Obwohl es ein breit gefächertes Beratungsangebot, auch von Wirtschaftsverbänden, gibt, änderst sich in der Praxis auffallend wenig (Freund u.a. 1999).

Ressourcenbedingte Barrieren sind z.B. die meist hohen Kosten einer Beratung, die ein Mittelständler – schon gar nicht in der Krise – durch die geringen finanziellen Reserven und fehlerhafte Eigenkapitalquote aufbringen kann. Und oft ist der fachliche Inhalt der empfohlenen Beratung und die vielfach überqualifizierte Ausbildung der Beratungsdienstleister nicht auf den Mittelstand abgestimmt. Zudem ist nicht selten der Familienunternehmer mangelhaft informiert, was Beratung leisten kann, wo und wie er Hilfe findet. So gibt es z.B. in der Bundesrepublik Hunderte von Förderprogrammen der KfW Förderbank, die den wenigsten Inhabern bekannt sein dürften. Mittelständler koppeln sich so selbst aus dem Wissenspool der Beratung. Eine höchst gefährliche Angelegenheit, was die Wettbewerbsfähigkeit von Mittelständlern betrifft.

Das Ergebnis des ENSR Enterprise Survey macht diese Limitation einmal mehr deutlich. Durch die Einheit von Eigentum und Unternehmensführung wird der Familienunternehmer zum Dreh- und Angelpunkt im Betrieb. Der Schlüssel für Entscheidungen für oder wider eine Beratung ist nicht im betrieblichen Know How der individuellen Unternehmerpersönlichkeit zu suchen (Hennerkes u.a. 1999: 23), sondern ergibt sich aus der Interessenlage des Familienunternehmens, die durch die Verbindung von Eigentum und Familie eine ganz andere Richtung als im Großunternehmen aufweist. Geht es

---

15 Vgl. European Network for SME Research 1997. Die europaweite Studie stellt in KMU-Betrieben (kleine und mittlere Unternehmen) die Hauptbarrieren der Inanspruchnahme von Unternehmensberatung fest.

dem Manager im Großunternehmen um Image, Shareholder Value, Karriere, individuelle Bezüge und Pensionen sowie Absicherung gegenüber dem Aufsichtsrat (ebd.: 24), so liegt der Fokus beim eigentümergeführten Unternehmen auf der Vermehrung und Sicherung des Familienvermögens.

„Im Mittelstand, so die gängige Vorstellung, gelten andere Gesetze", beobachtet auch Sabine Sommer (1997: 276). Manager, die aus Großunternehmen in den Mittelstand wechseln, mussten die Erfahrung machen, dass zwischen den gewöhnlich theoretischen Vorstellungen der Unternehmensgründer von modernen Unternehmenssystemen und der Bereitschaft, im unternehmerischen Alltag alte Strukturen aufzubrechen, Welten liegen. Fast immer wird das Beharrungsvermögen der Inhaber unterschätzt. Sommer, die den typischen Mittelständler charakterisieren möchte, beschreibt, dass dieser zur Geheimniskrämerei neigt und dass in Familienunternehmen generell externe Personen schnell zwischen die Fronten rivalisierender Clans geraten (ebd.: 280).

Dabei ist Wissensvorsprung eine Grundvoraussetzung für gutes Unternehmertum (Klein 2000). Die Pioniere unter den Unternehmern zeichnen sich durch clevere Anwendung von Mehrwissen aus. Für den mittelständischen Unternehmer wird hier eine Limitation und Legitimation von Beratung zur Falle. Sperrt er sich von vorhandenen Ressourcen aus, wird er von Marktwettbewerbern alsbald überholt. Und bestärkt er durch eine Beratung nur sein bestehendes Wissen, droht der Verlust von Realitätssicht. So beschneidet sich eine bestimmte Art von Familienunternehmern selber, indem sie Beratungsangebote weitgehend ignoriert.

Eine andere Art nimmt offiziell Beratung in Anspruch, „schrumpft" jedoch das Wissen der Berater gleichsam ein, indem eine abgespeckte Beratungsvariante gewählt wird, die zudem den Berater zum mitwissenden Komplizen mutieren lässt. Frei nach dem Motto „Du sollst keine anderen Götter neben mir haben" oder „Ein Berater darf nicht mehr Wissen zeigen als der Unternehmer" soll dieser ein vorhandenes Meinungsbild des Unternehmers bloß rechtfertigen, jedoch niemals übertrumpfen. Somit imitieren offensichtlich viele Inhaber von anderen Inhabern das Nutzungsverhalten einer Beratung, kopieren das Verhalten anderer Unternehmer in ihrem Beratungsverhalten. Auch Raimund Hasse und Georg Krücken (1999) sprechen im Zusammenhang mit dem Neo-Institutionalismus von Imitation und der Übernahme von Moden. Diese werden auf Grund ihrer kulturellen Legitimität übernommen, ohne dass versprochene Effizienzgewinne im Einzelfall überprüft werden. Besonders Organisationen sind anfällig, die sich durch ausgeprägten Konformitätsdruck auszeichnen. Hasse und Krücken weisen ganz explizit auf rasch wechselnde Managermethoden und die Verbreitung so genannter management-best-practices hin, die von Wirtschaftsunternehmen, welche sich wechselseitig beobachten, kopiert werden.

Die Imitation begrenzt sich dabei auf die jeweiligen organisationalen Felder, die stark zwischen Groß- und mittleren Unternehmen differieren.

Pichler (2000) listet in diesem Zusammenhang Unterschiede von Managern in Großunternehmen und Unternehmern im Mittelstand auf. Während Manager austauschbar seien, werden mittelständische Unternehmen vom Eigentümer-Unternehmer geleitet, die ihre eigene Führung beinahe durch nichts zu ersetzen glauben. Der Manager gilt als Spezialist durch fundierte Qualifikationen in der Unternehmensführung in einem speziellen Fachbereich, durch eine meist akademische Ausbildung und Auslandserfahrung. Dagegen gilt der Unternehmer als Generalist, der überall seine Finger im Spiel und oft eine handwerkliche Ausbildung ohne besondere Kenntnisse in Unternehmensführung absolviert hat. Wo der Manager seine sachbezogene Führung nach den Management-by-Prinzipien nach unpersönlichen Kontrollbeziehungen ausführt, wird dem Inhaber im Mittelstand eine patriarchalische Führung mit personenbezogenen Kontrollbeziehungen nachgesagt.

In Großunternehmen ist im Gegensatz zu kleineren ein gut ausgebautes formalisiertes Informationswesen vorhanden. Die Entscheidungen erfolgen prozessorientiert, durchlaufen durch Planung vorgeschriebene Informationspfade mit geringer Improvisation. Der Manager hat Abstand zum alltäglichen Betriebsgeschehen und bei Fehlentscheidungen einen Vorrat an Ausgleichsmöglichkeiten. Anders der Mittelständler. Er hat in der Regel kein ausgearbeitetes Informationswesen zur Verfügung und trifft dafür seine Entscheidungen eher allein. So kann auch in Krisen schnell improvisiert werden, da als Basis kurze Informationswege und flache Hierarchien vorhanden sind, wobei der Firmengründer durch die aktive Teilnahme am alltäglichen Betriebsgeschehen bestens über alle Aktivitäten informiert ist und so bei Problemen zügig entgegensteuern kann. Zudem sieht sich der Mittelstand im Vorteil, aus einer an seine eigene Person gebundenen Sicht kunden- und dienstleistungsorientiert zu arbeiten. Daraus resultiert ein Vertrauen insbesondere in die eigene Arbeit, welche wiederum Anlass für eine mangelnde Beanspruchung von Beratung ist.

Zu Erklärungen der Beratungsresistenz: Tradition trifft auf Moderne?

Als soziologische Erklärungshilfen für das Verhalten von Familienunternehmern bieten sich akteur- und systemtheoretische Ansätze an.

Aus akteurtheoretischer Sicht haben wir es beim Nutzungsverhalten des mittelständischen Familienunternehmers mit verschiedenen Ausprägungen von Handlungstypen zu tun. Der Unternehmer als Patriarch hat die Schlüsselgewalt über das Unternehmen. Unter Berücksichtigung familiärer Interessen handelt er getreu dem Modell des homo sociologicus (Schimank 1998: 37-69), als Bewahrer familiärer Sitten und Gebräuche. Hier hat kein Berater etwas zu suchen. Ein kreditives Wertesystem, aufgebaut auf den Werten Privateigentum, Berufung und Elite verhindert offensichtlich, dass ein Unternehmer überhaupt an einen Rat von externen Unternehmensberatern denkt. In Falle eines negativen Beratungsergebnisses müsste er sich vor sich selbst eine Inkompetenz zugestehen und seine eigene Person als Clanführer in Frage stellen.

Der Identitätsbehaupter (ebd.: 121-143) präsentiert seine unternehmerische Identität durch Selbstdarstellung, ist jedoch dabei auch auf soziale Bestätigung angewiesen, die ihm vom Berater durch die Reflexion und Zustimmung der eigenen Meinung entgegengebracht werden kann. Der Anwender von Beratungsdienstleistungen bekommt gleichsam symbolischen Applaus von außen. Andere Unternehmer sollen bewundern, dass er innovativ ist und sich eine Beratung leisten kann. Um sein Image zu rechtfertigen und zu festigen, braucht er diese speziellen sozialen Bestätigungen. An den Reaktionen der Umwelt stellt der Unternehmer durch positive Verstärkung anderer Unternehmer fest, wer man ist. In diesem Fall *ist man* das Unternehmen. Sollten die Geschäfte schlecht gehen und der Inhaber seine Identität bedroht sehen, kann durch eine Beratung, die nicht als Strategieberatung zur wirklichen wirtschaftlichen Krisenbewältigung zu rechnen ist, das Bild wieder zurechtgerückt werden. Liegt dann ein abschließendes Beratungsergebnis vor, möchte der Inhaber allenfalls darin seine eigene Kompetenz gestärkt sehen. Beratung dient in diesem Fall also der Legitimation des Bestehenden.

In Großunternehmen werden Fehlabläufe und Misserfolge systematisch analysiert und ausgewertet. Wenn es sinnvoll erscheint, werden Abteilungen umstrukturiert und Störfaktoren weiterdelegiert. Im überschaubaren Klein- und Mittelunternehmen gerät ein externer Berater hingegen schnell in die Position und Rolle des Fremdkörpers, der den normalen Betriebsablauf blockiert und die miteinander vertraute und oft eingeschweißte Belegschaft irritiert. Der Berater in einem Großunternehmer stammt meistens aus den eigenen Reihen, und hat den Vorteil, unabhängig vom Tagesgeschäft zu operieren. Da Berater bestrebt sind, ihre Sponsoren in einem guten Licht stehen zu lassen (Kieser 2002: 32), verhelfen sie auch anderen Managern zu Sicherung der Argumentation, Entscheidungen und Ansehen. Für einen Top-Manager gehört heutzutage ein Berater oder persönlicher Coach zum guten Ton.[16] Aber dazu kommt in Großunternehmen ein wachsamer Rundblick für ökonomische Nutzenbezogenheit, die durch Beratung gestärkt werden soll. In diesem Modell des „homo oeconomicus" wird Nutzen auf der Grundlage der Informationssuche und Alternativenbewertung maximiert. Dieses Modell überwiegt in mittelständischen Familienunternehmen kaum.

---

16 Stichworte sind hier Supervision für Manager, als Reflexion des eigenen Führungsverhaltens, und die Führungskraft als Coach (Gloger 2003: 78). Eine Reflexion des eigenen Führungsstils scheint für Familienunternehmer, die ihr Unternehmen als Patriarch und mit „festem Griff" steuern, eine kaum denkbare Methode.

Wird ein Unternehmen systemtheoretisch analysiert, ergibt sich eine andere Perspektive auf das Phänomen der Beratungsresistenz. Ansatzpunkt der Systemtheorie ist der Blick auf Kommunikationen und nicht auf den entscheidenden Unternehmer als handelnden Menschen. Für autopoietische Kommunikationssysteme sieht Luhmann (1999) bekanntlich eine Differenz von System – hier: dem Familienunternehmen – und Umwelt – den Beratungsdienstleistern. Zudem lassen sich nach Luhmann (2000) Beratungsunternehmen als Organisationen bezeichnen, die sich durch Mitgliedschaftsregeln auszeichnen. Beim mittelständischen Familienunternehmer besteht bezüglich der an Personen und nicht an Organisation orientierten Kommunikation ein blinder Fleck, der ihm ein Erkennen des Beraters erschwert. Informationsbroschüren und Beratungsofferten rauschen kaum reflektiert an ihm vorbei. Unternehmensberater geraten – wenn man von der Systemtheorie als Analysebasis ausgeht – schnell an Grenzen autopoietischer Systeme und deren innere Zustände bei einer Umsetzung von Beratungsvereinbarungen. Diese Grenzen legen unwiderruflich fest, wer zum Unternehmen gehört, wer nicht und wer welche Rollen und Funktionen innehat.

Schließlich entwickelt die Systemtheorie die Vorstellung einer funktional-differenzierten Gesellschaft. In dieser Perspektive ist die Auslagerung von Beratung aus einem Unternehmen Teil der Ausdifferenzierung von Funktionssystemen. Hierbei lässt sich eine historische Entwicklungsgeschichte von Familienunternehmen berücksichtigen (Weber-Kellermann 1996; Klein 2000: 23ff.). Familienunternehmen lassen sich aus der Situation der Sicherheit des Ganzen Hauses[17] ableiten (Schäfers 1990: 112), in der alle Familienmitglieder unter der väterlichen Autorität unter einem Dach gearbeitet und gemeinsam zur Existenzsicherung der Familie beigetragen haben. Der Hausvater war in der traditionellen Familie das Oberhaupt, der die Familie als Mundt (Vormund) – und was für die Inakzeptanz von Beratern wichtig ist – „in allen Belangen Dritten gegenüber vertrat" (Kaufmann 1990: 16). Durch die kontinuierliche Teilung von Wohnen und Arbeit entwickelte sich dann im Laufe der Zeit die Kleinfamilie. Deren überlieferte Muster bestehen vielfach heute in Familienunternehmen noch, welche ein Eindringen eines Externen in die Betriebsabläufe schwer macht. Familiale Leistungen im Unternehmen zeichnen sich dadurch aus, dass sie sich nahezu ausschließlich zwischen einander nahestehenden Personen ereignen, und dass die Motivation zu diesen Leistungen auf persönlicher Verbundenheit beruht (ebd.: 55). Beim Kontakt von Familienunternehmen und Beratungsdienstleistungen prallen diesbezüg-

---

17 Der Begriff des Ganzen Hauses (Wilhelm Heinrich Riehl (1823-1897)) bezeichnet einen ökonomischen Tatbestand und stellt einen Idealtypus dar. In diesem Sinne kann das Ganze Haus mit der Funktion der Familie verglichen werden, in der alle Mitglieder (Ehefrau, Verwandte, Kinder, Gesinde, Tiere) unter der Herrschaft des Hausvaters standen.

lich „personale" Traditionen und eine Moderne zusammen, die an sachlichen Verfahren – hier der Beratung – orientiert ist.

Fazit und Ausblick

Für mittelständische Familienunternehmen kann gesagt werden, dass ihre Beratungsresistenz „hausgemacht" ist, sofern sie ihre Ressourcen für eine externe Beratung teilweise selbst eingrenzen, obwohl für sie viele Beratungsangebote offen stehen. Die weitgehende Beratungsresistenz resultiert dabei aus der traditionsgeleiteten Unternehmensführung, die auf die historische Entwicklung des Ganzen Hauses zurückreicht. Eine Unternehmensphilosophie spielt bei der Art und Weise von Inanspruchnahme von Beratung in dem Punkt eine Rolle, weil viel „Es wurde immer schon so gemacht" in dieser Philosophie versteckt sowie als Tabu unhinterfragbar ist (Baecker 1998). Berater müssen, wenn sie dieses Problem lösen wollen, diese Bindung an traditionale Orientierungen stören – andernfalls kann eine Beratung nicht ins Unternehmenssystem gelangen und allenfalls oberflächlich intervenieren. Eine Beratung für Familienunternehmen muss somit besondere Merkmale mitbringen, die auf die Unternehmerpersönlichkeit zugeschnitten sind. Deshalb sind für Familienunternehmen eher die oft weniger bekannten, kleinen Beratungsfirmen von Vorteil, die dem persönlich geprägten Stil von Familienunternehmen entsprechen. Die externen Berater selbst müssen offensichtlich neben ihrer fachlichen Beratungskompetenz so wie der Familienunternehmer unternehmerisch handeln können, nämlich ganzheitlich. Das erfordert vom Berater spezielle Fähigkeiten, die weit über rein betriebswirtschaftliche Kenntnisse hinausreichen.

Einer der Faktoren, der die Zahl der Dienstleistungen anwachsen lässt, ist die Diskrepanz des Fachwissens der so genannten Experten gegenüber den „normalen" Bürgern. In dieser Hinsicht gelangt Kieser (2002) zu dem Ergebnis, dass die modernisierungs- oder differenzierungstheoretische „Makro"-Erklärung in der Lage ist, relevante Aspekte des Beratungsbooms zu erklären. Die ins Spiel kommenden Supra-Experten (Kieser 2002) bringen immer nur vorübergehende Entspannung, schieben schließlich und endlich aber eine Dynamik des permanenten Wandels an Beratungsmethoden und -inhalten an, die kaum noch zu bremsen ist. In diesem Kontext stellt sich die Frage, ob Beratungsresistenz im Mittelstand nicht sogar als Vorteil zu sehen ist, sofern Familienunternehmer Instinkt beweisen, unseriöse Angebote zu „durchschauen" und „unnötige" Beratungsmethoden abzulehnen.

Literatur

Baecker, Dirk (1988): Tabus in Familienunternehmen. In: Hernsteiner – Fachzeitschrift für Management Entwicklung: Nachfolge in Familienbetrieben. Wien, H 2, S. 18-22.

Bundesverband Deutscher Unternehmensberater BDU (2003): BDU-Studie. Facts & Figures zum Beratermarkt 2002. Bonn.

Diefenthal, Annemie (2002): Der Mittelstand ist nicht beratungsresistent. Interview mit dem Vorstandssprecher der KfW Hans Reich. In: Netzzeitung.de. http://www.netzeitung.de/spezial/mittelstand/217859.html. 04. Dez. 2002.

European Network for SME Research (1997): Das Europäische Beobachtungsnetz für KMU. Fünfter Jahresbericht.

Freund, Werner/Schroer, Evelyn (1999): Neue Entwicklungen auf dem Markt für die Übertragung mittelständischer Unternehmen. Institut für Mittelstandsforschung-Materialien Nr. 136. Bonn.

Gloger, Svenja (2003): Supervision – der Reflektor. In: managerSeminare. Heft 65. April 2003. S. 56-65.

Hasse, Raimund/Krücken, Georg (1999): Neo-Institutionalismus. Bielefeld.

Hennerkes, Brun-Hagen/Pleister; Christopher (Hg.) (1999): Erfolgsmodell Mittelstand. 12 Unternehmer geben Einblicke in ihr Denken und Handeln. Wiesbaden.

Hennerkes, Brun-Hagen/Kirchdörfer, Rainer/Lorz, Rainer (2002): Unternehmensberatung für Familienbetriebe weist besondere Qualitätsmerkmale auf – Auch ein Unternehmen muss zur Vorsorgeuntersuchung. In: Handelsblattbeilage/Familienunternehmen in der Praxis, Handelsblatt Nr. 26, Düsseldorf, 06.02. 2002.

Hernsteiner – Fachzeitschrift für Management Entwicklung (1998): Nachfolge in Familienbetrieben. Heft 2, Wien.

Hesse, Hans Albrecht (1998): Experte, Laie, Dilettant: Über Nutzen und Grenzen von Fachwissen. Wiesbaden.

impulse – das Unternehmermagazin (2001): Die Unternehmerstudie Mind 2001 – Mittelstand in Deutschland. Hamburg, S. 30-41.

Kappler, Ekkehard/Laske, Stephan (Hg.) (1999): Unternehmernachfolge im Familienbetrieb. Freiburg.

Kaufmann, Franz-Xaver (1990): Zukunft der Familie. München.

Kieser, Alfred (2002): Wissenschaft und Beratung. Heidelberg.

Klein, Sabine (2000): Familienunternehmen. Theoretische und empirische Grundlagen. Wiesbaden.

Knigge, Hermann (2002): Neue Herausforderungen für den Mittelstand. In: Der Manager Promotor, Ausgabe 1. München, S. 5.

Luhmann, Niklas (1999): Die Wirtschaft der Gesellschaft. Frankfurt/M.

Luhmann, Niklas (2002): Organisation und Entscheidung. Opladen.

managerSeminare (2003): Wieviel Coaching muss sein? In: managerSeminare. Heft 68, Juli/August 2003, S. 78-86.

markt + wirtschaft (2003): EU-Kommission. Neudefinition für den KMU-Begriff. In: Mitteilungen der Industrie und Handelskammer zu Köln. Nr. 10, S. 8.

Müller, Henrik (2004): Was Sie schon immer über den Mittelstand zu wissen glaubten ... entspricht längst nicht mehr der Wirklichkeit. In: manager magazin. H. 1, Jan. 2004, S. 97-107.

Pichler, J. Hanns (Hg.) (2000): Management in KMU: Die Führung von Klein- und Mittelunternehmen. Bern, Stuttgart, Wien.

Schäfers, Bernhard (1990): Gesellschaftlicher Wandel in Deutschland. Stuttgart.

Schimank, Uwe (1988): Soziologische Akteurmodelle. Kurseinheit 1. Studienbrief der Fern Universität Hagen, Hagen.
Schimank, Uwe (2000): Handeln und Strukturen. Weinheim, München.
Schimank, Uwe (2000): Theorien der gesellschaftlichen Differenzierung. Opladen.
Sommer, Christiane (1997): Wechsler zwischen Welten. In: manager magazin. Heft 12, Dez. 1997, S. 275-284.
Sperling, Hans Joachim/Ittermann, Peter (1998): Unternehmensberatung – eine Dienstleistungsbranche im Aufwind. München, Mering.
Weber-Kellermann, Ingeborg (1996): Die deutsche Familie – Versuch einer Sozialgeschichte. Frankfurt/M.
Wimmer, Rudolf/Domayer, Ernst/Oswald, Margit/Veter, Georg (1996): Familienunternehmen – Auslaufmodell oder Erfolgstyp? Wiesbaden.

Albert Scherr

Beratung als Form wohlfahrtstaatlicher Hilfe

Mittels der Sozialen Arbeit[1] reagieren moderne wohlfahrtsstaatlich verfasste Gesellschaften auf strukturell bedingte Problemlagen von Individuen, Familien und sozialen Gruppen in der Form von Hilfen, die über die sozialadministrative Zuweisung von existenzsichernden Geldzahlungen und Rechtsansprüchen auf Wohnungen, Krankheitsbehandlung und schulische Erziehung hinausreichen. Programmatischer Anspruch der Sozialen Arbeit ist es, Hilfen für Hilfsbedürftige durch Formen der Betreuung, Erziehung und Bildung, des stellvertretenden Handelns, der Quasi-Therapie und eben der Beratung zur Verfügung zu stellen. SozialarbeiterInnen übernehmen also etwa die stellvertretende Erziehung von Waisen oder von Kindern, bei denen angenommen wird, dass ein Verbleib in der Herkunftsfamilie das Kindeswohl gefährdet, sie unterstützen Familien in Fragen der Haushaltsführung und der Erziehung, sie entwickeln gemeinsam mit Jugendlichen Möglichkeiten der Freizeitgestaltung oder Projekte der politischen Bildung, informieren Arbeitslose über ihre Rechte und über Qualifizierungsmöglichkeiten usw. In all diesen und anderen Fällen sind Formen der Beratung, d.h. zunächst: der Verständigung über vorliegende Problemlagen und mögliche Problemlösungen, ein Element der sozialarbeiterischen Hilfen.[2] Für eine Beschreibung der Gegenwartsgesellschaft als „beratene Gesellschaft", wie sie in diesem Band beansprucht wird, ist die Soziale Arbeit insofern aus zwei Gründen von besonderer Relevanz: Zum einen geschieht die Entdeckung der Möglichkeit, auf vielfältige Problemlagen von Individuen, Familien und sozialen Gruppen mit Beratung

---

1 Der Terminus Soziale Arbeit wird im Folgenden als Sammelbezeichnung für die Arbeitsfelder und die Berufe der Sozialarbeit und Sozialpädagogik verwendet; es wird also in Übereinstimmung mit der einschlägigen Fachdiskussion davon ausgegangen, dass die historisch bedingte Unterscheidung zwischen der Sozialarbeit als Theorie und Praxis der Armenfürsorge und der Sozialpädagogik als Theorie und Praxis der Jugendhilfe aktuell nicht mehr bedeutsam ist (Merten 1998).

2 Kallmeyer (2002) entwickelt eine genaue Analyse der Grundstrukturen von Beratungskommunikation, die jedoch von einer prinzipiell asymmetrischen Rollenverteilung von Ratsuchendem und Berater ausgeht und damit solche Formen der gegenseitigen Beratung ausblendet, in denen eine solche Differenzierung nicht ausgebildet ist.

als einer Form professioneller[3] Hilfe zu reagieren, in der Sozialen Arbeit bereits in den 1920er und 1930er Jahren, und in der Folge wird Beratung dann dort auch zu einer eigenständigen Interventionsmethode weiterentwickelt. Zum anderen vollzieht sich die Ausweitung von Beratungsangeboten, die zur Diagnose einer „Beratungsgesellschaft" führt, nicht zuletzt in der Form des Ausbaus und der Ausdifferenzierung sozialarbeiterischer Beratungen. Allein die Kinder- und Jugendhilfestatistik des Statistischen Bundesamtes weist für das Jahr 2002 282.057 AdressatInnen beendeter institutioneller Beratung aus, wobei in dieser Zahl Beratungen im Rahmen der Jugendarbeit und Jugendsozialarbeit nicht enthalten sind. Hinzu kommen Beratungsgespräche durch ErzieherInnen, SozialarbeiterInnen und SozialpädagogInnen in den Kontexten von Tagesgruppen, der Heimerziehung, der Einzelbetreuung, der Schulsozialarbeit usw., die statistisch nicht erfasst werden, aber auch die erhebliche Zahl von Beratungen, die im Rahmen der Arbeit mit SozialhilfeempfängerInnen durchgeführt werden.

Vor diesem Hintergrund soll im Folgenden zunächst betrachtet werden, was sozialarbeiterische Beratung als spezifische Kommunikationsform charakterisiert. Daran anschließend ist auf die Frage nach den Gründen der quantitativen und qualitativen Expansion der Sozialen Arbeit und damit auch sozialarbeiterischer Beratungsangebote einzugehen.

1. Beratung im Kontext der Sozialen Arbeit

Soziale Arbeit reagiert auf die Folgen und Nebenfolgen gesellschaftsstrukturell bedingter sozialer Problemlagen wie Armut, Arbeitslosigkeit, abweichendes Verhalten, Diskriminierung, Gewalt in und Auflösung von Familien, abweichendes Verhalten von Jugendlichen in der Form der fallbezogenen und nicht standardisierten Hilfen. D.h.: Individuen und Familien, die an den für moderne Gesellschaften typischen Bedingungen der Lebensführung scheitern oder aber nicht bereit bzw. in der Lage sind, sich den geltenden rechtlichen Normierungen anzupassen, werden Leistungen der Erziehung, Betreuung, Beratung usw. zur Verfügung gestellt bzw. mittels rechtlicher Entscheidungen verordnet, die sie motivieren und befähigen sollen, ihre Lebensführung an gesellschaftlichen Erwartungen auszurichten. Soziale Arbeit ist also darauf ausgerichtet, nicht nur rechtlich kodifizierte Ansprüche abzuklären sowie Leistungen durch Verwaltungshandeln zu erbringen, sondern

---

3 Professionell meint hier zunächst nur, dass solche Hilfe von eigens dafür ausgebildeten und beruflich tätigen Fachkräften erbracht wird; auf die umfangreiche Diskussion um die Frage, ob die Berufe der Sozialen Arbeit in einem theoretisch anspruchsvollen Sinn als Professionen im Unterschied zu „ganz normalen" Berufen gelten können, ist hier nicht einzugehen (siehe dazu etwa als Überblick Dewe u.a. 2001: 7ff.).

gerade dadurch gekennzeichnet, dass auch versucht wird, umfassend auf die Lebensführung, das Selbstverständnis und die Lebensentwürfe von Individuen und Familien einzuwirken. Dies geschieht in der Form der Kommunikation, in der Regel der Interaktion zwischen SozialarbeiterInnen und ihren Klienten, und ein Modus solcher Kommunikation ist der der Beratung.

Beratung als Kommunikations- bzw. Interaktionsform in der Sozialen Arbeit ist also eingelassen in eine wohlfahrtsstaatliche und sozialpolitische Rahmung. Wer durch Soziale Arbeit beraten wird, wann und wo dies geschieht, welche Probleme potentieller Gegenstand solcher Beratung sind und was als mögliche Problemlösung betrachtet wird, all diese Aspekte sind nicht unabhängig von einer Auseinandersetzung mit den gesellschaftlichen, insbesondere den sozialpolitischen und sozialrechtlichen Kontexten verständlich, in denen Soziale Arbeit situiert ist. Eine theoretische Auseinandersetzung mit sozialarbeiterischer Beratung kann also nicht Beratung als ein isoliertes Geschehen in den Blick nehmen, sondern hat Beratung als eine gesellschaftlich strukturierte Kommunikationsform zu analysieren. Folglich ist hier zunächst knapp auf die Frage nach den gesellschaftlichen Bedingungen, Funktionen und Folgen Sozialer Arbeit einzugehen (siehe dazu ausführlicher Bommes/ Scherr 2000a).

Gesellschaftsgeschichtlicher Ausgangspunkt der Sozialen Arbeit sind Konfliktlagen, die sich aus dem Zusammenleben von Armen und Reichen, Etablierten und Außenseitern im Prozess der Herausbildung moderner Gesellschaften ergeben (de Swaan 1993). Im Weiteren etabliert sich Soziale Arbeit im Kontext sozialpolitischer Maßnahmen, die auf die Durchsetzung von Lohnarbeit und Lohnabhängigkeit in der kapitalistisch-marktwirtschaftlichen Geldökonomie reagieren (Lenhardt/Offe 1977). Soziale Arbeit ist damit von Anfang an einbezogen in staatlich-politische Strategien, die auf Herstellung und Durchsetzung einer nationalstaatlich regulierten Ordnung der Gesellschaft zielen. Dies führt dazu, dass „Hilfe für Hilfsbedürftige" einerseits und „Kontrolle abweichenden Verhaltens" andererseits für die Soziale Arbeit von Anfang an gleichermaßen konstitutive Gesichtspunkte sind. Ersichtlich hat nun die weitgehende Überwindung der für den Prozess der Herausbildung moderner Gesellschaften typischen Problemlagen sowie die Durchsetzung von sozialstaatlichen Rechtsansprüchen für Arme und Arbeitslose nicht zu einem Abbau der Sozialen Arbeit geführt. Vielmehr expandiert die Soziale Arbeit im Zuge des Ausbaus des Wohlfahrtsstaates. Sie transformiert sich in ein Angebot vielfältiger Hilfen, die nicht mehr nur auf klassische soziale Problemlagen, sondern genereller auf Probleme der Lebensführung in der funktional differenzierten bzw. polykontexturalen Gesellschaft bezogen sind. Die Soziale Arbeit kann entsprechend theoretisch als ein System derjenigen Hilfen beschrieben werden, die darauf ausgerichtet sind, Exklusionen aus gesellschaftlichen Teilsystemen und Organisationen zu vermeiden, Reinklusionen zu ermöglichen, die Folgen von Exklusionen und Exklusionsverdichtungen für die Lebensführung abzumildern sowie zur Regulierung sozialer Konflikte beizutragen (siehe dazu ausführlicher: Bommes/Scherr 2000a; Scherr 2001). Die in den politischen Prozessen, die insgesamt zu einer Expansion des Wohlfahrstaates geführt haben, durchgesetzte Ausweitung ihres Auftrags und ihrer Zuständigkeiten hat seit den 1970er Jahren zu einem enormen Anstieg der Zahl der Berufstätigen, einer Erweiterung und Ausdifferenzierung ihrer Arbeitsfelder, dem Auf- und Ausbau einschlägiger Studiengänge an Fachhochschulen und Universitäten sowie weitreichenden Veränderungen ihres Selbstverständnisses geführt. Schon die Tatsache, dass ca. 1 Million Beschäftigte in den sozialen Berufen erwerbstätig sind (Cloos/Züchner 2002),[4] zeigt an, dass es sich im Fall der Sozialen Arbeit nicht mehr um einen Randbereich der Gesellschaft handelt, der für eine Theorie der Gegenwartsgesellschaft von nur geringer Bedeutung ist. Dies führt im Kontext von Theorien der Sozialen Arbeit einerseits zu der problematischen Beanspruchung einer Generalzuständigkeit für Probleme der Lebensführung in der modernen Gesellschaft, andererseits dazu, dass die disziplinäre und professionelle Identität der Sozialen Arbeit selbst zunehmend zum Problem wird (Bommes/Scherr 2000a: 20ff. u. 225ff.). Denn empirisch realisiert sich Soziale Arbeit gegenwärtig in der Form vielfältiger personenbezogener Hilfen, die in irgendeiner, keineswegs transparenten Weise auf Risiken der Lebensführung bezogen sind. Gleichwohl aber ist festzustellen, dass ihr Angebot überwiegend auf klar benennbare Aufgaben bzw. Problemlagen bezogen ist: Armut und Arbeitslosigkeit, Diskriminierung und Marginalisierung, abweichendes Verhalten und Kriminalität, Erziehungsbedürftigkeit von Kindern und jugendtypische Entwicklungsprobleme sowie Probleme der familialen Lebensführung.

Konstitutiv für Soziale Arbeit und sozialarbeiterische Beratung ist also ein Bezug auf sozial typische Problemlagen.[5] Dabei kann Beratung in Anschluss an Klaus Mollenhauer (1964: 115) zum einen als ein durchgängiges Element aller sozialarbeiterischen Handlungsvollzüge verstanden werden. D.h. Programme der Betreuung, Erziehung, Bildung und der Quasi-Therapie verwenden Beratung als eine Kommunikationsform im Sinne eines Mittels für die Zielerreichung. Davon zu unterscheiden sind zum anderen unter-

---

4 Detaillierte statistische Analysen zur Arbeitsmarktentwicklung in der Sozialen Arbeit werden von der Arbeitsstelle Kinder- und Jugendhilfestatistik der Universität Dortmund vorlegt. Deutlich wird dort, dass sich diese Zahl bei genauerer Betrachtung relativiert. Denn hiervon sind knapp 300.000 Personen in Kindergärten und Kindertagesstätten beschäftigt, deren Zuordnung zur Sozialen Arbeit problematisch ist; die Zahl der Beschäftigten mit einem einschlägigen Hochschulabschluss liegt bei unter 20% (Cloos/Züchner 2002: 721).
5 Die Tatsache, dass in Deutschland auch Kindergärten als sozialpädagogische Einrichtungen betrachtet werden und nicht als Teil des Bildungssystems, widerspricht dieser Aussage; diese Zuordnung ist jedoch nur historisch verständlich und seit der Verallgemeinerung des Kindergartenbesuchs systematisch nicht mehr rechtfertigbar.

schiedliche institutionalisierte Beratungen, für die spezialisiertes Personal sowie eigenständige Einrichtungen zur Verfügung stehen. Dies gilt insbesondere für die Beratung von Kindern, Jugendlichen und Erwachsenen in Krisensituationen, von Alkoholabhängigen und Drogenbenutzern, von Alleinerziehenden und Familien in Fragen der Erziehung und des Zusammenlebens, von Jugendlichen ohne Ausbildungsplatz, Arbeitslosen sowie Sozialhilfeempfängern.

2. Sozialberatung als Kommunikationsform

Wenn Beratung als Modus sozialarbeiterischen Handels von Erziehung und Betreuung unterschieden wird, dann ist damit zunächst ein bestimmter Anspruch signalisiert: Während Erziehung auf gezielte Beeinflussung der Persönlichkeitsentwicklung von Unmündigen ausgerichtet ist, zielt Beratung auf solche Klärungs- und Verständigungsprozesse, in denen jeweils Ratsuchenden das Recht zukommt, Ratschläge anzunehmen oder abzulehnen und eigene Folgerungen aus vorgeschlagenen Problemdiagnosen zu ziehen (Dewe/ Scherr 1990: 488ff.; Kallmeyer 2000: 236ff.). Zwar erfolgt die Inanspruchnahme sozialarbeiterischer Beratungen in vielen Fällen keineswegs freiwillig, sondern vor dem Hintergrund rechtlicher Regulierungen und möglicher Sanktionen.[6] Von Beratungskommunikation als einer spezifischen Kommunikationsform – im Unterschied zu einer solchen erzieherischen oder sozialadministrativen Kommunikation oder zu therapeutischen Behandlungen, die auf direkte Eingriffe und Regulierung zielen – kann sinnvoll jedoch nur dann gesprochen werden, wenn der prinzipiell dialogische Charakter von Beratungen gewahrt bleibt. Im Unterschied zu Formen der Betreuung, die dadurch gekennzeichnet sind, dass SozialarbeiterInnen, so etwa in der Heimerziehung oder im Fall der Betreuung von Wohngruppen, eine generelle Zuständigkeit für die Gewährleistung einer erwartungskonformen Lebensführung ihrer Klientel übernehmen, ist für sozialarbeiterische Beratung der Anspruch kennzeichnend, Deutungen und Lösungen für spezifische lebenspraktische Problemlagen zu entwickeln. Im Unterschied zu Varianten der Psychotherapie und der psychotherapeutischen Beratung stehen in der Sozialen Arbeit in der Regel nicht innerpsychische Konflikte, die als Symptome einer Persönlichkeitsstörung gelten, im Zentrum der Beratungskommunikation; thematischer Focus sind vielmehr lebenspraktische Probleme und Konflikte (Bude 1988; Dewe/Scherr 1990: 492ff.).[7]

---

6   Rechtliche Grundlage solcher Sanktionsdrohungen sind Bestimmungen des Sozialgesetzbuches sowie der Jugend- und Erwachsenstrafgesetzgebung.

7   Zur Abgrenzung von Beratung und Psychotherapien wird gewöhnlich darauf verwiesen, dass Beratung keine Diagnose einer psychischen Störung oder Krankheit voraus-

Beratung als Kommunikationsform kann weiter formal dadurch charakterisiert werden, dass jeweils von einem oder mehreren Ratsuchenden Probleme in der Absicht thematisiert werden, Verständigung über mögliche Deutungen des Problems und/oder mögliche Lösungen zu erzielen. So betrachtet stellt Beratung eine alltägliche Kommunikationsform zwischen Kollegen, Bekannten, Freunden oder Familienangehörigen dar, die auf mehr oder weniger gravierende lebenspraktische Schwierigkeiten reagiert. Man berät sich miteinander oder gegenseitig in der Erwartung, dass in der Kommunikation bislang unerkannte Deutungen von Problemen bzw. Lösungsmöglichkeiten für Probleme sichtbar werden, oder aber zumindest in der Erwartung, dass das Beraten selbst wenigstens zeitlich begrenzte psychische Entlastung vom Problemdruck bietet. Beratung im Alltag kann als Gespräch zwischen Erfahreneren und Anfängern, Experten und Laien angelegt sein, ist aber nicht notwendig an Asymmetrien des Wissens und Könnens gebunden, sondern setzt prinzipiell lediglich die wechselseitige themenbezogene Kommunikationsbereitschaft voraus.

Da die Kommunikationsform Beratung im Alltag omnipräsent ist und in der Alltagskommunikation unterschiedliche Beratungsformen vorkommen, ist die Differenz von alltäglicher und professioneller Beratung nur in solchen Fällen klar bestimmbar, in denen, wie in den Fällen der Rechtsberatung durch Juristen und der Gesundheitsberatung durch Mediziner, ein spezifisches Expertenwissen nachgefragt wird, dessen legitime Weitergabe an bestimmte Qualifikationen und Berufspositionen gebunden ist und das gewöhnlich nicht immer und überall, sondern nur von bestimmten Personen, zu bestimmten Zeiten und an bestimmten Orten abrufbar ist.[8] Der dann vorausgesetzte Sonderstatus des Expertenwissens begründet und legitimiert Rollenasymmetrien in der Beratungskommunikation, die in der Regel auch durch symbolische Markierungen und räumliche Arrangements angezeigt werden.

Auch für sozialarbeiterische Beratung ist eine solche Asymmetrie, trotz aller Schwierigkeiten der Unterscheidung von alltäglicher Beratung, konsti-

---

setzt. Da aber neuere Therapiekonzepte und Diagnostiken gerade die klare Abgrenzbarkeit von psychischer Normalität und psychischer Krankheit in Frage stellen, wird dieser Unterschied zunehmend verwischt. Dies zeigt sich auch darin, dass klassische psychotherapeutische Verfahren, wie die von Carl Rogers begründete Gesprächstherapie oder die systemische Familientherapie, inzwischen für die Sozialberatung adaptiert worden sind und Beratung allgemein als Hilfe zur Selbstveränderung verstanden wird (Huschke-Rein 1998: 50ff.; Murgatroyd 1993).

8   Angehörige beratender Professionen wie Ärzte und Rechtsanwälte sind immer wieder auch außerhalb der Dienstzeit mit Beratungserwartungen konfrontiert, die sie nicht folgenlos zurückweisen können, wenn an die wechselseitige Verpflichtung zur Hilfe appelliert wird, die für Freundschaftsbeziehungen konstitutiv ist. Dies weist darauf hin, dass es spezifische zeitliche und räumliche Arrangements und kommunikative Markierungen sind, durch die professionelle Beratungen von Alltagsberatungen unterschieden werden.

tutiv. Denn sozialarbeiterische Beratung wird in aller Regel und legitim nur dann nachgefragt, wenn lebenspraktische Problemlagen, die in der Regel mit Formen sozialer Benachteiligung und Diskriminierung oder lebensphasentypischen Entwicklungsschwierigkeiten zusammen hängen, zu Krisen führen, die mit eigenen Mitteln nicht gelöst werden können. Bereits das Aufsuchen eines Beraters bzw. einer Beratungsstelle indiziert so betrachtet „Hilflosigkeit bei der Bewältigung einer bestimmten Lebenssituation" (Schmitz/Bude/Otto 1989: 124). Dem entspricht die Erwartung des Ratsuchenden an den Berater, dass dieser über ein spezialisiertes Wissen oder über besondere Fähigkeiten verfügt, die zur Krisenbewältigung beitragen können. Kommunikativ markiert wird diese Asymmetrie in den Eröffnungs- und Beschließungsprozeduren von Beratungsgesprächen, sie liegt der Beanspruchung eines prinzipiellen Fragerechts durch den Berater und der Zuweisung einer prinzipiellen Antwortpflicht an den Ratsuchenden sowie ggf. in dem Geltendmachen einer privilegierten Problemdeutungs- und Lösungskompetenz seitens der Berater zu Grunde (ebd.: 127ff.). Die wechselseitige Anerkennung der Rollenasymmetrie von Berater und Ratsuchendem eröffnet die Möglichkeit von Versuchen, zu Beratenden je eigene Problemdeutungen und -lösungen expertokratisch als alternativlose darzustellen. Demgegenüber betonen aktuelle sozialarbeiterische Beratungstheorien (Zygoswki 1989; Dewe 1995; Nestmann 2003), dass die lebenspraktische Eigenverantwortlichkeit des Ratsuchenden zu respektieren sei. Sie formulieren damit eine normative Bestimmung sozialarbeiterischer Professionalität, die auf eine Abgrenzung gegen ein Verständnis von Sozialer Arbeit als Vollzugsorgan hoheitsstaatlichen Handelns zielt.

Innerhalb des so skizzierten Rahmens können typische Phasen bzw. Stadien der sozialarbeiterischen Beratungskommunikationen unterschieden werden. Enno Schmitz, Heinz Bude und Claus Koch (1989: 140) schlagen diesbezüglich auf der Grundlage einer Fallrekonstruktion die Unterscheidung „Eröffnung, Datensammlung, Interpretation, Handlungsentwürfe, Stellungsnahme und Beendigung" vor. Etwas differenzierter beschreibt Kallmeyer (2000: 236f.) folgende Elemente von Beratungen: „Etablierung von Beratungsbedürftigkeit und Instanzeneinsetzung", „Problempräsentation", „Entwicklung einer Problemsicht durch den Berater", „Redefinition des Problems und Festlegung des Beratungsgegenstandes", „Lösungsentwicklung", „Verarbeitung des Lösungsangebots" durch den Ratsuchenden, „Entlastung und Honorierung" des Beraters. Auch wenn der reale Verlauf von Beratungsgesprächen solchen idealtypisierenden Schema nicht immer entspricht, weisen diese dennoch darauf hin, dass die Situationsdefinition, die ein Gespräch als Beratung ausweist, bestimmte Ablaufgesetzlichkeiten zumindest nahe legt. Denn zum Verlauf eines Beratungsgesprächs, das den Erwartungen der Beteiligten gerecht wird, ist ohne Zweifel eine Eröffnungsprozedur, eine Festlegung des Beratungsgegenstandes, ein darauf bezogener Deutungsprozess des

Problems, der Entwurf möglicher Lösungen und eine Beschließungsprozedur notwendig.

Sozialarbeiterische Beratung ist weiter dadurch gekennzeichnet, dass unterschiedliche Beratungsmethoden als Handlungslehren formuliert sind – relevante Anknüpfungspunkte sind hier u.a. die Biografieforschung, Varianten der Systemtheorie und der Gesprächstherapie –, die in der Ausbildung an Hochschulen sowie in einschlägigen Fortbildungen vermittelt werden. Die einschlägige Fachliteratur seit den 1970er Jahren umfasst nicht nur vielfältige Bemühungen zur Klärung des Beratungsbegriffs, sondern auch eine umfangreiche Methodenliteratur, die darauf zielt, fachlich angemessene Formen des Beratens wissenschaftlich – etwa in Bezug auf die Biografieforschung, die Systemtheorie und die non-direktive Gesprächstherapie – zu begründen und daraus Handlungsempfehlungen für die berufliche Praxis abzuleiten (Kallmeyer 2000; Menne 1999; Murgatroyd 1993; Rahm 1979; Simon/Rech-Simon 2000).

Ohne auf diese Methoden und ihre Spezifika hier einzugehen, kann festgehalten werden, dass der Anspruch einer methodisch angeleiteten Gesprächsführung als ein weiteres Unterscheidungsmerkmal sozialarbeiterischer Beratung von Alltagsberatungen verwendet wird.

Hinzu kommen empirisch begründete Analysen typischer Schwierigkeiten, Paradoxien und Fehlerquellen professioneller Sozialberatung, aus denen, so bei Fritz Schütze (2002: 152ff.; Schütze 1996; Riemann 2002), explizite Empfehlungen für die Gestaltung von Beratungskommunikationen abgeleitet werden. Hingewiesen wird dort u.a. darauf, dass jede Beratung anstreben muss, den jeweiligen Fall umfassend in der komplexen Aufsichtung seiner Dimensionen zu rekonstruieren, dass es aber innerhalb der für Sozialberatung typischen zeitlichen Restriktionen in der Regel unmöglich ist, diesem Anspruch regelmäßig gerecht zu werden. Darauf bezogen wird empfohlen, kritisch mit der Tendenz zu vorschnellen und vermeintlich effizienten Falltypisierungen umzugehen, die im Effekt zu Fehldeutungen und damit dem Scheitern von Problemlösungen führen können (Riemann 2002: 175ff.).

Auf die Schwierigkeiten der Beratungskommunikation reagieren Konzepte der Supervision, die Beratung reflexiv wenden (Schütze 2002: 141ff.): Beratern, insbesondere solchen, die mit komplexen biografischen Problemlagen konfrontiert sind, wird angeraten, sich selbst einer kollegialen Beratung bezüglich ihres Berufshandelns zu unterziehen. Entsprechende Formen der Supervision sind in der Sozialen Arbeit etabliert, und dies geht mit der Institutionalisierung eigenständiger Ausbildungsgänge für Supervisoren einher.

Aus ihrem Vergleich von Fallanalysen, dem eine Befragung von MitarbeiterInnen der Sozialverwaltung zu Grunde liegen, schließen Eva-Marie von Harrach, Thomas Loer und Oliver Schmidtke (2000: 313f.), dass der konkrete Verlauf von Beratungsinteraktionen wesentlich durch die Unterschiede des professionellen Habitus von SozialarbeiterInnen beeinflusst wird. Eigenschaften gelungener Sozialberatung beschreiben sie in instruktiver Weise wie folgt:

„Die SozialarbeiterInnen sind „in der Lage, distanziert, gelassen aber verständnisvoll mit Klientinnen und Klienten umzugehen. Sie kennen deren Tricks und Schliche, ihre ‚Macken' und Schicksale. Und würdigen sie ganzheitlich. Sie nehmen aber keine moralisierende oder vorwurfsvolle Haltung ein, oder greifen zu erzieherischen Maßnahmen. [...] Man kann den Eindruck gewinnen, dass in sachhaltiger Angemessenheit und unter Ausschluss persönlicher Moralvorstellungen für die jeweiligen Anliegen adäquate Lösungen gefunden werden. Dies geschieht dadurch, dass die notwendigen Gesetze und Vorschriften im Rahmen des Ermessens eigenständig angewandt und angemessen bezogen auf die je besondere Lage der Klienten interpretiert werden" (ebd.: 312).

Angesprochen ist hier ein weiterer für sozialarbeiterische Beratung zentraler Aspekt: SozialarbeiterInnen sind häufig mit Lebensentwürfen und Praktiken ihrer Klienten befasst, die von eigenen sowie gesellschaftlich dominanten Modellen einer angemessenen, anstrebenswerten oder wenigstens vernünftigen Lebensführung abweichen. In der Kritik älterer Sozialarbeitstheorien hat sich inzwischen ein fachlicher Konsens herausgebildet, dem gemäß es nicht Aufgabe der Sozialen Arbeit sein kann, schlicht auf die Anpassung der Klienten an solche Modelle hinzuwirken, sondern deren Eigensinn dann und solange zu respektieren, wie nicht erkennbare Formen der Selbst- und Fremdgefährdung vorliegen (Brumlik 1992). Voraussetzung einer solchen Beratungspraxis ist eine reflektierte Auseinandersetzung mit eigenen Vorannahmen, die dazu befähigt, Differenz auszuhalten und nicht in einen Gestus der Bevormundung zu verfallen. Aus diesem Grund sind für außenstehende oft irritierende Übungen der Selbstreflexion ein sachlich gebotenes Element der Ausbildung von SozialarbeiterInnen.

3. Abgrenzungsprobleme zur Alltagsberatung

Sozialarbeiterische Beratung weist also durchaus eine Reihe von Merkmalen auf, die sie als Kommunikation zwischen ratsuchenden Laien in Problemsituationen und beratenden Professionellen von alltäglicher Beratung unterscheidet. Im Fall der Sozialen Arbeit ist es gleichwohl nicht zuletzt die Frage nach der Abgrenzbarkeit zur alltäglichen Beratung unter Laien und, damit zusammenhängend, nach dem Verhältnis sozialarbeiterischer Beratung zur Experten-Laien-Kommunikation, die ihre spezifische Problematik kennzeichnet und die folglich auch Gegenstand einer anhaltenden Fachdiskussion ist (zusammenfassend: Dewe/Scherr 1990; Nestmann/Sickendieck 2003). Geführt wird diese Diskussion vor dem Hintergrund des Interesses, die Anerkennung der sozialarbeiterischen Berufe und damit soziale Wertschätzung, verbesserte Bezahlung sowie die Ausweitung von Entscheidungskompetenzen einzufordern und die Notwendigkeit eigenständiger akademischer Studiengänge einzufordern (Pfaffenberger/Scherr/Sorg 2000). Die Problematik dieser Abgrenzung hat jedoch durchaus eine über reine Statuskämpfe hinausreichende sachliche Dimension: Diese resultiert nicht zuletzt daraus, dass für die Soziale Arbeit, zumindest für diejenigen Arbeitsbereiche, die nicht eng in die organisatorischen Strukturen der Sozialverwaltung eingebunden sind, die Beanspruchung einer Nähe zum Alltagsleben ihrer Adressaten, zu deren alltäglichen Lebensvollzügen, Kommunikationsformen, Wahrnehmungs-, Deutungs- und Handlungsmustern konstitutiv und programmatisch ist. Soziale Arbeit, etwa als Gemeinwesenarbeit in sozialen Brennpunkten, als offene Jugendarbeit, Straßensozialarbeit oder Heimerziehung, beschränkt sich gerade nicht darauf, bezogen auf klar definierte Situationen mit spezialisierten Methoden zu intervenieren, sondern besteht nicht zuletzt darin, die Lebenssituation jeweiliger Adressaten umfassend zur Kenntnis zu nehmen und nicht von vornherein einzuschränken, worin jeweils Hilfsbedürftigkeit besteht und wie geholfen werden kann. Dieser Verzicht auf prinzipielle Begrenzungen eigener Zuständigkeit befähigt Soziale Arbeit dazu, auf solche Problematiken zu reagieren, die von spezialisierten administrativen Vollzügen sowie medizinischen und psychologischen Therapien nicht erfasst werden bzw. einen offenen Zugang zu diesen zu finden, der im Ergebnis der Fallbearbeitung erst zu einer Entscheidung darüber führt, welche spezialisierten Hilfen erforderlich sind. Folglich erfolgt Beratung in der Sozialen Arbeit zu einem relevanten Teil als thematisch offene Kommunikation über die Lebenssituation der Adressaten und darin potentiell eingelassene Problemlagen und ist als solche von alltäglicher Beratung nicht grundsätzlich unterschieden.

Zwar gibt es auch in der Sozialen Arbeit Formen der Beratung, für die gilt, dass der thematische Horizont eingeschränkt ist sowie dass Sozialarbeiter als Besitzer eines Expertenwissens mit Laien kommunizieren und folglich die Verfügung über ein überlegenes Wissens als Kommunikationsgrundlage beanspruchen. Dies ist etwa dann der Fall, wenn Sozialarbeiter Auskünfte über sozialrechtliche Regulierungen und Entscheidungsroutinen lokaler Administrationen geben, oder aber über das lokal jeweils erreichbare Angebot der sozialen Dienste, Vereine, Initiativen und Selbsthilfegruppen. Wissenschaftlich fundiertes sozialarbeiterisches Fachwissen wird aber auch beansprucht, wenn in Beratungen, in denen sog. psychosoziale Problemlagen der zu Beratenden Thema oder Hintergrund der Kommunikation sind, sozial- und humanwissenschaftliche Theorien als Grundlage der Fallinterpretation und des Versuchs beansprucht werden, die Themen und den Verlauf einer Beratung zu gestalten. Der Anspruch an sozialarbeiterische Beratung, spezifisch unspezifische, nicht von vornherein auf singuläre Aspekte eines Falles eingeschränkte Hilfen (Bommes/Scherr 2000b) zur Verfügung zu stellen, erschwert jedoch für die Soziale Arbeit insgesamt wie auch für sozialarbeiterische Beratung die Konturierung einer eigenständigen, einheitlichen, klar konturierten, lehr- und lernbaren Wissensgrundlage, deren Inanspruchnahme geeignet wäre, eine professionelle sozialarbeiterische Beratungskommunikation von alltäglichen Beratungen zu unterscheiden. Dies führt weiter dazu, dass eine Fülle unterschiedlicher und heterogener psychologischer und pädagogischer Theorien als Grundlage sozialarbeiterischer Beratungskommunikation beansprucht wird, ohne dass eine integrative Beratungstheorie und ein Konsens darüber existiert, welche Theorien und Methoden der Beratung die geeignete Grundlage der beruflichen Praxis sind oder sein können (Nestmann/Sickendiek 2003: 141ff.).

Sozialarbeiterische Beratung ist also sowohl hinsichtlich ihrer Adressaten und ihrer Themen also auch im Hinblick auf zu Grunde liegende Theorien und Methoden der Beratung uneinheitlich. Der eher diffuse fachliche Konsens fasst sich in Formulierungen zusammen, in denen darauf verwiesen wird, dass beim aktuellen Stand der Entwicklung der Fachdiskussion von einem „psychosozialen Modell" auszugehen sei, „in dem neben gesellschaftlichen Verursachungszusammenhängen auch persönliche Biografie und Sozialisation sowie die Wechselwirkungen von sozialer Umwelt und Persönlichkeit von Betroffenen zu Problemerklärungen herangezogen werden" (Nestmann/Sickendiek 2003: 142). Die hierin zum Ausdruck kommende Sichtweise resultiert aus einer Kritik individualisierender Ursachenzuschreibungen, die soziale Problemlagen als Folge psychischer Defizite und Defekte behaupten, einerseits, andererseits solchen gesellschaftstheoretischen Erklärungen der für die Soziale Arbeit relevanten Probleme, die eine Quasi-Kausalität zwischen objektiven Lebensbedingungen und subjektiven Bewältigungsformen annehmen. Die verschiedenen Varianten einer integrativen psychosozialen Betrachtung (Bernler/Johnsohn 1997; Germain/Gitterman 1999; Rischer 2002) reklamieren mit guten Gründen das Interesse, wie immer genau zu beschreibende Wechselwirkungen vielfältiger Faktoren bzw. komplexe Konstellationen von ökomischen, politischen, rechtlichen, familialen, sozialisatorischen usw. Bedingungen in den Blick zu rücken. Eine Theorie der Sozialen Arbeit, die in der Lage wäre, den damit verbundenen Anspruch auch tatsächlich einzulösen, ist jedoch nicht in Sicht. Zu beobachten ist eine Theorien- und Methodenvielfalt sowie eine erhebliche Diskrepanz zwischen den Versuchen, die Praxis der Sozialen Arbeit auf eine wissenschaftliche Grundlegung zu verpflichten und der erheblichen Distanz der Berufstätigen zu solchen Erwartungen (Ackermann/Seeck 1999; Thole/Küster-Schapfl 1997).

Ob eine Anlehnung sozialarbeiterischer Beratungskonzepte an das Experten-Laien-Modell der klassischen Professionen möglich und anstrebenswert ist, ist innerhalb der Sozialen Arbeit zudem höchst umstritten. Programmatiken, die im Kontext der sozialarbeiterischen Professionalisierungsdiskussion einflussreich sind (Dewe 1995; Dewe/Otto 2003), grenzen Konzepte einer dialogisch angelegten Beratung, die Beratungsprozesse als eine Verständigung über mögliche Deutungen einer Problemsituation und mögliche Bewältigungsweisen fassen, bei der die Entscheidung über eine angemessen Deutung und Bearbeitung den Adressaten überlassen bleibt, dezidiert gegen expertokratische Modelle ab, die Sozialarbeitern als wissenschaftlich ausgebildeten Experten eine prinzipiell überlegene Deutungs- und Lösungskompetenz zuschreiben. In vergleichbarer Weise legt die Programmatik der sog. Lebenswelt- und Alltagsorientierung (Thiersch 1995) ein Verständnis von Beratung nahe, das darauf ausgerichtet ist, jeweilige Adressaten bei der Suche nach Lösungen alltagspraktischer Problemlagen zu unterstützen, ohne stellvertretend für sie zu definieren, was ihr Problem und was dessen Lösung ist. Eingefordert wird hier auch eine Herauslösung von Beratungsangeboten aus den sozialen und räumlichen Kontexten der etablierten Sozialadministrationen und eine Ansiedlung in dem alltäglichen Umfeld der jeweiligen Adressaten.

Wenig Berücksichtigung findet in diesen Auseinandersetzungen jedoch die Tatsache, dass relevante Bereiche sozialarbeiterischer Beratung durch die Sozialgesetzgebung reguliert und Bestandteil des sozialstaatlichen Verwaltungshandelns sind. Beratungen erfolgen hier nicht auf der Grundlage einer freiwilligen und jederzeit kündbaren Hilfebeziehung, in der der Berater allein dem Wohl des Klienten verpflichtet ist. Vielmehr ist Soziale Arbeit hier mit dem immer wieder beschriebenen Strukturdilemma konfrontiert, „zugleich Agentur sozialer Kontrolle im Dienste der Rechtspflege sein zu müssen und den Klienten in seiner konkreten sozio-psychischen Hilfsbedürftigkeit quasi-therapeutisch [...] unterstützen zu sollen" (Oevermann 2000: 72). Dieses Dilemma des doppelten Mandats von ‚Hilfe' und ‚Kontrolle' ist ersichtlich nicht auflösbar, denn geholfen werden kann durch Soziale Arbeit nur im Rahmen der rechtlichen fixierten Leistungsansprüche sowie des Auftrags, sozialrechtlich fixierte Zwänge durchzusetzen. Im Sozialgesetzbuch kodifizierte Vorgaben sowie die Einbindung Sozialer Arbeit in justizielle Organisationen (insbesondere: Jugendgerichtshilfe, (Jugend-)Strafvollzug) führen zu solchen Formen sozialarbeiterischer Beratung, die weniger, wie Dewe (1995) akzentuiert, mit individuellen „Sinn- und Orientierungskrisen", sondern mit der Klärung sozialer Zwänge und der Möglichkeiten ihrer Bewältigung befasst sind.

4. Gesellschaftliche Bedingungen des Beratungsbedarfs

Eine steigende Nachfrage nach Beratungen, wie sie nicht nur im einleitend erwähnten Ausbau der Sozialen Arbeit, sondern darüber hinaus in den Verkaufszahlen einschlägiger Zeitschriften und Buchpublikationen sowie der Etablierung von Beratungssendungen im Fernsehen deutlich wird, ist aus der Perspektive solcher soziologischer Zeitdiagnosen, die unter den Stichworten „Individualisierung", „Risikogesellschaft" und „Postmoderne" vorgetragen werden, nicht überraschend, sondern geradezu erwartbar. Denn dort wird eine Sichtweise nahe gelegt, die damit rechnet, dass Lebensführung in der Gegenwartsgesellschaft durch die Notwendigkeit gekennzeichnet sich, sich an heterogenen und dynamischen Kontexten zu orientieren, ohne dass Entscheidungen noch vor dem Hintergrund fraglos gültiger Gewissheiten getroffen werden können, die durch soziale Milieus gestützt werden. Dass sich Beratungsangebote als caritative oder kommerzielle Dienstleistungen mit dem Versprechen, Hilfen bei der Bewältigung der „riskanten Chancen" (Keupp 1988) postmoderner Lebensführung zu geben, einen expandierenden Markt erschließen können, ist vor diesem Hintergrund nahe liegend. Heiner Keupp (ebd.: 66ff.) interpretiert entsprechend psychosoziale Beratungen, die damalige Konjunktur der New-Age-Mythologie und die Verbreitung „massenmedial vermittelter Interpretationsfolien" als Reaktion auf die epidemische Identitätskrise in Folge von Individualisierungsprozessen. Wie immer die Reichweite und die psychischen Tiefenwirkungen solcher Tendenzen und Dynamiken auch einzuschätzen sind (Scherr 2000), generell ist der so skizzierte Zusammenhang nicht sinnvoll zu bestreiten.

Eine andere Erklärung wurde im Kontext von Theorien der Sozialen Arbeit bereits Ende der 1970er Jahre vor dem Hintergrund der Beobachtung eines Ausbaus der vorschulischen Erziehung sowie der Diagnose eines „Beratungsbooms"[9] (Nestmann 1982: 33) vorgeschlagen. Angenommen wird von den Autoren des Jahrbuch für Sozialarbeit 1976 (Barabas u.a. 1975) die Notwendigkeit einer Ausweitung der öffentlichen, staatlich regulierten Sozialisation in Folge der Krise der Familie als Sozialisationsinstanz in Verbindung mit dem Interesse der Durchsetzung einer Sozialpolitik, die auf die „planmäßige Sicherung des Bestandes an verwertbaren Arbeitskräften, die Schaffung, Erhaltung und Wiederherstellung in Funktionsfähigkeit ausgerichtet ist" (ebd.: 382). Der damit angegebene Gesichtspunkt eignet sich zweifellos nicht als umfassende Erklärung der Expansion der Sozialen Arbeit und der Sozialberatung seit den 1970er Jahren. Hingewiesen ist damit aber darauf, dass die Entwicklung der Sozialen Arbeit ohne eine Analyse sozialpolitischer Programmatiken, ihrer gesellschaftlichen Bedingungen und der Formen ihrer Realisierung nicht verstehbar ist.

Nicht zu übersehen ist ebenfalls, dass die Ausweitung der sozialarbeiterischen Beratungsangebote zu einem erheblichen Teil auch als eine Reaktion auf die quantitative Zunahme „klassischer" sozialer Problemlagen, insbesondere von relativer Armut und Arbeitslosigkeit, zurückgeführt werden kann. Zu berücksichtigen ist weiter das Scheitern von Reformprogrammen, die auf

---

9 Grundlage dieser für die 1970er und 1980er Jahre formulierten Diagnose ist die Beobachtung des Ausbaus von Beratungsstellen, eines expandierenden Stellenmarktes für BeraterInnen und der enormen Nachfrage nach einschlägigen Fortbildungen und Publikationen. So erreichte das Funkkolleg Beratung Mitte der 1970er Jahre eine Teilnehmerzahl von 50.000 Personen.

eine Auflösung sozialer Brennpunkte und auf eine Verbesserung der Situation der dort lebenden Familien zielten. Pierre Bourdieu u.a. (1997: 217) sprechen darauf bezogen von einem „unmöglichen Auftrag" Sozialer Arbeit. Denn diese stehe vor dem Problem, auf Problemlagen wie Arbeitslosigkeit nur mir ihren eigenen Mitteln, also etwa durch Arbeitslosenberatung reagieren zu können, sei also gerade nicht in der Lage, dasjenige zur Verfügung zu stellen, was für eine wirkliche Lösung des Problems erforderlich sei.

In der aktuellen Theoriediskussion der Sozialen Arbeit gewinnen an Michel Foucaults Begriff der Gouvernementalität anschließende Analysen (Bröckling/Krassmann/Lemke 2000) an Einfluss. Diese richten den Blick auf solche Veränderungen Sozialer Arbeit im Kontext einer sog. aktivierenden Sozialpolitik, die darauf ausgerichtet ist, Individuen Eigenverantwortlichkeit für ihre Selbstanpassung an gesellschaftliche Anforderungen zuzuweisen, statt sie fürsorglich zu betreuen (insbesondere: Kessl/Otto 2003). In dieser Perspektive stellt sich Sozialberatung als eine hoch zeitgemäße Form sozialstaatlicher Politik dar, insofern Beratungsangebote gerade an das Interesse und die Bereitschaft von Individuen appellieren, sich eigenverantwortlich um den Erhalt und die Steigerung eigener Leistungsfähigkeit zu sorgen. Entsprechend wird damit gerechnet, dass solche Formen der Beratung an Bedeutung gewinnen, die als ‚Case Management' darauf ausgerichtet sind, die Trennung zwischen helfenden Formen der Beratung und sanktionierenden Eingriffen in die Lebensführung aufzuheben (Kleve 2003; Spindler 2003).

Theoretiker der Sozialen Arbeit glauben zudem die Tendenz zu einer „fachliche[n] Entgrenzung des professionellen Angebotes Sozialer Arbeit" (Thole/Cloos/Ortmann 2003: 7) feststellen zu können, und dies insbesondere mit dem Blick auf mediale Formen der Sexual-, Partnerschaft- und Jugendberatung in Fernsehserien wie „Domian" und „Lämmle". Angenommen wird hier, dass im Kontext der Sozialen Arbeit entwickelte Methoden der Beratung kommerziell aufgegriffen, trivialisiert und in medialen Formen und Arrangements verwendet werden, die an eine fachlich verantwortbare Beratung zu stellende Anforderungen unterlaufen. So betrachtet wäre damit zu rechnen, dass Soziale Arbeit zum Opfer ihrer eigenen Erfolge wird, insofern sie nicht verhindern kann, dass ihre Beratungsmethoden in anderen Kontexten aufgegriffen werden und sich dann nicht mehr dazu eignen, Soziale Arbeit als eigenständigen Beruf mit spezifischen Qualifikationen zu charakterisieren.

Beratung kann soziologisch in den Kontext der unterschiedlichen Formen absichtsvoller, intendierter und organisierter Selbstsozialisation (Scherr 2004) eingerückt werden, deren Ausbreitung auch zeitlich mit der Expansion von Beratungen einhergeht. Zu denken ist hier an Body-Building-Studios, an Daily-Soaps und Talk-Shows, in denen Probleme der privaten Lebensführung zielgruppennah verhandelt werden, an die zahlreichen Formen der Körper- und Psychotherapie, die sich neben den klassischen Formen der Krankheitsbehandlung entwickeln, an Kurse im Zeit-Management-Trainings sowie die Fülle der Zeitschriften mit Anweisungen zur Selbstdarstellung im Alltag und zur alltäglichen Lebensführung. Diese können als unterschiedliche Angebote verstanden werden, die dabei helfen sollen, sich selbst so zuzurichten, dass man sozialen Erwartungen besser entsprechen und diese in eine Balance mit eigenen Bedürfnissen und Befindlichkeiten bringen kann.

Literatur

Ackermann, Friedhelm/Seeck, Dieter (1999): Der steinige Weg zur Fachlichkeit – Handlungskompetenz in der Sozialen Arbeit. Hildesheim.
Barabas, Friedrich u.a. (1975): Jahrbuch der Sozialarbeit 1976. Reinbek.
Bernler, Gunnar/Johnsohn, Lisbeth (1997): Psychosoziale Arbeit. Eine praktische Theorie. Weinheim, München.
Bertelsmann-Stiftung (Hg.) (2002): Handbuch Beratung und Integration. Gütersloh.
Bommes, Michael/Scherr, Albert (2000a). Soziologie der Sozialen Arbeit. Weinheim, München.
Bommes, Michael/Scherr, Albert (2000b): Soziale Arbeit, sekundäre Ordnungsbildung und die Kommunikation unspezifischer Hilfsbedürftigkeit. In: Roland Merten (Hg.): Systemtheorie Sozialer Arbeit. Opladen, S. 67-86.
Bourdieu, Pierre u.a. (1997): Das Elend der Welt. Konstanz.
Bude, Heinz (1988): Beratung als trivialisierte Therapie. In: Zeitschrift für Pädagogik, H. 3, S. 369-380.
Bröckling Ulrich/Krasmann, Susanne/Lemke, Thomas (Hg.): Gouvernementalität der Gegenwart. Franfurt/M.
Brumlik, Micha (1992): Advokatorische Ethik. Bielefeld.
Cloos, Peter/Züchner, Ivo (2002): Das Personal der Sozialen Arbeit. In: W. Thole (Hg.): Grundrisse Soziale Arbeit. Opladen, S. 705-724.
Dahme, Heinz-Jürgen u.a. (Hg.) (2003): Soziale Arbeit für den aktivierenden Staat. Opladen.
Dewe, Bernd/Scherr, Albert (1990): Beratung und Beratungskommunikation. In: Neue Praxis 20 (6), S. 488-499.
Dewe, Bernd (1995): Beratung. In: Heinz-Hermann Krüger/Wernoer Helsper (Hg.): Einführung in die Grundbegriffe der Erziehungswissenschaft. Opladen, S. 119-130.
Dewe, Bernd/Ferchhoff, Wilfried/Scherr, Albert/Stüwe, Gerd (2001): Professionelles soziales Handeln. Weinheim, München.
Dewe, Bernd/Otto, Hans-Uwe (2003): Profession. In: Hans-Uwe Otto/H. Thiersch (Hg.): Handbuch Sozialarbeit/Sozialpädagogik. Neuwied, S. 1399-1423.
Germain, Carel B/Gitterman, Alex (1999): Praktische Sozialarbeit. Stuttgart.
Giesecke, Hermann (1989): Pädagogik als Beruf. Weinheim/München.
von Harrach, Eva-Marie/Loer, Thomas/Schmidtke, Oliver (2000): Vergleich der verschiedenen Fallanalysen. In: Dies.: Verwaltung des Sozialen. Formen der subjektiven Bewältigung eines Strukturkonflikts. Konstanz, S. 291-312.
Huschke-Rhein, Rolf (1998): Systemische Erziehungswissenschaft. Weinheim, München.
Kallmeyer, Werner (2000): Beraten und Betreuen. Zur gesprächanalytischen Untersuchung helfender Interaktionen. In: Zeitschrift für qualitative Bildungs-, Beratungs- und Sozialforschung, H. 2, S. 227-252.
Kessl, Fabian/Otto, Hans-Uwe (2003): Anmerkungen zur neoliberalen Programmierung Sozialer Arbeit. In: H. Dahme u.a. (Hg.): Soziale Arbeit für den aktivierenden Staat. Opladen, S. 57-73.

Kleve, Heiko (2003): Case Management – eine methodische Perspektive zwischen Lebensweltorientierung und Ökonomisierung Sozialer Arbeit. In: Heiko Kleve u.a. (Hg.): Systemisches Case Management. Aachen.

Lenhardt, Gero/Offe, Claus. (1977): Staatstheorie und Sozialpolitik, In: Kölner Zeitschrift für Soziologie und Sozialpsychologie, Sonderheft 19, S. 98-127.

Meinhold, Marianne (2002): Über Einzelfallhilfe und Case Management. In: W. Thole (Hg.): Grundriss Soziale Arbeit. Opladen, S. 509-521.

Menne, Klaus (1999): Erziehungs-, Ehe- und Familienberatung. In: K. A. Chassé/H.-J. von Wensierski (Hg.): Praxisfelder der Sozialen Arbeit. Weinheim, München, S. 130-155.

Merten, Roland (1998): Sozialarbeit, Sozialpädagogik, Soziale Arbeit. Freiburg i. Br.

Mollenhauer, Klaus (1964): Einführung in die Sozialpädagogik. Weinheim, Berlin.

Murgatroyd, Stephen (1993): Beratung als Hilfe. Weinheim, Basel.

Nestmann, Frank (1982): Beratung und Beraterqualifikation. In: S. Müller u.a. (Hg.): Handlungskompetenz in der Sozialarbeit/Sozialpädagogik I. Bielefeld, S. 33-64.

Nestmann, Frank/Sickendieck, Ursel (2003): Beratung. In: Hans-Uwe Otto/H. Thiersch (Hg.): Handbuch Sozialarbeit/Sozialpädagogik. Neuwied, S. 140-152.

Oevermann, Ulrich (2000): Dienstleistungen der Sozialbürokratie aus professionalisierungstheoretischer Sicht. In: Eva-Marie von Harrach/Thomas Loer/Thomas Ley (Hg.): Verwaltung des Sozialen. Konstanz, S. 57-78.

Pfaffenberger, Hans/Scherr, Albert/Sorg, Richard (Hg.): Von der Wissenschaft des Sozialwesens. Rostock.

Rahm, Dorothea (1979): Gestaltberatung. Paderborn.

Riemann, Gerhard (2002): Biographien verstehen und missverstehen. In: M. Kraul/W. Marotzki/C. Schweppe (Hg.): Biografie und Profession. Bad Heilbrunn, S. 165-196.

Rischer, Wolf (2002): Systemische Modelle für die Soziale Arbeit. Heidelberg.

Scherr, Albert (2000): Moderne – Postmoderne – Individualisierung. Eine Auseinandersetzung mit dem Individualisierungstheorem in der Perspektive eines kritischen Postmodernismus. In: Thomas Kron (Hg.): Individualisierung und soziologische Theorie. Opladen, S. 185-202.

Scherr, Albert (2001): Soziale Arbeit als organisierte Hilfe in der funktional differenzierten Gesellschaft. In: Veronika Tacke (Hg.): Organisation und gesellschaftliche Differenzierung. Opladen, S. 214-35.

Scherr, Albert (2004): Selbstsozialisation in der polykontexturalen Gesellschaft. Freiburg, Ms.

Schütze, Fritz (1996): Organisationsszwänge und hoheitsstaatliche Rahmenbedingungen im Rahmen des Sozialwesens. In: Arno Combe/Werner Helsper (Hg.): Pädagogische Professionalität. Frankfurt/M, S. 183-275.

Simon, Fritz B./Rech-Simon, C. (2000): Zirkuläres Fragen. Heidelberg.

Spindler, Helga (2003): Überfordern und überwachen. In: Sozial Extra, H. 8/9, S. 11-14.

Statistisches Bundesamt (2001): Institutionelle Beratung 1999. Bonn.

Stierlin, Helm (1997): Prinzipien der systemischen Therapie. In: Fritz B. Simon (Hg.): Lebende Systeme. Frankfurt/M, S. 78-93.

Thiersch, Hans (1986): Die Erfahrung der Wirklichkeit. Perspektiven einer alltagsorientierten Sozialpädagogik. Weinheim, München.

Thole, Werner/Küster-Schapfel, Erwin (1997): Sozialpädagogische Profis. Opladen.

Thole, Werner/Cloos, Peter/Ortmann, Friedrich (2003): Soziale Arbeit im öffentlichen Raum. In: Sozial Extra., H. 8/9, S. 6-10.

Zygowski, H. (1989): Grundlagen psychosozialer Beratung. Opladen.

Rainer Schützeichel

Von der Buße zur Beratung.
Über Risiken professionalisierter Seelsorge

Mit den Begriffen „Säkularisierung", „Pluralisierung", „Privatisierung" oder „Individualisierung" werden oftmals die Prozesse bezeichnet, die kennzeichnend für die Entwicklung von Religion in der modernen Gesellschaft sind. Nicht nur für die Religionssoziologie steht fest, dass die Religion einen Funktionsverlust erlitten hat und auf bestimmte Kernfunktionen reduziert worden ist. Die christlichen Kirchen sehen sich zudem zunehmend der Konkurrenz anderer Religionen und einem religiösen Markt ausgesetzt, auf dem die Nachfrage das religiöse Produkt bestimmt. Immer mehr greift auch in den Kirchen der Dienstleistungsgedanke um sich. Gläubige verstehen sich als Kunden und Konsumenten, die bestimmte Leistungen mit bestimmten Gegenleistungen honoriert wissen wollen. Die Kirchen befinden sich im Wandel von einer Heils- und Lebensgemeinschaft hin zu einem Dienstleistungsunternehmen (Dubach 1993), das weder nach außen noch nach innen Glauben dekretieren kann (Tyrell 1996). Religiöse Überzeugungen werden immer mehr der Tradition entzogen. Dies führt zu einer Privatisierung von Religion dann, wenn sich religiöse Menschen von den etablierten Kirchen abwenden. Die Religion wird unsichtbar (Luckmann 1991). Und dies führt zu einer Individualisierung von Religion, wenn religiöser Glaube immer mehr zu einer Sache der individuellen Entscheidung und des individuellen Räsonnements wird. Andererseits steigt mit diesen gesellschaftlichen Prozessen, die für den Einzelnen in vielen Bereichen und insbesondere auch im Bereich des Religiösen eine Erhöhung seiner Optionen mit sich bringen, der Bedarf nach Orientierung, nach Entscheidungshilfen, nach Beratung.

Man kann diese Prozesse auch kommunikationstheoretisch analysieren.[1] Dann wird sichtbar, dass religiöse Kommunikation zu einem Risiko gewor-

---

1 Die folgenden Überlegungen stellen das by-product eines größeren Projekts über „Religiöse Kommunikation und die Profession der Seelsorger" dar. Sie beruhen auf Sichtung von Primärliteratur sowie auf wenigen ausgewählten Experteninterviews. Angesichts des beschränkten Umfanges müssen eigentlich notwendige Differenzierungen, besonders in Hinsicht auf die konfessionellen Unterschiede, leider unterbleiben.

den ist. Religiöse Institutionen, Professionen und Organisationen können immer weniger stabile Erwartungen darüber ausbilden, auf welche Resonanz ihre Kommunikationsangebote stossen. Ihr zentrales Problem besteht für sie in der Erreichbarkeit von aktuell oder potentiell Gläubigen. Aber das Problem moderner religiöser Kommunikation erschöpft sich nicht darin. Darüber hinaus gibt es ein grundlegendes Vertrauens- oder Akzeptanzproblem. Es besteht in der Frage, ob die Menschen den religiösen Botschaften, Lehren und Überzeugungen soweit Vertrauen entgegenbringen, dass sie sie auch zur Grundlage ihres Denkens, Fühlens und Handelns machen. Religiöse Kommunikation ist also mit den beiden Problemen der Erreichbarkeit von Adressaten und des Vertrauens in religiöse Inhalte konfrontiert. Beide Probleme zusammen kennzeichnen die Schwierigkeiten moderner religiöser Inklusion.

Viele der jüngeren Entwicklungen lassen sich als Reaktionen auf diese Inklusionsproblematik verstehen. Die Erreichbarkeit von Gläubigen soll neben der Nutzung von massenmedialen Kommunikationstechniken durch organisatorische Maßnahmen erhöht werden. Nachdem sich der traditionelle Typus der kirchlichen Anstalt, der Fragen des Glaubens und der Verkündigung als organisatorische Entscheidungen behandeln zu können glaubte, erschöpft hat, ist die gegenwärtige Kirche für die Gläubigen vornehmlich in Gestalt der Kasualpraktiken sichtbar. Sie steht bereit, die Lebensphasen der Individuen zu sequenzieren und sie von der Taufe bis zum Tode religiös zu begleiten. Neuerdings wird (siehe die Beiträge in Lehmann (Hg.) 2002) der Weg empfohlen, das religiöse Leben durch eine Belebung der Parochie, der Gemeinde, zu stärken und auf eine kommunikative Selbstorganisation der Gläubigen vor Ort zu setzen.

Damit ist aber das Vertrauensproblem noch nicht gelöst. Es lässt sich weniger durch organisatorische Maßnahmen bearbeiten, sondern erfordert insbesondere eine interaktive Lösung in Gestalt der Seelsorge als einer professionalen Arbeitsbeziehung zwischen einem Seelsorger und dem Gläubigen. Es ist Sache der geistlichen Profession, Vertrauen zu generieren. Von daher kommt es zu einer Renaissance der Seelsorge in den Kirchen selbst, bezeichnenderweise thematisiert als „Begegnung", „Begleitung" oder „Beratung" (Henke 1993: 26ff.). Im religiösen System wird wie in allen anderen Systemen, in denen Professionen eine dominante Stellung einnehmen, Systemvertrauen in einer spezifischen Weise generiert – Systemvertrauen ist sehr stark an die Problembearbeitungskompetenz des Vertreters einer Profession gebunden. Das zeigt sich insbesondere am Beispiel der Seelsorge als einer „religiösen Pflege der Individuen" (Weber 1980: 283). Die Seelsorge ist diejenige professionale Kommunikation, in welcher der Geistliche auf einzelne Gläubige trifft. Um Personenvertrauen und damit gegebenenfalls Systemvertrauen unter modernen Bedingungen herstellen zu können, wird in der Seelsorgelehre, der Poimenik, wie in der Seelsorgepraxis mehr und mehr der Aspekt der Beratung in den Vordergrund gestellt. Seelsorge wird als Beratung konzipiert. Dieses Konzept rivalisiert prima facie mit dem älteren Konzept der kerygmatischen Verkündigung. Die moderne Seelsorge bewegt sich im Spannungsfeld zwischen diesen beiden Polen der kerygmatischen und der beratenden Seelsorge.

In diesem Aufsatz werden nun folgende Thesen vertreten: Beide Seelsorgekonzepte stellen unterschiedliche Formen von Kommunikation bzw. unterschiedliche kommunikative Gattungen dar. Eine kommunikative Gattung stellt – in Anlehnung an Thomas Luckmann (1986) – eine kommunikative Ordnung dar, eine Struktur, an welcher sich Kommunikationspartner orientieren (Schützeichel 2004). Die kommunikativen Gattungen legen beispielsweise fest, wer sich in welcher Reihenfolge und in welcher Weise an den Kommunikationen beteiligen kann. Typische kommunikative Gattungen sind beispielsweise die alltäglichen Begrüßungsrituale oder Klatschgespräche, Gerichtsverfahren, Gespräche unter Liebenden und in der Familie – sie alle weisen mehr oder weniger fest institutionalisierte Regeln auf. Auch „Beratungen" stellen eine kommunikative Gattung dar, die sich von anderen Formen der Wissensvermittlung oder der sozialen Einflußnahme wie etwa „Belehrung", „Betreuung", „Bekehrung" oder eben „Verkündigung" maßgeblich unterscheidet. Beratungen zeichnen sich unter anderem dadurch aus, dass dem Beratenen die Entscheidung über die Bewertung und Übernahme von vorgeschlagenen Situationsdefinitionen und Handlungsempfehlungen anheimgestellt und zugeschrieben wird. Die kommunikative Gattung der Beratung produziert gleichsam den Ratsuchenden als Entscheidungszentrum (siehe hierzu die weiteren Ausführungen in Schützeichel, in diesem Band). Beratungen haben also erhebliche strukturelle Effekte. Dies gilt auch für die Seelsorge. Unter modernen Bedingungen professionaler religiöser Kommunikation kann die Seelsorge, ob sie nun verkündigend wirken will oder nicht, nicht anders als beratend tätig werden, weil der Gläubige über den Anlaß und das Ende und die Anerkennung der religiösen Inhalte entscheidet.

Dies kann man allgemein mit der religiösen Autonomie in modernen Gesellschaften begründen. Aber es gibt noch eine tiefergehende Erklärungsmöglichkeit. Dass die Seelsorge, welche Sachthematik auch immer sie zum Inhalt hat, nur beratend tätig werden kann, ist nicht zufällig. Es ergibt sich daraus, dass zentrale Probleme religiöser Kommunikation durch die Profession der Geistlichen bearbeitet werden. Nicht alle Professionen bedienen sich vorrangig oder überhaupt der kommunikativen Gattung der Beratung, wohl aber diejenige der Geistlichen. Unsere These lautet also: Die Entwicklung der Seelsorge hin zu einer beratenden Kommunikation lässt sich darauf zurückführen, dass diese Kommunikation eine professionale Interaktion zwischen einem religiösen Experten und einem Gläubigen ist. Und hieraus lassen sich noch weitere Thesen ableiten. Wenn die Seelsorge beratend praktiziert wird, verfängt sie sich in spezifischen Professionalisierungsfallen und Handlungsparadoxa. Je stärker sie durch Beratung Vertrauen in die religiösen Inhalte herstellen will, desto stärker stellt sie gerade diese Inhalte in Frage. Je stärker die kommunikative Form der Beratung in den Vordergrund gestellt wird, desto stärker wird die Beratung durch andere Leitvorstellungen als die des Religiösen okkupiert. Und je stärker sie durch Beratung religiöse Kommunikation integrieren will, desto stärker werden damit die Tendenzen für die Desintegration des religiösen Systems, für gegenläufige handlungsorientierende Codierungen und Professionalisierungen und für organisatorische, wenn nicht sogar gesellschaftliche Ausdifferenzierungen.

Um diese Thesen zu erhärten, wird im Folgenden zunächst versucht, einen soziologisch gehaltvollen Begriff der Seelsorge zu gewinnen. Dieser muss sich nicht mit theologischen Auffassungen decken, sollte jedoch in der Lage sein, die wesentlichen Entwicklungen und Aspekte beschreibbar zu machen. Seelsorge wird zunächst in Auseinandersetzung mit Max Weber und Luhmann als eine spezifische Form religiöser Kommunikation von Verkündigung bzw. Liturgie einerseits, Diakonie andererseits unterschieden (Abschnitte 1 und 2). Anschließend kommen (in Abschnitt 3) verschiedene Stationen und Tendenzen in der Entwicklung der modernen Seelsorgepraxis und Seelsorgelehre mit ihren beiden Polen der kerygmatischen und der beratenden Seelsorge zur Sprache (Abschnitt 3), die sich als Reaktion auf die Professionalisierung der Seelsorger verstehen lassen (Abschnitte 4 und 5).

1. Dimensionen und Dissoziationen religiöser Kommunikation

Ohne abstreiten zu wollen, dass sich das Religiöse vornehmlich als subjektives Gefühl, als subjektive Erfahrung oder als subjektive Glaubensüberzeugung manifestiert und sich in seinen vielen Formen gerade auch nicht- oder a-kommunikativ oder nur „parasitär-kommunikativ" als Offenbarung, als Gebet oder gar als Schweigen darstellt, so wird im Folgenden der Ausgangspunkt in einer kommunikationstheoretischen Erörterung gesucht. Denn bei der Seelsorge handelt es sich um einen Akt religiöser Kommunikation, der sich von anderen Akten und Formen religiöser Kommunikation maßgeblich unterscheidet. Als religiöse Kommunikation kann in einem abstrakten Sinne jede Kommunikation verstanden werden, in welcher Immanentes unter dem Aspekt der Transzendenz betrachtet wird (Tyrell 2002). Es handelt sich um eine Kommunikation, die sich an dem Code Immanenz/Transzendenz orientiert. So wird beispielsweise Profanes auf etwas Heiliges bezogen, allgegenwärtiges Leiden löst die Sinn- oder Theodizeefrage aus, oder der Gläubige fühlt sich in seinem Tun und Unterlassen von Gott beobachtet und ist deshalb darauf bedacht, seine und die Lebensführung anderer an religiösen Maßstäben auszurichten. Die Seelsorge stellt wie die anderen Bereiche religiöser Kommunikation nicht notwendigerweise, wohl aber faktisch in ihrer modernen Form eine professionalisierte religiöse Kommunikation dar. Eine solche ist eine Kommunikation zwischen einem religiösen Experten und Gläubigen über eine religiöse oder zumindest religioide Thematik unter dem Aspekt, ob ein Glaube stabilisiert werden kann oder Unglaube in Glauben überführt werden kann.

Man kann zwei Grundbereiche und drei grundlegende Gattungen religiöser Kommunikation unterscheiden. Der erste Grundbereich beinhaltet die Darstellung und Vermittlung der grundlegenden religiösen Überzeugungen, des religiösen Heilswissens. Ihr kann die kommunikative Gattung der Verkündigung, meist in Form der Predigt im Rahmen liturgischer Rituale, zugeordnet werden. Er stellt nach wie vor das zentrale Moment religiös-kirchlichen Handelns dar. Der zweite Grundbereich stellt die helfende Begleitung in Krisensituationen dar (Dahm 1974). Ihr können zwei weitere Grundtypen religiöser Kommunikation zugerechnet werden, Seelsorge und Diakonie. Unter Seelsorge kann soziologisch die Zuwendung eines Seelsorgers zu einem einzelnen Menschen in seiner individuellen Personalität verstanden werden.[2] Sie ist auf die „Seele" orientiert und stellt in der Regel eine eins-zu-eins-Kommunikation dar, in welcher Lebens- oder Glaubensprobleme von Einzelnen thematisiert werden. Unter Diakonie kann hingegen eine Form der sozialen Hilfe verstanden werden, die sich mit sozialstrukturellen Problemlagen von Individuen in ihrer ökonomischen, beruflichen, familiären oder auch gesundheitlichen Existenz verstanden werden.

Dimension religiöser Kommunikation	Liturgie	Koinonia	Diakonia
Medium	heiliges Symbol	auslegendes Wort	auslegende Tat
Sozialform	Kirche	Seelsorge/ Profession	Verein/ Assoziation
primäre Zuständigkeit	Pfarrer	Pfarrer	Gemeinde

Abb. 1: Dimensionen religiöser Kommunikation
(nach Krech 2002: 128, modifiziert)

---

2   Bei dieser Bestimmung orientieren wir uns mehr an Max Weber (siehe den nächsten Abschnitt) als an der Theologie. Weder in der katholischen noch der evangelischen Theologie gibt es ein konsensfähiges Seelsorgeverständnis. Man kann aus der gebotenen soziologischen Distanz vielleicht einen weiteren und einen engeren Begriff unterscheiden. Der weitere setzt „Seelsorge" mit dem Wirken der Kirche oder mit der „Summe aller göttlichen und menschlichen Tätigkeiten, um Heil zu wirken" (Feifel 1963: 529) gleich. Demzufolge ist Seelsorge allumfassend und identisch mit der Sendung der Kirche schlechthin. Dem engeren Begriff zufolge ist „Seelsorge" auf individuelle Gläubige in ihren umfassenden Existenz oder in Krisensituationen orientiert. Wir orientieren uns an dem engeren Begriff.

Ein zentrales Problem für die Kirchen stellt die Frage nach der Einheit dieser drei Dimensionen religiöser Kommunikation dar. Dies gilt insbesondere für die Einheit von Kirche und Diakonie. Auf alte semantische Unterscheidungen zurückgreifend, entfalten beide seit dem 19. Jahrhundert unterschiedliche Handlungslogiken. Seitdem dissoziert sich der Bereich der Diakonie von dem der Kirche. Trotz oder gerade wegen der kirchlichen Trägerschaft ist das Proprium der Diakonie und Caritas umstritten (Daiber 1983, 1988). Dies kann damit in Zusammenhang gebracht werden, dass sie Dienstleistungen für andere Systeme zur Verfügung stellen und es sich deshalb gefallen lassen müssen, sich an fremden Erwartungen zu orientieren oder sich vielleicht sogar fremden Erwartungen zu unterstellen. Medizinische oder pflegerische Hilfe, Sozialarbeit oder Familienberatung, Eheberatung oder Schuldnerberatung – alle diese Dienste sehen sich Fremderwartungen ausgesetzt, für die es unter Umständen gleichgültig ist, wer und mit welcher religiösen Motivation oder in welchem kirchlichen Auftrag diese Dienste angeboten werden. Sie unterliegen strengen Außennormierungen, was dazu führt, dass Caritas und Diakonie sich im Sinne dieser Außennormierungen professionalisieren und auf nichttheologische Experten zurückgreifen müssen (Ebertz 1993, 1996). Diese stellen im Getriebe der Kirchen Störungsfaktoren dar. Die Kirche ist eine Organisation, in welcher die Profession der Geistlichen die maßgebliche Rolle spielen. Organisationen, die einen derart hohen Anteil an Professionsvertretern aufweisen, können zur Durchsetzung von Organisationszielen kaum auf das Instrument der Programmsteuerung zurückgreifen, sondern müssen sich auf die Steuerung durch Personalselektion verlassen, was dazu führt, dass nur Theologen als fähig angesehen werden, die Identität der Kirchen zu wahren. Ein weiterer entscheidender Grund stellt natürlich die Dissoziation der Handlungslogiken der verschiedenen Formen religiöser Kommunikation dar. Wenn die Religion in den diakonischen Bereichen nur noch in der entsprechenden Motivierung des Personals und der theologischen Fundierung der Handlungsnormen (Daiber 1988) eine Differenz macht, dann unterscheidet sich die Diakonie kaum erwähnenswert von den anderen Organisationen und Verbänden in diesen Feldern psycho-sozialer Beratung. Die Motivation von Mitgliedern ist angesichts der Trennung von Motiv und Organisationszweck wohl ebenso wenig in der Lage, das christliche Proprium der Diakonie zu wahren, wie eine theologische Zweitbegründung der Handlungsnormen. Helfen ist keine Sache der Motive, sondern eine Sache von Handlungsprogrammen. Die Dissoziation von Kirche und den verschiedenen Sektoren der Diakonie hat sich realiter inzwischen durchgesetzt (Gabriel 1990). Die Diakonie sieht sich nicht nur als für diejenigen zuständig an, die eine Kirchenmitgliedschaft vorweisen können. Ihre Inklusion ist universalistisch angelegt. Wichtiger noch: Die Diakonie gehorcht eigenen Codes, eigenen Beobachtungs- und Handlungsregeln, und dabei handelt es sich um die Codes derjenigen Funktionssysteme, in denen die diakonischen Organisationen und Anstalten anzusiedeln sind, also insbesondere die Codes des Systems der Medizin und der Sozialen Hilfe. Diese Analyse mag mit dem Argument bestritten werden, dass die Diakonie nicht über eigene, religionsfremde Codes verfüge, da solche die Dissoziation von der Kirche bestätigen würden. Starnitzke (1996) empfiehlt aus diesem Grunde, die Diakonie nicht mit einer eigenen Codierung, sondern mit einer eigenen Leitunterscheidung auszustatten, die die grundsätzliche religiöse Codierung ergänzt. Dabei denkt er an die Leitunterscheidung Dienst/Nichtdienst. Als diakonisch sollen demnach alle Handlungen betrachtet werden, die sich als Dienst im christlichen Sinne verstehen, und zwar gerade als Dienst an solchen Menschen, die von allen anderen Funktionssystemen exkludiert werden. Aber auch eine solche Leitunterscheidung kann nur als ergänzender Nebencode betrachtet werden. Er bestätigt nur, dass die Religion in modernen Gesellschaften neben der Familie dasjenige Funktionssystem darstellt, welches auch dann noch inkludieren muss, wenn alle anderen exkludieren. Ob Arbeitslosigkeit oder Obdachlosigkeit, ob unheilbare Krankheit oder das Verwehren einer Staatsbürgerschaft – die Kirchen können sich einer diakonischen oder caritativen Fürsorge und Beratung nicht entziehen. Die Religion stellt Inklusionsangebote letzter Instanz bereit.

Die Dissoziation von Kirche und Diakonie wird zudem mit unterschiedlichen Kommunikationsformen begründet. Die einen verkünden oder missionieren und vertrauen der glaubensstärkenden, glaubenserweckenden und glaubenstradierenden Kraft ihres Handelns, die anderen aber beraten. In der Diakonie hat der Beratungsgedanke wie in den übrigen Feldern sozialer Hilfe Einzug gehalten. Andere und frühere Leitvorstellungen der Betreuung und der Fürsorge werden in eine sekundäre Position gedrängt. Und das gilt insbesondere für diejenigen diakonischen Instanzen, die sich explizit der psychosozialen Beratung verschrieben haben, also der Familien-, Scheidungs-, Ehe-, Jugend- oder allgemeinen Lebensberatung. Die Einrichtung solcher Stellen wird mit dem kirchlichen Anliegen begründet, ein differenziertes, problembezogenes Angebot an kirchlicher Lebenshilfe zu unterbreiten. Diese kirchlichen Einrichtungen verstehen sich explizit als Beratungsstellen. Ihre Funktion ist es, in Konflikt- und Krisensituationen offene Sinnangebote zu unterbreiten. Nicht religiöse Fragen stehen im Vordergrund, sondern die Öffnung für die Probleme von Ratsuchenden. Nicht die ärztliche Behandlung, sondern die therapeutische Begleitung wird als kommunikatives Paradigma psychosozialer Beratung betrachtet (Schrödter 1992). Die Aufgabe des Experten wird darin gesehen, einen Rahmen zur Objektivierung und Versachlichung von individuellen und privaten Problemen zur Verfügung zu stellen, um die Einsicht in die Möglichkeit von Verhaltensänderungen auf Seiten der Klienten herbeiführen zu können (Rössler 1994: 172).

Die Diakonie spaltet sich von der Kirche ab, weil ihre primäre Form der Kommunikation, die Beratung, mit dem Verkündigungsgebot der Kirche nicht kommensurabel ist. Aber auch die Seelsorge als eine eigene Gattung religiöser Kommunikation nimmt in der Moderne den Charakter einer Beratung an. Die Seelsorge ist sehr viel näher an dem Zentrum christlichen Glaubens angesiedelt als die Diakonie. Während die Diakonie ihr christliches Proprium in den Motivationslagen der Mitarbeiter oder in der normativen Zielsetzung finden, aber den Akt der Hilfe selbst fremden Logiken unterstellen kann, so ist dies in der Seelsorge anders. Sie kann nicht gänzlich von jedem religiösen Inhalt absehen.

2. Zur Soziologie der Seelsorge

Die Soziologie im allgemeinen und die Religionssoziologie im besonderen hat sich nur selten mit der Seelsorge befasst. Nach Max Weber stellen Predigt und rationale Seelsorge zentrale Elemente der beruflichen Praxis der Priester dar. Sie unterscheiden sich in der Zahl der Adressaten. Bei der Predigt handele es sich um eine Kollektivbelehrung von Gläubigen, die vor allem in ethischen Gemeindereligionen auftritt. Bei der Seelsorge handele es sich um die „religiöse Pflege von Individuen" (Weber 1980: 283). Sie könne verschiedene Formen annehmen, eine an magische Nothilfe gemahnende Gnadenspende, eine individuelle Belehrung über religiöse Pflichten oder eine Tröstung in Situationen innerer oder äußerer Not. Nach Weber verhalten sich Predigt und Seelsorge verschieden, wenn man ihren Einfluss auf die Lebensführung betrachtet. „Die Predigt entfaltet ihre Macht am stärksten in Epochen prophetischer Erregung. Schon weil das Charisma der Rede individuell ist, sinkt sie im Alltagsbetrieb ganz besonders stark bis zu völliger Wirkungslosigkeit auf die Lebensführung herab. Dagegen ist die Seelsorge in allen Formen das eigentliche Machtmittel der Priester gerade gegenüber dem Alltagsleben und beeinflußt die Lebensführung um so stärker, je mehr die Religion ethischen Charakter hat" (ebd.).

Parsons (1967: 393) macht erstmalig die Unterscheidung von „devotion and worship" einerseits, „love and charity" andererseits, also von kirchlich-kultischem und caritativem Bereich. Daran orientiert sich Luhmann (1977). Er differenziert zwischen Kirche und Diakonie. „Die Funktion des Religionssystems wird unmittelbar durch das System geistlicher Kommunikation erfüllt, das man Kirche nennt" (Luhmann 1977: 56). Überall dort, wo geistliche bzw. religiöse Kommunikation geschieht, finde Kirche statt, also insbesondere im Rahmen der Verkündigung und der Liturgie. Die Diakonie hingegen sei nicht repräsentativ für die Funktion von Religion, sondern stelle eine Leistung der Kirchen für andere sozialen Systeme und Personen dar. Insoweit gibt Luhmann die realen Entwicklungen wieder (Steinkamp 1985). Problematisch ist hingegen die umstandslose Einordnung der Seelsorge in den Bereich der Diakonie. Seelsorge wird von Luhmann als eine spezifische Form diakonischen Handelns begriffen. Sie stelle Leistungen für die personalen Systeme in der Umwelt des religiösen Systems bereit. Bei Diakonie und Seelsorge handelt es sich nach Luhmann um Leistungen, die nur bei einer entsprechenden Nachfrage erbracht werden können und sich deshalb Fremderwartungen beugen müssen. Von daher ist einer Fremdrationalisierung, einer Durchsetzung von Diakonie und Seelsorge mit fremden Erwartungen und fremden Handlungsorientierungen Tür und Tor geöffnet. „Bei zunehmender Differenzierung der gesellschaftlichen Verhältnisse gerät die Leistung von Diensten in Konflikt zur Funktion der Religion, fordert sie doch, sich Fremdorientierungen zu unterstellen, um ankommen zu können" (Luhmann 1977: 59).

Über diese Unterscheidung von Funktion und Leistung kann man trefflich streiten. Sie widerspricht dem christlichen Selbstverständnis, welches zwischen „Glaube" und „Lebensführung" nicht trennt. Mit den theologischen und pastoralsoziologischen Einwänden gegen diese Unterscheidung kann man Luhmann auch von soziologischer Seite aus ein eingeschränktes Religionsverständnis vorwerfen, welches dem Christentum nicht gerecht wird. Denn es reduziert Religion auf die „Funktion" genannte gesellschaftlich notwendige Bearbeitung der Kontingenz- und Sinnproblematik, welches sich insbesondere in der Form der Verkündigung durch das Wort manifestiert. Religion wird nur als Deutungscode, nicht als System der Lebensführung konzipiert. Die Bedeutung von Religion für die Lebensführung und für die Unterstützung der Lebensführung Anderer, also die „helfende Tat", die „Liebestätigkeit" wird für sekundär erklärt und von Luhmann der „De-Religiosierung" freigegeben. Diese Seite ist nach Luhmann eine offene Flanke für die Kontaminierung der Religion durch Ethik und Moral. Im Zuge der Säkularisierung nimmt der Funktionsbezug zugunsten des Leistungsbezugs ab (Luhmann 1977: 264). Auch dieser Einschätzung kann man zustimmen. Aber dennoch nimmt die Seelsorge bei Luhmann eine prekäre Stellung ein. Er übersieht – wohl unter dem Eindruck der Entwicklungen in der Seelsorgepraxis der 1970er Jahre –, dass es sich, wie schon Weber feststellte, auch bei der Seelsorge um eine religiöse Pflege handelt. Die Seelsorge lässt sich nicht ohne weiteres dem Bereich der Diakonie unterordnen, obwohl beide Bereiche durchaus eine gewisse Affinität aufweisen können. Aber es gibt auch Tendenzen, die den Verkündigungsaspekt oder den liturgischen Aspekt der Seelsorge betonen. Auf jeden Fall gehört sie nach wie vor zu den zentralen Aufgaben der geistlichen Profession und lässt sich nicht ohne weiteres an Experten anderer Berufe oder Professionen delegieren, wie dies in der Diakonie problemlos der Fall ist. Als Seelsorge lässt sich nur eine Kommunikation zwischen einem religiösen Experten und einem Laien begreifen, in der es um die religiöse Begleitung in Krisen- und Leidsituationen geht. Man muss diese Form der Seelsorge zu den Kernaufgaben des religiösen Handelns zählen. In der Seelsorge geht es nicht um solche diakonischen Handlungsorientierungen wie krank/gesund, integrierbar/nicht-integrierbar oder Dienst/Nichtdienst, sondern um Heil und Heilung und religiöse Umkehr. Auch der allgemeine, das religiöse System kennzeichnende Handlungscode „Immanenz/Transzendenz" dürfte nicht ausreichend sein für das seelsorgerische Handeln, weil diese Differenz vom religiösen Standpunkt aus immer in einer gewissen Perspektive, einer gewissen Glaubensrichtung in Erscheinung tritt. Maßgeblich für das priesterliche bzw. seelsorgerische Handeln ist die Differenz von Glaube/Nichtglaube, und seine Aufgabe besteht darin, die Differenz von Immanenz und Transzendenz im Sinne der Überführung von Nichtglaube in Glauben zu bearbeiten. Glaube/Nichtglaube stellt also einen professionalen Zweitcode im Religionssystem dar.

Auch für die Seelsorge gilt – wie für die Diakonie – dass sie von Beratung „bedroht" ist. Glaube lässt sich nicht dekretieren. Die von den Theologen oftmals beschworene Gefahr der Beratung macht vor dem Kern professionaler religiöser Kommunikation nicht Halt. Dies ist weniger Ergebnis von allgemeinen Säkularisierungsprozessen, sondern eine Konsequenz, die sich aus der Struktur professionaler Tätigkeit im allgemeinen ableiten lässt, einer Struktur, der auch die Profession der Geistlichen unterworfen ist.

3. Paradigmata, Entwicklungen und Tendenzen der Seelsorge

Die Aufgabe der Seelsorge wird darin gesehen, dem modernen Menschen wieder zu begründeten Gewissheiten zu verhelfen, und zwar dadurch, dass ein religiöser, dogmatischer oder exegetischer Wissensbestand, welchen man als „Heilswissen" oder mit Max Scheler (1960) als „Erlösungswissen" bezeichnen kann, auf Probleme und Krisen einer individuellen Lebenspraxis angewendet wird. Dieses Verständnis eint die protestantische und die katholische Kirche, auch wenn das spezifische Objekt der seelsorgerischen Bemühungen durchaus unterschiedlich in den Blick genommen wird. Der protestantische Seelsorgebegriff ist stärker auf den persönlichen Heilsglauben ausgerichtet, während die katholische Seelsorge sich aufgrund ihrer sakramentalen Praxis stärker auf den Einzelnen als Glied der Kirche ausrichtet. Diese zeitgenössische Vorstellungen stehen am vorläufigen Ende einer langen Entwicklung. Formen und Funktionen der Seelsorge waren in der Geschichte der christlichen Kirchen einem enormen Wandel ausgesetzt.

In der Alten Kirche wird die Seelsorge als Kampf gegen die Sünde begriffen. Ihre Aufgabe ist es, angesichts des eschatologischen Erwartungshorizontes die Menschen in ihrem Kampf gegen die das Seelenheil bedrohende Sünde anzuleiten. Seelsorge ist auf Rettung der Seele konzentriert. In der mittelalterlichen Kirche wird der Kampf gegen die Sünde formalisiert und organisiert. Seelsorge wird als Beichte aufgefasst, zunächst im Rahmen der

Von der Buße zur Beratung

öffentlichen Sündenbekenntnisse, dann im 6. Jahrhundert als Privatbeichte und schließlich seit dem 5. Laterankonzil 1215 als Pflichtbeichte. In der mittelalterlichen Kirche ist der Seelsorger ein Beichtvater. In der Reformationszeit findet ein Perspektivenwechsel statt. Aus dem Beichtvater wird ein Erzieher. In der Soteriologie Luthers steht der vergebende Gott im Mittelpunkt. Die Seelsorge wird entklerikalisiert, sie soll der Verantwortung des Priesters entzogen und zu einer Funktion der Gemeinde und der christlichen Bruderschaft gemacht werden. Luthers Konzepte der Laienseelsorge und des Priestertums aller Gläubigen verstehen Seelsorge nicht als Menschenwerk, sondern als Tat Gottes. Radikalisiert wird dies in der Schweizer Reformation. Der Seelsorger ist als Erzieher für die Einhaltung der Kirchenzucht zuständig. Die Seelsorge wird als Wächterdienst der Gläubigen aufgefasst und in einen engen Zusammenhang mit der Verkündigung des Wortes Gottes gestellt. Im Pietismus des 17. und 18. Jahrhunderts wird der als veräußerlichter Zwang aufgefassten Seelsorgepraxis der lutherischen Orthodoxie abgeschworen. Seelsorge wird als Erbauung verstanden, die nicht die Besserung der Unfrommen, sondern die Förderung der Frommen zum Ziel hat. Institutionalisierte Formen der Seelsorge wie die Privatbeichte und die durch die Kirchenzucht geforderten erzieherischen Maßnahmen werden abgelehnt. Im Pietismus wird der Seelsorger zu einem Glaubensbruder, der aber nicht nur für den Glauben, sondern für die allgemeine Lebensführung Verantwortung trägt.

Die Aufklärung führt zu einem weiteren Paradigmenwechsel. Seelsorge wird als Bildung und Lebenshilfe aufgefasst. Der Seelsorger wird zum Pädagogen, der berufen ist, sein Klientel nach dem Maße der Vernunft zu bilden. Die Seelsorge ist nicht mehr auf die Überwindung der Sündhaftigkeit ausgerichtet, sondern auf die Hebung des sittlichen Niveaus. Es findet sich zum ersten Mal die für soziologische Erklärungszwecke bedeutsame Unterscheidung zwischen einer allgemeinen und einer speziellen Seelsorge. Die „cura animarum generalis" hat es mit den realen und konkreten Alltagsbedingungen der Menschen zu tun. Sie trägt Sorge dafür, dass die Voraussetzungen für ein frommes Leben in einer allgemeinen Weise gegeben sind. In ihr zeichnet sich die spätere Diakonie bzw. Caritas ab. Die Aufgabe der „cura animarum specialis" richtet sich hingegen auf den individuellen Einzelnen. Sie geschieht im privaten Gespräch zwischen Seelsorger und Gläubigem. Damit wächst die Bedeutung der Seelsorger und es finden sich dementsprechend erste Überlegungen zu einer sowohl praxisnahen wie professionalisierten Seelsorgerausbildung.

Diese Tendenz wird im 19. Jahrhundert fortgeführt. Seelsorge und Seelsorgelehre nehmen einen rasanten Aufstieg. Die Seelsorge wird reflexiv. Nicht zufällig finden sich die ersten substantiellen Überlegungen zum Gespräch als Ort religiöser Erfahrung, auch wenn das seelsorgerische Gespräch, wie bei Schleiermacher, in seiner poimenischen Zielsetzung noch sehr stark auf die Beseitigung von religiösen Defiziten auf Seiten der Gläubigen konzentriert ist (Nicol 1990: 42ff.). Die Seelsorge erhält eine Reflexionstheorie in Gestalt einer an theologischen Fakultäten institutionalisierten Poimenik, einer theologischen Seelsorgelehre als Teil der praktischen bzw. der Pastoraltheologie. Dieser Schritt wird mit der Säkularisierung und der Auflösung traditionaler Lebensformen begründet. Seelsorge dient der Eingliederung derer, die der Kirche fern gerückt sind. Wenn die Menschen den Kirchen fern bleiben, dann muss sich die Kirche auf die Straße begeben – so in prägnanter, aber weithin anerkannter Weise Johann Heinrich Wichern, der Begründer der Inneren Mission. Und nicht zufällig nimmt die moderne Seelsorge wie die moderne Diakonie ihren Anfang im protestantischen Vereinswesen dieser Jahre. Beide sind zunächst noch missionarisch ausgerichtet. Carl Immanuel Nitzsch, einer der führenden Poimeniker, formuliert ein neues professorales Leitbild: Der Priester soll sich nicht mehr als Gemeindehirte, sondern als Arzt verstehen, der für die Seelen seiner Gläubigen verantwortlich ist. Es werden Anforderungen an den Priester als Seelsorger formuliert, der in die Lage versetzt werden muss, ein persönliches Verhältnis zu seinen Gemeindemitglieder aufzubauen. Dementsprechend sollte er über diagnostische wie über therapeutische Fähigkeiten verfügen. Die therapeutische Praxis bezieht sich auf die Vermittlung von Heil und Segen, die diagnostische Praxis aber gilt dem allgemeinen Menschen. Er muss über allgemeine Menschenkenntnis verfügen, nicht mehr nur über Christenkenntnis. Die Seelsorge hat nicht allen Gläubigen dasselbe mitzuteilen, sondern sie muss den Zugang zu jedem einzelnen finden (Stahlberg 1998). Die beiden Seelsorge-Programme von Wichern und von Nitzsch unterscheiden sich erheblich. Während Wichern noch den Gläubigen in seiner sozialen und moralischen Existenz berücksichtigt wissen will, tendiert die Poimenik von Nitzsch zur einer strikten Personalisierung, zu einer von sozialen Fragen absehende Seelsorgepraxis, die auf den einzelnen Gläubigen konzentriert ist. Der Seelsorger wird zu einem Berater.

Das 19. und insbesondere dann das 20. Jahrhundert ist durch verschiedene Tendenzen gekennzeichnet. Zum einen findet man eine nahezu alle Lebensbereiche durchdringende Ausweitung der seelsorgerischen Praxis. Die Krankenhausseelsorge ist seit den 1930er Jahren in den Vereinigten Staaten und in Deutschland fest etabliert, die Telefonseelsorge wird seit den 1950er Jahren ausgebaut. Es wird die Gefängnis- und die Militärseelsorge, die Kur- oder Urlauberseelsorge und schließlich seit den 1960er Jahren das verstärkte Angebot von kirchlichen Beratungszentren ausgebaut. Diese werden mit umfassenden Aufgaben betraut wie der Ehe-, Erziehungs-, Familien-, Lebens-, Schuldner- oder Suchtberatung. Das seelsorgerische Angebot erstreckt sich auf alle möglichen Krisenbereiche. Zugleich mit der Institutionalisierung von Seelsorgeangeboten in spezifischen sozialen Krisenbereichen wird auch das allgemeine Verständnis von Seelsorge entgrenzt. Sie wird aus dem institutionellen und organisatorischen Kontext der Kirchen und ihrer Gemeinden gelöst und auf informelle Füsse gestellt. Auch die Alltagsgespräche des Seelsorgers werden als professionale Praxis, als Alltagsseelsorge aufgefasst (Hauschildt 1996). Mit dieser starken Expansion von Seelsorge- und Beratungsdiensten gehen die Kirchen aber das Risiko ein, in Konkurrenz mit anderen religiösen, therapeutischen oder gar esoterischen „Sinnstiftungen" zu treten.

Eine zweite Tendenz besteht in der Expertisierung dieser Beratungsdienste. Dem Pfarrer oder Priester werden entweder pädagogische, psychologische oder sozialpädagogische Experten an die Seite gestellt, oder er selbst wird in diesen Fragen zusätzlich qualifiziert. Seitdem herrscht zwischen beiden Expertengruppen ein gespanntes Verhältnis. Für Theologie und Kirche stellt sich die Frage nach dem „Proprium" – worin besteht die Identität einer kirchlichen Beratungsarbeit, was unterscheidet eine im kirchlichen Auftrag durchgeführten Beratung von einer weltlichen (Zulehner 1990)? Die Konsequenz besteht darin, dass – wie dargestellt – die Diakonie und diejenigen Formen von Beratung, die nicht auf die Begleitung durch professionale Seelsorger angewiesen, sondern durch religionsfremde Experten ausgeführt werden können, als eigener Funktionsbereich innerorganisatorisch und, wie Soziologen meinen, auch aus dem Funktionssystem der Religion ausgegliedert werden.

Damit einher geht eine grundlegende pragmatische Umorientierung der Seelsorge selbst: Während die traditionelle Seelsorge ihre Aufgabe darin sah, Gläubige auf bestimmte moralische und religiöse Gebote zu verpflichten, so versteht sie sich nunmehr als Angebot an die Gläubigen. Es werden keine Verhaltensnormen mehr formuliert, sondern es kommt generell zu einer Debatte darüber, wie man die Gläubigen durch Seelsorge erreichen und ihr Vertrauen bestätigen oder wiedergewinnen kann. Den Bedürfnissen und Nöten der Individuen gilt das Augenmerk, nicht deren Anpassung an normative Standards.

Neben der Institutionalisierung, der Verdichtung und Expertisierung sowie der Angebotsorientierung der seelsorgerischen Beratungstätigkeit lässt sich eine weitere zentrale Tendenz identifizieren. Man kann sie die Professionalisierung der Seelsorge nennen. Die moderne Seelsorgelehre hat sich in der Auseinandersetzung der Profession der Geistlichen mit ihrer Funktion in der modernen Gesellschaft entwickelt. Professionalisierung der Seelsorge heißt, dass die Gruppe der Priester und Pfarrer nun in besonderer Weise sich als professionale, sich an Seelsorgeprogrammen orientierende Gruppe zu verstehen beginnt. Die Seelsorge wird als genuines Funktionsfeld priesterlicher Tätigkeit entdeckt. Dabei gerät sie in das Spannungsfeld zwischen Bibel und Therapie. Im Bereich der Seelsorgeprogramme wie der Seelsorgepraxis entwickeln sich unterschiedliche Strömungen. Dabei kann man zwei grundsätzliche Richtungen identifizieren:

Die kerygmatische oder verkündigende Seelsorge (Asmussen 1935, Thurneysen 1946) vertritt das Programm, Seelsorge sei eine sich im Gespräch zwischen Seelsorger und Gläubigem vollziehende Form der Verkündigung. Sie ist Verkündigung der christlichen Lehre und des Wortes Gottes und als solche ein Spezialfall oder eine kommunikative Ergänzung der Predigt. Kennzeichnend ist das autoritative Gespräch zwischen dem Seelsorger und dem Gläubigen. Nicht die Beratung des Gläubigen, sondern die Heilung der Seele oder die Absolution des Sünders in der Beichte ist Ziel der Seelsorge. Seelsorge hat es dieser Konzeption zufolge immer mit der Begnadigung von Sündern zu tun. Sie ist eine „Verkündigung des Wortes Gottes an den einzelnen", wobei „dem einzelnen auf seinen Kopf zu die Botschaft gesagt wird" (Asmussen 1935: 15). Auf den Punkt gebracht wird es in der berühmten Beschreibung der Seelsorge als eines Kampfgespräches durch Thurneysen: „Weil das Seelsorgegespräch das ganze Feld des menschlichen Lebens mit allen darin wirksamen psychologischen, weltanschaulichen, soziologischen und moralischen Deutungen und Beurteilungen dem Urteile des Wortes Gottes unterstellt, darum geht durch das ganze Gespräch eine Bruchlinie, die anzeigt, daß das menschliche Urteilen und Bewerten und das ihm entsprechende Verhalten hier zwar nicht außer Kraft gesetzt, aber daß es in seiner Vorläufigkeit erkannt ist. Da der Mensch sich diese Relativierung und damit gegebene Beschränkung seines natürlichen Urteils nicht gefallen lässt, sondern sich dagegen zur Wehr setzt, wird das Seelsorgegespräch zum Kampfgespräch, in welchem um die Durchsetzung des Urteils Gottes zum Heil des Menschen gerungen wird" (Thurneysen 1946: 114; Hervorh. wegg.). Deutlicher als in diesen Zeilen kann der Impetus der kerygmatischen Seelsorge nicht beschrieben werden: Die Seelsorge ist ein Kampfplatz, auf dem auch gegen das Widerstreben des Einzelnen um den rechten Glauben gerungen wird, eben weil die gesamte Situation des Einzelnen in seinen verschiedenen Dimensionen auf dem Spiel steht.

Die partnerzentrierte, therapeutische oder manchmal auch einfach „Beratung" genannte Form der Seelsorge versteht unter Seelsorge ein partnerschaftliches Geschehen. Auch für sie steht der seelsorgerische Aspekt der „Umkehr" im Mittelpunkt, aber sie versteht sich als Beratung, als Lebens- oder Glaubenshilfe. Ihren Höhepunkt hat sie in den 1960er Jahren, ihre Wurzeln gehen zurück auf die sich schon in den 1920er Jahren ausbildende amerikanische Seelsorgebewegung, die psychotherapeutische und pastoralpsychologische Aspekte in den Mittelpunkt der Seelsorge stellt (Jochheim 1993). Sie orientiert sich sehr stark an therapeutischen und allgemein humanwissenschaftlichen Diskursen. Nicht die Beichte, sondern das Gespräch ist Ziel und Mittel der Seelsorge, und es werden auch nicht mehr autoritative Formen der Gesprächsführung akzeptiert. „Der freie Bürger wie der mündige Christ wollen nicht belehrt, wohl aber beraten werden" (Groeger/Hoppe 1965: 201). In ihrer exemplarischen Stellungnahme formulieren Groeger/Hoppe verschiedene Bedingungen für Beratungsgespräche, denen auch die Seelsorge genügen muss. Beratungen gehen von der grundsätzlichen Ratbedürftigkeit der Menschen aus. Es wird vorausgesetzt, dass die Antworten auf die von den Ratsuchenden gestellten Fragen nicht von vornherein festliegen, sie können nicht ex cathedra verkündigt werden, sondern müssen im Beratungsprozess selbst erarbeitet werden. Beratung wird allgemein als Vollzug menschlicher Solidarität begriffen, in welcher sich ein Ratsuchender an einen Ratgebenden wendet. Sie kann nur dann erfolgreich sein, wenn der Berater fachkundig ist. Und das Ziel der Beratung besteht in der Mündigkeit des Ratsuchenden. Dieses Programm unterscheidet sich damit immens von den kerygmatischen Seelsorge: Das Ziel der Seelsorge wird nicht im Glauben, sondern in der Mündigkeit des Ratsuchenden gesehen, der partnerschaftlich an den seelsorgerischen Prozessen beteiligt wird und Antworten erhält, die nicht einem fixierten Wissensbestand entstammen, sondern auf seine Fragen und seine Situation zugeschnitten sind. Der Ratsuchende bildet den Focus dieser Seelsorge. Es ist Aufgabe des Seelsorgers, sich soweit zu professionalisieren, dass er um seines Amtes und seiner Aufgabe willen quasi-persönliche Beziehungen eingehen kann.

Die gegensätzlichen Formen moderner Seelsorge lassen sich wie folgt gegenüberstellen:

	Kerygmatische Seelsorge	Partnerzentrierte Seelsorger
Träger	Priester	potenziell alle Gläubigen
Adressat	Gläubige der eigenen Kirche	alle Menschen
Inhalte	religiöse Inhalte	weltliche Inhalte
Ausrichtung	Evangelium/Sakramente	auf den einzelnen Menschen mit seinen Potenzialen
Funktion	Trost und Beistand/Versöhnung und Vergebung	zusätzlich: Beratung und Lebenshilfe
Selbstverständnis	wissender Führer	Solidarität
Ausbildung	unspezifisch	therapeutisch
Auffassung des Leidens	Strafe/Folge der Erbsünde	Herausforderung zur Umkehr
Struktur der Seelsorgebeziehung	autoritär	vertikal
Haltung	Gesetzesmentalität	Begegnungsmentalität

Abb. 2: Typologie der Seelsorgeformen (nach Simon 1985, stark modifziert)

Die beiden Strömungen werden in dieser Typologie sicherlich um der Deutlichkeit willen überzeichnet. Auch in der Theologie differieren die Selbstbeschreibungen der verschiedenen Schulen von ihrer kommunikativen Praxis. Aber die unterschiedlichen kommunikativen Wege der religiösen Inklusion dürften deutlich werden: Kampfgespräch versus Beratung. Die partnerschaftliche Seelsorge richtet sich auf den ganzen Menschen und befürchtet, dass der Geist der Verkündigung eben keine Seele mehr erreicht, wenn das seelsorgerische Gespräch von vornherein auf das Ziel der Verkündigung ausgerichtet ist. Die religiöse Dimension der Menschen ist dieser Auffassung zufolge verschüttet, sie wird auch durch keinerlei Verkündigung mehr erreicht, also müssen die modernen Individuen „ernst" genommen, in ihrer personalen und psychosozialen Identität zum Ausgangspunkt religiöser Kommunikation gemacht werden. Um dieses Ziel zu erreichen, wird beispielsweise gefordert, der Seelsorger müsse, um seine Kommunikationsfähigkeit verbessern zu können, seine eigenen persönlichen Erfahrungen reflektieren und sie in den Seelsorgeprozess mit einbeziehen (Piper 1981). Die kerygmatische Strömung geht demgegenüber von einem Defizitmodell aus. Die Lebens- und Glaubenskrisen sind auf ein Defizit an Religiosität zurückzuführen. Sie wirft ihrer konkurrierenden Strömung vor, dass sie Seelsorge auf Lebenshilfe und Lebensberatung reduziere, die Seelsorge selbst dem Therapeut-Klienten-Modell angleiche und den Seelsorger in einem falschen, nämlich therapeutischen Sinne expertisiere.

In der partnerzentrierten Seelsorge lassen sich weiterhin eine Vielzahl von Strömungen ausmachen, die sich danach unterscheiden können, welcher psychologische Schule sie sich angehörig fühlen oder welchen Ort sie für die Seelsorge in der Kirche vorsehen. Einer diakonischen Konzeption der Seelsorge, die die Seelsorge als „einen speziellen Kommunikationsmodus zur Krisenhilfe neben Verkündigung und Unterweisung" (Stollberg 1978: 77) betrachtet, steht eine stärkere Orientierung an der verkündigenden Aufgabe der Kirche gegenüber, die aber „auf eine missionarische Verkündigung zugunsten einer Verkündigung als [einer Form, d. Verf.] heilenden, zeugnisgebenden Handelns" (Lemke 1981: 27) verzichten will. Und schließlich gibt es auch eine liturgieorientierte Form, die die Seelsorge stärker in den Gottesdienst integrieren und den Gottesdienst stärker seelsorgerisch ausrichten will (Baumgartner 1990; Scharfenberg 1985).

In den vergangenen Jahren sind die verschiedenen Fraktionen unter Druck geraten und es hat Annäherungen zwischen den Positionen gegeben. Die beide Seiten kennzeichnende Asymmetrie im Verhältnis zwischen dem Seelsorger und dem Gläubigen wird problematisiert, ebenso die sich an einem Defizitmodell orientierende Konzentration der Seelsorge auf Krisensituationen des Gläubigen. Die Vermittlung einer religiösen Sachthematik wird wieder verstärkt in den Mittelpunkt gerückt (Karle 2001). Der Abschied von therapeutischen Normierungsdiskursen (Hauschildt 1994) wird ebenso empfohlen wie die Beendigung der Konzentration auf das Individuum und die damit einhergehende Individualisierung der Seelsorge und ihrer Ausblendung von sozialen Faktoren. Eine andere Tendenz besteht darin, der Seelsorge ihre kommunikative Exklusivität zu nehmen und sie stärker in lebens- und alltagsweltlichen Kontexten zu integrieren (Hauschildt 1996; Henke 1993). Und die die stärksten Kontroversen hervorrufende Frage ist – wie schon im Verhältnis zwischen Kirche und Diakonie – diejenige nach dem Proprium der christlichen Seelsorge: In welchem Verhältnis zum seelsorgerischen Auftrag steht die professionalisierte Seelsorge? In einer (professions-)soziologischen Perspektive kann man jedoch gewisse Verkürzungen dieser pastoraltheologischen Diskussionen erkennen: Es sind Kontroversen über die Inhalte von Seelsorge einerseits und über ihre kirchliche und lebensweltliche Verortung andererseits. Aber die kommunikative Struktur der professionalisierten Seelsorge wird ausgeblendet. Der Streit über Inhalte und Verortung verwehrt die Einsicht in die allgemeine Struktur von solchen Professionsbeziehungen, wie sie in der geistlichen Kommunikation vorliegen, und diese sind es, die maßgeblich über die Zukunft der Seelsorge entscheiden.

Wenn man rückblickend diese verschiedenen Stationen Revue passieren lässt, dann kann man feststellen, dass sich in dem Wandel des Bildes und der Funktion des Seelsorgers vom Beichtvater zum Erzieher und Glaubensbruder und schließlich vom Pädagogen zum Berater, Begleiter und Therapeuten eine Vielzahl von soziohistorischen Prozessmustern verdichten, die über das religiöse System hinaus typisch für eine Vielzahl von sozialen Kommunikationszusammenhängen sind.

- Universalisierung: Die Seelsorge gewinnt eine allgemeine Zuständigkeit für alle Gläubigen und Nichtgläubigen. Sie konzentriert sich auf den „allgemeinen" Menschen, der nicht in erster Linie durch seine Existenz als Christ bestimmt ist, sondern als ein offenes, immer wieder neu zu bestimmendes, auslegbares Wesen. Der einzelne Mensch mit seinen Nöten und Potentialen ist das Objekt der Seelsorge – und dies gilt für alle Menschen, die um Seelsorge nachfragen. Diese Bestimmung korrespondiert mit der Funktionszuschreibung des Seelsorgers als eines Beraters.
- Spezifikation: Die Seelsorge war von jeher auf den einzelnen Gläubigen orientiert. Mit der Universalisierung werden nicht nur alle aktuell, sondern alle potentiell Gläubigen Partner der Seelsorge, aber jeweils in besonderer Hinsicht. Die moderne Seelsorge verliert an „Multifunktionalität" (Hillebrandt 1999: 105ff.). Mit den Veränderungen in den Funktionsbeschreibungen der Seelsorger ändert sich das Bild des Laien bzw. Gläubigen. Es interessiert nicht mehr seine Bußfertigkeit, nicht mehr sein Lebenswandel und seine Lebensführung und auch nicht mehr seine moralische Vervollkommnung, sondern die Kontingenz seines individuellen Lebensweges. Oder wie ein Kommentator in einem auch für die katholische Konfession geltenden Sinne sagt: „Die evangelische Seelsorgelehre der Gegenwart scheint sich dem Individualismus in einer Intensität verschrieben zu haben, die jegliche soziale Orientierung ihres Handelns entbehren zu können scheint. Der einzelne Mensch in seinen Bedrängnissen und Bedürfnissen, aber auch in seinen Entwicklungsmöglichkeiten wird als Maßstab der Seelsorge gesetzt" (Schmidt-Rost 1988: 12f.).
- Funktionale Dissoziation von Kirche, Seelsorge und Diakonie und Ausbildung von Reflexionstheorien: Die religiöse Kommunikation differenziert sich funktional in Kirche, professionale Seelsorge und Diakonie. Zugleich entstehen Reflexionstheorien für diese Bereiche, so für die

Seelsorge zunächst in Gestalt einer Reflexion über das Gespräch als Ort der Seelsorge, später in Gestalt der Poimenik als dezidierter Seelsorgelehre.
- Professionalisierung bzw. Professionsorientierung: Im Zusammenhang mit diesen Prozessen tritt die Professionsorientierung der Geistlichen deutlicher hervor. Die Geistlichen verstehen sich nicht nur als Stand in der Gesellschaft und als Amt in einer Kirche, sondern als Profession mit einer besonderen Aufgabenstellung. Dies führt dazu, dass die Seelsorge als eine professionale Tätigkeit entklerikalisiert wird. Das Amt oder die Weihe oder Ordination sind nicht mehr maßgeblich für die Funktion. In anderen Funktionssystemen, in denen keine ausgesprochenen Professionen anzutreffen sind, findet eine funktional äquivalente Entwicklung in Gestalt einer allgemeinen „Professionalisierung" der Leistungsrollen statt.

Entscheidend für die Seelsorge bzw. das religiöse System ist weiterhin eine gewisse Ausdifferenzierung verschiedener kommunikativer Formen bzw. kommunikativer Gattungen, in denen sich die religiöse Inklusion bzw. die religiöse Kommunikation vollzieht. Man müßte überprüfen, ob sich analoge Formen auch in anderen Funktionssystemen finden lassen. In der Seelsorge kann man, wie dargestellt, eine gewisse Konzentration auf folgende Formen feststellen (Nicol 1990):

- Seelsorge als Beziehung zwischen Prediger und Hörer: Sie ist kennzeichnend für die kerygmatische, verkündigende Form der Seelsorge. Dem Seelsorger wird die Rolle des Verkündigers der religiösen Botschaft, dem Gläubigen die Rolle des Hörers angetragen.
- Seelsorge als Beziehung zwischen Arzt und Patient: Sie steht beispielhaft für beratende Seelsorgekonzeptionen, insbesondere für ältere Versionen. Der Seelsorger hat diagnostische und therapeutische Kompetenzen, der Gläubige ist ein leidender, sündiger Mensch. Dieses Beziehungsformular steht beispielhaft für die beratende Seelsorge, weil der Seelsorger als Arzt zwar über die alleinige Wissensexpertise verfügt, aber er ohne vorherige Symptombeschreibung des Gläubigen seine Kompetenzen nicht zum Einsatz bringen kann. Dieses Beziehungsmodell geht in jüngeren Jahren schließlich über in die Konzeption der
- Seelsorge als Beziehung zwischen Therapeut und Klient: Dieses Modell dominiert die jüngere Seelsorge. Die Asymmetrie zwischen Seelsorger und Gläubigem wird noch stärker abgebaut, die Führung der seelsorgerischen Praxis geht auf den Klienten über. Der Seelsorger wird angehalten, seine Kompetenzen so zu entwickeln, dass er ausreichende Resonanz für die Nöte des Gläubigen ausbilden kann.
- Seelsorge als Beziehung zwischen kommunikativ Handelnden: Dieses Modell löst nun letzte Asymmetrien völlig auf. Die Defizite werden nicht

mehr eindeutig auf Seiten des Gläubigen verortet. Seelsorge wird zu einer Sache der wechselseitigen Zuwendung unter Menschen im gemeinsamen Ringen um die religiöse Dimension.

Die moderne Seelsorge verfügt damit über verschiedene kommunikative Leitvorstellungen, die sich im Kern auf zwei kommunikative Gattungen verdichten lassen. Die mit dem kerygmatischen Programm verbundene Kommunikationsform kann man als Belehrung bzw. – da es sich um eine religiöse Kommunikation handelt – als Verkündigung betrachten. Der zentrale Aspekt der Verkündigung besteht in der Mitteilung einer Botschaft, eines Wissens. Ihre Rationalität besteht darin, die Kommunikation so zu gestalten, dass die Botschaft ihre Wirkung entfalten kann. Der Mitteilende, in diesem Fall also der Geistliche, stellt sich in den Dienst dieser (rhetorischen) Aufgabe. Dabei macht er sich den Amtscharakter seiner Tätigkeit zu Nutze. Die in der partnerzentrierten Seelsorge vertretene Kommunikationsform kann man als Beratung bezeichnen. Nicht die Verkündigung, nicht die Mitteilung einer Botschaft oder eines Heilswissens steht im Vordergrund, sondern die Lösung von Krisensituationen. Ihre Rationalität ist darauf konzentriert, in der Kommunikation die Personalität der Gläubigen (und gegebenenfalls auch des Geistlichen) zum Ausdruck bringen zu können.

Den Seelsorgern können zwischen diesen Optionen „switchen", da es sich um feste, erwartbare Kommunikationsordnungen handelt. Aber es lässt sich eine eindeutige Tendenz zugunsten des Abbaus von einseitigen Defizitmodellen (Luther 1986) und Asymmetrien feststellen. Unter der Prämisse, dass die Seelsorger Vertrauen für ihre religiösen Botschaften herstellen müssen und dabei auf den guten Willen der Gläubigen angewiesen sind, also über keine Sanktionsmittel verfügen, empfiehlt sich ihnen eine möglichst beratende Kommunikationsform. Der professionale Seelsorger hat – paradoxerweise – implizit Abschied als verkündender Experte zu nehmen. Die hier vertretene Theorie lautet, dass dies mit der Entwicklung von professionaler Kommunikation zu tun hat.

4. Die Seelsorger als Profession

Das Religionssystem verfügt nicht über ein Kommunikationsmedium, welches die Wahrscheinlichkeit der Akzeptanz von Kommunikationsofferten erhöht.[3] In der Soziologie werden solche Medien als symbolisch generalisierte

---

3   In der Systemtheorie ist die Frage, ob Religion über ein Medium verfügt oder nicht, durchaus umstritten. In älteren religionssoziologischen Arbeiten von Luhmann wird „Glaube" als ein solches Kommunikationsmedium identifiziert (Luhmann 1977), in jüngeren Arbeiten wird diese Annahme aber unter Vorbehalt gestellt (Luhmann 2000: 205ff.). Als Grund wird angegeben, dass sich religiöse Kommunikation nicht so tech-

Kommunikationsmedien bezeichnet. Sie befassen sich nicht mit der Problem des Verstehens von Kommunikation, auch nicht mit dem Problem des Erreichens von Adressaten, sondern damit, ob durch Kommunikation die weiteren Handlungs- und Kommunikationsmöglichkeiten des Adressaten in einer spezifischen Weise beeinflußt werden können und eine bestimmte Selektion wahrscheinlicher gemacht werden kann. Viele Funktionssysteme wie die Politik, die Wissenschaft oder die Wirtschaft sind mit solchen symbolisch generalisierten Kommunikationsmedien ausgestattet.

Andere Funktionssysteme befassen sich hingegen mit der Bearbeitung von Problemen in ihrer Umwelt, insbesondere ihrer personalen Umwelt. Das Erziehungssystem hat die Aufgabe, Menschen zu erziehen, das Bildungssystem die Aufgabe, Ungebildete zu bilden, das Gesundheitssystem versucht, aus Kranken Gesunde zu machen. Und das religiöse System stellt sich die Aufgabe, aus Ungläubigen Gläubige zu machen und die Gläubigen in ihrem Glauben zu stärken. Alle diese Systeme sind dabei auf die Mitwirkung eben ihrer personalen Umwelt angewiesen. Da sie aber diese Umwelt nicht steuern können, sehen sie sich mit einem Technologiedefizit konfrontiert. Mit welchen Mitteln können die Organisationen des religiösen Systems, die Kirchen und Sekten, erreichen, dass ihr Glaube geglaubt wird? Mit „Säkularisierung" kann man den Prozeß beschreiben, in dem den religiösen Organisationen alle derartigen Mittel aus der Hand genommen wurden. Ihre Kommunikation mit den Gläubigen ist nicht mehr durch andere Medien zweitcodiert, sie können also nicht mehr Macht einsetzen, nicht mehr soziale Karrieren versprechen, und auch der Verweis auf Hölle und ewige Verdammnis dürfte keine großen Überzeugungseffekte mehr haben. Sie sind gleichsam auf ihre Botschaft zurückgeworfen – und auf ihre Profession. Denn es sind Professionen, denen anstelle der symbolisch generalisierten Kommunikationsmedien die Aufgabe zukommt, die personale Umwelt zur Annahme bestimmter Codewerte anzuhalten.

Die Frage nach dem professionalen Status der Theologen, insbesondere der Priester oder Pfarrer, tritt in der Forschung hinter die Frage nach den Organisationen des religiösen Systems zurück. Die christlichen Kirchen, die zumindest in den westeuropäischen Ländern noch oligopolartig den Ton angeben oder in anderen Ländern sich einem harten Wettbewerb mit Kirchen, Sekten oder Bewegungen anderer Religion ausgesetzt sehen, überdecken eine andere Strukturebene, nämlich diejenige der Professionen. Nicht nur die

---

nisieren lässt, wie es für den Einsatz symbolisch generalisierter Kommunikationsmedien nötig wäre. Dabeik wird unter anderem auf die interaktive, professionelle Beziehung zwischen dem Priester und dem Laien verwiesen. Wir müssen diese Frage hier nicht entscheiden, sondern können davon ausgehen, dass, wenn denn „Glaube" ein Medium darstellt, es sich um ein solches handelt, welches in modernen Gesellschaften eine hohe Deflation erlebt hat und kaum mehr religiöse Kommunikation zu führen, zu leiten und zu initiieren im Stande ist. Vor allen Dingen dürfte „Glaube" als Medium nicht mehr ausreichend Systemvertrauen generieren.

Gläubigen sehen sich, wenn sie mit Priestern in Kontakt kommen, eher mit einer Organisation oder den Priestern als Vertretern ihrer Organisation konfrontiert als mit Vertretern einer Profession, die mit anderen Professionen viele Struktureigenschaften teilt.

Aber handelt es sich bei den Geistlichen überhaupt um eine Profession? Ob Geistliche immer professionell handeln, mag dahin gestellt sein, aber es dürfte schwer fallen, ihnen den professionalen Status abzusprechen. Spätestens an dieser Stelle ist es also geboten, auf den Unterschied von Professionalität im weiteren Sinne einer spezifischen fachlichen Kompetenz und Qualifikation einerseits und der Profession im engeren Sinne als Wahrer einer spezifischen professionalen Handlungslogik andererseits hinzuweisen. Im Folgenden orientieren wir uns an dem engeren Begriff der Profession. Neben den Juristen und den Ärzten stellen Theologen die klassische Professionsgruppe dar, aber viel stärker als diese definierten sie sich bisher als „Stand" oder als „Amt" (Lehmann 2002: 160ff.). Die katholische Seite kann auf die verliehene, aber dann unverlierbare sakramentale Priesterwürde verweisen. Die evangelische Seite muss diesen Mangel an Standeswürde durch die Bindung an Bildung und Staat ersetzen. Für beide gilt, dass sie innerhalb der Organisationen ihrer Kirchen entscheidende Stellen einnehmen. Es handelt sich um Grenzstellen, um solche Stellen, in denen der Publikumskontakt konzentriert ist. Dies ist wohl der Nexus, in welchem sich unter Auflösung der Ämterhierarchie eine geistliche Profession ausbilden konnte.

Zunächst einmal sind die Unterschiede zwischen den Geistlichen und anderen Professionen auffällig. Sie sind viel stärker als diese in hierarchische und organisatorische Kontexte, eben die Kirchen, eingebunden. Das Professionshandeln der Geistlichen wird häufig von ihrem Organisationshandeln (Schütze 1996) verdeckt. Zudem unterscheidet sich das Religionssystem von den anderen Funktionssystemen, in denen Professionen eine zentrale Stellung einnehmen, dadurch, dass der Professionalisierungsbedarf wesentlich geringer ist. Die Profession der Geistlichen nimmt nur einige zentrale Aufgaben wahr. Darüber hinaus haben die Kirchen den Gegensatz zwischen Leistungs- und Teilnehmerrollen abgeschwächt und viele Themen und Inhalte religiöser Kommunikation in die Verantwortung von Laien oder die christliche Gemeinde als dem eigentlichen Zentrum religiösen Lebens gestellt. Die Inklusion in das religiöse System in Gestalt der Teilnahme an religiöser Kommunikation ist also nicht zwangsläufig an professionale Betreuung gekoppelt. Dennoch nimmt natürlich der Geistliche eine Schlüsselstellung ein. Dies gilt nicht nur für diejenigen Geistlichen, die einer Parochie zugeordnet sind, sondern auch für solche, die Sonderfunktionen als Krankenhauspfarrer, Jugendpfarrer, Gefängnispfarrer o.ä. haben (Simon 1985). Geistliche üben wie andere Professionen auch gegenüber anderen in ihrem Feld vertretenen Berufen eine Kontroll- und Delegationsfunktion aus. Sie stellen meistens Leitprofessionen dar. So, wie die Mediziner die Tätigkeiten der Pflegekräfte oder anderer Therapeuten dirigieren, so kontrollieren Geistliche die Tätigkeiten anderer Laientheologen, obwohl, wie man am Beispiel der Differenzierung von Verkündigung, Seelsorge und Diakonie sehen kann, professionale Verselbständigungen diese Kontrollfunktion erschweren oder gar auflösen. Zudem ist der Zugang zum Professionsstatus in den christlichen Kirchen unterschiedlich geregelt. Wie bei allen anderen Professionen, so unterliegt er auch hier spezifischen Schließungsregeln. In der römisch-katholischen ist die Übernahme der Leistungsrolle an die Priesterweihe gebunden. In den evangelischen Kirchen wird hingegen der Gegensatz von Leistungs- und Teilnehmerrolle weniger rigide gehandhabt. Auch begabte Laien können mit geistlichen Tätigkeiten betraut werden, insbesondere der Verkündigung des Evangeliums. Dabei kommt aber ein Sachverhalt zum Tragen, den Abbott (1981) als Tendenz zur Aufrechterhaltung der „professional purity" bezeichnet hat. Professionen beurteilen ihren Status häufig nach anderen Kriterien als ihre Klienten. Bei den Klienten genießen diejenigen Professionellen einen höheren Status, die sich kommunikativ sehr stark auf ihre Umwelt beziehen und versuchen, ihr Angebots- und Rollenrepertoire gerade um den Aspekt der Beratung zu erweitern. Die Professionellen selbst aber sind um eine gewisse Reinhaltung ihrer Aufgaben bemüht. Die intraprofessionelle Statuszuschreibung verlangt von den Professionellen, sich gegen solche diffusen Ansprüche abzugrenzen, die von den Laien eingefordert werden und mit höherer Reputation belohnt werden. Dies kann zur Folge haben, dass sich an der Seite der geistlichen Profession mehr und mehr pseudoprofessionelle Beratungsdienste ansiedeln. Eine solche Professionalisierung hat beispielsweise in den letzten Jahrzehnten in Gestalt der Trauerbegleitung stattgefunden (Winkel, in diesem Band).

Aber es dürfen auch andere Parallelen nicht übersehen werden. Professionen vertreten eine dritte Logik neben einer marktförmigen und einer hierarchischen Sozialform (Freidson 2001). Sie verwalten die Inklusionsprobleme in spezifischen Funktionssystemen im Rahmen einer hohen professionalen Autonomie. Anders als in marktförmigen Sozialbeziehungen orientieren sich die Professionen (bisher) nicht ausschließlich an der Nachfrage von Kunden, und anders als in hierarchischen Beziehungen sind sie nicht in einem strikten Maße weisungsgebunden. Auch die geistliche Profession definiert die spirituelle und religiöse Situation ihrer Gläubigen wie auch die Handlungsempfehlungen nach Maßgabe eigener Kriterien. Sie verfügt über eigene „Beratungsstandards". Dabei wird sie weder in der einen noch der anderen Kirche durch ein Kirchenrecht reglementiert. Dieses gibt nur allgemeine Maximen und Richtlinien für die pastorale Praxis vor.

Es lassen sich noch weitere Eigenschaften der Profession der Priester und Pfarrer benennen. Für ihre beratende Tätigkeit in Gestalt der Seelsorge entscheidend ist aber folgende. Die Profession der Seelsorger teilt mit anderen Professionen eine spezifische Funktion. Es handelt sich um Berufe, die sich mit den Problemen von einzelnen Menschen in spezifischen Krisensituationen befassen. Auf der Basis von kulturellen oder Wissenstraditionen interpretieren und intervenieren sie in Krisensituationen. Professionen dienen dem Gemeinwohl, indem sie, wie Ärzte und Therapeuten, der Erhaltung der physischen und psychischen Integrität, wie Juristen der Erhaltung der sozialen Integrität oder eben wie Pfarrer oder Priester der personalen Integrität und Identität in Situationen lebensweltlicher Kontingenz dienen. Professionen bearbeiten die Probleme von Personen, die diese nicht selbst zu lösen vermögen. Damit geht einher, dass sie in einem engen interaktiven Kontakt mit ihren Klienten stehen. Dabei wenden sie professionales Wissen fallspezifisch an. Durch diesen Einzelfallbezug wird in die professionale Arbeit eine spezifische Dialektik von Allgemeinem und Besonderen hineingetragen – auf eine besonderes, singuläres Phänomen wird ein allgemeines Wissen angewendet. Nach Oevermann (2003) handelt es sich dabei um nicht ineinander übersetzbare Bereiche. Das professionale Wissen beansprucht eine übersubjektive, unpersönliche Validität. Diese Allgemeingültigkeit beanspruchende Expertise wird in der professionalen Arbeit auf eine spezifische Krisensituation und auf Erfahrungsgehalte bezogen, die sich von einem konkreten, individuellen Subjekt nicht ablösen lassen. In der professionalen Arbeit müssen also zwei Kompetenzen zusammengeführt werden: Die erste Kompetenz besteht in einer Expertise, einem standardisierten Repertoire von möglichen Situationsdeutungen und Problemlösungen, die zweite in der Befähigung, diese Expertise in einer nichtstandardisierbaren Weise auf singuläre Krisensituationen anzuwenden.

Man kann diese Gegensätzlichkeit von Allgemeinem und Besonderen auch als Asymmetrie von Regelwissen und Situationskomplexität beschreiben. Das Regelwissen ist tendenziell immer gegenüber der Situation eines Handelnden unterkomplex. Professionales Handeln kann sich nicht in der puren Applikation von Regelwissen erschöpfen, weder hinsichtlich der Beschreibung der Situation noch hinsichtlich der Handlungsempfehlungen mit ihren möglichen Folgen. Die Komplexität und Singularität der Fälle lässt sich nicht aus dem Regelwissen subsumtionslogisch deduzieren. Dem professionalen Handeln ist somit immer Ungewissheit inhärent. Dennoch kommt die professionale Interaktion nur dann zustande, wenn der Klient dem Professionellen vertrauen kann. Vertrauen ist eine unabdingbare Voraussetzung für die Interaktion zwischen dem Professionellen und seinem Klienten. Wie aber kann der Klient dem Professionellen vertrauen, wenn das professionale Handeln als solches von Ungewissheiten getragen ist, die daraus resultieren, dass der Einzelfall stets komplexer ist als der Wissenskanon des Professionellen? Dem Professionellen bieten sich zwei Strategien an. Er kann versuchen, seine Ungewissheit und Unwissenheit zu invisibilisieren, oder er kann sie offen thematisieren. Beide Wege können zu einem Aufbau von Vertrauen führen.

In der professionssoziologischen Literatur werden beide Strategien beschrieben. Die soziologische Systemtheorie erachtet die Invisibilisierung als weitgehend unabdingbar, während die interaktionistische Richtung von Oevermann oder Schütze davon ausgeht, dass allein durch kommunikative Visibilisierung Vertrauen generiert werden kann. Die Systemtheorie geht davon aus, dass gerade in Situationen existentieller Betroffenheit der Professionelle dazu gezwungen ist, seine eigenen Ungewissheiten zu invisibilisieren, um das Vertrauen des Klienten in seine Problemlösekompetenz nicht zu erschüttern (Stichweh 1994; 1996). Dies gelte gerade auch für die professionale Interaktion im religiösen Feld. Denn die religiöse Kommunikation habe die Aufgabe, die existentiellen lebensweltlichen Kontingenzen bewältigbar zu machen, und diese Aufgabe könne sie nur dann erfüllen, wenn sie ihre eigenen Kontingenzen unsichtbar mache. Und das könne in der Seelsorge nur dann gelingen, wenn der Seelsorger sich auf sein Amt, sein rollenadäquates Handeln besinne und seinerseits der Expertise und Kontingenzinvisibilisierungskompetenz des von ihm unterbreiteten Heilswissens vertraue. Der Einzelfall tritt denzufolge hinter den Kanon zurück. Das systemtheoretische Professionskonzept ist an dem Paradigma der professionalen Pflege von kulturellen Wissensbeständen orientiert.

Zu einer gegenteiligen Auffassung kommt Oevermann (1996). Der Aufbau von Vertrauen in der professionalen Interaktion werde gerade dadurch erreicht, dass der Professionelle nicht nur sein Wissen appliziere und auf den konkreten Fall anwende, sondern die besondere Situation des Klienten analysiere und evaluiere und damit das Risiko einer Diskrepanz zwischen Professionswissen und Situationsbewältigung eingehe. Im Unterschied zur systemtheoretischen Analyse ist das Professionskonzept Oevermanns an dem Modell der therapeutischen Praxis orientiert. Die Struktur psychoanalytischer Verfahren bildet für ihn das Paradigma professionalen Handelns. Für ihn steht also nicht die Pflege einer spezifischen Wissenstradition im Mittelpunkt, sondern das stellvertretende Handeln eines Professionellen für einen Klienten.

Es scheint nicht sinnvoll, diese Frage grundsätzlich beantworten zu wollen. Man kann sie ins Praktische wenden und die beiden genannten Strategien der Invisibilisierung und der Visibilisierung als zwei extreme Pole einer Kette von Handlungsoptionen betrachten, die den Professionen zur Verfügung stehen. Die Geistlichen können beide Strategien verfolgen, wie sich an den divergenten Seelsorgeprogrammen aufzeigen lässt. Welche Strategie gewählt wird, hängt nicht zuletzt davon ab, ob es zu der Aufrechterhaltung der professionalen Interaktion für beide Seiten, den Professionellen und den Klienten, relevante funktionale Äquivalente gibt. Diese Frage spielt insbesondere bei der Profession der Geistlichen eine zentrale Rolle. Angesichts der Säkularisierung und Pluralisierung des religiösen Lebens, der Privatisierung des Entscheidens in Glaubensfragen und dem damit verbundenen Schwund an Systemvertrauen und mangelnder kommunikativer Resonanz einerseits und der Erhöhung der funktionalen Alternativen auf Seiten der Klienten andererseits setzen in den letzten Jahren die Geistlichen tendenziell auf Visiblisie-

rung und auf Partnerschaft. Es verhält sich gerade nicht so, wie von Luhmann behauptet, dass die Religion ihre Aufgabe der Kontingenzbewältigung nur dann leisten kann, wenn sie ihre eigene Kontingenz nicht mitkommuniziert.
Dazu passt auch eine weitere von Oevermann (2003) herausgestellte Eigenschaft. Er behauptet, dass dann, wenn ein Spannungsfall auftritt zwischen der ersten Komponente, der Problemlösungskompetenz des professionalen Wissens, und der zweiten Komponente, dem Einzelfallbezug der Situationsbewältigung, die zweite Komponente in der professionalen Interaktion die Führung übernimmt. Die Imponderabilien und die innere Unendlichkeit des Einzelfalls treten in der professionalen Interaktion in der Vordergrund. Dies ist, wie dargestellt, bei der Seelsorge der Fall. An dieser Nahtstelle schalten die Seelsorgeprogramme von Verkündigung auf Beratung um.

5. Seelsorge als Beratung

Erst jüngst haben Roosen (1997), Karle (1996; 2001) und Krech (2000; 2002) erste Schritte unternommen, die Seelsorge unter professionssoziologischen Gesichtspunkten zu analysieren. Aber stärker noch, als in diesen Arbeiten geschehen, lassen sich die Probleme und Tendenzen seelsorgerischer Arbeit aus der allgemeinen Struktur professionaler Interaktion ableiten. Dann tritt auch die zentrale Problematik moderner Seelsorge stärker in den Vordergrund. Denn in der Seelsorgelehre herrscht häufig die Auffassung vor, man müsse nur die Inhalte wechseln, um vor einer „religionslosen" Seelsorgepraxis gefeit zu sein. So wendet sich beispielsweise Karle (1996; 2001) gegen die psychoanalytische Seelsorge, insbesondere gegen deren Nestor, Joachim Scharfenberg, mit dem Argument, das dieses Konzept die religiöse Sachthematik vernachlässige. Die hier vertretene Auffassung lautet hingegen: Seelsorge als religiöse Kommunikation kann unter modernen Bedingungen nur eine Beratung sein. Dies hat nichts mit den Inhalten zu tun, ob psychoanalytisches, theologisches, religiöses oder sonstiges Wissen zur Anwendung kommt, sondern mit der Struktur professionaler Arbeitsbeziehungen, die ein Wissen auf einen Einzelfall applizieren und in dieser Applikation dem Einzelfall die Führung überlassen. Auch eine stärkere Berücksichtigung religiöser Sachorientierungen führt nicht zu einer Veränderung der kommunikativen Struktur. Es handelt sich um eine Verschiebung der kommunikativen Gattungen und nicht um eine Frage der Inhalte der Seelsorge.

In der Seelsorge trifft ein allgemeines, standardisiertes Wissen religiöser Experten, ein „Erlösungswissen" oder „Heilswissen", auf einen „Fall", die Krisen- oder Problemsituation eines Klienten. Sie hat es mit den Krisen von Klienten zu tun. Nicht mehr nur Fragen des unmittelbaren Glaubens, sondern immer mehr lebensweltliche Krisenelemente müssen aufgrund der oben dargestellten Universalisierungs- und Spezifikationstendenzen beraten und in eine religiöse Sprache übersetzt werden. Der Seelsorger stellt für eine Vielzahl von Leiderfahrungen und für Statuspassagen ein religiöses Sinnangebot zur Verfügung. Sein Ziel ist es, eine oftmals nur als latent unterstellte Religiosität explizit zu symbolisieren und zu versprachlichen. Er kann eine Sprache anbieten zur Interpretation von Krisensituationen und zur Evalution von unterschiedlichen Handlungsmöglichkeiten. Auch die Profession der Geistlichen weist damit die für Professionen typische kommunikative Doppelstruktur von einer klar umrissenen Rollenebene und einer eher diffusen Ebene auf (Krech 2000), was daraus resultiert, dass auf einen Einzelfall religiöses Wissen appliziert wird. Dass eine Applikation stattfindet, ist für alle Seiten erwartbar; unerwartbar und entsprechend nur diffus handhabbar sind aber die Imponderabilien des Einzelfalls selbst. Und nur bei einer ausreichenden und angemessenen, einzelfallorientierten Applikation lässt sich Vertrauen generieren. Die Verkündigung kann nur noch beratend vorgenommen werden.

In der Seelsorge ist die Aufgabe der Problemkonstruktion vom Seelsorger auf den Gläubigen bzw. Laien übergegangen. Der Laie hat die Führung übernommen. Die Problemdiagnose und das subjektive Empfinden des Gläubigen ist maßgeblich für die Seelsorge und nicht mehr die verobjektivierende Situationsbeschreibung und die standardisierten Glaubens- und Handlungsempfehlungen des Geistlichen. Damit weist die Religion eine umgekehrte Entwicklung zu anderen Funktionssysteme auf, beispielsweise die Medizin, in welcher noch im 19. Jahrhundert die Schilderung des subjektiven Erlebens des Patienten die Richtschnur der Krankenbehandlung darstellte. Sie ging im 20. Jahrhundert im Gefolge von technischen Diagnoseverfahren immer mehr auf den Mediziner über. Im religiösen System findet ein gegenläufiger Prozess statt.

Die Seelsorge wird tendenziell von der kommunikativen Gattung der Verkündigung auf diejenige der Beratung umgestellt. Verkündigung und Beratung unterscheiden sich in ihrer Subsumtionslogik. In der Verkündigung wird der Einzelfall unter den Kanon, die Regel, das Gesetz subsumiert, in der Beratung wird das Wissen auf einen Einzelfall appliziert. Und damit sind zahlreiche Effekte verbunden, die über das Schicksal der professionalen Seelsorge entscheiden. Die Seelsorge kann nur gelingen, wenn die Kommunikation durch eine Vertrauensbeziehung zwischen dem Priester oder Pfarrer einerseits, dem Gläubigen andererseits gekennzeichnet ist. Ist dies nicht der Fall, so stehen dem Gläubigen unterschiedliche Optionen offen. Er kann protestieren („voice") und sich sogar auf dem Markt der Religionen anderen Anbietern von Heilswissen zuwenden, oder er kann schweigen, privatisieren, seine Religion unsichtbar werden lassen („exit"). Es ist offensichtlich, welche Strategie von den Gläubigen häufig gewählt wird: Es ist die Exit-Option, wie gerade die christlichen Kirchen leidvoll erfahren. In der Seelsorge besteht zwar nicht die Gefahr, dass der Priester von anderen Experten abgelöst wird, aber auch hier stehen Organisation und Profession vor dem Problem der Generierung von Systemvertrauen. In der Seelsorge sind beide, Organisation und Profession, nicht nur mit dem generellen Problem der Akzeptanz ihrer Botschaft konfrontiert, sondern auch mit dem immer nur individuellen Problem des Anderen, des Gegenübers, des indvdiuellen Gläubigen, welcher nicht immer ein gläubiges Individuum ist. Die Seelsorge kann Vertrauen nur dann gewinnen, wenn sie nicht missionieren will, wenn die Autonomie des Klienten, vor allem die religiöse Autonomie anerkannt wird. Belehrung, Betreuung, Missionierung haben unter modernen Bedingungen direkt die Wahrnehmung der Exit-Option zur Folge. Damit aber stellt sich eine entscheidende Frage: Ist es mit dem christlichen Auftrag zu vereinbaren, dass die Seelsorge die Tendenz zur religiösen Autonomie stärkt?

Die Seelsorge verfängt sich also in gewisse Paradoxa. Nur als Beratung kann sie versuchen, Vertrauen für die christliche Botschaft zu gewinnen. Als Beratung schürt sie aber gerade die religiöse Autonomie der Gläubigen. Die Seelsorge individualisiert die Gläubigen.[4] Der Gläubige ist derjenige, dem die Selektionslasten übertragen werden. Er entscheidet. Er kann Ansprüche erheben. Die Seelsorge gerät unter Konkurrenzdruck. Und gerade deshalb besteht des Weiteren die Gefahr, dass die Inhalte mehr und mehr humanwissenschaftliche, psychologische oder literarische Themen aufnehmen mit der Gefahr ihrer De-Zentrierung und des Einschleichens anderer Codewerte in die religiöse Kommunikation.

Aber es zeichnet sich noch eine andere Handlungsparadoxie ab. Man kann sie als die Professionalisierungsparadoxie bezeichnen. Wenn sich die Geistlichen als Profession begreifen, dann zwingen sie komplementär die Gläubigen in eine komplementäre Rolle, in die des Laien. Dies widerspricht aber der Zielsetzung einer „lebendigen Kirche". So stellte man beispielsweise in den 1970er und 1980er Jahren verstärkt Diplom-Theologen und Pastoralreferenten ein, um die Rolle und das Engagement der Laien in den Gemeinden zu stärken – mit der Konsequenz, dass sich das Engagement der Laien abschwächte, weil ja nun Professionelle ihre Arbeit organisieren und verrichten. Bätz (1994) bezeichnet dies als die „Professionalisierungsfalle", in welcher die Kirchen stecken. Aber dies betrifft nicht nur die Laientheologen, sondern auch die geistlichen Seelsorger. Um das Vertrauen in die religiöse Lehre zu stärken, sind Professionalisierungstendenzen gefragt, die aber andererseits den Gläubigen zu einem Laien machen, der sich als Dienstnehmer einer Dienstleistung begreifen muss.

---

4   Dieser Effekt der Individualisierung wird von Alois Hahn (1987; 1990; 2000) auch der kommunikativen Gattung der Beichte zugeschrieben.

Literatur

Abbott, Andrew (1981): Status and Status Strain in the Professions. In: American Journal of Sociology 86, S. 819-835.

Asmussen, Hans (1935): Die Seelsorge. Ein praktisches Handbuch über Seelsorge und Seelenführung. München.

Bätz, Ulrich (1994): Die Professionalisierungsfalle. Paradoxe Folgen der Steigerung glaubensreligiösen Engagements durch professionelles Handeln – dargestellt am Beispiel der Verwirklichung pfarrgemeindlicher „Verlebendigungsprogrammatiken" durch hauptamtliche Laientheologen. Fribourg.

Baumgartner, Isidor (1990): Pastoralpsychologie. Einführung in die Praxis heilender Seelsorge. Düsseldorf.

Dahm, Karl-Werner (1974): Beruf Pfarrer. Empirische Aspekte zur Funktion der Kirche und Religion in unserer Gesellschaft. München.

Daiber, Karl-Fritz (1983): Diskreditiert die Beratungsarbeit die Kirche – kirchensoziologische Überlegungen zur Beratungsarbeit. In: Heinz Behnken (Hg.): Theologie – Psychologie. Die religiöse Dimension in der Beratungspraxis. Evangelische Akademie Loccum.

Daiber, Karl-Fritz (1988): Diakonie und kirchliche Identität. Studien zur diakonischen Praxis in der Volkskirche. Hannover.

Dubach, Alfred (1993): Bindungsfähigkeit der Kirchen. In: Alfred Dubach/R. J. Campiche (Hg.): Jede(r) ein Sonderfall? Religion in der Schweiz. Zürich, Basel, S. 133-172.

Ebertz, Michael N. (1993): Caritas im gesellschaftlichen Wandel – Expansion in der Krise? In: Markus Lehner/Wilhelm Zauner (Hg.): Grundkurs Caritas. Linz, S. 83-114.

Ebertz, Michael N. (1996): ‚Leitbildnerei' in sozialen Dienstleistungsorganisationen. Über den Zwang zur Selbstthematisierung von organisierter Diakonie und Caritas. In: Rainer Öhlschläger/Hans Martin Brüll (Hg.): Unternehmen Barmherzigkeit. Identität und Wandel sozialer Dienstleistung. Baden-Baden, S. 39-51.

Feifel, Erich (1963): Seelsorge. In: Heinrich Fries (Hg.): Handbuch theologischer Grundbegriffe, Bd. 2. München, S. 525-532.

Freidson, Eliot (2001): Professionalism. The Third Logic. Chicago.

Gabriel, Karl (1990): Verbandliche Caritas und Postkatholizismus. In: Caritas 91, S. 575-584.

Hahn, Alois (1987): Identität und Selbstthematisierung. In: Alois Hahn und Volker Kapp (Hg.): Selbstthematisierung und Selbstzeugnis: Bekenntnis und Geständnis, Frankfurt/M., S. 9-24.

Hahn, Alois (1990): Beichte und Biographie. In: Michael Sonntag (Hg.): Von der Machbarkeit des Psychischen. Texte zur Historischen Psychologie II. Pfaffenweiler, S. 56-76.

Hahn, Alois (2000): Zur Soziologie der Beichte. In: ders.: Konstruktionen des Selbst, der Welt und der Geschichte. Frankfurt/M., S. 197-236.

Hauschildt, Eberhard (1994): Ist die Seelsorgebewegung am Ende? Über alte und neue Wege zum Menschen. In: Wege zum Menschen 46, S. 260-273.

Hauschildt, Eberhard (1996): Alltagsseelsorge. Göttingen.

Henke, Thomas (1993): Seelsorge und Lebenswelt. Auf dem Weg zu einer Seelsorgetheorie in Auseinandersetzung mit soziologischen und sozialphilosophischen Lebensweltkonzeptionen. Würzburg.

Hillebrandt, Frank (1999): Exklusionsindividualität. Opladen.

Jochheim, Martin (1993): Die Anfänge der Seelsorgebewegung in Deutschland. In: Zeitschrift für Theologie und Kirche 90, S. 462-493.

Karle, Isolde (1996): Seelsorge in der Moderne. Eine Kritik der psychoanalytisch orientierten Seelsorgelehre. Neukirchen-Vluyn.
Karle, Isolde (2001): Der Pfarrberuf als Profession: eine Berufstheorie im Kontext der modernen Gesellschaft. Gütersloh.
Krech, Volkhard (2000): Probleme der Kirchenorganisation in der modernen Gesellschaft. In: Wolfgang Ratzmann/Jürgen Ziemer (Hg.): Kirche unter Veränderungsdruck. Leipzig, S. 52-68.
Krech, Volkhard (2002): Berufung – Beruf – Profession. Empirische Beobachtungen und systematische Überlegungen zur Entwicklung des Pfarrerhandelns. In: Maren Lehmann (Hg.): Parochie. Chancen und Risiken der Ortsgemeinde. Leipzig, S. 115-129.
Lehmann, Maren (2002): Inklusion. Beobachtungen einer sozialen Form am Beispiel von Religion und Kirche. Frankfurt/M.
Lehmann, Maren (Hg.) (2002): Parochie. Chancen und Risiken der Ortsgemeinde. Leipzig.
Lemke, Helga (1981): Verkündigung in der annehmenden Seelsorge. Stuttgart, u.a.
Luckmann, Thomas (1986): Grundformen der gesellschaftlichen Vermittlung des Wissens: Kommunikative Gattungen. In: Friedhelm Neidhart/M. Rainer Lepsius/Johannes Weiss (Hg.): Kultur und Gesellschaft. (Kölner Zeitschrift für Soziologie und Sozialpsychologie, Sonderheft 27). Opladen, S. 191-211.
Luckmann, Thomas (1991): Die unsichtbare Religion. Frankfurt/M.
Luhmann, Niklas (1977): Funktion der Religion. Frankfurt/M.
Luhmann, Niklas (2000): Die Religion der Gesellschaft. Frankfurt/M.
Luther, Henning (1986): Alltagssorge und Seelsorge. Zur Kritik am Defizitmodell des Helfens. Wege zum Menschen 38, S. 2-17.
Nicol, Martin (1990): Gespräch als Seelsorge. Göttingen.
Oevermann, Ulrich (1996): Theoretische Skizze einer revidierten Theorie professionalisierten Handelns. In: Arno Combe/Werner Helsper (Hg.): Pädagogische Professionalität. Frankfurt/M., S. 70-182.
Oevermann, Ulrich (2003): Kodifiziertes methodisiertes Wissen und persönliche Erfahrung in der professionalisierten Praxis stellvertretender Krisenbewältigung. In: Johannes Fried/Thomas Kailer (Hg.): Wissenskulturen. Beiträge zu einem forschungsstrategischen Konzept. Berlin, S. 195-210.
Parsons, Talcott (1967): Christianity and Modern Industrial Society. In: ders.: Sociological Theory and Modern Society. New York, London, S. 385-421.
Piper, Hans-Christoph (1981): Kommunizieren lernen in Seelsorge und Predigt. Göttingen.
Rössler, Dietrich (1994): Grundriß der Praktischen Theologie. (2. erw. Aufl.) Berlin, New York.
Roosen, Rudolf (1997): Die Kirchengemeinde – Sozialsystem im Wandel. Berlin, New York.
Scharfenberg, Joachim (1985): Einführung in die Pastoralpsychologie. Göttingen.
Scheler, Max (1960): Die Wissensformen und die Gesellschaft. Hg. von Maria Scheler. Bern, München.
Schmidt-Rost, Reinhard (1988): Seelsorge zwischen Amt und Beruf: Studien zur Entwicklung einer modernen evangelischen Seelsorgelehre seit dem 19. Jahrhundert. Göttingen.
Schrödter, Wolfgang (1992): Gutachten „Regeln des fachlichen Könnens in der psychosozialen Beratung". In: Wege zum Menschen 44, S. 351-371.
Schütze, Fritz (1996): Organisationszwänge und hoheitsstaatliche Rahmenbedingungen im Sozialwesen. Ihre Auswirkungen auf die Paradoxien des professionellen Handelns. In: Arno Combe/Werner Helsper (Hg.): Pädagogische Professionalität. Frankfurt/M., S. 183-275.
Schützeichel, Rainer (2004): Soziologie der Kommunikation. Konstanz (i. E.)

Simon, Ludger (1985): Einstellungen und Erwartungen der Patienten im Krankenhaus gegenüber dem Seelsorger. Frankfurt/M.

Stahlberg, Thomas (1998): Seelsorge im Übergang zur ‚modernen Welt'. Göttingen.

Starnitzke, Dierk (1996): Diakonie als soziales System: eine theologische Grundlegung diakonischer Praxis in Auseinandersetzung mit Niklas Luhmann. Stuttgart, Berlin, Köln.

Steinkamp, Hermann (1985): Diakonie – Kennzeichen der Gemeinde. Freiburg/i. Br.

Stichweh, Rudolf (1994): Professionen und Disziplinen: Formen der Differenzierung zweier Systeme beruflichen Handelns in modernen Gesellschaften. In: ders.: Wissenschaft, Universität, Professionen. Frankfurt/M., S. 278-336.

Stichweh, Rudolf (1996): Professionen in einer funktional differenzierten Gesellschaft. In: Arno Combe/Werner Helsper (Hg.): Pädagogische Professionalität. Frankfurt/M., S. 49-69.

Stollberg, Dietrich (1978): Wahrnehmen und Annehmen. Seelsorge in Theorie und Praxis. Gütersloh.

Thurneysen, Eduard (1946): Die Lehre von der Seelsorge. Zürich.

Tyrell, Hartmann (1996): Die Familienrhetorik des Zweiten Vatikanums und die gegenwärtige Deinstitutionalisierung von ‚Ehe und Familie'. In: Franz-Xaver Kaufmann/Arnold Zingerle (Hg.): Vatikanum Ii und Modernisierung. Paderborn.

Tyrell, Hartmann (2002): Religiöse Kommunikation. Auge, Ohr und Medienvielfalt. In: Klaus Schreiner (Hg.): Frömmigkeit im Mittelalter: politisch-soziale Kontexte, visuelle Praxis, körperliche Ausdrucksformen. München, S. 41-93.

Weber, Max (1980): Wirtschaft und Gesellschaft. (5. rev. Aufl.) Tübingen.

Zulehner, Paul M. (1990): Beratung und Seelsorge im gesellschaftlichen Kontext. In: Isidor Baumgartner (Hg.): Handbuch der Pastoralpsychologie. Regensburg.

Thomas Brüsemeister

Zum steigenden Beratungsbedarf im Schulsystem

Im vorliegenden Text wird das gegenwärtige Aufkommen von Beratungsbedarf im staatlichen Schulsystem soziologisch beobachtet. Wegen einer bürokratischen Governance[1], die nach dem Zweiten Weltkrieg in staatlichen Schulsystemen die Zuständigkeit für alle Steuerungsfragen übernahm, war eine externe Beratung für das Schulsystem lange Zeit kein Thema. Dies ändert sich gegenwärtig im Kontext neuer schulischer Governancemodelle, die einzelnen Schulen eine relative Autonomie gewähren und auch Schulverwaltungen als strategische Entscheider gesondert hervortreten lassen. Beide Akteure haben dadurch einen je eigenen Beratungsbedarf. Gleiches lässt sich auch für Eltern als eine weitere Teilgruppe des Schulsystems zeigen. Insgesamt wird mit differenzierungstheoretischen Mitteln zu erörtern sein, dass und wie der Beratungsbedarf im Schulsystem spät, dann aber gewaltig ansteigt. In einer Problemskizze wird dies im Hauptteil für drei ausgewählte Teilbereiche des Schulsystems (Eltern, Einzelschulen, Schulverwaltungen) gezeigt.[2]

1. Ausgangspunkt[3]

Nach dem zweiten Weltkrieg und etwa bis zu den 1990er Jahren ist die Nutzung externer Beratung im Schulsystem so gut wie kein prägnantes Thema. Dies gilt für alle drei Ebenen des Schulsystems, die ich in diesem sowie in

---

1 Governance-Strukturen lassen sich als „Regelungsstrukturen" verstehen, die die „Verfügungsrechte zum Treffen von Entscheidungen" organisieren, je nach dem, ob ein mehr bürokratisch-oligarchisches Modell, mehr ein Staatsmodell oder mehr ein Markt- oder Konkurrenzmodell vorliegt (um nur einige Beispiele von Governance-Strukturen zu nennen) (Braun 2001: 247-248).
2 Ich behandle schwerpunktmäßig nur einen Ausschnitt möglicher Beratungsvorgänge, nämlich externe Organisationsberatung, die von Einzelschulen genutzt wird (zur Beratung von Pädagogen für Pädagogen, siehe z.B. das Konzept der Lernberatung, vgl. Klein 2003).
3 Ich stütze mich in diesem Abschnitt auf eine (am Begriff Inklusion orientierte) differenzierungstheoretische Kennzeichnung der Entwicklung des Schulsystems nach dem Zweiten Weltkrieg (Brüsemeister 2003: 54-59).

den nachfolgenden Abschnitten unterscheiden will, d.h. a) für die Ebene der Eltern, b) für die Ebene der pädagogischen Handlungseinheit, die Einzelschule, und c) für die Ebene der Schulverwaltung. Die überwiegende Abwesenheit von Beratung folgt einem schulpolitischen Konsens, der beinhaltet, dass die vornehmliche Aufgabe nach dem Zweiten Weltkrieg die Verbesserung von Chancengleichheit der Schülerinnen und Schüler ist. Auch vormals bildungsfernen Schichten soll der Zugang zum Schulsystem ermöglicht werden. Das Gebot der Nicht-Diskriminierung zwingt das staatliche Schulsystem, hierbei nach benachteiligten Kollektiven Ausschau zu halten. In der Bundesrepublik der 1960er Jahre sind dies Arbeiterkinder, Mädchen, die katholische Bevölkerung und die Landbevölkerung (Herrlitz/Hopf/Titze 1998: 205). Mit dem Programm und Deutungsmuster der Chancengleichheit wird das System gleichsam vom Kopf her ausgebaut. Dies geschieht im Rahmen eines bürokratischen Steuerungsmodells, wie es Fend (2001: 41) in der linken Spalte als das historisch entstandene Steuerungsmodell kennzeichnet (vgl. Übersicht 1):

Übersicht 1: Zwei Steuerungsmodelle nach Fend (2001):

	Historisch entstandenes Steuerungsmodell	Neues Steuerungsmodell
Systemebene	Stark über: – Festlegung von Prüfungsanforderungen über gesetzliche Vorgaben – inhaltliche Festlegungen über Lehrpläne (Schaffung von Zeitgefäßen) – Präzisierung von Standards über Lehrmittel und -bücher – zentrale Mittelausstattung – zentrale Lehrerzuordnung	Rahmenvorgaben, Leitlinien, Fächerkombinationen, Anforderungen bei Abschlüssen Wirkungsorientierte Steuerung über standardisierte Prüfungen Ranking von Schulen
Schulebene	Schwach entwickelt	Stark durch gebietsunabhängige Schulwahl der Schüler Stark durch Selbstwahl von Leitern und Zuwahl neuer Lehrer durch das Kollegium Erwirtschaftung eigener Einkünfte
Lehrerebene	Überprüfung der Lehrerergebnisse und Lernerfolge über eng curricular gebundene Prüfungen im schulischen Alltag Autonomie des Lehrers in methodisch-didaktischen Fragen	Lohnwirksame Leistungsbeurteilung Formative Selbstevaluation
Schülerebene	Bindung der schulischen und beruflichen Aufstiegschancen an die Abschlussprüfungen in den Schulen	Stark durch Beurteilung der Lehrkräfte
Elternebene	Schwach entwickelt	Stark durch Wahl von Schulen und durch die Evaluation der Lehrkräfte Voucher-System

Dieses bürokratische Steuerungsmodell will über Inputs die Systemebene des Schulwesens als Ganze stärken, um durch die Ausweitung von Angebotsstrukturen die Zugangschancen zur Bildung zu erhöhen. Die Vorstellung beinhaltet, zielgerichtete Effekte in der Umwelt erzeugen und interne Steuerungsebenen im Hoheitsbereich des Schulsystems – die Ebene der einzelnen Schule, Lehrer, Schüler und Eltern – vernachlässigen zu können, weil sie als homolog zu den Inputzielen gesehen werden. Was für den Ausbau der Inklusion notwendig ist, wird in einem bürokratischen Modell der Steuerung top-down festgelegt, zum Beispiel als Abschaffung der Landschulen, Festlegung von Prüfungsanforderungen, inhaltliche Ausgestaltung von Lehrplänen, Präzisierung von Standards für Lehrmittel und Lehrbücher, über Mittelausstattungen und als zentrale Lehrerzuordnung. Fend ergänzend lässt sich sagen, dass das System auch über den Grad der Eltern-, Lehrer- und Schülermitsprache bestimmt. Als Steuerungsfaktoren müssen diese Akteure der Einzelschule nicht vorkommen, sofern Leistungsprogramme ohnehin für sie optieren. Damit gibt es insgesamt eine Dominanz der Systemebene, die so lange legitim erscheint, wie der zentrale Ausbau von Leistungen vorangetrieben werden kann. Die Systemlogik, die sich am Auflegen neuer Inputs für das Schulsystem orientiert, stirbt gleichsam in dem Augenblick, in dem wesentliche Diskriminierungen bei den Zugängen zu Bildungsleistungen beseitigt scheinen, was etwa Mitte der 1970er Jahre wahrgenommen wird.

Als Erbschaft dieser Zeit wird eine Verkümmerung von Steuerungsebenen unterhalb der Systemebene der Schule hinterlassen. Dies beinhaltet, dass Lehrkräfte keine eigene Organisation „Schule" entwickeln. Die Profession hat, da sie gleichsam im Schatten einer bürokratischen Governance des Staates gedeiht, keine eigenen Verfügungsrechte über substanzielle, operationale und strategische Entscheidungen.[4] Die substanziellen Entscheidungen über Unterrichtsinhalte werden vornehmlich von staatlichen Rahmenrichtlinien bestimmt; operationale Entscheidungen, d.h. vor allem Finanzen, liegen in der Hand der bürokratischen Verwaltung; und strategische Entscheidungen hinsichtlich der Bildungsziele obliegen dem Staat bzw. der Politik. Entsprechend spielt in der Selbstwahrnehmung der Lehrkräfte eine Schulorganisation bislang kaum eine Rolle. Krainz-Dürr (2000: 129) hält dafür prototypisch für viele auf Basis von Befragungen von Lehrkräften fest:

„Das Selbstverständnis der Mitarbeiter/innen ist meist so beschaffen, dass sie sich eher ihrem Fach oder ihrer Profession verpflichtet fühlen als der jeweiligen Organisation, in der sie tätig sind, ja oft stehen sie ‚Experten' der Organisation sogar skeptisch gegenüber, von der sie vor allem bürokratische Einschränkungen befürchten. Die Tätigkeit des Organisierens wird nicht als Teil der Professionalität angesehen, oft werden diese Tätigkeiten nur als ermüdende zusätzliche Aufgaben erlebt. [...] Es besteht an Schulen ein latenter Widerwille, sich mit Organisation als solcher zu beschäftigen oder ausein-

---

4 Diese Begriffe verwendet Braun (2001: 248) für den Hochschulbereich, sie lassen sich aber auf das Schulsystem übertragen.

ander zu setzen. [...] Dieses mangelnde Interesse an organisatorischen Dingen führt häufig zu einer gewissen Ahnungslosigkeit über Wesen, Gestalt, Aufgaben und Möglichkeiten von Organisation. Organisation wird mit Administration und ‚lästigem Kleinkram' gleichgesetzt, anspruchsvollere Organisationsaufgaben kommen gar nicht in den Blick." (Ebd.).

Auf der Rollenebene der Lehrkräfte sind demzufolge operative Fähigkeiten für die Governance der Schule offiziell kaum relevant. Zudem sind auch Beteiligungen der Eltern und Schüler an Entscheidungen der Schule verkümmert.

Damit kann man für die Zeit nach dem Zweiten Weltkrieg bis etwa zu Beginn der 1990er Jahre resümieren, dass auf den wesentlichen gesellschaftlichen Problemdruck, nämlich Chancengleichheit und die Inklusion aller Schüler, mit einer staatlichen Steuerung auf der Systemebene des Schulsystems als Ganzem reagiert wird, wobei die operative Beteiligung der weiteren Ebenen im Schulsystem so gut wie nicht vorgesehen ist, sofern im Rahmen der Input-Steuerung die bürokratische Governance zielgerichtete Effekte im System herzustellen vermeint.

Angesichts der widersprüchlichen Folgen der Chancengleichheitspolitik – das Inklusionsangebot wird einerseits flächendeckend erweitert, Beteiligungsraten bildungsferner Schichten werden erhöht; andererseits perpetuieren sich Bildungsungleichheiten zwischen den Schichten – sowie angesichts der spätestens seit den 1990er Jahren aufkommenden Diskussionen zum Umbau des Sozialstaats (vgl. zur Übersicht Brüsemeister/Eubel 2003: 72-97) wird deutlich, dass die bisherige Form der Regulierung von Schule – durch Inputs einer staatlichen Governance, die weitere im System befindliche Ebenen nicht beteiligt – nicht die beabsichtigten Effekte erzielt. In den 1990er Jahren setzen daraufhin vehemente Diskussionen anderer Steuerungen ein, deren Zentrum die Einzelschule bildet (Bellenberg/Böttcher/Klemm 2001). Diese wird in ihrem Potenzial entdeckt, operative Entscheidungen fällen zu können, und damit wendet sich das Schulsystem denjenigen Ebenen zu, die in der bürokratischen Governance vernachlässigt wurden. In den Bundesländern starten in diesem Zusammenhang und bis heute vielfache Schulversuche mit gestärkten Einzelschulen. Und in diesem Kontext entwickeln Einzelschulen auch erstmals einen deutlich stärkeren Bedarf für Beratung.

Darüber hinaus richten Eltern Erwartungen an die Schule. Diese Erwartungen haben vielleicht keine neue Intensität, aber sie werden in dem Moment von Einzelschulen verstärkt beobachtet, in dem sich der Staat aus dem operativen Geschäft der Schule zurückzuziehen beginnt. In dieser Hinsicht kann man sagen, dass die Ebene der Eltern und die der Einzelschule jeweils für sich mehr Resonanz für Beratungsangebote haben. Und nachdem die Inputsteuerung als gescheitert angesehen wird, wächst auch auf den Ebenen von Bildungspolitik und Schulverwaltung der Druck, nach neuen Steuerungsmodellen und Legitimationsmustern zu suchen, die sich auch durch externe Beratung abdecken lassen.

Damit lässt sich zusammengefasst davon ausgehen, dass gegenwärtig auf allen drei Ebenen ein eigenständiger Beratungsbedarf aufkommt, den es in der früheren bürokratischen Governance nicht gab. Dies motiviert, im Weiteren den möglichen Beratungsbedarf innerhalb von drei ausgewählten Teilbereichen im Schulsystem (Eltern, Einzelschulen, Schulverwaltung) anzusprechen.

2. Beratung aus Sicht dreier Teilbereiche des Schulsystems

2.1 Eltern

Zunächst ist zu berücksichtigen, dass die Beratungsfähigkeit von Eltern nicht nur darauf zurückgeht, das eigene Kind – insbesondere beim Übergang zu weiteren Schulformen – mit Entscheidungen zu begleiten, sondern Eltern sind auch in einem allgemeineren Sinne, d.h. als gesellschaftliches Publikum, Nutzer von Beratungsleistungen, angefangen z.B. von der Beratung des eigenen Selbst mit Hilfe von Ratgeberliteratur, bei der Nutzung einer professionellen Rechts- oder Familienberatung, bei der Urlaubsberatung durch das Reisebüro oder der Nutzung einer Berufsberatung. Vielfach greifen die Individuen dabei auf Angebote von professionellen Dienstleistern und Organisationen zurück.

Dabei geht es um die Befriedigung von Ansprüchen. Niklas Luhmann zufolge kann man diese Haltung der Individuen auch grundsätzlich gegenüber den Leistungsangeboten funktional differenzierter Teilsysteme beobachten. Luhmann verbindet dies mit einer gegenwartsdiagnostischen These, es habe im Gesundheitsbereich sowie in anderen Teilsystemen eine Anspruchsinflation gegeben (Luhmann 1983), und zwar in dem Sinne, dass die Individuen immer bessere Leistungen von den Teilsystemen erwarten.

Man kann dabei auch vermuten, dass die Individuen auch das Rezeptwissen von Beratern verwenden, um ihre Ansprüche zu formulieren. Diesbezüglich wurde von anderen Autoren ein „Aufstand des Publikums" beobachtet. So fasst der Kultursoziologe Jürgen Gerhards (2001) in seiner explorativen empirischen Untersuchung den Kulturwandel von Ansprüchen in der Bundesrepublik zusammen, den es nach dem Zweiten Weltkrieg in vielen gesellschaftlichen Bereichen gegeben hat. Die Folge davon ist: Während lange Zeit der Arzt im Gesundheitswesen oder der Lehrer im Schulwesen der einzig legitime, d.h. gegenüber dem gesellschaftlichen Publikum anerkannte Vertreter war, wenn es galt, Ansprüche eines Klienten zu verhandeln bzw. zu behandeln, sucht sich heute der Patient bei Google eine Therapie aus, die er dann seinem Arzt vorschlägt.[5] Ähnlich kompetent und zu einem Quasi-Experten

---

5 So formulierte es überspitzt Stichweh auf einer Tagung.

machen sich Individuen heute auch in Rechtsfragen, was offensichtlich die Flut von Rechtstreitigkeiten mit erklärt.

Und auch z.b. bei Fragen des Schulbesuchs von Kindern lässt sich ein verwandter Prozess beobachten. Angesichts der Tragweite schulischer Versetzungen für den Lebenslauf des Kindes verlässt sich heute niemand mehr ohne weiteres auf das Urteil der schulischen Profession, sondern macht sich selbst kundig. Dies bedeutet zum einen, dass Eltern am Schulsystem vorbei bzw. neben dem Schulsystem organisationale Dienstleistungen aufsuchen (z.b. Nachhilfe- oder Schülerhilfeeinrichtungen), um Lernleistungen ihrer Kinder zu verbessern. Neben der Nutzung solcher sekundären Leistungssysteme (Stichweh 1988: 281) treten anspruchsbewusste Eltern zum anderen gegenüber ihrer Schule auf, um Interessen ihrer Kinder gewahrt zu wissen.[6] Dabei ist zu vermuten, dass auch eigene Beratungserfahrungen der Eltern dazu führen, höhere Ansprüche gegenüber dem Schulsystem zu formulieren. Für Einzelschulen beinhaltet dies grundsätzlich einen erhöhten Entscheidungsdruck. Sie sind mit stärkeren Fremderwartungen konfrontiert, und müssen dabei teilweise auch Kommunikationsformen anbieten, die auch Eltern verwenden: Beratung. Schulen sind von daher in mehrfacher Hinsicht zum Reagieren herausgefordert – durch Beratung, die sie Eltern anbieten, und durch Beratung, die sie für sich selbst nutzen, z.b. in Form einer externen Organisationsberatung.

2.2 Einzelschulen

Die Relevanz von Beratungen der Einzelschule steigt, so wurde vorangehend postuliert, auf Grund von verstärkten Elternansprüchen, mit denen die einzelne Schule zu Recht kommen muss. Ein eigenständiges Reagieren von Einzelschulen als den pädagogischen Handlungseinheiten im Schulsystem (Fend 1987) wird dabei erst möglich, wenn sich institutionelle Rahmenbedingungen ändern, d.h. Bildungspolitik und Schulverwaltungen neue Governancemodelle konzipieren, die eine operative Autonomie der Einzelschule rechtlich sowie von den Ressourcen her vorsehen. Im deutschsprachigen Schulsystem ist dies noch nicht flächendeckend der Fall, d.h. vielfach werden Einzelschulen zeitlich begrenzte, von den rechtlichen und von den Ressourcen-Bedingungen her nur eingeschränkte Mittel gegeben, hinsichtlich ihres Personals, ihrer Finanzen, ihrer Unterrichtsprogramme und ihrer Organisationsförmigkeit operativ eigenständige Entscheidungen zu treffen; insofern ist die Rede von einer autonomen Einzelschule zu relativieren (vgl. zur Übersicht auch

---

6   Vgl. zur Situation der Eltern grundsätzlich Brüsemeister/Eubel: 332-352. Zum erhöhten Problemdruck von Eltern unter der Perspektive des Neoliberalismus vgl. Brüsemeister 2002.

Avenarius u.a. 2003: 157-163). Aber gleichwohl sind in den einzelnen Bundesländern partielle Bemühungen zu erkennen, Einzelschulen im Rahmen von räumlich und zeitlichen begrenzten Schulversuchen solche größeren Entscheidungsbefugnisse dann doch zuzuerkennen. Erst unter diesen institutionellen Bedingungen kann man sinnvoll nach Folgen und Funktionen von Beratung auf der Ebene von Einzelschulen fragen. Sicher hat es Beratungen von Einzelschulen auch in der bisherigen bürokratischen Governance gegeben, aber institutionelle Rückbindungen von Beratungsergebnissen wurden nicht systematisch beobachtet; für sie gab es kaum Bedarf, da sich die Steuerung via Schulverwaltung selbst genug war. Erst im Rahmen einer operativen Autonomie wird verlangt, dass Einzelschulen mit verschiedenen Programmen experimentieren, Outputleistungen des Schulsystems zu verbessern.[7] Dies bedeutet aus Sicht von Schulverwaltungen, verschiedene Wege zuzulassen, die Leistungserbringung von Schülern effizienter zu machen, was auch beinhaltet, die operativen Wege der Leistungserbringung bzw. des Steuerungshandelns der Lehrkräfte transparenter werden zu lassen. Dies folgt Erwartungen der Schulverwaltung, Zugriffsmöglichkeiten auf den Unterricht zu erhöhen, was insbesondere nach den PISA-Untersuchungen dringlich wird.

In deutschsprachigen Schulsystemen gibt es auch entsprechende Bemühungen, ergänzend zur rein „summativen" Notengebung auch formative Dokumentationen von Schülerleistungen hinzunehmen, was auch eine Flut von aktueller Literatur in der Pädagogik belegt.[8] Und im Zusammenhang mit einer intensiven Praxis der Leistungsdokumentation soll die Einzelschule dabei auch selbst mit ihrer Entscheidungsförmigkeit experimentieren dürfen. Sprich: Lehrkräfte sollen gemeinsam im Team über Unterricht, Personal und ihre Organisation Schule kommunizieren. Entsprechend zielen Schulversuche in der Regel immer auch auf eine Organisationsentwicklung[9], also das Ingangbringen einer horizontalen Kommunikation innerhalb des Kollegiums. Während Beziehungen zum Kollegium in der bisherigen Governance strukturell sekundär waren, sofern man das operative Kerngeschäft des Unterrichts

---

7   Dies bedeutet nicht, dass Schulen völlig frei in einem Markt operieren würden und diesbezüglich auch von gleich zu gleich mit Beratungseinrichtungen – die ebenfalls auf Märkten auftreten – kommunizieren; vielmehr dominiert statt des Marktes die Governanceform des Staates, die freilich den Schulen dann eine begrenzte, d.h. operative Autonomie erlaubt. Kommt es dann zur Beratung, treffen zwei unterschiedliche Governanceformen aufeinander, die staatliche des Schulsystems, und die marktförmige der Beratung. Welche Irritation, aber auch Chancen dadurch auf der Handlungsebene von Einzelschulen entstehen können, versuche ich unten zu zeigen.
8   Vl. nur: Grunder/Bohl 2000, Roos 2001, Sacher 2001, Weinert 2001, Rhyn 2002, Moser/Keller/Tresch 2003, Elster/Dippl/Zimmer 2003.
9   Vgl. exemplarisch Schönig 2000, auch Brüsemeister 2004. Ursprüngliche Anleihen aus der Wirtschaft bleiben dabei auch in den Programmen der Schulentwicklung unverkennbar, die im Titel „pädagogische" Zusätze führen und z.B. von einer „pädagogischen Qualitätsentwicklung" sprechen (Kempfert/Rolff 2001).

einer *einzelnen* Lehrkraft anvertraute, die den Unterricht face to face mit Schülern ausgestaltet, soll nun das gesamte Geschehen der Einzelschule kollegial von Teams entschieden werden. Und dies bedeutet eine extreme Erweiterung von Rollenaufgaben im Sinne der Hinwendung zu Organisationsrollen; dies im Gegensatz zu den bislang vorherrschenden Professionsrollen.[10]

Der große Zuwachs im Aufgabenspektrum der autonom werdenden Einzelschule kann von der Menge sowie von der Form der Kommunikation her nur mit Organisationsrollen bewältigt werden, d.h. mit Hilfe jeweils voneinander abgegrenzter Rollenaufgaben, die auf spezifische Funktionserfüllung begrenzt sind und in Absehung von Personenmerkmalen ausgeführt werden können. Nur so lässt sich der Zuwachs von zwei Dritteln weiterer Entscheidungsaufgaben bewältigen, nämlich hinsichtlich des Personals und der Organisationsentwicklung der Schule, die zu dem bisherigen Drittel, den Unterrichtsaufgaben, hinzukommen. Die bisherigen Professionsrollen sind damit nicht überholt, aber die Organisationsrollen haben eine andere, begrenzte, da auf Funktionserfordernisse, Mitgliedschaft und Entscheidung bezogene Logik, während Professionsrollen von ihrer Logik her eine im Prinzip nicht begrenzbare pädagogische Aufmerksamkeit für die Klientel (Schüler und Schülerinnen) beinhalten, um je fallbezogen in die Psyche eines Zöglings pädagogisch intervenieren zu können (vgl. für den Kontext von Beratung: Sickendiek/Engel/Nestmann 2002). Diese Logik bleibt im Bereich des Unterrichts bestehen. Aber es treten, wie erwähnt, ergänzend die angesprochenen Organisationsrollen hinzu, und dies nur nicht für Nebenbereiche der Schule, sondern auch für den Unterricht, sofern in der Einzelschule kollektiv über einzelne Unterrichtsprogramme entschieden werden soll.

Damit werden auch Selbstbeobachtungen der lokalen Entscheider – d.h. der Lehrkräfte und der Schulleitung – zum Thema. Dies ist im Kontext der bisherigen Professionsrollen ungewohnt, sofern die Kommunikation von Professionellen vor allem den Klientenbezug thematisiert und der Adressierer – die Profession – dabei selbst überwiegend ausgeblendet blieb.[11] In der Organisationsentwicklung der autonomer werdenden Einzelschule, die kollektiv

---

10 Formuliert werden insbesondere Managementrollen, innerhalb derer Führung möglich wird, und die das Kollegialitätsprinzip der Lehrerprofession – man sei Gleicher und Gleichen – ergänzen. Diese Rollen sind in ihrer Relevanz für die Personal-, Unterrichts- und Organisationsentwicklung der Einzelschule insbesondere von der Schulleitungsforschung thematisiert worden (Wissinger/Huber 2002) und spielen für den gesamten Kontext, die Einzelschule zu einer Entscheidungseinheit aufzuwerten, eine überaus wichtige Rolle. Auch bei Lehrkräften sind Organisationsrollen Teil der – bereits bestehenden – Schulpraxis, aber als solche nur schwach kommuniziert.

11 Dabei meine ich ausdrücklich nicht die Profession als Interessenvertretung, die natürlich ihre Leistungen in der Umwelt herausstellt, sondern die professionelle Kommunikation im Vollzug.

mit Hilfe von Teams entscheidet, soll dies anders werden. Die Binnenbeobachtung der Teams ist unabdingbar für eine Prozessevaluation sowie für die Initiierung, Implementierung und Institutionalisierung von Veränderungsprozessen auf der lokalen Schulebene.

In diesem Zusammenhang ist ein in seiner Entscheidungsförmigkeit aufgewertetes Kollegium auch in der Lage, externe Beratung zu nutzen, z.b. bei der Einführung von Schulprogrammen, als Beratung innerschulischer Steuerungsgruppen, als Beratung bei Personalentscheidungen, bei der Evaluation von Lehrer- und Schülerleistungen, beim Einwerben von Sponsorengeldern oder als Beratung für ein verändertes Management von Seiten der Schulleitung. In all diesen Fällen ist meist stillschweigend vorausgesetzt, dass es im Kollegium und in der Schulleitung eine Hinwendung zu Organisationsrollen gibt. Nur in diesem Fall bewegt man sich innerhalb einer gleichen Kommunikationsform, wie sie auch Beratung vielfach nutzt, nämlich der Organisation. Ich beschränke mich nachfolgend auf die Organisationsförmigkeit von Beratung, sofern genau in der Organisationsförmigkeit für das Schulsystem, das in seinem Leistungsbereich Unterricht bislang Profession und nicht Organisation war, die größte Herausforderung besteht.

Meine These ist, dass Einzelschulen, die auf dem Weg dazu sind, ergänzend zu Professionsrollen auch Organisationsrollen zu nutzen, zwiegespalten auf Beratung reagieren, sofern einerseits Beratungsangebote genutzt und dabei auch die Organisations- und Entscheidungsförmigkeit der einzelnen Schule zum Tragen kommt. Einzelschulen sind diesbezüglich „modern", sofern sie funktionale Wahlentscheidungen nutzen – deren Präferenzen sie selbst auswählen –, die auch vor einer Organisationsberatung nicht Halt macht. Mit anderen Worten können sich einzelne schulische Teams für Beratungsangebote entscheiden. Andererseits gibt es gleichzeitig neben der Hinwendung zu Organisationsrollen, die die Nutzung von Beratung strukturell erleichtert, auch noch die bisherigen Professionsrollen. Wenn Organisationsrollen an der Einzelschule noch nicht abgesichert sind, kann die Organisationsförmigkeit der Beratung mit der Professionsförmigkeit schulischer Rollen in Widerstreit geraten.

Strukturell ist jedoch das Passungsverhältnis zwischen externer Organisationsberatung und schulischen Professionsrollen weitaus größer, als es auf den ersten Blick den Anschein hat. Denn in Beratungsorganisationen sowie in Beratung generell werden offensichtlich zwei Formen, die der Profession und die der Organisation, gleichzeitig bedient.[12] Dies bedeutet erstens: Der Form nach offerieren Organisationen Beratungsangebote, die auf eine Erhöhung der Entscheidungsfähigkeit zielen. Diese Struktur des Beratungsangebots bedient sich also der Form Organisation. Zweitens wird zugleich im Beratungs*prozess* das Rezeptwissen der Beratungseinrichtung über Interaktio-

---

12 Vgl. auch dazu genauer meinen Beitrag am Ende des Buches.

nen vermittelt, auf Bedürfnisse eines Klienten oder Kunden im Interaktionsbereich feinabgestimmt. Es geht hierbei darum, in speziellen Arbeitsbündnissen Erwartungen und Bedürfnisse eines „Kunden" (Einzelschule) zu eruieren und mit dem Rezeptwissen des Beraters zu verbinden. Wie auch bei der Interaktion zwischen einem Professionellen und einem Klienten ist hierbei letztlich das Ziel, die Autonomie des Kunden zu erhöhen und mit Hilfe eines vergrößerten Orientierungswissens zu stabilisieren. Im Rahmen einer *professionsförmigen* Organisation verwendet Beratung damit strukturell ähnliche Kommunikationsformen wie die Profession der Lehrkräfte, die sich seit ihrem Bestehen auf die Bearbeitung von Interaktionsproblemen (im Bereich des Unterrichts) spezialisiert hatte. Gleichzeitig ist es aber für die Profession neu, es mit einer professionsförmigen *Organisation* zu tun zu haben. Diese Organisation verhilft als Beratungsorganisation dazu, das vermittelte Orientierungswissen letztlich zu Entscheidungsalternativen zuspitzen zu können, es also mit einem Entscheidungswissen zu verbinden, so dass sich der Kunde (die Einzelschule) für konkrete Alternativen entscheiden kann.

Das Neue besteht aus Sicht selbständig werdender Schulen darin, es überhaupt mit einer Umwelt – den Beratungsangeboten – zu tun zu haben, auf die eigenständig reagiert werden kann. Eine Beratungseinrichtung ist dabei zwar nicht der alleinige Akteur in der Umwelt, auch Eltern gehören dazu, deren Erwartungen die Einzelschulen erstmalig eigenständiger operativ bearbeiten dürfen (indem sie z.B. besondere Programme für die Elterneinbindung entwerfen und Eltern an formativen Schülerbeurteilungen beteiligen). Aber Beratungseinrichtungen sind eine neue Umwelt für Einzelschulen; sie sind prototypisch für Organisationen in der Umwelt von Schule, zu denen ein Kontakt hergestellt wird. Wie oben angedeutet, beginnen Einzelschulen durch Gewährung einer operativen Autonomie, gleichsam den Steuerungshebel von Profession auf Organisation umzulegen, d.h. in der inneren Schulumwelt Professions- durch Organisationsrollen zu ergänzen. Und durch den Kontakt zu Beratungsorganisation kann dieser Prozess befördert werden, sofern es ein (weiteres) Bewährungsfeld für schulische Organisationsrollen gibt, nämlich beim Kontakt mit externer Organisationsberatung. D.h. unabhängig von einzelnen Beratungsinhalten üben Einzelschulen, wenn sie mit Beratungsorganisationen Kontakt haben, die Form Organisation ein. Zum Beispiel bereiten schulische Teams den Kontakt mit den Beratern vor; es entwickeln sich Managementrollen, um mit Beratern zu verhandeln; oder es wird ein inneres Berichtswesen entworfen, um andere KollegInnen über Ziele oder Teilerfolge des Beratungsprozesses zu informieren.

Meine beiden Argumente sind, erstens dass Einzelschulen in gewissem Ausmaß selbst Ansätze von Organisationsrollen entwickelt haben müssen, soll der Kontakt mit Beratungsorganisationen mehr als nur „talk" sein (Brunsson 1989) und ist man ernsthaft an der Implantierung von Beratungsergebnissen in der Einzelschule interessiert. Nur mit solchen Organisationsrollen gibt es überhaupt eine Verständigungsbasis und Resonanz für Kontakte mit Organisationen in der Umwelt der Schule. Zweitens lässt sich davon ausgehen, dass Kontakte zu Beratungsorganisationen auch als Katalysatoren wirken in dem Sinne, dass die Akteure der Schule korrespondierend zum Kommunikationspartner in der Umwelt im Innern entsprechende „Resonanzstellen" ausbauen. Es werden sich Rollen mit den ihnen eigenen Erwartungsstrukturen entwickeln, die auf Kommunikationen in der Umwelt zugeschnitten sind. Dies ist eines der Grundmuster der soziologischen Erklärung von Differenzierungsvorgängen, hier zurückgeführt auf ein korrespondierendes Rollengefüge zwischen äußerer und innerer Umwelt (Parsons 1972; Stichweh 1988). Dies bedeutet konkret: Diskutieren Schulakteure über einen gewissen Zeitraum voneinander abgegrenzte Problembereiche mit der Beratung, regt dies im Inneren der Schule zu korrespondierenden Organisationsrollen an. Dieser komplementäre Vorgang der Ausdifferenzierung kann innerschulisch mit entsprechenden Motiven psychisch repräsentiert sein, z.B. dass das Beratungsergebnisse aus Kostengründen nicht verpuffen soll, dass man das Beratungsangebot im Kollegium breiter diskutieren will (und nicht nur in einer Steuergruppe), oder dass im Beratungsprozess selbst mehrere schulische Akteure den Kontakt zu den Beratern halten und sich dabei untereinander austauschen. Solche Punkte halte ich für entscheidende Mechanismen: Beziehungen zur Beratung regen im Innern der Schule zur Intensivierung der horizontalen Kommunikation zwischen Kolleginnen und Kollegen an und tragen zur Organisationsbildung von unten bei.

Das Hinzuziehen einer externen Beratung kann somit dazu führen, die Kompetenzen der Einzelschule zur Selbststeuerung zu erhöhen, sofern ein Kollegium kollektiv darüber entscheiden wird, welche Problembereiche an der Einzelschule mit Hilfe der Beratung überhaupt bearbeitet werden sollen. Damit einher geht die Aufwertung und Intensivierung der Selbstbeobachtung der schulischen Akteure, im Sinne des Offenlegens von Entscheidungsalternativen, die dann kollektiv an der Einzelschule entschieden werden müssen. Beratung stärkt damit indirekt – als sozialer Effekt – die Organisationsförmigkeit der Einzelschule, und zwar auch dann, wenn sich Schulentwicklungsteams oder Steuergruppen zusammen mit der Beratung andere Ziele setzen (solche der Unterrichts- und Personalentwicklung), die nicht primär auf eine Organisationsentwicklung abstellen.

Es wird insbesondere von der Festigkeit, den bereits ausgebauten Beziehungen innerhalb eines Kollegiums, der Hinwendung zur Bearbeitung von Funktionsaufgaben (in der äußeren und inneren Schulumwelt) mit Hilfe von Organisationsrollen abhängen, ob die Organisationsförmigkeit der Beratung irritierend oder stabilisierend auf ein Kollegium wirkt. Ist diese Festigkeit nicht vorhanden, dann wird eine Beratung – unabhängig von kommunizierten Inhalten – vermutlich eher irritierend wirken, sofern sie das Kollegium letztlich auf eine Entscheidungsförmigkeit stößt, die es erst noch zu entwickeln gilt. Eine Irritationen ausdrückende Reaktion wäre dabei auch eine „haltlose" Nutzung von Beratung, d.h. der Wunsch der Schule, nun alles und jeden beraten zu lassen, ohne jedoch wiederum ausreichende Vorkehrungen für die Implantierung von Beratungsergebnissen zu treffen. Es fehlt hier dann noch eine gefestigte innere Resonanzstruktur, d.h. Organisationsrollen, die nicht nur die gute pädagogische Absicht der Beratungsnutzung sehen, sondern auch Funktionserfordernisse und -folgen für das eigene Haus operativ handhaben können. Ein Kollegium könnte sich vielleicht zu initiierenden Entscheidungen durchgerungen haben, ein bestimmtes Schulproblem an der Einzelschule gemeinsam mit der Beratung zu bearbeiten, aber es gibt vielleicht noch nicht genügende Feedbackstrukturen im eigenen Kollegium, die es erlauben, die zusammen mit der Beratung herausgearbeiteten Entscheidsalternativen auch als solche anzunehmen. Hier lassen sich gut gemeinte Schulentwicklungsversuche beobachten – zum Beispiel Durchführung einer Elternbefragung, für die die Schule sich beraten lässt –, deren Ergebnisse aber dann nicht in die Schulkultur rückübersetzt werden können und unter Umständen zu nichts führen – außer zusammen mit der Beratung Aktivitäten auf der Ebene von „talk" gegenüber der inneren und äußeren Schulumwelt demonstriert zu haben. Solche Erfahrungen können dann freilich anregen, es beim zweiten Mal besser zu machen, d.h. hier wird die Einzelschule im Kontext von Beratung auf ihre Entscheidungsförmigkeit – hier: die ungenügende Ausbildung einer solchen – gestoßen. Mit anderen Worten lassen sich auch irritierende Erfahrungen bei der Nutzung von Beratung so denken, dass sie die Herausbildung eines entscheidungsfähigen Kollektivs von Lehrkräften und der Schulleitung voranbringen.

Sind im Kollegium schon Organisationsrollen sowie kollektive Entscheidungsfähigkeiten etabliert, dann kann man sich strukturell leichter auf Entscheidungsangebote einlassen, die die Beratung offeriert. Es gibt dann von den eigenen Formen der internen Kommunikation her – und abhängig von einzelnen, zusammen mit der Beratung kommunizierten Problembearbeitungen – eine Resonanz für die Formsprache, die in der Beratung dominiert, nämlich das Offerieren von Entscheidungsalternativen.

2.3 Schulverwaltungen

Der deutsche Marktführer in Sachen Beratung, McKinsey, verdiene zunehmend am Staat, berichtet die Süddeutsche Zeitung (vom 22.1.04). Von rund 1000 Beratern bei McKinsey seien 40 bis 50 ständig im öffentlichen Dienst. „Die Beratung der Verwaltung nimmt stark zu", weiß auch – so der Bericht der SZ weiter – Klaus Reiners vom Bund der Unternehmensberater. Während das Geschäft mit Privatkunden 2003 nicht besonders gewesen sei, laufe in Deutschland das Geschäft mit dem Staat seit vier bis fünf Jahren gut an. Die

Beratung verspreche insbesondere, große Apparate besser zu führen sowie die Staatskassen durch einen schlanken Staat zu entlasten (ebd.).

Der Zeitungsbericht verweist also auf zwei Diskurse, die die beiden dominierenden Backgrounds für die Nutzung von Beratung durch staatliche Verwaltungen sind: Kostenreduktion und Führung.[13] Sieht man Schulverwaltung im internationalen Kontext, so ist es der Begriff Führung, der als Teil neuer Steuerungsvorstellungen Debatten um eine Neustrukturierung des Schulsystems und damit auch der Schulverwaltung prägt. Auch für Deutschland und die Schweiz gilt dies. Neue Steuerungsmodelle sehen eine Schulverwaltung in einem gänzlich neuen Aufgabenzuschnitt, nämlich nicht mehr als klassische Weisungsbehörde mit Durchgriffsaufsicht, sondern als strategische Zielsetzerin. Unter den Begriffen „New Public Management" (NPM) und „Neues Steuerungsmodell" werden dabei in den europäischen Ländern variierende Begriffe für das Gleiche verwendet, und zwar nicht nur für den Schulbereich, sondern auch für Hochschulen und z.B. das Gesundheitswesen. Die Modelle sehen eine – aus der betriebswirtschaftlichen Organisationslehre übernommene – Trennung zwischen strategischer und operativer Führung vor (so einer der prominentesten Befürworter des NPM in der Schweiz: Buschor 2000: 55; vgl. zur Übersicht: Brüsemeister/Eubel 2003: 225-228). Für Einzelschulen bedeutet dies die im vorangehenden Abschnitt angesprochene operative Autonomie. Und diese geht gleichzeitig einher mit strategischen Zielsetzungen von Bildungspolitik und Schulverwaltungen. Damit treten Schulverwaltungen gleichsam aus ihrem bisherigen Schatten bloß verwaltender Aufgaben heraus. Wenn gleich auch frühere Schulverwaltungen, wie Terhart (2001: 28) schreibt, schon Prozesse auslösende und Änderungen anmahnende Aufgaben hatten, so ist dies doch in den neuen Steuerungsmodellen nochmals verstärkt: in Richtung Management und leadership.[14] Dies bedeutet, dass Politik und die Verwaltungsspitze Rahmenbedingungen festlegen, diese im Sinne einer „Führung" kommunizieren und die operative Leistungsumsetzung einzelnen Schulen freistellen.

Im Kanton Zürich – als Beispiel für die Umgestaltung einer Bildungsverwaltung nach diesen Prinzipien des NPM – gehört zur leadership im Einzelnen: die „Führung der Verwaltungseinheiten mit Zielsetzungen und – wenn möglich – durch Wettbewerb; dazu ergänzt: Verwaltungssteuerung über motivationale Anreize; Abkehr von der Input- zur Leistungs- und Wirkungsorientierung; quantitative und qualitative Leistungsmessung mit Indikatoren; weitgehende Delegation von Aufgaben und Kompetenzen im Rahmen von klaren, messbaren Zielvorgaben; Schaffung von Organisationsidentität bei den ausführenden Stellen (Ämter, Betriebe usw.) und mit den Kun-

---

13 Die derzeitige deutsche Diskussion um Kostenreduktion geht dabei ein Amalgam mit neuen Führungskonzepten ein; ich lasse Erstere aus Platzgründen hier fort.
14 Zur leadership im Schulsystem Englands vgl. Barber 1997: 237-238.

den (Bevölkerung)" (Buschor 2000: 56).[15] Die Rahmenbedingungen der Bildungsverwaltung sind damit nicht mehr als Kriterien einer klassischen bürokratischen Verwaltung, sondern auf „Management" ausgelegt. Es beinhaltet grundsätzlich, dass auf allen Ebenen des Schulsystems entlang von selbsterhobenen Daten kommuniziert wird, die in einem Qualitätsdiskurs systematisch zwischen den Verwaltungsebenen und den Schulen ausgetauscht werden. Über die Daten sollen Ist-Zustände des Schulsystems erkannt und systematisch organisational bearbeitet werden. Und auch andere Teamabteilungen der Bildungsverwaltung – die z.B. die Öffentlichkeitsarbeit der Bildungsverwaltung organisieren, Forschungen planen oder Elternarbeit gestalten – können mit eigenen Daten Bedarfsanalysen machen, wobei die Teams über eigene Budgets verfügen – und diese für die Nutzung von Beratung verwenden können. Mit anderen Worten: Die generelle Umstellung von Schulverwaltungen von klassischen Aufsichten hin zu führenden Teams lässt den Beratungsbedarf exponentiell ansteigen.

Klassischerweise hat eine Schulverwaltung erstens eine Öffentlichkeitsfunktion. Sie muss die Bildungspolitik und damit letztlich die Öffentlichkeit über Leistungen und innere Zustände des Schulsystems informieren. In dieser Hinsicht besteht nach PISA, sofern Schulen und den verantwortlichen Aufsichtsbehörden die schlechten Schülerleistungen zugerechnet wurden, ein noch größerer Druck zur Rechenschaftspflicht (Maritzen 1998).

Beratungsbedarf gibt es in diesem Kontext erstens für die Frage, wie das im Grunde in Europa alternativlose neue Steuerungsmodell, welches eine Trennung zwischen strategischen Zielsetzungen von Seiten der Schulverwaltung und operativer Ausführung durch Einzelschulen vorsieht, gemeinsam mit der Bildungspolitik kommuniziert werden soll. D.h. es müssen strategische Zielsetzungen überlegt werden, die über die künftige Ausrichtung des Schulsystems als Ganzes bestimmen. Schulverwaltungen können und müssen dabei der Bildungspolitik durch ihre Erfahrung mit Steuerung, über „Betriebszustände und realistische Reformmöglichkeiten" (Terhart 2001: 28) gleichsam über die Machbarkeit von Führungszielen informieren – und können sich dabei auch extern beraten lassen.[16]

Zweitens gibt es Beratungsbedarf in dem Punkt, wie Schulverwaltungen neue Steuerungskonzepte den Einzelschulen näher bringen. Dies kann realistischerweise nur zusammen mit ihnen geschehen, und da Einzelschulen lokal sehr unterschiedlich sind, variieren auch Beratungsinhalte sehr. Themen der Beratung können z.B. Grundsatzinformationen über die neuen Steuerungs-

---

15 Ein weiterer Kernpunkt des NPM ist eine kostenmäßige Optimierung (Buschor 1998: 77). Vgl. auch grundsätzlich zu diesem Kontext einer Mittelökonomie und ihren Auswirkungen auf Qualitätskonzepte: Terhart 2000: 811-812.
16 Natürlich können Bildungspolitik und Schulverwaltung auch gemeinsam eine Beratung hinzuziehen; ich versuche jedoch nachfolgend aus Gründen der Vereinfachung nur die Perspektive der Schulverwaltung zu berücksichtigen.

modelle sein; oder eine Schulverwaltung kann zusammen mit Beratungseinrichtungen Konzepte überlegen, wie Schulen einzelne Dimensionen dieser Steuerungsmodelle erläutert werden; andere Themenfelder betreffen schon sichtbare Konsequenzen neuer Steuerungsmodelle für einzelne Bereiche der Einzelschule, z.b. für Schulleitungen, Schulprogramme oder Evaluationen (vgl. exemplarisch Hessisches Landesinstitut für Pädagogik 2000). Auch in diesen Bereichen können zusammen mit externen Beratungen Informationskonzepte überlegt werden, und darüber hinaus können zusammen mit Beratungen auch Konzepte für die weitere Implementierung und Institutionalisierung von Steuerungsergebnissen überlegt werden, die Schulverwaltungen zusammen mit Einzelschulen herausgearbeitet haben.

Die entscheidende Bedingung für die Nutzung von externer Beratung von Seiten der Schulverwaltung ist dabei, dass die Schulverwaltung einerseits sowie die externe Organisationsberatung andererseits Organisationen sind. In diesem Punkt fällt Schulverwaltungen die Kommunikation mit Beratungseinrichtungen strukturell leichter als Einzelschulen, die ihre Organisationsförmigkeit erst herausarbeiten müssen.

3. Schlussbetrachtung

In der bürokratischen Governance staatlicher Schulsysteme war der Bedarf an Beratung minimiert, sofern Bildungspolitik und Schulverwaltung alle substanziellen sowie operativen Entscheidungen des Schulsystems übernahmen und sich dabei – zudem orientiert am „starken" Ziel einer Chancengleichheit – von keiner Dritten Instanz irritieren ließen. Sowohl anders verfasste Binnen- als auch Außenerwartungen – von Beratungen formuliert – hatten in diesem Spiel kaum Relevanz. Während in anderen Teilsystemen Beratung schon seit langem zum Tagesgeschäft gehört, wächst der Bedarf nach Beratung im Schulsystem erst gegenwärtig heran.

Dies geschieht in dem Augenblick, in dem neue Steuerungsmodelle überlegt werden, die der Einzelschule eine größere Autonomie geben und die auch Schulverwaltungen stärker hervortreten lassen, im Sinne von Einrichtungen, die im Rahmen von Management und leadership strategische Zielsetzungen formulieren. Im Zuge einer Autonomisierung der Einzelschule, die eine Lockerung des Engagements des Staates in operativen Fragen bedeutet – bei gleichzeitiger Erhöhung seines Engagements für strategische Entscheidungen –, spielen auch Entscheidungen von Eltern im Schulsystem eine größere Rolle. Für alle drei Teilebenen des Systems (Eltern, Einzelschulen, Schulverwaltungen) lässt sich feststellen, dass ein eigenständiger, insgesamt damit ein differenzierter Beratungsbedarf entsteht.

Beratungen induzieren dabei grundsätzlich Wahlmöglichkeiten, die bislang im Schulsystem innerhalb einer geschlossen bürokratischen Verwaltung oder innerhalb professioneller closed communities der Lehrkräfte entschieden wurden. Die Beratung bricht diese Zirkel auf und macht sie zumindest teilöffentlich, sofern sie selbst als dritte Instanz hinzugezogen wird. Auch wenn der Beratungsprozess dann selbst wieder unbeobachtet von der Öffentlichkeit verlaufen kann, bedeutet es für Schulsysteme eine Revolution, dritte Partner – also neben Schulverwaltungen und Einzelschulen auch Beratungsorganisationen – zum Spiel zuzulassen, und zwar deshalb, sofern sich auf die Weise Innenerwartungen des Schulsystems im Kontakt mit Außenerwartungen der Berater spezifizieren.

Es lässt sich vermuten, dass durch Beratungen das Schulsystem in ähnlicher Weise „beschleunigt" wird wie andere Teilsysteme, die Beratung nutzen. Eine Beschleunigung ist generell deshalb anzunehmen, sofern sich Berater zusammen mit einem Klienten gleichsam am grünen Tisch Problemlösungsalternativen ausdenken (der Klient ist dabei im Beratungsprozess von seinem alltäglichen Entscheidungsdruck entlastet). Dies kann so weit gehen kann, dass sich Problemlösungen finden, für die es noch gar keine Probleme gibt. Ein solches garbage-can Modell der Entscheidungsfindung (Cohen/March/Olsen 1972), aber auch das Finden von Lösungsalternativen für tatsächlich bestehende Probleme probiert mehr Alternativen aus und bringt auf diese Weise die Differenzierung eines Teilsystems schneller voran, als wenn Problemlösungen vom (Schul-)System selbst einzeln erfunden und nacheinander ausprobiert werden müssten. Es ist, mit anderen Worten, die Gleichzeitigkeit vieler, auch unrealistischer, zusammen mit externer Beratung aufgezeigter Perspektiven, die die Akteure des Schulsystems zu einer Selbstvergewisserung zwingen, was man selbst will – in operativer und strategischer Hinsicht. Diese Rosskur, die das Schulsystem gegenwärtig durchmacht, nämlich nach Jahrzehnten der Beratungsabstinenz nun auf allen Ebenen gleichzeitig mit verschiedenen Beratungen konfrontiert zu sein, erscheint angesichts der Denkblockierungen, die jede Form eines langjährigen bürokratischen Governanceregimes mit sich bringt, förderlich, auch und gerade weil durch externe Beratungen Irritationen und schmerzhafte Fehlreformen erzeugt werden. All dies regt aber unweigerlich zur Besinnung eigener Fähigkeiten an.[17]

Die Öffnung des Schulsystems für Beratung ist dabei selbst nicht das Produkt von Beratung – so als würde ein Beratungsmarkt per se auch das Schulsystem überschwemmen. Vielmehr ist die Nutzung von Beratung ein Nebeneffekt der Umstellung der schulischen Governance, weg von einer klassischen Durchgriffsaufsicht (und einer entsprechenden bürokratischen

---

17 Ich habe, wie oben angemerkt, Beratungen im Schulsystem durch schulische Akteure selbst ausgeklammert, um mich ganz auf den Fall externer Beratungen konzentrieren zu können. Aber natürlich wachsen Selbstvergewisserungsfähigkeiten im Schulsystem auch bei interner Beratung.

Verwaltung) hin zu operativen Einheiten, die selbst entscheiden können, dass und in welcher Weise sie mit ihren Umwelten kommunizieren – wozu auch Beratungseinrichtungen gehören. Bezüglich der Öffnung des Schulsystems für Beratung scheint das Schulsystem ein „ganz normales" gesellschaftliches Teilsystem zu werden, das – wenn auch verspätet – die Irritations- und Problematisierungsangebote nutzt, wie sie generell durch das Hinzuziehen von Dritten in der Kommunikation zustande kommen können.

Auf der einen Seite lassen sich im Schulsystem Beratungen zu Legitimationszwecken nutzen, ohne dass es zur Umgestaltung von Aktivitätsstrukturen kommt.[18] Man demonstriert der Umwelt, modern zu sein, sofern man sich auf Beratung stützt, aber die Beratungsergebnisse werden nicht in der inneren Umwelt des Systems verankert. Diese Variante einer bloß oberflächlichen Nutzung von Beratung hat die Organisationssoziologie in vielen anderen gesellschaftlichen Teilsystemen beobachtet (Türk 1995), und es ist nicht zu sehen, warum sie im Schulsystem keine Relevanz haben sollte – z.B. wenn Schulen, wenn sie sich erst zu einer Organisationsförmigkeit entwickeln, keine ausreichenden inneren Resonanzstrukturen für die Implantierung von Beratungsergebnissen haben und so die Beratung zu einem Oberflächenereignis verkommen kann. Auf der anderen Seite ist es unverkennbar, dass das Schulsystem auf der Ebene der Eltern, der Einzelschulen und der Schulverwaltung nach PISA einem größeren Rechtfertigungsdruck ausgesetzt ist, der dazu führt, die (pädagogische) Begleitung der Zöglinge zu verbessern – zumal PISA kein singuläres Ereignis ist, sondern sich eine Kultur des Testens von Lernleistungen systematisch entfaltet. Jede der Ebenen des Schulsystems ist dabei einem wachsenden Druck von Entscheidungen ausgesetzt, die gesellschaftlich kursieren und auf die man unter anderem durch Nutzung von Beratung antworten kann. Beratung scheint damit nur ein eingesetztes Mittel innerhalb einer umfassenden Umorientierung der Sozial- und Bildungssysteme in Richtung Auditing und Accountability – wobei die Erörterung der gesellschaftlichen Gründe für diese Umorientierung eine eigene Untersuchung erfordert, die hier nicht geleistet werden kann.[19]

Literatur

Avenarius, Hermann, u.a. (Hg.) (2003): Bildungsbericht für Deutschland. Erste Befunde. Opladen.
Barber, Michael (1997): The Learning Game. Arguments for an Education Revolution. London.

---

18 Vgl. zu dieser Ansicht der soziologischen Neoinstitutionalisten zusammenfassend: Hasse/Krücken 1999: 22.
19 Vgl. ansatzweise Überlegungen in Brüsemeister 2004. Zur Accountability im Bildungssystem vgl. Evers/Walberg 2002, Ingersoll 2003, Reeves 2004.

Bellenberg, Gabriele, Wolfgang Böttcher, Klaus Klemm (2001): Stärkung der Einzelschule. Neue Ansätze der Ressourcen, Geld, Zeit und Personal. Neuwied.
Braun, Dietmar (2001): Regulierungsmodelle und Machtstrukturen an Universitäten. In: Erhard Stölting, Uwe Schimank (Hg.): Die Krise der Universitäten. Leviathan Sonderheft 20. Wiesbaden, S. 243-262.
Brunsson, Nils (1989): The Organization of Hypocrisy: Talk, Decisions and Actions in Organizations. Chichester.
Brüsemeister, Thomas (2003): Schulische Inklusion und aktuelle Modernisierung. Differenzierungs- und akteurtheoretische Betrachtung zur Sicht von Lehrkräften. Habilitationsschrift. Ms.
Brüsemeister, Thomas (2004): „Wo Interaktion ist, soll Organisation werden" – Zur Einführung von Qualitätsmanagements in Schulen. In: Wieland Jäger, Uwe Schimank (Hg.): Organisationsgesellschaft. Studienbrief der FernUniversität in Hagen. Hagen.
Brüsemeister, Thomas/Eubel, Klaus-Dieter (Hg.) (2003): Zur Modernisierung der Schule. Leitideen – Konzepte – Akteure. Ein Überblick. Bielefeld.
Buschor, Ernst (1998): Schulen in erweiterter Verantwortung – Die Schweizer Anstrengungen und Erfahrungen. In: Herman Avenarius, Jürgen Baumert, Hans Döbert, Hans-Peter Füssel (Hg.): Schule in erweiterter Verantwortung. Positionsbestimmungen aus erziehungswissenschaftlicher, bildungspolitischer und verfassungsrechtlicher Sicht. Beiträge zur Schulentwicklung. Neuwied, S. 67-88.
Buschor, Ernst (2000): Die Rolle der Staatskanzlei im Rahmen des New Public Management. In: Staatskanzlei – Stabsstelle im Zentrum von Entscheidungsprozessen. Standortbestimmung und Ausblick aus Anlass des Jubiläums „100 Jahre Schweizerische Staatsschreiberkonferenz". Graubünden, S. 53-64.
Cohen, Michael D./March, James D./Olsen, Johan P. (1972): A Garbage Can Model of Organizational Choice. In: Administrative Science Quarterly 17, S. 1-15.
Elster, Frank/Dippl, Zorana/Zimmer, Gerhard (2003): Wer bestimmt den Lernerfolg? Leistungsbeurteilung in projektorientierten Lernarrangements. Bielefeld.
Evers, Williamson M./Walberg, Herbert J. (Hg.) (2002): School Accountability. Stanford.
Fend, Helmut (1987): „Gute Schulen – schlechte Schulen" – Die einzelne Schule als Pädagogische Handlungseinheit. In: Ulrich Steffens/Tino Bargel (Hg.): Erkundungen zur Wirksamkeit und Qualität von Schule (Beiträge aus dem Arbeitskreis Qualität von Schule, Hessisches Institut für Bildungsplanung und Schulentwicklung, Heft 1), S. 55-79.
Fend, Helmut (2001): Bildungspolitische Optionen für die Zukunft des Bildungswesens. Erfahrungen aus der Qualitätsforschung. In: Zeitschrift für Pädagogik 43, S. 37-48.
Gerhards, Jürgen (2001): Der Aufstand des Publikums. Eine systemtheoretische Interpretation des Kulturwandels in Deutschland. In: Zeitschrift für Soziologie 30 (3), S. 163-184.
Grunder, Hans-Ulrich/Bohl, Thorsten (Hg.) (2001): Neue Formen der Leistungsbeurteilung in den Sekundarstufen I und II. Hohengehren.
Hasse, Raimund/Krücken, Georg (1999): Neo-Institutionalismus. Bielefeld.
Herrlitz, Hans-Georg/Hopf, Wulf/Titze, Hartmut (1998): Deutsche Schulgeschichte von 1800 bis zur Gegenwart. Eine Einführung. Weinheim, München.
Hessisches Landesinstitut für Pädagogik (Hg.) (2000): Schulberatung im Brennpunkt. Bedingungen, Rahmenkonzepte, Organisationsformen. Wiesbaden.
Holtappels, Heinz Günter/Müller, Sabine/Simon, Frank (2002): Schulprogramm als Instrument der Schulentwicklung. Inhaltsanalyse aller Hamburger Programmtexte. In: Die Deutsche Schule, Heft 2, S. 217-233.
Ingersoll, Richard M. (2003): Who Controls Teachers' Work? Power and Accountability in America's Schools. Cambridge u.a.
Kempfert, Guy/Rolff, Hans-Günter (2000): Pädagogische Qualitätsentwicklung. Ein Arbeitsbuch für Schule und Unterricht. Weinheim, Basel.

Klein, Rosemarie (2003): Die Lernberatungskonzeption. Referat beim SOLE-Workshop, Krems, 28.1. 2003. Ms.

Krainz-Dürr, Marlies (2000): Wie Schulen lernen. Zur Mikropolitik von Schulentwicklungsprozessen. In: Heinz-Hermann Krüger/Hartmut Wenzel (Hg.): Schule zwischen Effektivität und sozialer Verantwortung. Opladen, S. 125-140.

Luhmann, Niklas (1983): Anspruchsinflation im Krankheitssystem. Eine Stellungnahme in gesellschaftstheoretischer Sicht. In: Philipp Herder-Dorneich/Alexander Schuller (Hg.): Die Anspruchsspirale. Stuttgart, S. 28-49.

Luhmann, Niklas (2000): Organisation und Entscheidung. Wiesbaden.

Maritzen, Norbert (1998): Schulprogramm und Rechenschaft – eine schwierige Beziehung. In: Heike Ackermann/Jochen Wissinger (Hg.): Schulqualität managen. Von der Verwaltung der Schule zur Entwicklung von Schulqualität. Neuwied, S. 135-145.

Moser, Urs/Keller, Florian/Tresch, Sarah (2003): Schullaufbahn und Leistung. Bildungsverlauf und Lernerfolg von Zürcher Schülerinnen und Schülern am Ende der 3. Volksschulklasse. Bern.

Parsons, Talcott (1972): Das System moderner Gesellschaften. Weinheim, München.

Reeves, Douglas B. (2004): Accountability for Learning. How Teachers and School Leaders Can Take Charge. Alexandria (Viginia).

Rhyn, Heinz (Hg.) (2002): Beurteilung macht Schule. Leistungsbeurteilung von Kindern, Lehrpersonen und Schule. Bern u.a.

Roos, Markus (2001): Ganzheitliches Beurteilen und Fördern in der Primarschule. Eine Untersuchung, wie erweiterte Beurteilungsformen erfolgreich umgesetzt werden können. Chur.

Sacher, Werner (2001): Leistungen entwickeln, überprüfen und beurteilen. Grundlagen, Hilfen und Denkanstösse für alle Schularten. Bad Heilbrunn.

Schönig, Wolfgang (2000): Schulentwicklung beraten. Das Modell mehrdimensionaler Organisationsberatung der einzelnen Schule. Weinheim, München.

Sickendiek, Ursel/Engel, Frank/Nestmann, Frank (2002): Beratung. Eine Einführung in sozialpsychologische und psychosoziale Beratungsansätze. Weinheim, München.

Stichweh, Rudolf (1988): Inklusion in Funktionssysteme der modernen Gesellschaft. In: Renate Mayntz u.a. (Hg.): Differenzierung und Verselbständigung. Frankfurt/M, S. 261-293.

Terhart, Ewald (2000): Qualität und Qualitätssicherung im Schulsystem. Hintergründe – Konzepte – Probleme. In: Zeitschrift für Pädagogik, H. 6, S. 809- 829.

Terhart, Ewald (2001): Bildungsforschung, Bildungsadministration, Bildungswirklichkeit: eine systematische Annäherung. In: Klaus Jürgen Tillmann/Witlof Vollstädt (Hg.): Politikberatung durch Bildungsforschung. Das Beispiel: Schulentwicklung in Hamburg. Opladen, S. 17-32.

Tillmann, Klaus Jürgen/Vollstädt, Witlof (Hg.) (2001): Politikberatung durch Bildungsforschung. Das Beispiel: Schulentwicklung in Hamburg. Opladen.

Türk, Klaus (1995): „Die Organisation der Welt". Herrschaft durch Organisation in der modernen Gesellschaft. Opladen.

Weinert, Franz E. (Hg.) (2001): Leistungsmessungen in Schulen. Weinheim.

Wissinger, Jochen/Huber, Stephan Gerhard (Hg.) (2002): Schulleitung – Forschung und Qualifizierung. Opladen.

Karin Esch, Sybille Stöbe-Blossey

Strategische Entwicklung von Netzwerken
Zum Beratungskonzept der „aktiven Moderation"

Netzwerke haben Konjunktur – von der Unternehmenskooperation (Sydow 2003; Zentes 2003) über die regionale Strukturpolitik (Baitsch/Müller 2003; Diller 2002) bis hin zur Zusammenarbeit unterschiedlicher Akteure im Sozial- und Gesundheitssektor (Dahme/Wohlfahrt 2000; v. Santen/Seckinger 2003). Jedoch ist lange nicht jedes Netzwerk erfolgreich; das Zusammenspiel von Beteiligten mit sehr unterschiedlichen Interessen verläuft nicht immer reibungslos, und selbst wenn Konflikte ausbleiben, ist damit keineswegs sichergestellt, dass die Vernetzung auch konkrete Ergebnisse bringt. Insofern ist die Frage nahe liegend, ob und in welcher Form Beratung die Erfolgschancen von Netzwerken erhöhen kann.

Vor diesem Hintergrund sollen in diesem Beitrag die Chancen des Ansatzes einer „aktiven Moderation" diskutiert werden. Dieser Ansatz wurde am Institut Arbeit und Technik auf der Basis von Erfahrungen in der Verwaltungsberatung entwickelt und beinhaltet eine Kombination von Organisationsentwicklung und inhaltlich fundierter wissenschaftlicher Begleitung (Stöbe-Blossey 2004; Stöbe-Blossey 2003). Im Folgenden soll zunächst der potenzielle Beratungsbedarf von Netzwerken herausgearbeitet werden, wobei der Fokus auf der Kooperation im sozialen Sektor liegt (1.). Anschließend soll die Entwicklung des Ansatzes skizziert werden (2.). Den Abschluss bilden Überlegungen zur Nutzbarkeit des Konzepts der „aktiven Moderation" für die Netzwerkberatung (3.).

Netzwerke im sozialen Sektor – Strukturen und Beratungsbedarf

Themen wie Vernetzung und Kooperation haben in den letzten Jahren im sozialen Sektor stark an Bedeutung gewonnen. Unterschiedliche Diskussionsstränge sind in diesem Zusammenhang relevant:

- In der staatstheoretischen Debatte wird schon seit längerem ein Funktionswandel des Staates konstatiert, der sich in einer Abkehr sowohl vom

Hoheitsstaat als auch vom Wohlfahrtsstaat klassischer Prägung äußert (Böhret 1993; Kaufmann 1994; Scharpf 1991). Diese Debatte trägt dem Umstand Rechnung, dass die klassischen Strukturen, Instrumente und Leistungen der öffentlichen Hand angesichts des schnellen sozialen und ökonomischen Wandels nicht mehr hinreichend funktionieren. Hubert Heinelt fasst in diesem Kontext die Debatte um Netzwerke (Marin/ Mayntz 1991; Jordan/Schubert 1992) folgendermaßen zusammen: „Die Grundannahme dieser Debatte ist, dass in modernen Gesellschaften ein hybrider Koordinationsmechanismus zwischen oder neben Markt und Hierarchie in Form von Netzwerken existiert. Sie werden zwischen verschiedenen relativ autonomen öffentlichen und privaten Akteuren gebildet. Die Koordination basiert bei Netzwerken auf Verhandlung und Argumentation – anstatt auf dem der „unsichtbaren Hand" beim Marktmechanismus und an Stelle des demokratischen, letztlich auf Mehrheitsentscheidung zurückzuführenden politischen Entscheidungsmodus und dem administrativen Modus hierarchischer politischer Intervention und Kontrolle." (Heinelt 2001: 12) Vernetzung dient demnach dazu, Entscheidungen zu produzieren oder zumindest vorzubereiten, die von staatlichen Instanzen allein nicht zu erzielen sind.

– Speziell in der sozialpolitischen Debatte wurde in den letzten Jahren verstärkt auf die Komplexität und Interdependenz von Problemen hingewiesen (Schridde 2004). Jede einzelne Institution jedoch verfügt nur über eine begrenzte Problemwahrnehmung und ein durch formale Zuständigkeiten eingeschränktes Spektrum an Handlungsoptionen. Akteure nehmen Probleme selektiv wahr, entwickeln Lösungsstrategien vor dem Hintergrund ihres institutionellen Wissens und Interesses und berücksichtigen nicht Wechselwirkungen und externe Effekte, was zu suboptimalen Lösungen unter wohlfahrtsstaatlichen Gesichtspunkten führt (Goos-Wille/Blanke 2004). Es wurde vielfach darauf hingewiesen, dass zwischen den verschiedenen Produzenten sozialer Dienstleistungen die Kommunikation unzureichend ist und Barrieren und Gegensätzlichkeiten bestehen – etwa zwischen ambulanter und stationärer Versorgung, zwischen sozialem und Gesundheitssektor, zwischen Schule und Jugendhilfe, zwischen allgemeinen sozialen Diensten und Spezialdiensten (Dewe/ Wohlfahrt 1991: 20f. mit weiteren Verweisen). Die durch Spezialisierungsprozesse ausgelöste Diversifikation sozialer Dienste (v. Santen/ Seckinger 2003: 13ff. mit weiteren Verweisen) verschärft diese Problematik. Etwa am Beispiel der Förderung benachteiligter Stadtteile lässt sich gut verdeutlichen, dass einzelne Institutionen für sich allein nicht zu einer adäquaten Problemlösung in der Lage sind: „Weil soziale Probleme in benachteiligten Stadtteilen nicht vor den Türen der Schulen, sozialen Einrichtungen oder der Ämter halt machen, lassen sich die Probleme einzelner Agenturen des Sozialstaates nur adäquat im Rahmen organisationsübergreifender Leistungsprozesse bewältigen." (Schridde 2004: 28) Vernetzung soll damit zur Entwicklung von Lösungsansätzen für komplexe Probleme beitragen, die von einzelnen Institutionen nicht bewältigt werden können.

- Eine Binnenmodernisierung der öffentlichen Verwaltung, dies wurde im Verlauf der neunziger Jahre immer deutlicher, reicht nicht aus, um die Qualität und Effizienz von Leistungen nachhaltig zu verbessern und sicherzustellen. Vor dem Hintergrund dieser Praxiserfahrungen einerseits und der Rezeption der staatstheoretischen Debatten andererseits wurde das Leitbild des „aktivierenden Staates" formuliert (v. Bandemer et al. 1995; v. Bandemer/Hilbert 2001; Esch/Hilbert/Stöbe-Blossey 2001): Die öffentliche Hand soll geeignete Rahmenbedingungen schaffen, um mehr zivilgesellschaftliches und individuelles Engagement zu ermöglichen und anzustoßen; sie soll „Fördern" und „Fordern" miteinander verknüpfen. Netzwerke dienen diesem Leitbild zufolge zum einen der gemeinsamen Aushandlung von Problemlösungen – eben im Sinne des angesprochenen „hybriden Koordinationsmechanismus". Zum anderen aber sollen sie unterschiedliche Akteure dazu aktivieren, Beiträge zur Problemlösung zu leisten und ihre Aktivitäten miteinander zu verknüpfen (Heinze 2000: 45).

- Von besonderer Relevanz ist der Ansatz des aktivierenden Staates auf der lokalen Ebene: Lokale Akteure sollen sich zur Lösung sozialer Probleme nicht auf die – wenn auch zweifelsfrei vielfach notwendige – Forderung nach Unterstützung durch Bund und Land konzentrieren, sondern zunächst ihre eigenen Handlungsmöglichkeiten ausschöpfen – und dazu ist die Bündelung von Ressourcen ein wesentliches Instrument. In der Praxis lässt sich feststellen, dass Netzwerke teilweise als Reaktion auf staatliches Politikversagen entstehen: Da Bund und Land keinen hinreichenden Beitrag zur Lösung von Problemen leisten, versucht man auf lokaler Ebene, sich quasi gemeinsam „am eigenen Schopf aus dem Sumpf zu ziehen".

Angesichts der vielfältigen Funktionen, die der Vernetzung zugeschrieben werden, verwundert es nicht, dass Netzwerke, Kooperationsgremien, „Runde Tische", Stadtteil- und Regionalkonferenzen in den letzten Jahren geradezu wie Pilze aus dem Boden geschossen sind. Vernetzung ist gewissermaßen zu einem positiv besetzten Allgemeinplatz geworden.

Buchtitel wie „Mythos Netzwerke" (Hellmer et al. 1999) oder „Kooperation: Mythos und Realität einer Praxis" (v. Santen/Seckinger 2003) verweisen jedoch darauf, dass dieser positiv besetzte Allgemeinplatz inzwischen zunehmend hinterfragt wird. In nicht wenigen Fällen bleibt der Erfolg der Netzwerke weit hinter den Erwartungen zurück. Manchmal scheitert schon der Versuch des Aufbaus von Kooperation daran, dass Konflikte unüberwindbar erscheinen oder Berührungsängste zwischen verschiedenen Gruppen bestehen; manchmal bleiben Kooperationsstrukturen bei unverbindlichen Besprechungen stehen oder erweisen sich als außer Stande, entstehende Konflikte zu lösen; manchmal sind die Machtressourcen der beteiligten Akteure so unterschiedlich, dass das Netzwerk zum Instrument für die Durchsetzung von Einzelinteressen wird; in manchen Fällen dominieren Verteilungsfragen so stark, dass eine gemeinsame Bearbeitung von Sachfragen nicht mehr möglich ist; viele Beteiligte sind nicht zu einer ergebnisorientierten Durchführung von Sitzungen in der Lage, was die Unklarheit (oder das völlige Fehlen) von Vereinbarungen oder die Dominanz von persönlichen Konflikten zur Folge hat – in der Literatur ist die Rede von einem vielfach anzutreffenden „Kooperationsdilettantismus" (Langnickel 1997: 8).

Zusammenfassend lassen sich diese Schwierigkeiten zwei Problemfeldern zuordnen, die einander überlagern: Zum einen gibt es innerhalb eines Netzwerks unterschiedliche, teils gegensätzliche Interessen und Konkurrenz zwischen den Beteiligten. Zum anderen stellt Kooperation hohe Anforderungen an die Kommunikationsfähigkeit der einzelnen Akteure: „Sie müssen Probleme aus der Logik unterschiedlicher Institutionen betrachten und verstehen können sowie aus dieser Mehrdimensionalität der Betrachtung an zielorientierten Aushandlungsprozessen produktiv mitwirken können." (Merchel 2000: 102)

Möglichkeiten zur Verbesserung der Effektivität und Effizienz von Netzwerkarbeit setzen – mit unterschiedlicher Gewichtung – an beiden Problemfeldern an (v. Santen/Seckinger 2003: 424). Zur Überwindung des „Kooperationsdilettantismus" wird in manchen Projekten die Durchführung von Qualifizierungsmaßnahmen diskutiert und erprobt (Landesinstitut für Qualifizierung NRW 2003) – dies beginnt bei einfachen, eher „technischen" Hilfestellungen zur effizienten Vorbereitung, Leitung und Moderation von Sitzungen und zur Ergebnissicherung. In anderen Zusammenhängen wird auf „systemisches Lernen" (Willke 2001) oder „Aktionslernen" verwiesen: Nicht Weiterbildungskurse werden als erfolgversprechend angesehen, sondern die Reflexion und Weiterentwicklung von Erfahrungen im Kooperationsprozess (Schridde 2004). Und nur im Laufe eines solchen Prozesses kann sich – auf der Basis positiver Erfahrungen – Vertrauen aufbauen, das wiederum eine Basis für die Weiterentwicklung der Kooperation ist.

Gelernt werden müsse, so einige Autoren, vor allem eine andere Kommunikationslogik: Statt „bargaining" brauche ein funktionsfähiges Netzwerk „problem solving" als dominierende Logik (Goos-Wille/Blanke 2004): Während „bargaining" letztlich darauf abzielt, den eigenen Vorteil über Tauschhandlungen zu maximieren, steht beim „problem solving" die Lösung eines gemeinsamen Problems im Vordergrund. Wenn Akteure lernen, sich in ihrem Kommunikationsverhalten am Modell des „problem solving" zu orientieren, wäre eine gute Basis für erfolgreiche Netzwerkarbeit geschaffen.

Es gibt Instrumente, die eine solche Kommunikationslogik befördern können. Dazu gehört die Vereinbarung gemeinsamer Ziele. Wenn gemeinsame Konzepte, Normen und Vorstellungen bestehen, gibt es einen Orientierungsrahmen, der eine lösungsorientierte Diskussion erleichtert (Merchel 2000: 113ff.). Als Grundlage dafür wiederum sind eine intensive (und ggf. wissenschaftlich unterstützte) Analyse des Problems und eine Verständigung über Positionen und Argumente für eine Lösung des Problems entscheidend (Scharpf 2000: 269f.). Insofern lohnt es sich durchaus, zu Beginn der Arbeit eines Netzwerkes Zeit darauf zu verwenden, einen solchen Rahmen zu entwickeln, der für die Beteiligten neben ihren organisationalen Eigeninteressen handlungsleitend werden kann.

Allerdings wäre es illusorisch zu glauben, man könnte diese organisationalen Eigeninteressen und damit die Logik des „bargaining" über verändertes Kommunikationsverhalten ganz ausschalten. Als Repräsentanten ihrer jeweiligen Organisation sind die Beteiligten geradezu verpflichtet, die Interessen ihrer Organisation im Auge zu behalten und für diese einen Nutzen zu erzielen. Dies zu leugnen wäre im Sinne des Erfolgs von Netzwerken auch nicht wünschenswert – im Gegenteil: Die Wahrnehmung, dass man Vorteile aus der Mitwirkung im Netzwerk ziehen kann, ist ein wesentlicher Motivationsfaktor für die Beteiligung. Insofern ist es wichtig, „win-win-Situationen" zu schaffen (Schridde 2004): Der entscheidende Erfolgsfaktor besteht wahrscheinlich darin, dass die Beteiligten den Eindruck gewinnen, mit ihrer Arbeit im Netzwerk sowohl dem gemeinsamen Ziel als auch ihrer eigenen Organisation zu dienen. Wenn man im Sinne eines Rational-Choice-Ansatzes davon ausgeht, dass jedes Individuum bestrebt ist, seinen individuellen Nutzen zu optimieren, liegt in dieser Verknüpfung der Schlüssel zum Erfolg.

Die Verknüpfung von individuellen (bzw. organisationalen) Eigeninteressen und gemeinsamen Zielen wiederum ist keineswegs so paradox, wie es auf den ersten Blick klingen mag, denn es gibt in der Regel Schnittstellen sowohl zwischen den Interessen der einzelnen Beteiligten als auch zwischen organisationalen und gemeinschaftlichen Interessen. Wenn beispielsweise eine freie Praxis, die Therapien zu einem bestimmten Problemfeld anbietet, sich in einem diesbezüglichen Netzwerk engagiert, kann dies den Zielen des Netzwerkes dienen – und gleichzeitig das inhaltliche Angebot der Praxis bekannt machen. Dabei ist allerdings zu berücksichtigen, dass die einzelnen Akteure nicht immer von sich aus die Handlungsoptionen erkennen, die einen Nutzen für sie haben könnten.[1] Ein wichtiger Aspekt in der Netzwerkarbeit

---

1   Diese Feststellung ergibt sich, wenn man die Voraussetzungen des Rationalitätsprinzips hinterfragt: Wenn postuliert wird, dass das Individuum immer die Verhaltensalternative wählt, die ihm den größten Nutzen bringt bzw. mit den geringsten Kosten verbunden ist, wird damit impliziert, dass das Individuum über Nutzen, Kosten, potenzielle Verhaltensalternativen und ihre Konsequenzen vollständig informiert ist.

besteht somit darin, dass dieser Nutzen offensichtlich gemacht wird. Der Herausforderung von Netzwerken liegt also im erfolgreichen Strukturierungsprozess. Damit verbunden ist die Erkenntnis, dass „das Ganze mehr ist als die Summe seiner Teile", worin die einzelnen Akteure einen Anreiz sehen, auch von diesem Mehrwert des Netzwerks durch ihr Engagement zu profitieren.

Aus diesen Überlegungen ergeben sich mehrere Funktionen, die Beratung beim Aufbau und bei der Weiterentwicklung von Netzwerken übernehmen kann:

- die eher „technische" Ebene – der Berater soll die für die Beteiligten oft eher ungewohnte Aufgabe der Vorbereitung, Leitung und Moderation von Sitzungen und der Ergebnissicherung übernehmen;
- die Unterstützung der Entwicklung eines gemeinsamen Rahmens für die Netzwerkarbeit – sowohl bezüglich der Bereitstellung von Informationen für eine gemeinsame Problemdefinition als auch im Hinblick auf die Moderation bei der Erarbeitung gemeinsamer Ziele;
- die Anregung und Moderation der Reflexion von Kooperationserfahrungen und der Weiterentwicklung der Kommunikationslogik;
- die Identifizierung von Schnittstellen zwischen den Interessen.

Betrachtet man den potenziellen Nutzen, der der Netzwerkarbeit zugeschrieben wird, die praktischen Probleme und die möglichen Unterstützungsfunktionen von Beratung, so stellt sich die Frage nach geeigneten Beratungskonzepten. Dieser Frage soll im Folgenden nachgegangen werden.

Aktive Moderation als Beratungskonzept – Entwicklung und Konkretisierung

Wenn über Möglichkeiten und Methoden der Beratung von Netzwerken nachgedacht wird, bietet es sich an, Erfahrungen aus der Politik- und Organisationsberatung zu nutzen. Daher soll im Folgenden die Entwicklung des Konzepts der „aktiven Moderation" skizziert werden, das sich aus einer Reflexion von Beratungsprozessen zum einen in der „traditionellen" Politikberatung, zum anderen in der Organisationsentwicklung ergibt.

Dies ist jedoch in der Realität höchst selten der Fall (zur Diskussion um die Einschränkungen des Rationalitätsprinzips vgl. zusammenfassend Stöbe 1992: 198ff.).

Die Reformphase der Siebzigerjahre: Probleme in der Beratungspraxis

Ende der 1960er Jahre setzte vor allem auf der Ebene des Bundes eine Phase der Reform von Politik und Verwaltung ein. Erstmals in der bundesdeutschen Geschichte begann sozialwissenschaftliche Beratung dabei eine wichtige Rolle zu spielen.[2] Ebenso wie Mitte der 1970er Jahre in Bezug auf die Reformeuphorie, auf die Bestrebungen nach einer Installierung von politischer Planung und auf das Konzept der aktiven Politik eine Ernüchterung eintrat, geschah dies auch im Hinblick auf die Reichweite von Beratung. Zunehmend wurde offensichtlich, dass die praktische Relevanz der einzelnen Studien hinter den Erwartungen zurückgeblieben war: „Die Früchte der Ende der 1960er Jahre [...] ausgebrochenen Reformeuphorie haben sich in den Schubladen der Verwaltungsbehörden in Gestalt hunderter von Studien, Gutachten, Forschungsberichten und sonstigen Veröffentlichungen [...] angesammelt. In die Praxis wurde nur ein geringer Bruchteil dieser Vorschläge umgesetzt – und auch dies häufig nur unter großen Schwierigkeiten." (Pflaumer 1978: 223) Vor diesem Hintergrund entwickelte sich eine Debatte über das Verhältnis zwischen Wissenschaft und Praxis, in der die Erfahrungen aufgearbeitet und reflektiert wurden.[3]

Neben einer intensiven Auseinandersetzung mit Kommunikationsproblemen zwischen Wissenschaft und Praxis[4] brachte diese Debatte vor allem

---

2 Das wohl bekannteste Beispiel für die intensive Kooperation zwischen Wissenschaft und Praxis, die sich bis zur Mitte der 70er Jahre entwickelte, bildet die interministerielle Projektgruppe Regierungs- und Verwaltungsreform. Diese wurde Ende 1968 eingesetzt mit dem Auftrag, „Bundesregierung und Bundesverwaltung strukturell und funktionell in die Lage zu versetzen, ihre Aufgaben mit geringstmöglichem Aufwand bestmöglich zu erfüllen und dabei den Bedürfnissen der staatlichen Gemeinschaft und ihren Zukunftsproblemen gerecht zu werden" (zitiert nach Schatz 1973: 31). Die Projektgruppe griff in den sechs Jahren ihrer Arbeit in großem Umfang auf wissenschaftliche Beratung zurück und gab zahlreiche Studien in Auftrag.

3 vgl. zum Beispiel die verschiedenen Beiträge in Böhret 1978b, in Greiffenhagen/ Prätorius 1979, in Wissenschaftszentrum Berlin 1977 sowie später in Koch 1987.

4 Ein oft schon auf den ersten Blick auffälliges und schon lange diskutiertes Problem wurde in den unterschiedlichen Fachsprachen gesehen (z.B. Böhret 1987: 222; Friedrich 1970: 297; Hegelau 1977: 179; Schatz 1977: 215ff.) – ein Problem, das sich eigentlich leicht lösen ließe: „Der erfolgreiche Berater muss in der Lage sein, sich in der Sprache des Klienten auszudrücken", subsumiert *Heine von Alemann* (1996: 17). Wahrscheinlich schwer wiegender sind Probleme, die sich aus den im Wissenschaftssystem gültigen Reputationsmustern ergeben (Hegelau 1977: 185ff.): Veröffentlichungen und Papiere sind für das Wissenschaftssystem noch immer das zentrale Produkt; in der Verwaltungspraxis hingegen löst die Überflutung mit schriftlichen Materialien eher Abwehrreaktionen aus (Böhret 1987: 222). Zentrales Selektionskriterium im Wissenschaftssystem ist das Werturteil der Kollegen (Böhret 1987: 224; Bruder 1980: 25f.); der Praxisbezug der Arbeit wird dabei – unter Berufung auf das Postulat

die Erkenntnis, dass die Umsetzung von Ergebnissen zu wenig in den Beratungsprozess einbezogen wurde: Beratung bedeutete im Wesentlichen die Erstellung von Gutachten. Die Implementationsproblematik hatte man dabei zu wenig berücksichtigt (Pflaumer 1978: 223). Dass die Umsetzung von Reformkonzepten oft schwieriger war, als es auf den ersten Blick erschien, hängt damit zusammen, dass Reformbestrebungen auf das Beharrungsvermögen von Institutionen stoßen. Das Beharrungsvermögen lässt sich vornehmlich auf die sehr unterschiedlichen, teilweise gegenläufigen und oft auch gut organisierten Interessen zurückführen, welche in strukturelle Prozesse „gegossen" sind, die seit langen Jahren unverändert sind, an die sich somit viele gewöhnt haben und deren Veränderung ggf. mit individuellen Nachteilen verbunden sein kann (Scharpf 1987: 123, Mayntz 1978: 48).

Nicht zuletzt aus der Sicht der Verwaltungspraxis ergab sich somit die „Forderung an die Wissenschaft, sich mehr als bisher um die Erforschung dessen zu bemühen, was man verkürzt und leichthin ‚Umsetzungsbedingungen' zu nennen pflegt" (Hegelau 1977: 184). Eine wichtige Folgerung war die Entwicklung der Implementationsforschung, die sich mit den Bedingungen für die Umsetzung politischer Programme befasst. Darüber hinaus gewann im Laufe der Zeit die Forderung nach einer Integration von Forschung, Beratung und Umsetzung an Bedeutung. Renate Mayntz (1978: 45) konstatiert auf der Basis von Erfahrungen aus der Beratungspraxis der 1970er Jahre, dass „die wissenschaftlichen Berater an der späteren Implementation ihrer Vorschläge in der Regel keinen Anteil mehr haben". Gerade in komplexen Organisationsentwicklungsprozessen gehen jedoch die Phasen der Konzipierung und der Implementierung fließend ineinander über bzw. lassen sich

---

der Zweck- und Wertfreiheit der Wissenschaft – oft eher negativ bewertet (Hauff 1979: 184f.). Wissenschaft, so *Helmut Klages* (1987: 258) stelle in erster Linie auf die Ermittlung von Erklärungen, aber nicht auf Handlungsempfehlungen und schon gar nicht auf die Frage ihrer Umsetzung ab. Bei der Diskussion um Anforderungen an die Wissenschaft darf allerdings auch nicht übersehen werden, dass sich Kooperationsprobleme auch innerhalb des Verwaltungssystems verorten lassen. Schwierigkeiten ergeben sich oft daraus, dass die Vergabe von Forschungsaufträgen oft nicht nur aus sachlich-fachlichen Gründen erfolgen sondern auch einen Alibicharakter haben. Hannes Friedrich spricht in diesem Zusammenhang von der „Abschiebungs- und Aufschiebungsfunktion der Beratung" (Friedrich 1970: 176). In Deutschland werden politikberatende Institutionen immer noch eher als passive Informationsdienstleister bewertet statt „politischer Unternehmen" (Thunert 2003: 38), was Wissenschaft noch immer in erheblichem Umfang von der Praxis trennt. Manche Autoren fordern deshalb, dass statt Einbahnstraßenkommunikation vielmehr gemeinsame Lernprozesse zwischen Wissenschaft und Praxis in den Mittelpunkt des Interesses rücken müssen, indem Wissenschaft auch wichtige Impulse aus der Gesellschaft erhält (Franz et al. 2003: 10). Zu einer differenzierungstheoretischen Perspekive zwischen Grundlagenforschung und anwendungsbezogener Forschung vgl. zusammenfassend Fretschner/ Hilbert 2004: 116ff.

kaum voneinander abgrenzen, weil Erfahrungen mit der Implementierung Rückwirkungen auf die weitere Konzipierung haben. Das Konzept der Organisationsentwicklung erhielt somit in der Diskussion eine ständig wachsende Bedeutung.

Organisationsentwicklung – Konsequenzen aus den Problemen „traditioneller" Beratung

Die „traditionelle" Form der Beratung, die sich im Wesentlichen auf die Erstellung von Gutachten durch Fachexperten stützte, wurde in den Diskussionen der Folgejahre in wachsendem Maße in Frage gestellt. Dabei erhielt die Diskussion um neue Beratungskonzepte nicht nur Impulse aus den Erfahrungen der Politikberatung, sondern auch aus durchaus ähnlich gelagerten Enttäuschungen über die Wirkungen von Projekten in Betrieben, wie sie in der Industriesoziologie in den achtziger Jahren intensiv reflektiert wurden.[5] Als in den neunziger Jahren Betriebe zur Gestaltung des technisch-organisatorischen Wandels verstärkt Beratung nachfragten, gewann vor diesem Hintergrund der Ansatz einer „systemischen Beratung"[6] an Bedeutung, der zufolge Beratung sich „an den Mustern des Klientensystems, nicht an den eigenen Mustern orientieren" (Minssen 1998: 61) sollte. Der Berater sollte in diesem Kontext nicht die Rolle des Fachexperten einnehmen, der „qua besseren Wissens den betrieblichen Laien den Weg [...] zu weisen weiß", sondern die eines „Prozessbegleiters, der in einem Kommunikationsprozess den betrieblichen Akteuren hilft, ihre eigenen Konzepte zu entwickeln und ihre betriebliche Realität dementsprechend neu zu gestalten" (Howaldt/Kopp 1998b: 12).

Hier werden enge Bezüge zum Konzept der Organisationsentwicklung deutlich (French/Bell 1994; Wohlgemuth 1991): Ausgangspunkt dieses Konzepts ist die Feststellung, dass keine Organisation so gut ist, dass sie nicht noch besser werden könnte. Daher soll die Organisation in einem längerfristig angelegten Prozess durch eigenverantwortliche Gestaltung durch die Betroffenen selbst (weiter-)entwickelt werden. Ziel ist dabei nicht die Schaffung der – zu einem bestimmten Zeitpunkt – optimalen Organisation, sondern der lernenden Organisation.

Tabelle 1 gibt einen Überblick darüber, was das Konzept der Organisationsentwicklung von traditionellen, im Wesentlichen auf Gutachten gestützten Formen der Beratung unterscheidet. Die oben angesprochenen Schwierigkeiten in der Umsetzung von Beratungsergebnissen lassen sich mit Hilfe ei-

---

5 vgl. zusammenfassend mit vielen weiteren Literaturverweisen die Beiträge in Howaldt/Kopp 1998a.
6 zum Konzept der systemischen Beratung ausführlich zum Beispiel Ahlemeyer 1996; Königswieser/Exner/Pelikan 1995; Willke 1992.

nes derartigen Beratungskonzepts zweifellos relativieren, da die Organisationsmitglieder von Anfang an eingebunden sind und Entwicklung und Umsetzung von Lösungen fließend ineinander übergehen. Eine entsprechende methodische Ausrichtung von Beratungsprojekten kann also als Essenz aus der Auswertung der Erfahrungen der 1960er und 1970er Jahre gelten.

Tabelle 1: Organisationsentwicklung und traditionelle Beratung (nach Paul 1994: 26)

Was unterscheidet Organisationsentwicklung von „traditionellen" Formen der Beratung?	
„traditionelle" Form	*Organisationsentwicklung*
Problemstellung ist vorgegeben	Problemstellung wird im Rahmen des Projektes (weiter-)entwickelt
Mitarbeiter sind passive Objekte	Mitarbeiter sind aktive Subjekte
Berater bringen fertige Lösungen mit	Lösungen werden intern entwickelt
Lösungen werden vorgestellt	Lösungsmethoden werden gelernt
Projekt ist mit Fertigstellung eines Konzeptes beendet	Umsetzung ist Teil des Projektes
Schneller Problemlösungsprozess mit geringer Umsetzungswahrscheinlichkeit	Langwieriger Problemlösungsprozess mit hoher Umsetzungswahrscheinlichkeit
Berater ist Fachexperte (mit Kenntnissen in Moderationsmethoden) („Lehrer")	Berater ist Experte in Moderationsmethoden (mit Fachkenntnissen) („Moderator")
Fremdhilfe	Hilfe zur Selbsthilfe

Als in den neunziger Jahren erneut eine Debatte um Verwaltungsmodernisierung einsetzte, wurde dieses Konzept ebenfalls aufgegriffen: „Verwaltung als ‚Lernendes System' bzw. ‚lernende Organisation' ist das Leitbild einer Verwaltungskultur, in der Lernfähigkeit und -bereitschaft prägende Werte und Normen sind. Veränderungs- und Modernisierungsprozesse werden als Lernchance gesehen, und Lernaktivitäten werden darauf ausgerichtet, die Mitarbeiterinnen und Mitarbeiter genauso wie die Organisation beim permanenten Wandel zu unterstützen." (KGSt 1994: 8)

Mit einer schriftlichen Befragung von Bundes- und Landesministerien wollte das Institut Arbeit und Technik (IAT) 1996 eine Übersicht über die Entwicklungen und die Erwartungen im Hinblick auf den Einsatz von externen Beratern in der staatlichen Verwaltung[7] gewinnen (Stöbe 1997).[8] Diese Befragung zeigte eine zwar nach wie vor hohe, aber abnehmende Bedeutung des „klassischen" Gutachtens und eine deutliche Zunahme von Organisations-

---

[7] Inwieweit die Ergebnisse auch auf den kommunalen Bereich übertragbar sind, kann nicht abschließend eingeschätzt werden. Aus Erfahrungen der Autorin aus Projekten in Kommunen ergibt sich jedoch der Eindruck, dass die Ergebnisse bei einer Befragung von Kommunen ähnlich aussehen würden.

[8] 108 Ministerien haben sich an der Befragung beteiligt, was einer Rücklaufquote von 58,1% entspricht.

entwicklungsprojekten. Des Weiteren wurde deutlich, dass von der „Beratungskonjunktur" der neunziger Jahre in erster Linie Unternehmensberatungen profitierten; im Gegensatz zur Situation in den Siebziger Jahren spielten Wissenschaftler eine untergeordnete Rolle.

Das Beratungskonzept der „aktiven Moderation" als Lösung?

Erfahrungen aus Beratungsprojekten im öffentlichen Sektor, die das IAT in den neunziger Jahren durchführte, und einige Ergebnisse aus der Befragung gaben Anlass dazu, Beratungskonzepte zu hinterfragen und weiterzuentwickeln: Eine der wesentlichen Funktionen von externer Beratung wurde nämlich von den Befragten in der Entwicklung von neuen Ideen gesehen. Diese These lässt sich aus mehreren Einzelergebnissen ableiten:

- Fast drei Viertel der Befragten waren der Meinung, dass neue Ideen in der Verwaltung oft nur bei einer Hinzuziehung von Externen eine Chance haben.
- Die Hoffnung, dass eine externe Beratung eine andere Sichtweise und neue Ideen bringt, stand bei insgesamt elf abgefragten Gründen für die Inanspruchnahme von externer Beratung an zweiter Stelle (nach der Hinzugewinnung von zusätzlichen Kapazitäten): 66% der Befragten gaben an, dass dieser Grund bei der Vergabe von Beratungsaufträgen häufig eine Rolle spielt.
- Von zehn möglichen Kriterien für die Bewertung des Erfolges von Beratungsprojekten standen (nach der Akzeptanz durch die Mitarbeiter und durch die Führungskräfte) die Entwicklung von neuen Ideen an dritter, der Anstoß von Veränderungen an vierter Stelle. Ersteres hielten 88% für wichtig, Letzteres 86%.

Diese Ergebnisse deckten sich mit Praxiserfahrungen aus Beratungsprojekten und führten dazu, das Konzept der Organisationsentwicklung in seiner „Reinform" in Frage zu stellen: Ein Nachteil dieses Konzepts liegt nämlich in der Gefahr einer inhaltlichen Beschränkung auf interne Potenziale – ein Berater, der sich eng an der Moderatorenrolle orientiert, kann per definitionem keine eigenen Ideen einbringen. Wenn das Einbringen von neuen Ideen ein wesentliches Ziel von Beratungsprozessen wird, reicht die neutrale Moderation, wie sie sich aus dem Konzept der Organisationsentwicklung ableitet, nicht aus. Diese Feststellung trifft sich mit einer Kritik, die auch in der industriesoziologischen Debatte formuliert wird: Die Beschränkung auf die eigenen Potenziale der Organisation könne zum „Fallstrick" (Minnsen 1998: 61) werden, der es verhindert, veränderte inhaltliche Perspektiven in die Organisation einzubringen. Der (wissenschaftliche) Berater müsse demnach „eine schwierige Balance unterschiedlicher Rollen [...] halten: Er sollte Analytiker, Kritiker und Manager, Moderator, Mediator und Experte in einem sein" (Bollinger 1998: 41).

Vor diesem Hintergrund wurde das Konzept einer „aktiven Moderation" formuliert. Dabei handelt es sich um eine Kombination von Ansätzen der Organisationsentwicklung und der traditionellen Beratung (Tabelle 2). Vom ersteren Ansatz profitiert die aktive Moderation insofern, als sie die aktive Rolle der Betroffenen und die Verbindung von Beratung und Umsetzung betont; Parallelen zum Letzteren ergeben sich vor allem aus einer inhaltlich aktiven Rolle des Beraters.

Tabelle 2: Aktive Moderation

Was unterscheidet „aktive Moderation" von Organisationsentwicklung und von „traditionellen" Formen der Beratung?		
„traditionelle" Form	*Organisationsentwicklung*	*Aktive Moderation*
Problemstellung ist vorgegeben	Problemstellung wird im Rahmen des Projektes (weiter-)entwickelt	Problemstellung wird im Rahmen des Projektes (weiter-)entwickelt
Mitarbeiter sind passive Objekte	Mitarbeiter sind aktive Subjekte	Mitarbeiter sind aktive Subjekte
Berater bringen fertige Lösungen mit	Lösungen werden intern entwickelt	Lösungen werden kooperativ entwickelt (Berater und Interne)
Lösungen werden vorgestellt	Lösungsmethoden werden gelernt	Lösungsmethoden werden gelernt; Ideen zur Lösung werden zur Diskussion gestellt
Projekt ist mit Fertigstellung eines Konzeptes beendet	Umsetzung ist Teil des Projektes	Umsetzung ist Teil des Projektes, kann aber über die Projektlaufzeit hinausgehen
schneller Problemlösungsprozess mit geringer Umsetzungswahrscheinlichkeit	langwieriger Problemlösungsprozess mit hoher Umsetzungswahrscheinlichkeit	mittlere Dauer des Problemlösungsprozesses; Umsetzung kann – insbesondere bei innovativen Ideen – langwierig sein
Berater ist Fachexperte (mit Moderationskenntnissen) („Lehrer") Fremdhilfe	Berater ist Moderationsexperte (mit Fachkenntnissen) („Moderator") Hilfe zur Selbsthilfe	Berater ist Anstoßgeber (mit Fach- und Moderationskenntnissen) („Katalysator") Kombination von Fremdhilfe und Hilfe zur Selbsthilfe

Der Anspruch an den Berater in der aktiven Moderation ist hoch: Methodische Kompetenzen, vor allem also die Beherrschung von Moderationstechniken, sind ebenso gefragt wie fachliche Kenntnisse. Anspruchsvoll ist die Rolle des „aktiven Moderators" nicht nur im Hinblick auf die erforderliche

Qualifikation, sondern auch im Prozess selbst. Die kooperative Entwicklung von Lösungen, die aktive Rolle sowohl der Mitarbeiter als auch des Moderators, die Kombination von Selbsthilfe und Fremdhilfe führen dazu, dass der Berater im Prozess unterschiedliche, wechselnde Rollen spielt und dass unterschiedliche Arbeitsformen miteinander kombiniert werden müssen. So kann es beispielsweise in einem Projekt eine organisationsinterne Arbeitsgruppe zur Prozesssteuerung sowie Mitarbeiter-Ideen-Zirkel geben. In beiden Situationen ist der Berater – neutraler – Moderator. Im gleichen Projekt bietet er aber möglicherweise auch Vorträge, Workshops usw. an, in denen er – als Fachexperte – Erfahrungen und Ideen einbringt. Auch kombinierte Arbeitsformen sind denkbar, beispielsweise Kleingruppen, in denen der Berater und einige Mitarbeiter gemeinsam Vorschläge erarbeiten, die dann in der Organisation diskutiert werden. Wichtig ist jedenfalls, dass klargestellt ist, welche Rolle der Berater jeweils spielt – anderenfalls besteht die Gefahr, dass seine Aktivitäten als Manipulation wahrgenommen werden. Damit stellt sich an den Berater die Anforderung, seine eigene Rolle in ihren unterschiedlichen Facetten zu reflektieren, was ein hohes Maß sowohl an kommunikativen Fähigkeiten als auch an methodischen Kenntnissen zur Ausfüllung der unterschiedlichen Rollen voraussetzt.

Die inhaltliche Qualifikation des Beraters bildet die Basis für die Beratungstätigkeit – und je fundierter die auf das jeweilige Problem bezogenen Fachkenntnisse sind, desto besser: Wer etwa ein Jugendamt berät und sich in Fragen der Jugendhilfe fachlich auskennt und sich auf wissenschaftlicher Basis mit möglichen Perspektiven auseinandergesetzt hat, kann leichter Impulse für umsetzbare neue Ideen geben als jemand, dessen Kompetenz sich in erster Linie aus der Beherrschung von Moderationsmethoden speist.

Aktive Moderation als Beratungskonzept für Netzwerke?

Inwieweit lässt sich nun das Konzept der aktiven Moderation für die Unterstützung der Kooperation in Netzwerken nutzen? Bevor diese Frage diskutiert werden kann, muss man sich zunächst die Unterschiede zwischen Prozessen innerhalb von Organisationen und der interinstitutionellen Kooperation in Netzwerken vergegenwärtigen. Hier sind vor allem zwei Aspekte entscheidend[9]: Erstens müssen die Individuen, die in einem Netzwerk mitwirken, ihre Aktivitäten und Entscheidungen mit der eigenen Organisation rück-

---

9   Zweifellos wäre dazu eine wesentlich differenziertere Diskussion erforderlich; Eric van Santen und Mike Seckinger (2003) weisen zu Recht darauf hin, dass die Analyse interinstitutioneller Kooperationsbeziehungen noch unzureichend entwickelt ist. Diese Diskussion kann jedoch an dieser Stelle nicht geleistet werden, so dass einige Hinweise auf die im gegebenen Kontext zentralen Aspekte genügen müssen. Ausführlicher zu dieser Problematik vgl. auch Baitsch/Müller 2003: 24ff.

koppeln; ihre Loyalität gilt eher der „Herkunftsorganisation" als dem Netzwerk; zwischen der Arbeit im Netzwerk und in der eigenen Organisation können Spannungsfelder entstehen (v. Santen/Seckinger 2003: 427f.). Zweitens sind Netzwerke in der Regel freiwillige Zusammenschlüsse, so dass ihre Mitglieder eine „exit-Option" haben, die sie wesentlich leichter nutzen können als Mitglieder von Einzelorganisationen: „Netzwerke zeichnen sich [...] auch immer durch eine gewisse Labilität und Unberechenbarkeit aus: Sie sind von der Kooperationsbereitschaft ihrer Mitglieder abhängig, ihnen fehlt die schützende Wirkung einer härteren Institutionalisierung, sie sind anfällig gegen Vertrauensstörungen im Innenverhältnis und Änderungen ihrer Rahmenbedingungen im Außenverhältnis." (Wohlfahrt 2000: 78) Die Offenheit von Netzwerken stellt aber auch einen Vorteil dar, weil hierdurch flexibel neue Akteure hinzugewonnen werden können. Die Dynamik der Netzwerkstruktur kann insofern als Chance und Gefahr zugleich für den Erfolg der Kooperation bewertet werden.

Für den Berater bedeutet dies, dass er über ein hohes Maß an Sensibilität verfügen muss, um die Stabilität der Netzwerkstruktur einschätzen zu können. Er muss ggf. einzelnen Akteuren entsprechende Überzeugungs- und Unterstützungsleistungen zukommen lassen, um das Netzwerk zum Erfolg für alle werden zu lassen. Im Vergleich zur Beratung von Einzelorganisationen ist der Berater damit einem wesentlich höheren Maß an Komplexität ausgesetzt (Baitsch/Müller 2003: 26ff.). Darüber hinaus ist er noch stärker als in innerorganisatorischen Prozessen auf Akzeptanz angewiesen; Beteiligte an Netzwerken sind eben keine Mitarbeiter, denen notfalls die Hierarchie Weisungen zur Zusammenarbeit mit der Beratung erteilen kann, und „falsche" Beratung kann im Extremfall nicht nur zum Scheitern des Prozesses, sondern zum Auseinanderfallen des Netzwerkes führen.

Angesichts der Komplexität der Kooperationsprozesse in Netzwerken und angesichts des Unterstützungsbedarfs, der als Fazit unter 1. formuliert wurde, ist es offensichtlich, dass das traditionelle Gutachten hier kaum einen Beitrag leisten kann. Diese Form der Beratung ist für Netzwerke nur punktuell einsetzbar, wenn es um die Erarbeitung einer gemeinsamen Problemdefinition geht und Informationen über die der Arbeit zugrunde liegenden Probleme und eventuell anderswo vorliegende Lösungsansätze bereitgestellt werden müssen. Wenn aber ein Berater dazu beitragen will, dass beispielsweise Kooperationserfahrungen reflektiert und Kommunikationsmodelle weiterentwickelt werden, dass sich Vertrauen aufbaut oder dass Schnittstellen zwischen den Interessen erkennbar werden, muss er zwangsläufig Methodenexperte sein.

Sowohl der Ansatz der Organisationsentwicklung als auch das Konzept der aktiven Moderation passen schon vom Ausgangspunkt her besser zu den Rahmenbedingungen eines Netzwerkes: Dass die Problemstellung gemeinsam (weiter-)entwickelt wird, ist ein Kennzeichen der meisten Netzwerke; nur den wenigsten ist eine konkrete Aufgabenstellung vorgegeben. Und dass die Beteiligten sich als aktive Subjekte verstehen und so betrachtet werden, ergibt sich schon daraus, dass Netzwerke in der Regel nicht durch die Hierarchie gesteuert werden. Ohne diese aktive Rolle der Beteiligten ist Netzwerkarbeit letztlich gar nicht vorstellbar, so dass sich auch der Beratungsansatz darauf ausrichten muss. Die Umsetzung ist vielfach von Anfang an Teil der Netzwerkarbeit, zumindest dann, wenn es sich um lokale Kooperationen handelt, die auf vernetztes Handeln zu aktuellen Problemsituationen abzielen.

Hingegen dürften die Grenzen des Konzeptes der Organisationsentwicklung für Netzwerke in weniger scharfer Form gelten als für Einzelorganisationen: Wenn in einem Netzwerk Akteure aus verschiedenen Organisationen mit entsprechend unterschiedlichen Erfahrungshintergründen und Potenzialen zusammenkommen, kann dies bereits zur Entwicklung und Einbeziehung veränderter inhaltlicher Perspektiven und neuer Ideen beitragen. Eine Garantie dafür gibt es jedoch nicht. Dass also Lösungen kooperativ – von Berater und Beteiligten gemeinsam – entwickelt und dass Lösungsideen zur Diskussion gestellt werden, kann in jedem Falle auch bei Netzwerken eine wichtige Innovationsfunktion haben. Dies gilt insbesondere dann, wenn die Beteiligten in konflikthaften Konstellationen dazu tendieren, sich auf einen kleinsten gemeinsamen Nenner zu einigen. Insofern ist es durchaus sinnvoll, wenn der Berater im Sinne der aktiven Moderation – auch – Fachexperte ist. Dies eröffnet dem Berater dann auch die Möglichkeit, fachlich sinnvolle Ziele zu erkennen oder in die Diskussion einspeisen zu können, die dem Netzwerk möglicherweise erst zum gemeinsamen Erfolg verhelfen. Christof Baitsch und Bernhard Müller (2003: 31) kommen ebenfalls zu diesem Ergebnis: „Netzwerkmoderation kann sich der inhaltlichen Mitgestaltung nicht entziehen. Sie muss, soll sie von den Netzwerkakteuren akzeptiert und in ihrer Rolle bestätigt werden, auch die Kraft finden, sachliche Arbeitsprozesse sachlich-konstruktiv zu stören, zu hinterfragen und dabei Perspektivwechsel anbieten zu können. Dies gelingt nicht bei einer kategorischen Orientierung an der Neutralität." Die im Konzept der aktiven Moderation angelegte Kombination von Selbsthilfe und Fremdhilfe ist also auch für die Beratung von Netzwerken ein viel versprechender Ansatz.

Literatur

Ahlemeyer, Heinrich W. (1996): Systemische Organisationsberatung und Soziologie. In: Heine v. Alemann/Annette Vogel: Soziologische Beratung – Praxisfelder und Perspektiven. Opladen, S. 77-88.
Alemann, Heine v./Vogel, Annette (Hg.) (1996): Soziologische Beratung – Praxisfelder und Perspektiven. Opladen.
Alemann, Heine v., (1996): Einige allgemeine Bemerkungen zur Soziologie der soziologischen Beratung. In: Heine v. Alemann/Annette Vogel: Soziologische Beratung – Praxisfelder und Perspektiven. Opladen, S. 16-26.

Bandemer, Stephan von/Hilbert, Josef (2001): Vom expandierenden zum aktivierenden Staat. In: Bernhard Blanke/Stephan von Bandemer/Frank Nullmeier/Göttrik Wewer/Stefan Plaß: Handbuch zur Verwaltungsreform. 2. erweiterte und überarbeitete Auflage. Opladen, S. 17-25.

Bandemer, Stephan von/Blanke, Bernhard/Hilbert, Josef/Schmid, Josef (1995): Staatsaufgaben – Von der „schleichenden Privatisierung" zum „aktivierenden Staat". In: Fritz Behrens/Rolf G. Heinze/Josef Hilbert/Sybille Stöbe/Ernst M. Walsken (Hg): Den Staat neu denken: Reformperspektiven für die Landesverwaltungen. Berlin, S. 41-60.

Baitsch, Christof/Müller, Bernhard (Hg.) (2001): Moderation in regionalen Netzwerken. München, Mering.

Behrens, Fritz/Heinze, Rolf G./Hilbert, Josef/Stöbe, Sybille/Walsken, Ernst M. (Hg.) (1995): Den Staat neu denken: Reformperspektiven für die Landesverwaltungen. Berlin.

Behrens, Fritz/Heinze, Rolf G./Hilbert, Josef/Stöbe-Blossey, Sybille (Hg.) (2004): Der aktivierende Staat: Vom Konzept zur Strategie. Berlin. (in Vorbereitung)

Beyme, Klaus v. (1977): Sozialwissenschaften und Politikberatung. In: Andreas Flitner/Ulrich Herrmann (Hg.): Universität heute. Wem dient sie? Wer steuert sie? München, Zürich, S. 107-126.

Blanke, Bernhard/Bandemer, Stephan von/Nullmeier, Frank/Wewer, Göttrik/Plaß, Stefan (Hg.) (2001): Handbuch zur Verwaltungsreform. 2. erweiterte und überarbeitete Auflage. Opladen.

Böhret, Carl (Hg.) (1978): Verwaltungsreformen und Politische Wissenschaft. Zur Zusammenarbeit von Praxis und Wissenschaft bei der Durchsetzung und Evaluation von Neuerungen. Baden-Baden.

Böhret, Carl (1978): Organisations- und Verwaltungsreformen als Verständigungsproblem zwischen Politikwissenschaft und Praxis. In: Carl Böhret (Hg.): Verwaltungsreformen und Politische Wissenschaft. Zur Zusammenarbeit von Praxis und Wissenschaft bei der Durchsetzung und Evaluation von Neuerungen. Baden-Baden, S. 11-18.

Böhret, Carl (1987): Wissenstransfer – eine „praktische" Zusatzaufgabe der Verwaltungswissenschaft. In: Rainer Koch (Hg.): Verwaltungsforschung in Perspektive. Baden-Baden, S. 219-232.

Böhret, Carl/Hugger, Werner (1978): Praxistest eines Gesetzentwurfs. Zur Zusammenarbeit von Wissenschaft, Verwaltung und Verbänden. In: Carl Böhret (Hg.): Verwaltungsreformen und Politische Wissenschaft. Zur Zusammenarbeit von Praxis und Wissenschaft bei der Durchsetzung und Evaluation von Neuerungen. Baden-Baden, S. 185-210.

Bollinger, Heinrich (1998): Die Arbeitssituation in den Mittelpunkt stellen – Soziologische Organisationsberatung in der Praxis. In: Jürgen Howaldt/Ralf Kopp (Hg.): Sozialwissenschaftliche Organisationsberatung: Auf der Suche nach einem spezifischen Beratungsverständnis. Berlin, S. 41-52.

Bruder, Wolfgang (1980): Sozialwissenschaften und Politikberatung. Opladen.

Bundesministerium für Familie, Senioren, Frauen und Jugend (Hg.) (1997): Qualitätssicherung durch Zusammenarbeit. Materialien zur Qualitätssicherung in der Kinder- und Jugendhilfe Nr. 10, Bonn.

Conradi, Walter (1983): Personalentwicklung. Stuttgart.

Dahme, Heinz-Jürgen/Wohlfahrt, Norbert (Hg.) (2000): Netzwerkökonomie im Wohlfahrtsstaat: Wettbewerb und Kooperation im Sozial- und Gesundheitssektor. Berlin

Dewe, Bernd (1996): Beratende Rekonstruktion. Zu einer Theorie unmittelbarer Kommunikation zwischen Soziologen und Praktikern. In: Heine v. Alemann/Annette Vogel (Hg.): Soziologische Beratung – Praxisfelder und Perspektiven. Opladen, S. 38-56.

Dewe, Bernd/Wohlfahrt, Norbert (Hg.) (1991): Netzwerkförderung und soziale Arbeit. Empirische Analysen in ausgewählten Handlungs- und Politikfeldern. Bielefeld.

Dewe, Bernd/Wohlfahrt, Norbert (1991): Verbundsystem und Netzwerkförderung – Ein neues Aufgabenfeld für die Entwicklung der Sozialarbeit? In: Bernd Dewe/Norbert Wohlfahrt: Netzwerkförderung und soziale Arbeit. Empirische Analysen in ausgewählten Handlungs- und Politikfeldern. Bielefeld, S. 7-30.

Diller, Christian (2002): Zwischen Netzwerk und Institution – Eine Bilanz regionaler Kooperationen in Deutschland: Opladen.

Ellwein, Thomas (1978): Evaluierung von Organisations- und Verwaltungsreformen. In: Carl Böhret (Hg.): Verwaltungsreformen und Politische Wissenschaft. Zur Zusammenarbeit von Praxis und Wissenschaft bei der Durchsetzung und Evaluation von Neuerungen. Baden-Baden, S. 21-44.

Ellwein, Thomas/Hesse, Joachim Jens (Hg.) (1985): Verwaltungsvereinfachung und Verwaltungspolitik. Baden-Baden.

Ellwein, Thomas/Hesse, Joachim Jens/Mayntz, Renate/Scharpf, Fritz W. (Hg.) (1987): Jahrbuch zur Staats- und Verwaltungswissenschaft. Baden-Baden.

Esch, Karin/Hilbert, Josef/Stöbe-Blossey, Sybille (2001): Der aktivierende Staat: Konzept, Potentiale und Entwicklungstrends am Beispiel der Jugendhilfe. In: Rolf G. Heinze/ Thomas Olk (Hg.): Bürgerengagement in Deutschland: Bestandsaufnahme und Perspektiven. Opladen, S. 519-547.

Fairweather, George W. (1967): Methods for Experimental Social Innovation. New York.

Flitner, Andreas/Herrmann, Ulrich (1977): Universität heute. Wem dient sie? Wer steuert sie? München, Zürich.

Franz, Hans-Werner/Howaldt, Jürgen/Jacobsen, Heike/Kopp, Ralf (Hg.) (2003): Forschen – lernen – beraten. Der Wandel von Wissensproduktion und –transfer in den Sozialwissenschaften. Berlin.

French, Wendell-L./Bell, Cecil H. (1994): Organisationsentwicklung. Sozialwissenschaftliche Strategien zur Organisationsänderung. Bern, Stuttgart.

Fretschner, Rainer/Hilbert, Josef (2004): Theorie und Praxis der Aktivierung: Ein pragmatisches Konzept für die anwendungsorientierte Forschung. In: Dieter Rehfeld (Hg.): Arbeiten an der Quadratur des Kreises. Erfahrungen an der Schnittstelle zwischen Wissenschaft und Praxis. München, Mering, S. 113-134.

Friedrich, Hannes (1970): Staatliche Verwaltung und Wissenschaft. Die wissenschaftliche Beratung der Praxis aus der Sicht der Ministerialbürokratie. Frankfurt/M.

Friedrichs, Jürgen (1982): Methoden empirischer Sozialforschung. Opladen.

Fuchs, Werner/Klima, Rolf/Lautmann, Rüdiger/Rammstedt, Otthein/Wienold, Hanns (Hg.) (1988): Lexikon zur Soziologie. Ungekürzte Sonderausgabe. Opladen.

Goos-Wille, Elisabeth/Blanke, Bernhard (2004): Der Soziale Dialog Niedersachsen. Institutionelles Lernen an der Landessozialpolitik. In: Fritz Behrens/Rolf G. Heinze/Josef Hilbert/Sybille Stöbe-Blossey (Hg.): Der aktivierende Staat: Vom Konzept zur Strategie. Berlin. (in Vorbereitung)

Greiffenhagen, Martin/Prätorius, Rainer (Hg.) (1979): Ein mühsamer Dialog. Köln, Frankfurt/M.

Haag, Fritz/Krüger, Helga/Schwärzel, Wiltrud/Wildt, Johannes (Hg.) (1972): Aktionsforschung. München.

Habermas, Jürgen (1981): Technik und Wissenschaft als „Ideologie". Frankfurt/M.

Halpern, Robert (1988): Action Research for the Late 1980s. Journal of Community Psychology 16, S. 249-260.

Hartfiel, Günter/Hillmann, Karl-Heinz (1982): Wörterbuch der Soziologie. 3., überarbeitete und ergänzte Auflage. Stuttgart.

Hauff, Volker (1979): Wie lässt sich die Verständigung zwischen Wissenschaftlern und Politikern verbessern? In: Martin Greiffenhagen/ Rainer Prätorius (Hg.): Ein mühsamer Dialog. Köln, Frankfurt/M., S.182-194.

Hegelau, Hans-Joachim (1977): Die Arbeit der Projektgruppe „Regierungs- und Verwaltungsreform". In: Wissenschaftszentrum Berlin (Hg.): Interaktion von Wissenschaft und Politik. Frankfurt/M., S. 166-188.

Heinelt, Hubert, 2001: Vom Verwaltungsstaat zum Verhandlungsstaat. In: Bernhard Blanke (Hg.): Handbuch zur Verwaltungsreform. 2. erweiterte und überarbeitete Auflage. Opladen, S. 10-17.

Heinze, Rolf G., 2000: Inszenierter Korporatismus im sozialen Sektor. Politische Steuerung durch Vernetzung. In: Heinz-Jürgen Dahme/Norbert Wohlfahrt (Hg.): Netzwerkökonomie im Wohlfahrtsstaat. Berlin, S. 31-46.

Heinze, Rolf G./Olk, Thomas (Hg.) (2001): Bürgerengagement in Deutschland: Bestandsaufnahme und Perspektiven. Opladen.

Heinze, Thomas (1987): Qualitative Sozialforschung. Erfahrungen, Probleme und Perspektiven. Opladen.

Hellmer, Friedhelm/Friese, Christian/Kollros, Heike/Krumbein, Wolfgang (1999): Mythos Netzwerke. Regionale Innovationsprozesse zwischen Kontinuität und Wandel. Berlin.

Howaldt, Jürgen/Kopp, Ralf (Hg.) (1998a): Sozialwissenschaftliche Organisationsberatung: Auf der Suche nach einem spezifischen Beratungsverständnis. Berlin.

Howaldt, Jürgen/Kopp, Ralf (1998b): Einführung. In: Jürgen Howaldt/Ralf Kopp (Hg.): Sozialwissenschaftliche Organisationsberatung: Auf der Suche nach einem spezifischen Beratungsverständnis. Berlin, S. 9-20.

Ittermann, Peter (1998): Unternehmensberatung: Umrisse einer Wachstumsbranche. In: Jürgen Howaldt/Ralf Kopp (Hg.): Sozialwissenschaftliche Organisationsberatung: Auf der Suche nach einem spezifischen Beratungsverständnis. Berlin, S. 183-200.

Jordan, Grant/Schubert, Klaus (Hg.) (1992): Policy Networks, European Journal of Political Research 1-2.

KGSt (Kommunale Gemeinschaftsstelle) (1994): Personalentwicklung. KGSt-Bericht Nr. 13, Köln.

Kilper, Heiderose (1999): Die Internationale Bauausstellung Emscher Park. Eine Studie zur Steuerungsproblematik komplexer Erneuerungsprozesse in einer alten Industrieregion. Opladen.

Klafki, Wolfgang (1976): Aspekte kritisch-konstruktiver Erziehungswissenschaft. Weinheim.

Klages, Helmut (1987): Beratung als Bedingung der Wissenschaftsentwicklung. In: Rainer Koch (Hg.): Verwaltungsforschung in Perspektive. Baden-Baden, S. 258-267.

Koch, Rainer (Hg.) (1987): Verwaltungsforschung in Perspektive. Baden-Baden.

Königswieser, Roswita/Exner, Alexander/Pelikan, Jürgen M. (1995): Systemische Intervention in der Beratung. In: Zeitschrift für Organisationsentwicklung 2, S. 52-65.

Landesinstitut für Qualifizierung NRW (Hg.) (2003): Lernende Regionen – Förderung von Netzwerken. Eine Präsentation der Projekte in NRW. Soest.

Langnickel, Hans (1997): Patentrezept Vernetzung? Zwischen Sparzwängen und Qualitätsansprüchen. In: Bundesministerium für Familie, Senioren, Frauen und Jugend (Hg.): Qualitätssicherung durch Zusammenarbeit. Materialien zur Qualitätssicherung in der Kinder- und Jugendhilfe Nr. 10, Bonn, S. 7-20.

Lewin, Kurt (1948): Resolving Social Conflicts. New York.

Marin, Bernd/Mayntz, Renate (Hg.) (1991): Policy Networks. Empirical Evidence and Theoretical Considerations. Frankfurt a.M., Boulder (Colorado).

Mayntz, Renate (Hg.) (1980): Implementation politischer Programme. Empirische Forschungsberichte. Königstein/Ts.

Mayntz, Renate (Hg.) (1983): Implementation politischer Programme. Ansätze zur Theoriebildung. Opladen.

Mayntz, Renate (1978): Zur Nichtbeteiligung der Wissenschaft bei der Implementierung von Reformen. In: Carl Böhret (Hg.): Verwaltungsreformen und Politische Wissenschaft. Zur

Strategische Entwicklung von Netzwerken

Zusammenarbeit von Praxis und Wissenschaft bei der Durchsetzung und Evaluation von Neuerungen. Baden-Baden. S. 45-52.

Mayntz, Renate/Scharpf, Fritz W. (Hg.) (1973): Planungsorganisation. Die Diskussion um die Reform von Regierung und Verwaltung des Bundes. München.

Minssen, Heiner (1998): Soziologie und Organisationsberatung – Notizen zu einem komplizierten Verhältnis. In: Jürgen Howaldt/Ralf Kopp (Hg.): Sozialwissenschaftliche Organisationsberatung: Auf der Suche nach einem spezifischen Beratungsverständnis. Berlin, S. 53-72.

Paul, Günter (1994): Organisationsentwicklung. Verwaltungen helfen sich selbst. Fortbildung & Praxis Band 2, Hg. Bayrische Verwaltungsschule. Stuttgart, u.a.

Pflaumer, Gerd (1978): Zur Rolle der Politikwissenschaft bei der Reform des öffentlichen Dienstes. Diskussionsbeitrag aus der Sicht der Verwaltungspraxis. In: Carl Böhret (Hg.): Verwaltungsreformen und Politische Wissenschaft. Zur Zusammenarbeit von Praxis und Wissenschaft bei der Durchsetzung und Evaluation von Neuerungen. Baden-Baden, S. 319-322.

Rehfeld, Dieter (Hg.) (2004): Arbeiten an der Quadratur des Kreises. Erfahrungen an der Schnittstelle zwischen Wissenschaft und Praxis. München, Mering.

Santen, Eric v./Seckinger, Mike (2003): Kooperation: Mythos und Realität einer Praxis. München.

Scharpf, Fritz W. (1973): Planung als politischer Prozess. Frankfurt.

Scharpf, Fritz W. (1987): Grenzen der institutionellen Reform. In: Thomas Ellwein/Joachim Jens Hesse/Renate Mayntz/Fritz W. Scharpf (Hg.): Jahrbuch zur Staats- und Verwaltungswissenschaft. Baden-Baden, S. 111-154.

Schatz, Heribert (1973): Auf der Suche nach neuen Problemlösungsstrategien: Die Entwicklung der politischen Planung auf Bundesebene. In: Renate Mayntz/Fritz W. Scharpf (Hg.): Planungsorganisation. Die Diskussion um die Reform von Regierung und Verwaltung des Bundes. München, S. 9-67.

Schatz, Heribert (1977): Funktionsbedingungen und Konfliktsituationen verwaltungswissenschaftlicher Forschung und Beratung, dargestellt am Beispiel der Projektgruppe „Regierungs- und Verwaltungsreform". In: Wissenschaftszentrum Berlin (Hg.): Interaktion von Wissenschaft und Politik. Frankfurt, S. 189-226.

Schneider, Volker, 2003: Akteurkonstellationen und Netzwerke in der Politikentwicklung. In: Schubert, Schubert, Klaus/Bandelow, Nils C. (Hg.): Lehrbuch der Politikfeldanalyse. Oldenburg, S: 107-145.

Schridde, Henning (2004): Die „Soziale Stadt" und „Ganzheitliches Regieren" im aktivierenden Sozialstaat. In: Klaus Schubert/Nils C. Bandelow (Hg.): Lehrbuch der Politikfeldanalyse. Oldenburg.

Schubert, Klaus/Bandelow, Nils C. (Hg.) (2003): Lehrbuch der Politikfeldanalyse. Opladen.

Stöbe-Blossey, Sybille (2004): Beratung und Verwaltungsreform: Vom Gutachten zur aktiven Moderation. In: Dieter Rehfeld (Hg.): Arbeiten an der Quadratur des Kreises. Erfahrungen an der Schnittstelle zwischen Wissenschaft und Praxis. München, Mering, S. 91-112.

Stöbe-Blossey, Sybille (2003): Verwaltungsreform und Sozialwissenschaft: aktive Moderation als Beratungskonzept. In: Sozialwissenschaften und Berufspraxis 26, S. 29-44.

Stöbe, Sybille (1997): Verwaltungsmodernisierung und Organisationsberatung. Auswertung einer Befragung. Projektbericht des Instituts Arbeit und Technik 11. Gelsenkirchen.

Sydow, Jörg (2003): Management von Netzwerkorganisationen: Beiträge aus der Managementforschung. 3. Auflage. Wiesbaden.

Thunert, Martin (2003): Think Tanks in Deutschland – Berater der Politik? In: Aus Politik und Zeitgeschichte, B 51, S. 30-38.

Töpfer, Armin (1987): Zukünftige Aufgabenfelder der Personalforschung. Zeitschrift für Personalforschung 3, S. 259-271.

Wetzel, Ralf/Aderhold, Christof/Baitsch, Christof/Keiser, Sarina (2001): Moderation in Netzwerken – Theoretische, didaktische und handlungsorientierte Betrachtungen aus einer internen Perspektive. In: Christof Baitsch/ Bernhard Müller (Hg.): Moderation in regionalen Netzwerken. München, Mering, S. 7-124.

Wienold, Hanns (1988): Aktionsforschung. In: Werner Fuchs et al. (Hg.): Lexikon zur Soziologie. Ungekürzte Sonderausgabe. Opladen, S. 30.

Willke, Helmut (1992): Beobachtung, Beratung und Steuerung von Organisationen in systemtheoretischer Sicht. In: Rudolf Wimmer (Hg.): Organisationsberatung – Neue Wege und Konzepte. Wiesbaden, S. 17-42.

Willke, Helmut (2001): Systemisches Wissensmanagement. Stuttgart.

Wimmer, Rudolf (Hg.) (1992): Organisationsberatung – Neue Wege und Konzepte. Wiesbaden.

Wissenschaftszentrum Berlin (Hg.) (1977): Interaktion von Wissenschaft und Politik. Frankfurt.

Wohlgemuth, André C. (1991): Das Beratungskonzept der Organisationsentwicklung. 3. Auflage. Bern und Stuttgart.

Zentes, Joachim (2003): Kooperationen, Allianzen und Netzwerke: Grundlagen – Ansätze – Perspektiven. Wiesbaden.

Heidemarie Winkel

„Reden ist aber gerade das Entscheidende ...."
Trauerberatung und die Ausdifferenzierung semantischer Strukturen der Problematisierung individuellen Leids

„Gesegnet seien alle, die mir jetzt nicht ausweichen [...],
die mir erlauben von dem Verstorbenen zu sprechen [...]
auch wenn das, was ich zu sagen habe, schwer zu ertragen ist."[1]

1. Trauer und die Unsäglichkeit von Schmerz und Leid

Trauernde verweisen immer wieder darauf, dass „ihnen ihre [...] Umgebung versagt, [...] trauern, klagen, weinen zu dürfen" (Voss-Eiser 1993: 169). „Wie oft wurde uns signalisiert, dass man besser nicht über Tod und Trauer reden sollte und noch immer stoße ich oft auf Unverständnis, wenn ich offen über unsere Tochter rede", resümiert eine Frau ihre Erfahrungen.[2] Die Praxis der Trauerbegleitung bestätigt dies. Trauernde können kaum mit Verständnis für ihre emotionale Erschütterung und Zerrissenheit rechnen (Fredman 2001).

Die Problematik besteht aus zwei Komponenten. Erstens ist das Selbstverständnis durch den Verlust in umfassender Weise infrage gestellt, weil mit dem Tod alter egos eine identitätsstiftende Beziehung zerbrochen ist. Während Trauernde noch auf Interaktion eingestellt sind, greift das auf alter ego gerichtete Handeln ins Leere: Trauernde werden mit unerwarteter Vehemenz auf sich selbst verwiesen. Zweitens sind Ausmaß und Intensität der erlebten Gefühle Dritten kaum vermittelbar. Angesichts der jeweiligen Lebensgeschichte und der sich darin spiegelnden Erfahrungsvielfalt erweist sich jeder Verlust als unvergleichlich schmerzlich. Neben die sprichwörtliche Unsagbarkeit von Kummer und Leid tritt die Wucht der Erfahrung, mit all der Traurigkeit, allem möglichen Zorn und allen Ängsten allein zu sein.

Vielfach wird befürchtet, dass der Ausdruck von Trauer als unangemessen oder sogar als „krankhaft und unsozial" (Fredman 2001: 31) gewertet werden könnte. Die Therapeutin Lily Pincus (1977: 285) berichtet, dass ihr

---

1   Aus: Segen der Trauernden von Marie Luise Wölfing zit. nach Bayerischer Landesverband des KDFB (2003: 1.3)
2   http://www.beepworld.de/members16/celianoelle/index.htm

viele Patientinnen und Patienten erzählten, „wie überaus verwirrt und verloren sie sich gefühlt hätten [...]. Sie sagten auch, daß sie nicht gewusst hätten, an wen sie sich in ihrer Not hätten wenden, wen sie um Hilfe hätten bitten sollen."[3] Denn, „wenn es auch nicht offen ausgesprochen wird, so stellt man dennoch wie selbstverständlich den Anspruch an sie, sich nicht gehen zu lassen" (Pincus 1977: 21). Trauernde erleben dies als Ausgrenzung. Dass Trauernde sich nicht frei fühlen, ihren Schmerz nach Belieben zu artikulieren, kann als Resultat einer allgemeinen kulturellen Wahrnehmung gedeutet werden, nach der „wir nicht gut im Gespräch über den Tod" sind (Fredman 2001: 27). Oder anders formuliert: weil wir davon ausgehen, dass Trauer und Tod Tabuthemen sind, wird ein Kommunikationsproblem erzeugt.

Es wird angenommen, dass die Auffassung von Trauer als tabuisiertem Thema – entgegen der faktischen Zunahme öffentlicher Diskurse über Trauer und Tod – vor allem deshalb in der zweiten Hälfte des 20. Jahrhunderts an Überzeugungskraft gewinnen konnte, weil sich auch gegen alle wissenschaftlichen Versuche, die Verdrängungsthese zu entkräften, eine entsprechende Semantik zur Behauptung des gesellschaftlichen Ausschlusses von individuellem Leid etabliert hat.[4] Sie ist programmatischer Bestandteil der symbolischen Codierung von Trauer als Kommunikationsmedium (Winkel 2002). Der Trauercode erlaubt die Kommunizierung individuellen Leids, indem die Einzigartigkeit und Unvergleichlichkeit einer Verlusterfahrung allein durch den Verweis auf Differenz und Besonderheit behauptet wird. Allerdings kann infolge der Inkongruenz der Erlebnisperspektiven nicht mit Verständnis für das individuelle Ausmaß von Trauer und Leid gerechnet werden. Trauer kennt keinen Trost.[5] Weil Individualisierung in der funktional differenzierten Moderne alle Lebensbereiche strukturiert, betrifft uns auch der Tod immer auf persönliche Weise, ob es sich um den eigenen oder den von alter ego handelt. Dies wird als sprichwörtliche Unsäglichkeit und Untröstlichkeit von Kummer und Leid artikuliert. Was bleibt, ist die Erfahrung mit dem Schmerz allein zu sein.

---

3   Dies gilt nicht nur für funktionale Beziehungen, etwa in der Arbeitswelt, sondern auch in persönlichen Beziehungen. Gerade im Privatbereich wird befürchtet, andere zu „bedrücken" (Fredman 2001: 31), sie mit den eigenen Ängsten, dem Kummer, dem Schmerz zu belasten.
4   Seit den 1950er und 1960er Jahren wurde die Kommunikationsproblematik vermehrt unter dem Aspekt der Verdrängung thematisiert, so etwa bei Feifel (1959, 1977), Gorer (1965), Lifton (1986) oder auch bei Kearl (1989). Zu den kritischen Ansätzen, die die Verdrängungsthese unter Hinweis auf die strukturellen Gegebenheiten der Moderne ablehnen, gehören diejenigen von Parsons und Lidz (1967), Fuchs (1969), Lofland (1976; 1978), Schmied (1991), Parsons (1994) und auch Charmaz (1994).
5   Dieser Sachverhalt wurde in einer auf biographischen Interviews mit Trauernden basierenden Studie behandelt. (Winkel 2002)

"Reden ist aber gerade das Entscheidende ...." 183

Trauerhilfe nimmt hierauf Bezug. Im Kontext der weltweiten *Death and Dying Movement* (Lofland 1978: 77; Stroebe/Schut 2001; Daniel 2001) haben sich in den Gesellschaften des westlich-modernen Typus verschiedenste Einrichtungen zur Beratung und Begleitung von Trauernden entwickelt.[6] Teils knüpfen sie an die Verdrängungsthese an[7], teils hat man sich hiervon aber auch distanziert und teilt nicht mehr unhinterfragt die Auffassung einer gesellschaftlichen Unfähigkeit, über den Tod zu sprechen (Walter 1997; Fredman 2001: 27ff.). In aller Regel aber hat die Etablierung eigener sozialer Formen der Thematisierung von Trauer die Abfederung des konstatierten Kommunikationsproblems und des unterstellten Mangels an gesellschaftlichem Verständnis zum Ziel. Weil das Sprechen über Trauer als „lebenswichtig" gilt (Schibilsky 1996: 149), sollen Trauernde in der Beratung und Begleitung finden, „was ihnen in ihrer normalen Umwelt oft allzu schnell verwehrt wird: offene Ohren und Verständnis für die [...] Not-Wendigkeit des Erzählens" (Bayerischer Landesverband des KDFB [Katholischer Deutscher Frauenbund] 2003: 1.2).

Es stellt sich die Frage, inwiefern die Praxis der Beratung und Begleitung von Trauernden eine Wende hinsichtlich des konstatierten Kommunikationsproblems einleitet. Im Folgenden wird aus systemtheoretischer Perspektive die These vertreten, dass Trauerhilfe weder die Unsagbarkeit noch die Untröstlichkeit individuellen Leids grundsätzlich überwinden kann. Dies folgt aus der strukturell bedingten, „extra-sozialen Verortung" des Individuums in modernen Gesellschaften (Luhmann 1999:16). Hier ist das Individuum als System eigener Art, und zwar als psychisches System, in der Umwelt sozialer Systeme angesiedelt.[8] Kommunikation – als der Basisoperation sozialer Systeme – erfolgt stets aus der Perspektive des jeweils relevanten Systemzusammenhangs. Jedes gesellschaftliche Subsystem, ob Wirtschaft, Politik, Recht oder Gesundheit bietet auf eigene, aber nie in umfassender Weise Orientierung; Klaus Türk (zit. nach Schimank 2000: 156) hat dies als „Institutionalisierung von Perspektiven" bezeichnet, „unter denen die ‚Realität' behandelt wird". Eine umfassende, die ganze Person einschließende Selbstthematisierung ist für psychische Systeme daher prinzipiell in keinem der gesellschaftlichen Subsysteme möglich (Bohn und Hahn 1999: 35; Fuchs 1999: 285f.). Auch in der Trauerberatung ist nur Teil-Inklusion zu erwarten.

---

6   Sie werden in Kapitel 2 vorgestellt.
7   Ein sprechendes Beispiel findet sich in der Selbstdarstellung des Thüringer Trauernetzwerkes: http://www.hospiz-thueringen.de/trauernetzwerk/index.shtml.
8   Weil es auf einem anderen Operationsmodus basiert als soziale Systeme. Während letztere sich über Kommunikation konstituieren, prozessieren psychische Systeme auf der Basis von Bewusstseinsvorgängen. (Luhmann 1987: 346ff.; 367f.) Soll eine Information mitgeteilt werden, so setzt dies immer den Rückgriff auf soziale Systeme und die ihnen zugehörigen Kommunikationsperspektiven voraus.

Zur Veranschaulichung der Reichweite von Trauerhilfe wird im ersten Schritt ihre Entwicklung seit den 1980er Jahren unter besonderer Berücksichtigung ihrer Arbeitsformen und Leitlinien skizziert (Abschnitt 2). Dabei zeigt sich, dass die organisationelle Gestalt der Trauerhilfe ein sehr heterogenes Erscheinungsbild aufweist. In institutioneller Hinsicht basiert sie dagegen auf einer einheitlichen konzeptionellen Grundlage, und zwar auf der psychologischen Wahrnehmung von Trauer als subjektiver und emotionaler Reaktion (Abschnitt 2.1). Entsprechend stehen in der hierauf aufbauenden professionellen Arbeit mit Trauernden Selbstthematisierungsformen im Mittelpunkt der Beratungs- und Begleitungspraxis, die eine Reflexion des emotionalen Erlebens eröffnen. In der weiteren Entwicklung institutionalisierter Trauerhilfe richtete sich der Focus zunehmend auf die persönliche Situation Trauernder. Gleichzeitig ist eine wachsende Distanznahme gegenüber professionellen Überzeugungen und therapeutisch begründeten Formen der Selbstthematisierung zu verzeichnen. Den Expertenmeinungen wird vermehrt die individuelle Besonderheit Trauernder gegenübergestellt, und eine sich an persönlichen Bedürfnissen orientierende Trauerhilfe eingefordert (Abschnitt 2.2). Dies setzt allerdings Kommunikationsstrukturen voraus, die die Thematisierung individueller Erfahrung wenn nicht vorbehaltlos ermöglichen, so doch zumindest ihre Akzeptanz erwartbar machen. Dies versteht sich nicht von selbst, weil sich die Struktur moderner Gesellschaften – wie bereits angedeutet – durch eine generelle Begrenztheit hinsichtlich der kommunikativen Anschlussfähigkeit individueller Erlebnisperspektiven auszeichnet (Abschnitt 3). Weil persönliches Erleben prinzipiell kontingent ist, also Erwartungsenttäuschungen gewärtig sein muss, sind Verständnis oder Trost nicht erwartbar. In der therapeutischen Behandlung kann die Problematik der Enttäuschung individueller Erlebnisperspektiven allerdings reflexiv gemacht werden; und persönliche Interessen und Ansprüche können unter Verweis auf die Individualität von Personen begründet werden. Im Anschluss an Niklas Luhmann (1987: 365f.) wird dies als soziale Reaktion auf die strukturelle Außenstellung des Individuums interpretiert. Sie ist auf die Entstehung zweier Kommunikationsmedien zurückzuführen: Mit Hilfe der semantischen Strukturen von Psychologie und Psychoanalyse hat sich ein eigener Systemtyp der Selbstreflexion ausdifferenziert, innerhalb dessen individuelle Anspruchshaltungen – bzw. deren Enttäuschung im gesellschaftlichen Raum – einer Überprüfung unterzogen werden können. Dabei kann grundsätzlich mit Akzeptanz für die Artikulation persönlicher Belange gerechnet werden (Abschnitt 3.1). Dies kann am Beispiel der auf psychologischen und therapeutischen Grundlagen basierenden Trauerarbeit spezifiziert werden. Es wird argumentiert, dass sich Trauerhilfe ausgehend von der Verdrängungs- und Tabuisierungsthese als gesellschaftliche „Einrichtung [...] der Enttäuschungsabwicklung" (Luhmann 1987: 453) konstituiert hat (Abschnitt 3.2).

Das Problem der sozialen Anschlussfähigkeit persönlichen Leids ist dadurch aber nicht obsolet geworden. Auch wenn der individuellen Besonderheit einer Verlusterfahrung infolge der Etablierung moralischer Standards innerhalb einer spezifischen gesellschaftlichen Sphäre soziale Akzeptanz verschafft wird, so bleibt der Schmerz über den Verlust selbst eine einzigartige und daher untröstliche Erfahrung.

2. Konzeptionelle Grundlagen der Trauerhilfe

Seit den 1980er Jahren hat sich die Trauerkultur in der Bundesrepublik nachhaltig verändert (Reitz 1997; Walter 1997, 1999; Fischer 1999). Im Kontext der allgemeinen Lebenshilfe sind verschiedene Beratungsangebote für Trauernde entstanden. Für Tony Walter (1997: 186) stellen sie den Dreh- und Angelpunkt des Wandels von Trauer- und Bestattungskultur dar. Ihre Organisationsgestalt, ihre soziale und räumliche Reichweite sowie ihre thematische Ausrichtung sind vielfältig. Eine Gemeinsamkeit besteht trotz aller Heterogenität in der Zielsetzung: Ausgehend von der „Gefahr, (durch die Sprach- und Hilflosigkeit von Verwandten, Freunden, Bekannten oder Kollegen) in eine soziale Ausgrenzungssituation zu geraten", wird Trauernden das Angebot gemacht, „über alles [zu] reden, was sie bewegt" (http://www.hospiz-thueringen.de/trauernetzwerk/ angebote.shtml). Die Thematisierung individuellen Empfindens und Erlebens steht im Zentrum.

Je stärker das Diktum des Sprechens als Grundprinzip der Arbeit mit Trauernden entfaltet wurde, desto rigoroser wurde es seinerseits als Eingriff in die Individualität Trauernder kritisiert und mit einer neuen Regel konfrontiert: „Individual difference and respect for personhood must be our principle guides" (Feifel zit. nach Walter 1997: 40). Im wissenschaftlichen Kontext wie auch im Feld der Trauerarbeit lässt sich eine mittlerweile fast dreißigjährige Auseinandersetzung mit Trauertheorien und der postulierten Notwendigkeit des Sprechens nachzeichnen. Die Diskurse reichen von der ausdrücklichen Bezugnahme auf psychologische Wissensformen bis hin zur Distanzierung von entsprechenden Expertenmeinungen und daraus abgeleiteten Konzepten der Trauerarbeit (Daniel 2001: 86). Im Kern geht es um die Frage nach Zweck, Inhalt und Gestalt von Trauer. In dem Maße, wie die Notwendigkeit ihrer gezielten Thematisierung und Bearbeitung nicht mehr unhinterfragt geteilt wurde, wurde auch die Sinnhaftigkeit einer daraufhin ausgerichteten professionellen Einbettung des Ausdrucks von Trauer hinterfragt.

Im Folgenden sollen der Entstehungskontext, der konzeptionelle Rahmen wie auch die Angebotsstruktur daraufhin geprüft werden, wie sie sich zu dem konstatierten Kommunikationsproblem verhalten. Dabei wird deutlich, inwiefern jeder Versuch einer Entwicklung von Artikulationsmöglichkeiten zur Überwindung des Kommunikationsproblems gleichzeitig zur Normierung des Ausdrucks von Trauer beiträgt.

2.1 Die psychologische Grundlegung von Trauer und Trauerarbeit

Die Einrichtungen der Trauerhilfe variieren stark in ihrer inhaltlichen Ausrichtung sowie hinsichtlich ihrer Organisationsgestalt. Es stellt sich die Frage, inwiefern sich hierin ein typisch modernes, weil der Individualisierung von Bedürfnissen entsprechendes Erscheinungsbild spiegelt und damit korrespondierend die Schwierigkeit, Trauerhilfe in überindividueller Weise bestimmen zu können.

Trauerberatung und -begleitung ist teils bei Trägern der allgemeinen Krisenbewältigung und Lebenshilfe angesiedelt, teils im Kontext kirchlicher Beratungsarbeit[9]; weiterhin gibt es organisationell unabhängige, etwa aus eigenem Erleben oder Forschungs- und Arbeitsinteresse heraus entstandene Dienste (Paul 2000; Canacakis 1987, 1990). Manche sind eher persönlichen Charakters, wollen ausgehend von ihrem eigenen Erfahrungswissen Orientierung und Hilfestellung bieten, andere tragen den Charakter einer auf professionellem Expertenwissen aufbauenden und monetär zu entgeltenden Dienstleistung. Individuelle Beratung und therapeutische Einzelfallbetreuung gehören ebenso dazu wie angeleitete Seminare und reine Selbsthilfegruppen.[10] Gerade in diesem Bereich ist ein insgesamt eher geringer Organisations- und Vernetzungsgrad zu konstatieren (Paul 2001: 17f.); dort, wo Trauerarbeit Teil eines breiteren Angebots der Lebenshilfe oder der Sterbebegleitung ist, wird die Arbeit eher auf zentraler Organisationsebene gebündelt. Im Selbsthilfebereich vollzieht sich Netzwerkbildung mittlerweile vor allem unter Zuhilfenahme des Internet; hier ist schließlich auch eine stetig wachsende Fülle von therapeutischen und seelsorgerischen ‚E-Diensten', also von Angeboten mit reiner Internet-Präsenz, entstanden.[11] Neben Seminaren zur persönlichen Auseinandersetzung mit Verlusten gibt es Workshops und Tagungen zur inhaltlichen Beschäftigung mit Trauer, Tod und Sterben in unserer Gesellschaft, wie auch in interkultureller Perspektive.[12]

Der Eindruck der Uneinheitlichkeit und Heterogenität verstärkt sich, betrachtet man die Beratungs- und Unterstützungsangebote nach ihrer jeweili-

---

9 Siehe etwa http://www.kummernetz.de oder als typisches Beispiel für den kirchlichen Bereich http://www.seelsorge.bistum-wuerzburg.de/index.html.
10 Colin M. Parkes unterscheidet in diesem Sinne drei Grundtypen von Begleitung: professionelle Dienste durch Ärzte, Psychologen, Seelsorger, Sozialarbeiter und andere helfende Berufe; ehrenamtliche Dienste durch freiwillige, aber von Fachleuten ausgebildete und unterstützte Helfer sowie Selbsthilfegruppen mit und ohne fachlichen Beistand (Voss-Eiser 1992: 164f.).
11 Beispielhaft sei auf http://www.memoriam.de und auf http://griefnet.org/verwiesen.
12 Hier sind auch Möglichkeiten einer zertifizierten Weiterbildung zur Trauerbegleiterin oder als Traueragoge angesiedelt. Hinsichtlich der Arbeitsstandards ergibt sich ebenso wie hinsichtlich der Organisationsstrukturen ein heterogenes Bild (Chris Paul 2001: 171f.).

gen Zielgruppe. Es zeigt sich, dass Trauerhilfe zusätzlich nach den jeweiligen Adressaten differenziert werden kann, etwa nach der Art des Verlustes oder nach der Art der Beziehung zu den Toten. Es existieren Einrichtungen für Trauer nach Suicid, nach Fehl- oder Totgeburt, für verwaiste Eltern und Geschwister[13], für Frauen, für Männer oder Jugendliche[14]; gleichzeitig existieren auch Einrichtungen, die sich an ein zunächst einmal weniger nach Typen differenziertes Publikum wenden, was aus ihrer jeweiligen organisationellen Einbettung resultiert, wie etwa im Fall der Hospizarbeit[15] oder der Bestattungsunternehmen.[16]

Eine Systematik nach organisationellen Gesichtspunkten erweist sich als schwierig. Dies korrespondiert damit, dass über die Frage nach Form und Gestalt von Trauerhilfe innerhalb des Beratungsbereichs keine einheitlichen, sondern teils sogar widersprüchliche Auffassungen existieren. Im Gegensatz dazu gibt es hinsichtlich der Notwendigkeit, der Funktion und des Ziels von Trauerhilfe eine vergleichsweise eindeutige Haltung. In institutioneller Hinsicht ist eine Gemeinsamkeit zu konstatieren, die in der Existenz allgemein geteilter Grundannahmen über die gesellschaftlichen Ursachen der Probleme Trauernder, in damit korrespondierenden Deutungen des Phänomens und darauf aufbauenden Erwartungen an ihren Ausdruck bestehen. Sie basieren auf psychologischen Annahmen über die Entstehung von Trauer als natürlicher, innerlich evozierter und emotionaler Reaktion, für deren Artikulation es in der Moderne infolge der Brüchigkeit ehedem obligatorischer und traditioneller Rituale keine angemessenen Möglichkeiten mehr gebe. Diese Auffassung von Trauer verdeckt, dass es erst im Zuge der Herausbildung moderner Gesellschaften als Folge des strukturellen Wandels zur allmählichen Verlagerung von Trauer auf die Ebene der inneren Befindlichkeit gekommen ist. Individualisierung strukturiert seit der Neuzeit zunehmend alle Lebensbereiche, und zwar auch die Wahrnehmung und das Erleben von Trauer. Folglich besteht das herausragende Problem beim Tod von Bezugspersonen in der Herstellung sozialer Kontinuität auf *subjektiver* Ebene.[17] Der Tod erschüttert das individuelle Selbstverständnis, wobei sich Trauer als *persönliches* Gefühl konstituiert.[18]

---

13 Siehe beispielsweise http://www.agus-selbsthilfe.de; http://www.verwaiste-eltern.de.
14 Vergleiche dazu etwa http://www.wege-aus-der-trauer.de/seminare.html.
15 Ein typisches Beispiel ist http://www.ricam.de/Trauergruppe/trauergruppe_im_ ricam.htm.
16 Letztere engagieren sich vermehrt im Bereich der Trauerbegleitung. Siehe dazu beispielhaft http://www.christ-sohn.de/tr_hilf/tr_hilf.htm oder auch http://www.puetzroth.de/do/de/default.asp.
17 Und nicht auf gesellschaftlicher Ebene.
18 Damit ist allerdings noch nicht hinreichend das Ausmaß der gefühlsmäßigen Erschütterung erklärt. Dass Trauer auf der Ebene des affektiven Erlebens so sehr an Tiefe und Intensität gewonnen hat, was Ariès (1984: 599) bewog, von einer „Revolution des Ge-

Damit Trauer als solches erlebbar wird, bedarf es zusätzlich kultureller Vorgaben. Hier kommt der Psychologie eine besondere Funktion zu. Das gegenwärtige Verständnis von Trauer beruht wesentlich auf der klassischen, psychologischen Auffassung von Trauer(arbeit), wonach sich Trauer als explizite Auseinandersetzung mit der Befindlichkeit, als Konfrontation mit dem Schmerz vollziehen soll. Sie hat ihre Grundlegung in der Freudschen Zurechnung des Selbst auf seine innere Befindlichkeit (Freud 1931: 132f.). Die Ineinssetzung des Selbst mit seiner inneren Befindlichkeit wird als Psychologisierung bezeichnet (Willems 1994: 184) und geht mit der Psychologisierung von Trauer einher. Dies spiegelt sich nicht nur in professionellen, sondern auch in ehrenamtlichen Diensten und Selbsthilfegruppen. Allgemein lässt sich feststellen, dass das gesellschaftliche Sprechen über Trauer an psychologische Deutungsmuster gebunden ist.[19] In der Regel werden dabei jene Annahmen über die Verdrängung und Tabuisierung von Trauer – contrafaktisch – fortgeschrieben.

2.2 Individualisierung wird zum Programm

Weltweit gilt, dass das Thema Trauer im Kontext der seit den 1960er und 1970er Jahren entstandenen Hospizbewegung an Relevanz gewonnen hat (Paul 2001: 7f.). Sie bildet gemeinsam mit der AIDS-Bewegung (Lofland 1978: 77) das Zentrum jener allgemeinen *Death and Dying Movement*, die sich nicht nur der Entwicklung einer erneuerten Kultur des Verhaltens zu Tod und Sterben verschrieben hat, sondern auch eine im Vergleich zur traditionell bürgerlichen, vermehrt als sinnentleert erlebten Trauerkultur sich als alternativ verstehende Trauer- und Bestattungskultur entwickeln will (Sax, Visser und Boer 1993; Reitz 1997; Fischer 1999; Walter 1997; 1999).[20] Kern der vielfältigen wissenschaftlichen und Alltagsdiskurse ist die Zentrierung auf persönliche Bedürfnisse und Wünsche der Betroffenen, die Implementierung von Selbstbestimmung und Teilhabe im Umgang mit Trauer und Tod. Dabei

---

fühls" zu sprechen, ist ein hiervon analytisch zu trennender Vorgang. Er ist in die allgemeine Individualisierung des Affektmanagements einerseits und in die Ineinssetzung des Selbst mit seiner emotionalen Befindlichkeit andererseits eingebettet. In diesem Zusammenhang wird der Trauerschmerz – wie andere Emotionen auch – zum möglichen Ausgangspunkt von Selbsterfahrung (McCarthy 2002).

19 In diesem Zusammenhang macht Colin M. Parkes (2001: 174) zwei Denkschulen aus. Er unterscheidet emotionsbezogene und kognitive bzw. problembezogene Ansätze.

20 Dies vollzieht sich in den anglo-amerikanischen Ländern im Vergleich zum deutschen Sprachraum mit einem zeitlichen Vorsprung von etwa zehn bis fünfzehn Jahren. Ihr Themenspektrum reicht von der Sterbe- und Trauerbegleitung über die Entwicklung einer Thanatopädagogik bis hin zur Etablierung neuer Leitbilder im Umgang mit Tod und Sterben.

wurde innerhalb der Hospizbewegung von Beginn an auch das soziale Umfeld der Sterbenden einbezogen[21] und Trauerbegleitung in die wissenschaftliche Analyse einbezogen.[22]

Unabhängig von ihrer jeweiligen konzeptionellen Nähe zu psychologischen Deutungsmustern besteht ein gemeinsames Ziel aller Ansätze darin, das konstatierte gesellschaftliche Verdrängungsproblem zu überwinden. Dabei kommt die Suche nach wissenschaftlicher Unterstützung durch Psychologie und Psychoanalyse nicht von ungefähr. Die Definitionskompetenz für Trauer liegt seit Freuds Beschäftigung mit der Melancholie bei diesen Humanwissenschaften. Ihr Interesse bestand zunächst darin, in Abgrenzung zu abweichenden Formen der Trauer eine Verständigung über ihren eigentlichen Verlauf herbeizuführen, um darauf aufbauend die Frage nach einem angemessenen Umgang mit ihr zu erörtern.[23] In Analogie zu Elisabeth Kübler-Ross Theorie über Sterbephasen wurden verschiedene Phasenmodelle des Trauerns vorgelegt.[24] Die Modelle unterscheiden sich letztlich nur in Nuan-

---

21 Insbesondere das Wirken von Cicely Saunders und Elisabeth Kübler-Ross sind hierbei jeweils auf ihre Weise zum Vorbild für die weltweite Hospizbewegung geworden. Cicely Saunders (1960; 1978; 1981), die neben Elisabeth Kübler-Ross als Hauptprotagonistin eines subjekt- und bedürfnisorientierten Umgangs mit Sterbenden gelten kann, hat seit den 1960er Jahren in England die Institutionalisierung der Hospizarbeit maßgeblich vorangetrieben. Auf ihr Engagement geht nicht nur die Einrichtung des Londoner Hospizes im Jahr 1967, sondern der weltweite Aufbau von Hospizdiensten zurück. Elisabeth Kübler-Ross' Veröffentlichung ihrer „Interviews mit Sterbenden" im Jahr 1969 initiierte in den 1970er Jahren weltweit eine Debatte über die psychosoziale Situation Sterbender. Vgl. für viele Charmaz (1980: 12ff.).

22 Colin M. Parkes hat nicht nur wesentlichen Anteil an der in dem von Cicely Saunders gegründeten Hospiz geleisteten Trauerhilfe; er hat auch mit dem von ihm entwickelten Phasenmodell des Trauerns die wissenschaftliche Auseinandersetzung mit Trauer entsprechend angeregt (Paul 2001: 171).

23 Nach Silverman und Klass (1996) hat Freud selber keine Annahmen über den Verlauf der Trauer entwickelt. Die Auffassung, dass das primäre Ziel von Trauer in der Ablösung der Beziehung von den Toten liege *(Coping)*, sei erst später entwickelt worden. Zu den Klassikern der Coping-These können Karl Abraham, Melanie Klein, Erich Lindemann, Colin M. Parkes, John Bowlby und William Worden gerechnet werden (Spiegel 1986: 29; Walter 1997; Stroebe 1992). Sie stärken in ihren Arbeiten die Sichtweise, Trauer tendiere aufgrund der Inkorporation grundsätzlich zur Depression. Erich Lindemann (1944) hat eine umfassende Symptomatologie psychischer Symptome bei Trauer aufgestellt (Spiegel 1986: 45-50; Stroebe, Stroebe und Hansson 1993: 7). Trauer als „Krankheitsentität" (Engel 1961: 18-22) zu stigmatisieren, schien dann nur noch eine logische Konsequenz dessen zu sein, dass Trauer von einer Fülle psychischer, psychosomatischer und physischer Beschwerden begleitet ist (Spiegel 1986: 53). Obwohl es wissenschaftlich ungenau ist, von Trauer als Krankheit oder von Trauersymptomen zu sprechen, hat sich dieses Bild von den pathologischen Tendenzen der Trauer verselbständigt.

24 So etwa von Colin M. Parkes (1965; 1983), auf den John Bowlby (1969) sich später ebenso bezog (Paul 2001: 7) wie etwa Verena Kast (1982; 2001) im deutschsprachigen Raum (Walter 2001: 122).

cen; immer konstituiert sich Trauer als Prozeß, der ausgehend von der Konfrontation mit dem Schmerz als Motor der Entwicklung eines neuen Selbstverständnisses interpretiert wird. In Psychologie und Psychoanalyse kristallisiert sich die Auffassung heraus, dass es zur Erreichung dieser Zielvorgabe notwendigerweise des Ausdrucks von Trauer, Leid und Schmerz bedarf (Coping- bzw. Grief-Work-Hypothese): „the expert [...] insists that individuals *need* to express their feelings" (Walter 1997: 186).

Durch den Vergleich des individuellen Trauerverlaufs mit dem Phasenmodell ist für persönliche Erlebnisse und Erfahrungen nun einerseits ein Deutungshorizont entstanden. Andererseits kommt es zur Kontrastierung des idealtypischen mit dem tatsächlichen Trauerverlauf. Dies erweist sich als ambivalent, denn wenn auch die individuelle Besonderheit des Trauerschmerzes auf diese Weise in den Blick genommen werden kann, so wird doch gleichzeitig vermittels der Phasenmodelle eine spezifische Normalität von Trauer unterstellt, vor deren Hintergrund jede Abweichung als prekäre Entwicklung erscheint. So formiert sich gegenüber dem unterstellten Normalverlauf mehr und mehr Kritik (Daniel 2001: 86). Die Frage, ob der Ausdruck von Trauer zwingend notwendig ist und auf welche Weise getrauert werden soll, wird zum Kern einer innerhalb der Trauerarbeit geführten Kontroverse. Sie ist begleitet von der Frage, inwiefern Trauerberatung durch Experten und Spezialisten abgefedert sein muss bzw. in welchem Verhältnis professionelle Beratung, ehrenamtliche Begleitung und selbstverantwortete Trauerarbeit in Selbsthilfegruppen zueinander stehen sollen. Schon in der ersten Phase der Institutionalisierung von Trauerhilfe, in den 1980er Jahren, werden diese Fragen aufgeworfen.

Ausgelöst wurde die Auseinandersetzung dadurch, dass sich die Plausibilität der Phasenmodelle in der Praxis der therapeutischen Beratung als unhaltbar erwiesen hat und die Notwendigkeit einer Konfrontation mit dem Schmerz wissenschaftlich nicht bestätigt werden konnte. In der Folge hat sich in der psychologischen Trauertheorie ein Paradigmenwechsel vollzogen. Heute wird davon ausgegangen, dass die Unterdrückung schmerzvoller Erinnerungen ebenso effektiv sein kann wie ihr Durchleben (Stroebe 1992; Walter 1997: 81f.), oder dass es ebenso möglich ist, niemals intensive Verzweiflung zu zeigen wie auch für viele Jahre darin zu verbleiben (Wortman und Silver 1982; 1989).

Während die Reichweite professioneller, durch Expertenwissen abgefederter Vorgehensweisen immer stärker zur Debatte steht, rücken im gleichen Maße immer mehr allgemeine Vorstellungen über die Individualität Trauernder und ihrer persönlichen Bedürfnisse ins Zentrum der Trauerhilfe. Der professionell-therapeutischen Arbeit werden selbstverantwortete und selbstbestimmte Formen der Trauerarbeit in Selbsthilfegruppen kategorial entgegengesetzt (Voss-Eiser 1992). Colin M. Parkes (1965, 1983, 1986, 1993), der zu den wichtigsten Trauerforschern in der zweiten Hälfte des 20. Jahrhunderts zu zählen ist, vertritt die Auffassung, dass eine therapeutische Ausbildung keine zwingende Voraussetzung für eine angemessene Begleitung Trauernder sei. Neben professionellen Diensten von Psychologen, Therapeuten, Seelsorgern oder Sozialarbeitern könnten ebenso freiwillige, ehrenamtliche Dienste oder auch Selbsthilfegruppen Trauernden angemessenen Beistand leisten. Das, was eine therapeutisch ausgebildete Person erreichen könne, unterscheide sich „nicht wesentlich von dem, was jeder sensible, einfühlsame Mensch auch tun kann" (Parkes zit. nach Voss-Eiser 1992: 165). Fürsorge und Trost seien eine allgemeine menschliche Aufgabe, die sich nicht professionalisieren lasse.

Parkes kommt vor dem Hintergrund seiner Forschungen in Großbritannien zu dieser Schlussfolgerung. In der Tat sind hier ehrenamtliche Begleiter und Begleiterinnen in wesentlich stärkerem Maße involviert als dies etwa in der Bundesrepublik der Fall ist.[25] Allerdings unterziehen auch sie sich Weiterbildungen zur Gesprächsführung, um eine den individuellen Problemlagen Trauernder angemessene Gesprächshaltung sicherstellen zu können (Parkes 2001: 172ff.). Dies erweist sich als notwendig, weil mit alltagsweltlichen Kategorien und Handlungsmustern infolge der Inkongruenz der Erlebnisperspektiven mit dem Trauernden kein sinnvolles Gespräch geführt werden kann. Es bedarf hiernach einer Handlungsorientierung, die das eigene Erleben, die eigenen Erfahrungen und Bedürfnisse bewusst zugunsten der Perspektive Trauernder zurückstellt. Auf diese Weise werden die Differenzen im Erleben, daraus folgende Missverständnisse oder grundsätzliches Nicht-Verstehen bewusst ausgeschaltet. Hierzu bedarf es keiner spezifischen Qualifikation, wohl aber einer normativ abgesicherten, daraufhin orientierten Haltung.

Trauerberatung schafft, so die These, qua Programm soziale Akzeptanz für persönliche Problemlagen durch Implementierung entsprechender moralischer Standards. Sie haben ihren Anker in der allgemeinen Entrüstung über die behauptete Verdrängung von Trauer ins gesellschaftliche Abseits. Im folgenden Kapitel wird aus systemtheoretischer Sicht untermauert, dass es sich hierbei nicht um die Überwindung des Nischendaseins von persönlichem Leid handelt. Keineswegs fließen in der Trauerberatung private Erfahrungen in öffentliche Diskurse ein, wie vielfach unterstellt wird (Walter 1997: 7). Persönliche Belange werden auch hier – wie in allen gesellschaftlichen Teilbereichen – aus der Perspektive *eines spezifischen* Systemtyps, und zwar des durch psychologisches Wissen und therapeutische Praktiken dominierten Systems der Selbstreflexion, kommuniziert. Dies setzt semantische Strukturen der Reflexion von Persönlichem voraus, die vornehmlich aus dem psychotherapeutischen Feld entlehnt werden. Die soziale Akzeptanz, die Trauernden

---

25 Allerdings gibt es auch hierzulande immer mehr Möglichkeiten zur Fortbildung, etwa im Kontext der Hospizarbeit.

für ihre höchstpersönlichen Erlebnisse entgegengebracht wird, ist daher keineswegs allgemein gesellschaftlich. Nur innerhalb von Trauerhilfe und -beratung findet die Einzigartigkeit individuellen Leids ausdrückliche Anerkennung.

Um dies zu verdeutlichen, werden zunächst die gesellschaftlichen Rahmenbedingungen der Kommunizierung von Individualität auf allgemeiner Ebene skizziert, um dann die semantische Codierung von Selbstbeschreibungen durch Psychologie und Therapie vorzustellen.

3. Herstellung und Kommunizierung von Individualität in der Moderne

Aus differenzierungstheoretischer Perspektive zeichnet sich der Beginn der Moderne durch die Ablösung der stratifikatorisch differenzierten durch die funktional differenzierte Gesellschaftsordnung aus; es entsteht eine *„multizentrische Welt"* (Schimank 2002b: 69) mit vielfältigen Bezugsmöglichkeiten. Individuelles Handeln orientiert sich nicht mehr an einem allgemeingültigen, quasi ubiquitärem Sinnsystem, und das individuelle Selbstverständnis ist nicht mehr an das Kollektiv der Herkunftsgruppe gebunden. Menschen partizipieren gleichzeitig mit einem Ausschnitt ihres Selbst an vielen, verschiedenen Subsystemen. Je weiter die funktionale Differenzierung gesellschaftlicher Subsysteme voranschreitet, desto mehr verstetigt sich auch die Differenz zwischen psychischen und sozialen Systemen, wobei ego sich selbst zum wesentlichen Bezugspunkt von Sinndeutung geworden ist.

Dass jeder Mensch „einen gegenüber allen anderen Weltbezügen privilegierten Bezug zu sich selbst" unterhält (Schimank 2002b: 80), dass das eigene Erleben und Befinden den Einzelnen jeweils näher und wichtiger ist „als alles, was sich in ihrer Umwelt ereignet", verweist darauf, wie Individualität als das für alle gültige Allgemeine realisiert wird. Sie hat – schon im 19. Jahrhundert – die Gestalt von Selbstverwirklichung angenommen[26]. Dabei ist der Gegensatz von Individuum und Gesellschaft *in* das Individuum selbst verlegt worden. Weil es für die Bestimmung des Selbst keine verbindlichen gesellschaftlichen Vorgaben mehr gibt, ist der Grund im Individuum zu finden, und zwar ohne Rückgriff auf kulturelle Vorbilder. Dazu reicht schon der Verweis auf Differenz aus. Gleichzeitig bedarf die dergestalt auf Abgrenzung basierende Reproduktion von Individualität aber der Bezugnahme auf die soziale Umwelt (Luhmann 1987: 387f.). Dies versteht sich für Niklas Luhmann (ebd.: 360) allerdings nicht von selbst. Selbstbeschreibungen nur um der Re-

---

26 Nach Luhmann (1995: 27) (Luhmann 1987: 351) ist der Mensch ab 1800 als Wesen bestimmt worden, „das sich selbst individualisiert: als selbstbezügliches Subjekt, das sich selbsttätig so viel Welt als möglich aneignet und sich dadurch selbst bestimmt".

produktion von Individualität willen hält er nicht für einen hinreichenden Grund, „weil doch nur festgestellt wird, was ohnehin läuft", und zwar die Autopoiesis des auf sich selbst verweisenden Bewusstseins. Sinnhaft erklären lässt sich die Herstellung von Individualität nach Luhmann nur insofern, als auf soziale Vorgaben für Selbstbeschreibungen bzw. auf entsprechende Semantiken zurückgegriffen werden könne, die der Differenz der Erlebnisperspektiven auch soziale Anerkennung zu schaffen vermag.

Luhmann (ebd.: 361f.) zeigt auf, wie sich historisch verschiedene Semantiken – vom Heroismus über den Geniekult bis hin zum ‚homme universel' – entwickelt haben. Sie ermöglichen Selbstbeschreibungen in Form Besonderheit demonstrierender Selbststilisierungen; den Endpunkt dieser Entwicklung bildet die Hinwendung zur Individualität als allgemeinem Modus der Selbstbeschreibung. Dass Individualität auf Differenz und Abgrenzung, auf Exklusion gegründet werden kann, ist für Luhmann (1995: 133) bereits die wesentliche Voraussetzung für das eigene „Anderssein-Können", für Unterscheidung und Besonderheit.

Damit die Behauptung einer Differenz zwischen Individuum und sozialer Umwelt kommunizierbar sei, reicht nach Luhmann (ebd.: 137f.) die Formulierung eines Anspruchs auf Individualität aus; Anspruchsindividualität sei eine hinreichende und zugleich die einzig mögliche Form, um Individualität geltend machen zu können[27]. Auf semantischer Ebene findet sie zunächst allgemein ihren Ausdruck in der Forderung nach Freiheit und Gleichheit. In den einzelnen gesellschaftlichen Subsystemen wird dann näher bestimmt, welcher Art der jeweils formulierte Anspruch ist und wie er realisiert werden soll. Innerhalb der Trauerkultur hat sich hierzulande seit den 1980er Jahren, insbesondere aber in den 1990er Jahren ein entsprechender Diskurs entfaltet. Danach gilt Trauer grundsätzlich als private, persönliche Angelegenheit, deren Ausdruck im öffentlichen Raum klare Grenzen gesetzt sind (Hockey 1993). Ausgehend von der unterstellten Eingrenzung und Verdrängung von Trauer wird gefordert, sich auf individuelle Weise mit Trauer auseinander zu setzen, und Selbstbestimmung gesellschaftlich zu ermöglichen.

Die Enttäuschung derartiger Ansprüche ist allgemein wie auch in dem speziellen Fall von Trauer Ausgangspunkt der Ausdifferenzierung semantischer Strukturen zur Reflexion von Erwartungsenttäuschungen geworden. Dies beinhaltet auch die Entwicklung geeigneter Formen der Selbstbeschreibung, denn wenn „ein Individuum seine Ansprüche [...] auch und vor allem auf sich selbst gründen kann, muss es Selbstbeschreibungen anfertigen. Die blind laufende Autopoiesis des Bewusstseins genügt dafür nicht, sie muss als Bezugspunkt für Aussagen ‚identifiziert', das heißt: als Differenz zu anderem behandelt werden können" (Luhmann 1987: 365). Ein wichtiger Bezugspunkt

---

27 Dies kann gelingen, weil Anspruchsindividualität gleichzeitig ein Funktionserfordernis sozialer Systeme ist.

für die Ausbildung und Verbreitung von Selbstthematisierungspraktiken ist der therapeutische Kontext. Psychologische und psychoanalytische Wissensformen sichern Selbstreferenz durch Ausbildung entsprechender Semantiken ab. Sie gehen von der Annahme aus, dass das Verhältnis von Individuum und Gesellschaft durch einen – vor allem für das Individuum – prekären Interessensgegensatz bestimmt sei[28]. Diese gesellschaftskritische Diagnose findet sich schon bei Sigmund Freud (1931: 25). Er beklagte, dass die ‚menschliche Triebsehnsucht' nach Glück durch ‚kulturelle Triebbeherrschung' begrenzt werde. Mit Hilfe therapeutischer Praktiken und psychologisch fundierter Selbstbeschreibungen wurde dann ein Rahmen für die Auseinandersetzung über den Gegensatz zwischen individuellen Ansprüchen und gesellschaftlichen Anforderungen hergestellt. Seine Funktion besteht darin, auch im Fall der Erwartungsenttäuschung immer eine Möglichkeit der Behauptung eines Anspruchs auf individuelle Besonderheit zu ermöglichen. Auf diese Weise werden leidvolle Erfahrungen zwar nicht verhindert; sie können aber abgewehrt und an die Gesellschaft zurückgewiesen werden.

3.1 Die semantische Codierung von Selbstreferenz durch Psychologie und Therapie

Was sich für Freud als fortlaufende Verunsicherung und Begrenzung des Selbst darstellt, erweist sich aus systemtheoretischer Perspektive als strukturell begründete Möglichkeit individueller Lebensgestaltung. Nach Schimank (2002b: 71f.) haben wir es infolge funktionaler Differenzierung mit einer dreifachen Veränderung des Selbstverständnisses zu tun; in sachlicher Hinsicht komme es durch die Vielfalt an Deutungs- und Handlungsmöglichkeiten zur Pluralisierung von Lebenswelten und Lebensstilen, in zeitlicher Hinsicht komme es zur Verzeitlichung der individuellen Lebensführung, und in sozialer Hinsicht komme es zur Relativierung der Perspektiven, an denen sich die Deutung von Handeln und Erleben ausrichte. Pluralisierung, Temporalisierung und Relativierung aller Sinn- und Deutungshorizonte bedingen aber nicht nur andauernde Infragestellung und fortlaufende Kontingenz, sie eröffnen auch erst jene eigene, durch Individualität bestimmte Form der Identität.

Der „Primat der Selbstreferenz" (ebd.: 78) verbindet sich mit einem eigenen Programm; danach ist Selbststeuerung respektive Selbstverwirklichung nicht nur ein individuelles Anliegen, sondern ein allgemein gültiger, sozial abgesicherter Anspruch. Damit Ansprüche auf Individualität kommunizierbar werden, bedarf es der Existenz eines Orientierungsrahmens für die Problematisierung des Selbst. Die Therapie ist nach Alois Hahn (1987: 10ff.) eine

---

28 Während es sich aus soziologischer Sicht als Steigerungsverhältnis darstellt. (Luhmann 1987: 351).

der wichtigsten Institutionen, die kommunikative Selbstbehandlung in der Moderne in umfassender Weise ermöglichen. Ausgehend von der Beobachtung der inneren Befindlichkeit und der Überprüfung der inneren Einstellung wird das individuelle Erleben, oder eine Reihe von Erlebnissen, in den Mittelpunkt der Betrachtung gerückt (Hahn 1990). Diese Form der strukturierten Selbstvergewisserung sichert zum einen die Anschlussfähigkeit für das weitere Selbst-Erleben eines Individuums, unabhängig davon, ob die Notwendigkeit zur Selbstreflexion Folge mangelnder Routinisierung oder gesellschaftlicher Enttäuschung von Ansprüchen ist. Therapeutische Selbstthematisierung sichert zum anderen auch die kommunikative Anschlussfähigkeit individueller Problemlagen auf gesellschaftlicher Ebene, mit der Folge, dass Selbstbesinnung und -reflexion sogar eingefordert werden können, wenn etwa ärztlicherseits oder per richterlichem Urteil eine Therapie verordnet wird.

Eine entsprechende Arbeit an der eigenen Persönlichkeit ist aber nur innerhalb eines spezifischen gesellschaftlichen Kommunikationszusammenhangs möglich. Im Kontext von Psychologie und Therapie haben sich Thematisierungsstrukturen ausgebildet, die Selbstbehauptung und Selbstkontinuierung ermöglichen, auch und gerade wenn das Selbstverständnis durch äußere Anlässe verunsichert ist und sich infrage gestellt sieht, ob im Rahmen einer erwartbaren biographischen Passage oder unerwarteter lebensgeschichtlicher Ereignisse und Krisen. Abgefedert durch organisationale Strukturen und Programme erlaubt psycho-therapeutische Selbstthematisierung routinierte Selbstüberprüfung; sie bietet hierzu insbesondere im Fall starker Verunsicherung und Ungewissheit eine am emotionalen Erleben ansetzende, also emotional strukturierte Form der Selbstvergewisserung.

Wer sich seiner selbst nicht sicher ist, wer sein Selbstbild überprüfen oder wer von den Belastungen des Lebens erzählen will, begibt sich in psycho-therapeutische Behandlung. Psychologie und Therapie fungieren dabei als Kommunikationsmedien und damit als Selektionsverstärker, und zwar nicht nur für ein fragiles, unsicheres ego, sondern auch allgemein für das sich durch Selbstbezüglichkeit konstituierende Selbst. Aus systemtheoretischer Perspektive sind diese Disziplinen maßgebliche Strukturelemente des Systemtyps der Selbstreflexion; seine Sinngrenzen konstituieren sich wie alle teilsystemspezifischen Kommunikationszusammenhänge auf der Basis einer binär codierten Leitdifferenz. Im Fall der Selbstreflexion besteht die Codierung in der Erlangung von Gewissheit über sich selbst, die stets auch immer mit dem Gegenteil, und zwar mit noch größerer Unklarheit, enden kann. Deshalb gestaltet sich Selbstvergewisserung als fortwährende Suche nach Identität mit offenem Ausgang. Hierin besteht der Kern des individuellen Selbstverständnisses: „Sich suchen, zu sich finden, zu sich stehen ist das, was die Orientierung in der Welt verbürgen soll" (Kohli 1988: 45).

Therapeutisch angeleitete Selbstvergewisserung hat dabei – wie in allen anderen subsystemspezifischen Kommunikationszusammenhängen auch –

nie die Übereinstimmung in inhaltlicher Hinsicht zum Ziel (Luhmann 1975: 172). Zwischen Therapeutin und Patient werden ausschließlich ‚symbolisch komplementäre Erlebnisperspektiven' ausgebildet. Dazu ist es ausreichend, individuelle Verunsicherung zu thematisieren. Es ist in therapeutisch fundierten Kontexten sichergestellt, dass das Individuum unabhängig davon, welche Ereignisse sein Selbstverständnis erschüttern, hierfür mit sozialer Akzeptanz rechnen kann. Ego kann, eine „verständnisvolle, wenn nicht therapeutische Behandlung seiner Ansprüche" erwarten (Luhmann 1987: 366).

Die Überwindung der Verunsicherung kann sich auf zweierlei Weise vollziehen. Entweder sucht das Individuum die Antwort auf die erlebte Irritation in sich selbst, d.h. es revidiert seine Ansprüche und lässt sich therapieren, oder aber es weist die Verursachung seines Leids der Gesellschaft zu. Hierzu bedarf es allerdings weiterer, die binär codierte Leitdifferenz des Systems der Selbstreflexion spezifizierende Strukturvorgaben, denn Codes sind in der Regel so allgemein, dass sie mit Blick auf spezifische Themen und Sachverhalte in der Regel keine ausreichende Orientierung bieten. „Jedes Teilsystem flankiert deshalb seinen Code durch weitere Erwartungsstrukturen, die die Form von Programmen annehmen" (Schimank 2000: 162f.). Im Kontext des Systemtyps der Selbstreflexion manifestiert sich dies erstens in der Erwartung, seine Probleme bearbeiten und bewältigen zu sollen. Eine zweite Erwartung besteht darin, selbstbestimmt und autonom handeln zu können und nicht mit Ansprüchen konfrontiert sein zu wollen. In den 1980er Jahren geht Luhmann (1987: 366) noch davon aus, dass es sich hierbei um „ins Extrem getriebene, literarische Versionen, nicht solche des wirklichen Lebens handelt". Dies trifft für den Bereich von Trauerarbeit durchaus nicht mehr zu. Es gibt – neben der Sterbebegleitung – kaum ein Feld, innerhalb dessen die individuelle Besonderheit von Menschen programmatisch so intensiv und so vehement gepflegt wird wie im Bereich der Trauerhilfe[29]. Dazu gehört es auch, Differenz nicht sich selbst, sondern der Gesellschaft und ihren Ausgrenzungsmechanismen zuzuschreiben. Die Behauptung der gesellschaftlichen Verdrängung von Trauer ist entsprechend ein solcher Mechanismus der Zurückweisung gesellschaftlicher Ansprüche. Die Auseinandersetzung mit gesellschaftlichen Erwartungen und individuellen Kontingenzerfahrungen Trauernder hat sich dabei im Fall der Trauerhilfe in einen spezifischen Teilbereich psycho-therapeutisch fundierter Selbstreflexion verschoben.

---

29 Dies findet in der Sterbebegleitung eine Entsprechung (Winkel 2004).

3.2 Trauerhilfe als Einrichtung der Enttäuschungsabwicklung

Ebenso wie auf der allgemeinen Ebene des Systems der Selbstreflexion wird in der psycho-therapeutisch fundierten Trauerarbeit explizit die Arbeit am erschütterten Selbstverständnis in den Mittelpunkt gestellt. Ausgehend von der Beobachtung der inneren Befindlichkeit werden Trauergefühle lokalisiert, um Ausmaß und Intensität der inneren Zerrissenheit und ihrer Ursachen bestimmen zu können. Das Ziel besteht darin, die Irritation des Selbstbildes thematisieren und darauf aufbauend wieder in Einklang mit sich selbst gelangen zu können. Selbstvergewisserung nimmt dabei die Form emotional strukturierter Selbsterfahrung an. Persönlichkeits- und Emotionsarbeit gelten als zentrale Konzepte in der Trauerhilfe (Arnason 2001: 191).

Für Martin Kohli (1988: 45) ist der Bezug auf die eigenen Gefühle und Bedürfnisse „eine andere Form der Suche nach einem neuen letzten Grund für die Orientierung in der Welt". Sie kann allerdings nicht ohne soziale Absicherung gelingen, und zwar insbesondere im Fall von Kontingenz. Nach Luhmann (1987: 436) gilt dies nicht für die Ebene alltäglicher Erwartungen. Die meisten seien „hinreichend geläufig und sicher, so dass man sich keine weiteren Gedanken machen muss." Deshalb nehmen wir es relativ erstaunt, aber gelassen hin, wenn der Bäcker keine frischen Brötchen mehr hat oder der Bus sich um einige Minuten verspätet. In denjenigen Fällen, in denen Unsicherheit aber regelmäßig erwartbar ist, stellt sich die Situation anders dar. „Man kann mehr Unsicherheit im System nicht einfach durch mehr Unsicherheit des Erwartens beantworten" (ebd.: 436). Weil Kontingenz bewusst geworden ist, bedarf es sozialer Vorgaben, um sicher zu stellen, „wie man sich im Enttäuschungsfalle verhalten kann" (ebd.: 436). Etwa wenn das individuelle Selbstverhältnis durch den Tod eines alter ego erschüttert wird, und Trauernde in der Moderne nicht mehr auf allgemein verbindliche, obligatorische Rituale zurückgreifen können. Therapeutische Praktiken und psychologische Semantiken stellen eine Verhaltensoption dar, indem sie die entstandene Unsicherheit selbst reflektierbar und kommunizierbar machen.

In der Konsequenz muss jeglicher individuelle Anspruch auf gesellschaftliche Anerkennung der persönlichen Trauersituation revidiert werden. Stattdessen müssen sich Trauernde damit abfinden, dass ein Verlust gerade aufgrund seiner individuellen Einzigartigkeit nicht auf soziale Akzeptanz und Verständnis hoffen kann. Aber auch eine Orientierung an der Erwartung, enttäuscht zu werden, kann dem Verhalten durchaus Stabilität verleihen. Denn es handelt sich um eine „Orientierung an einer Differenz" (ebd.: 437), die zur Aufrechterhaltung von Individualität beiträgt. Folglich rechnen Trauernde immer damit, nicht auf Verständnis hoffen zu können; Beileidsbekundungen oder andere Reaktionen auf den Ausdruck von Trauer lassen sich als unzureichend und unpassend zurückweisen.

Luhmann (ebd.: 437) stellt die Frage, in welchen Fällen Erwartungen über zu erwartende Enttäuschungen aufgegeben würden, und unterscheidet diesbezüglich zwischen lernbereiten Erwartungen in Form von Kognitionen und lernunbereiten Erwartungen in Form von Normen, an denen „auch im Enttäuschungsfalle kontrafaktisch festgehalten" werde. Die Erwartung, für den Ausdruck von Trauer nicht mit sozialer Akzeptanz rechnen zu können, hat sich in Form der Verdrängungs- und Tabuisierungssemantik normativ verfestigt. Innerhalb der Trauerhilfe hat sie programmatischen Charakter erhalten; sie erklärt, warum es so schwierig ist, die Besonderheit individueller Trauer verstehbar zu machen und gleichzeitig ist sie der Motor der Entstehung von Trauerbegleitung. Ob in der institutionalisierten Trauerhilfe oder in alltäglichen Diskursen: Die stetige Rede vom gesellschaftlichen Problem des Sprechen-Wollens, aber nicht Sprechen-Könnens ist zum Handlungshorizont der Selbstdarstellung und des Selbstverständnisses von Trauernden geworden.

Je stärker angesichts der unterstellten gesellschaftlichen Restriktionen Formen des Trauerns eingefordert wurden, die der individuellen Autonomie Raum geben, desto deutlicher treten die auch in psycho-therapeutischen Formen der Selbstvergewisserung enthaltenen Zwänge hervor. In der Konsequenz ist die Institutionalisierung von Trauerberatung gleichzeitig immer von einer vehementen Zurückweisung professioneller Formen der Trauerhilfe begleitet. Sie etabliert sich als Anspruch, hinsichtlich des Ausdrucks von Trauer nicht mit Ansprüchen konfrontiert sein zu wollen. Diese Entwicklung ist durchaus nicht paradox, sondern entspricht der Logik funktionaler Differenzierung und der damit verbundenen wachsenden Differenz zwischen sozialen und psychischen Systemen in modernen Gesellschaften. Sie steht für eine höchstmögliche Autonomie und Freiheit individueller Handlungswahl. Trauernde wollen nach eigenem Belieben entscheiden, ob sie sich in therapeutische Behandlung oder eine Selbsthilfegruppe begeben, ob sie ein persönliches Tagebuch führen oder im Internet öffentlich über sich berichten, oder aber keine dieser gesellschaftlichen Optionen wählen und hinsichtlich des Ausdrucks von Trauer keine besonderen Ansprüche entwickeln. Entscheidend ist es nicht, über seine Gefühle sprechen zu können, entscheidend ist es, ebenso gut schweigen zu können.

Wenn aber der Enttäuschungsdruck zu groß wird, bleibt die Option auf Aussprache in der Trauerberatung. Insbesondere Enttäuschungen im sozialen Nahbereich führen oftmals zur Suche nach einer Gesprächs- und Reflexionsmöglichkeit außerhalb des Freundes- oder Verwandtenkreises. Trauerberatung erfüllt damit zwei Anliegen. Zum einen das Bedürfnis, Gefühle unzensiert und frei äußern zu können, und zum anderen den Zweck, eigene und Erwartungen anderer überdenken zu können. Weil sie „den Umgang mit faktisch eingetretenen Enttäuschungen" (ebd.: 453) eröffnet, fungiert Trauerhilfe als soziale Brücke zwischen Individuum und Gesellschaft. Indem sie die Existenz unwahrscheinlicher Erwartungen seitens des Individuums und entsprechende Ansprüche hierauf artikulierbar macht, und eine Kritik der Grenzen und Schwellen gesellschaftlicher Kommunikation eröffnet, stabilisiert sie gleichzeitig – wie auch die Therapie im Allgemeinen – die Strukturen der modernen Gesellschaft. Die zeichnen sich aber nach wie vor durch eine deutliche Differenz zwischen psychischen und sozialen Systemen aus.

4. Resümee

Trauerhilfe ist eine strukturschützende Einrichtung sozialer Systeme. Indem sie die Abwicklung von Enttäuschungen auf der Rede von Trauer als schwer kommunizierbarem, öffentlich tabuisiertem Phänomen gründet, wird Trauernden ermöglicht, die strukturell bedingte Exklusion ihrer persönlichen Erfahrungen bzw. deren Partialinklusion in gesellschaftliche Funktionssysteme zu erklären und zu „renormalisieren" (ebd.: 454). Dies gelingt, indem die Ursache für die andauernde Enttäuschung, nicht mit Verständnis für das individuelle Erleben rechnen zu können, der Gesellschaft zugeschrieben wird, wobei die persönliche Erfahrung zum Sonderfall erklärt wird. Die Unwahrscheinlichkeit, mit Verständnis für das eigene Erleben rechnen zu können, wird stabilisiert: Erwartungsenttäuschungen werden erwartbar.

Damit ist Trauerberatung mit einem ihr innewohnenden Paradox konfrontiert. Je mehr sie sich institutionalisiert und als Handlungs- und Erwartungshorizont der individuellen Besonderheit Trauernder Respekt verschafft, desto stärker macht sie Individualisierung und gesellschaftliche Unsicherheit selbst zum Programm. Der Untröstlichkeit individuellen Leids und der damit verbundenen Schwierigkeit der Kommunizierung von Trauer wird – in einem bestimmten Rahmen – zwar soziale Anerkennung verschafft. Gleichzeitig wird die strukturell bedingte Individualisierung von Trauer und Leid bestätigt: Trauer kennt keinen Trost.

Dieser Sachverhalt ist – innerhalb wie auch außerhalb der institutionalisierten Trauerhilfe – nur mit Hilfe der semantischen Strukturen zur Kommunizierung von Schmerz und Leid artikulierbar. Nach Luhmann (1999: 41ff.) kann die Thematisierung individueller Besonderheit unter den strukturellen Gegebenheiten moderner Gesellschaften nur mit Hilfe eines semantischen Codes gelingen; innerhalb persönlicher Beziehungen vollzieht sich dies über den Liebescode. Im Fall von Trauer stellt sich nun die Frage, wie die Ausbildung ‚symbolisch komplementärer Erwartungen' hinsichtlich persönlicher Belange – im Fall ihres Abbruchs – auch außerhalb privater Beziehungen gelingen kann. Im Rahmen einer empirischen Studie über Trauerkommunikation (Winkel 2002) hat sich erwiesen, dass Trauer selbst ein im medientheoretischen Sinne auf semantischer Ebene strukturierter Kommunikationscode ist. Die Codierung von Trauer besteht in der Benennung der Besonderheit und Unvergleichlichkeit eines Verlustes und der damit verbundenen, umfassenden Trostlosigkeit. Sie verbindet sich auf der Ebene sozialer Systeme mit der Erwartung, nicht mit Kongruenz im Erleben oder Handeln rechnen zu können; was Trauernde und ihre Umwelt folglich miteinander verbindet, ist die Inkongruenz ihrer Perspektiven. Die in der Besonderheit und Unvergleichlichkeit eines Verlustes bestehende symbolische Codierung von Trauer stellt die Zurechnung von Selektionsofferten entsprechend nur in begrenzter Weise sicher, macht Kommunikation über Trauer nur bis zu einem gewissen Punkt sozial anschlussfähig. Diese Grenzen können auch in der Trauerhilfe nicht überschritten werden. Allerdings können die sozialen Restriktionen der Trauerkommunikation in keinem gesellschaftlichen Bereich so rückhaltlos artikuliert werden wie in der Trauerhilfe. Kontingenz selbst wird thematisierbar.

Trauerhilfe eröffnet daher nicht nur eine systematische Auseinandersetzung mit Verlusterfahrungen, Trauer und Leid, sondern vor allem auch eine Reflexion des gesellschaftlichen Kommunikationsproblems selbst. Auf diese Weise ist ein gewisser kommunikativer ‚Freiraum' entstanden, der allerdings den Verlust einer privaten Beziehung nicht ersetzen kann, denn nur innerhalb persönlicher Beziehungen sind prinzipiell alle Belange kommunizierbar.

Dass Codeprobleme reflexiv gemacht werden können, setzt seinerseits entsprechende Programmstrukturen voraus, die eine – mehr oder weniger – voraussetzungslose Akzeptanz individueller Erlebnisperspektiven zur Grundbedingung der Arbeit mit Trauernden machen. Der Kern ihrer Programmstruktur besteht im Verweis auf gesellschaftliche Zwänge und Restriktionen. Aus systemtheoretischer Perspektive handelt es sich um eine Erweiterung des kommunikativen Potenzials des Trauercodes. Sie ist so weitreichend, dass Trauerhilfe selbst zum Gegenstand dauernder Reflexion und Auseinandersetzung geworden ist, immer konfrontiert mit dem Anspruch auf Individualität. In der Konsequenz dürfen in der Begleitung und Beratung Trauernder keine konzeptionellen Vorgaben gemacht werden, wenn Trauerhilfe sich selbst treu bleiben will. Weil gewährleistet sein muss, dass Trauernde jedwede Ansprüche an den Ausdruck von Trauer zurückweisen können, ist Trauerarbeit per se nur eine Option unter anderen. Schon deshalb hat sich Trauerhilfe in so vielfältigen Formen und Gestalten manifestiert, kann sie von so vielen Einrichtungen und Personen, ob von Therapeuten, Bestattern, Steinmetzen oder selbsternannten Trauerbegleitern als eigenes Arbeitsfeld reklamiert werden[30]. Eingefordert werden kann sie aber nicht. Dies gilt ebenfalls für eine Verallgemeinerung des Anspruchs auf einen angemessenen Umgang mit Betroffenen. In diesem Sinne kann es ebenso sinnvoll sein, über das, worüber man nicht sprechen kann, zu schweigen.

---

30 Beispielhaft sei auf die diesbezüglichen Angebote folgender Internet-Seiten verwiesen: http://www.tod-und-trauer.de, http://www.steingestalter.de, http://www.wakandas.de/trauerhilfe.htm.

Literatur

Ariés, Philippe (1984): Geschichte des Todes. Zürich.
Arnason, Arnar (2000): Biography, bereavement, story. In: Mortality 5, pp. 189-204.
Bayerischer Landesverband des Katholischen Deutschen Frauenbundes e.V. (Hg.) (2003): „Ich möchte, daß eine mit mir geht ..." Arbeitshilfen zur Begleitung eines Gesprächskreises für Trauernde. München.
Bohn, Cornelia/ Hahn, Alois (1999): Selbstbeschreibung und Selbstthematisierung. Facetten der Identität in der modernen Gesellschaft. In: Herbert Willems und Alois Hahn (Hg.): Identität und Moderne. Frankfurt/M., S. 33-61.
Bowlby, John (1969): Attachment and loss. New York.
Canacakis, Jorgos (1987): Ich sehe deine Tränen: trauern, klagen, leben können. Stuttgart.
Canacakis, Jorgos (1990): Ich begleite dich durch deine Trauer. Stuttgart.
Charmaz, Kathy (1980): The Social Reality of Death in contemporary America. Reading Ma.
Charmaz, Kathy (1994): Conceptual Approaches to the Study of Death. In: Robert Fulton and Robert Bendikson (Hg.): Death and Identity. Philadelphia.
Daniel, Gwyn (2001): Familienprobleme nach einem Trauerfall. In: Chris Paul (Hg.): Neue Wege in der Trauer- undSterbebegleitung. Hintergründe und Erfahrungsberichte für die Praxis, Gütersloh. (Original: Family problems after a bereavement. In: Bereavement Care 17, 1998)
Engel, G (1961): Is Grief a Disease? In: Psychosomatic Medicine 23, pp. 18-22.
Feifel, Hermann (Hg.) (1959): The Meaning of Death. New York.
Feifel, Hermann (Hg.) (1977): New Meanings of Death. New York.
Fischer, Norbert (1999): Leitlinien einer neuen Kultur im Umgang mit Tod und Trauer. In: Arbeitsgemeinschaft Friedhof und Denkmal 1, S. 3-9.
Fredman, Glenda (1997): Wenn einer von uns stirbt. Wie wir darüber reden können. Ein systemisches Modell. Mainz.
Freud, Sigmund (1931): Das Unbehagen in der Kultur. Wien.
Fuchs, Peter (1999: Moderne Identität – im Blick auf das europäische Mittelalter. In: Herbert Willems und Alois Hahn (Hg.): Identität und Moderne. Frankfurt/M., S. 273-297.
Fuchs, Werner (1969): Todesbilder in der modernen Gesellschaft. Frankfurt/M.
Gorer, Geoffrey (1965): Death, Grief and Mourning. New York.
Hahn, Alois (1987): Identität und Selbstthematisierung. In: Alois Hahn und Volker Kapp (Hg.): Selbstthematisierung und Selbstzeugnis: Bekenntnis und Geständnis, Frankfurt/M., S. 9-24.
Hahn, Alois (1990): Beichte und Biographie. In: Michael Sonntag (Hg.): Von der Machbarkeit des Psychischen. Texte zur Historischen Psychologie II. Pfaffenweiler, S. 56-76.
Hahn, Alois (1993): Identität und Nation in Europa. In: Berliner Journal für Soziologie 3, S. 193-203
Hockey, Jenny (1993): The acceptable face of human grieving? The clergy's role in managing emotional expression during funerals. In: David Clark (Hg.): The Sociology of Death: theory, culture, practise. Oxford.
Kast, Verena (1982): Trauern. Phasen und Chancen des psychischen Prozesses, Stuttgart.
Kast, Verena (2001): Sich einlassen und loslassen. Neue Lebensmöglichkeiten bei Trauer und Trennung, Freiburg.
Kearl, Michael C. (1989): Endings. A Sociology of Death and Dying, New York, Oxford.
Kohli, Martin (1988): Normalbiographie und Individualität: Zur institutionellen Dynamik des gegenwärtigen Lebenslaufregimes. In: Hanns-Georg Brose und Bruno Hildenbrand: Vom Ende des Individuums zur Individualität ohne Ende, Opladen.

Lifton, Robert J. (1986): Verlust des Todes. Über die Sterblichkeit des Menschen und die Fortdauer des Lebens, München.
Lindemann, Erich (1944): Symptomatology and Management of Acute Grief. In: American Journal of Psychiatry 101, pp. 141-148.
Lofland, Lyn H. (1976): Towards a sociology of death and dying, Beverly Hills.
Lofland, Lyn H. (1978): The Craft of Dying: the modern face of death, Beverly Hills.
Luhmann, Niklas (1975): Einführende Bemerkungen zu einer Theorie symbolisch generalisierter Kommunikationsmedien. In: Ders.: Soziologische Aufklärung 2. Aufsätze zur Theorie der Gesellschaft. Opladen, S. 170-192.
Luhmann, Niklas (1987): Soziale Systeme. Grundriß einer allgemeinen Theorie. Frankfurt/M.
Luhmann, Niklas (1995): Die gesellschaftliche Differenzierung und das Individuum. In: Ders.: Soziologische Aufklärung 6: Die Soziologie und der Mensch. Opladen, S. 125-141.
Luhmann, Niklas (1999): Liebe als Passion. Zur Codierung von Intimität. Frankfurt/M.
McCarthy, E. Doyle (2002): The Emotions: Senses of the Modern Self. In: Österreichische Zeitschrift für Soziologie 27, S. 30-49.
Parkes, Colin M. (1965): Bereavement and mental illness. Part II. A Classification of bereavement reactions. In: British Journal of Medical Psychology 38, pp. 13-26.
Parkes, Colin M. und R. Weiss (1983): Recovery from Bereavement. New York.
Parkes, Colin M. (1986): Bereavement: studies of grief in adult life. London.
Parkes, Colin M. (1993): Bereavement as a psychosocial transition. Processes of adaptation to change. In: Margaret Stroebe et al. (Hg.): Handbook of Bereavement. Theory, research and intervention. Cambridge.
Parkes, Colin M. (2001): Trauerbegleitung – Hilfe oder Schaden? In: Chris Paul (Hg.): Neue Wege in der Trauer- und Sterbebegleitung. Hintergründe und Erfahrungsberichte für die Praxis. Gütersloh.
Parsons, Talcott/ Lidz, Victor (1967): Death in American Society. In: E. Shneidman (Hg.): Essays in Self-Destruction. New York.
Parsons, Talcott (1994): Death in the western world. In: Robert Fulton and Robert Bendikson. Philadelphia.
Paul, Chris (2000): Wie kann ich mit meiner Trauer leben? Ein Begleitbuch. Gütersloh.
Paul, Chris (Hg.) (2001): Neue Wege in der Trauer- und Sterbebegleitung. Hintergründe und Erfahrungsberichte für die Praxis. Gütersloh.
Pincus, Lily (1977): Bis daß der Tod euch scheidet. Zur Psychologie des Trauerns. Stuttgart.
Reitz, Rüdiger (1997): Die ehrenamtlichen und bürgerlichen Wurzeln des Bestattungswesens. 8 Thesen zur Erneuerung der Trauerkultur und des Bestattungswesens. Ms.
Saunders, Cicely (1960): Care of the Dying. London (reprint Oxford 1983).
Saunders, Cicely (1978): The Management of terminal disease. London.
Saunders, Cicely (Hg.) (1981): Hospice, the living idea. London.
Sax, Marjan/Visser, Knaar/Boer, Marjo (1993): Begraben und Vergessen. Ein Begleitbuch zu Tod, Abschied und Bestattung. Berlin.
Schibilsky, Michael (1996): Trauerwege. Beratung für helfende Berufe. Düsseldorf.
Schimank, Uwe (2000): Theorien gesellschaftlicher Differenzierung. Opladen.
Schimank, Uwe, (2002a): Die individualistische Idenität der Person in der funktional ausdifferenzierten Gesellschaft. In: Ders.: Das zwiespältige Individuum. Zum Person-Gesellschaft-Arrangement der Moderne. Opladen, S. 1-36.
Schimank, Uwe, (2002b): Jenseits Gottes und des Nichts: Funktionale Differenzierung und reflexiver Subjektivismus. In: Ders.: Das zwiespältige Individuum. Zum Person-Gesellschaft-Arrangement der Moderne. Opladen, S. 65-86.

Spiegel, Yorick (1986): Der Prozeß des Trauerns. Analyse und Beratung. München.
Stroebe, Margaret (1992): Coping with Bereavement: a review of the grief work hypothesis. In: Omega 1, pp. 19-42.
Stroebe, Margaret/Schut, Henk (1999): The Dual Process Model of Coping with Bereavement: Rationale and Description. In: Death Studies 23, pp. 197-224.
Stroebe, Margaret/Schut, Henk (2001): Kultur und Trauer. In: Chris Paul (Hg.): Neue Wege in der Trauer- und Sterbebegleitung. Hintergründe und Erfahrungsberichte für die Praxis. Gütersloh.
Stroebe, Margaret/Stroebe, Wolfgang (1991): Does ‚grief work' work? In: Journal of Consulting and Clinical Psychology 3, pp. 479-482.
Stroebe, Margaret/ Stroebe, Wolfgang/Hansson, Robert (Hg.) (1993): Handbook of Bereavement. Theory, research and intervention. Cambridge.
Voss-Eiser, Mechthild (1992): Hilfe und Selbsthilfe für verwaiste Eltern und trauernde Geschwister. In: Johann-Christoph Student (Hg.): Im Himmel welken keine Blumen. Freiburg.
Walter, Tony (1997): The Revival of Death. London.
Walter, Tony (1999): On bereavement. The Culture of Grief. London.
Walter, Tony (2001): Verlust und Lebensgeschichte. In: Chris Paul (Hg.): Neue Wege in der Trauer- und Sterbebegleitung. Hintergründe und Erfahrungsberichte für die Praxis, Gütersloh.
Willems, Herbert (1994): Psychotherapie und Gesellschaft. Voraussetzungen, Strukturen und Funktionen von Individual- und Gruppentherapien. Opladen.
Winkel, Heidemarie (2002): „Trauer ist doch ein großes Gefühl ..." Zur biographiegenerierenden Funktion von Verlusterfahrungen und der Codierung von Trauerkommunikation, Konstanz.
Winkel, Heidemarie (2004): Selbstbestimmt Sterben. Patient(inn)enorientierung und ganzheitliche Schmerztherapie als Kommunikationskoordinaten in der Hospizarbeit. In: Hubert Knoblauch/Arnold Zingerle (Hg.): Tod – Sterben – Hospiz. Berlin (i. E.).
Wortman, C.B./Silver, R.B. (1989): Thy myths of coping with loss. In: Journal of Consulting and Clinical Psychology 57, pp. 349-353.

Internetquellen

http://www.beepworld.de/members16/celianoelle/index.htm vom 3.12.2003
http://www.hospiz-thueringen.de/trauernetzwerk/index.shtml vom 11.12.2003

Nadine M. Schöneck
Zeitmanagement als Beratung des Selbst

1. Einführung

In unserer modernen und permanent beschleunigten Welt geraten immer mehr Menschen in chronische Zeitnot. Intelligente Selbstorganisation sowie zielgerichtete Zeitnutzung zählen zu den wichtigen Voraussetzungen für beruflichen Erfolg und innere Ausgeglichenheit. „Werden Sie zum umsichtigen Manager Ihrer eigenen Zeitressourcen, und schaffen Sie sich so mehr Zeit für die Dinge, die Ihnen wirklich wichtig sind": Mit diesen Worten könnte der Klappentext eines Zeitmanagementratgebers zu Beginn des 21. Jahrhunderts einen in chronische Zeitnot geratenen Interessenten zu Kauf und Lektüre einladen. Zeiterfahrung wird zunehmend als Konflikterfahrung begriffen (Rinderspacher 1985). Die uns zur Verfügung stehende Zeit – 24 mal 60 gleich 1440 Minuten; so viele stehen jedem Menschen täglich zum Verleben zur Verfügung – wird subjektiv knapp und Zeitstress zunehmend zum kollektiven Phänomen.

Die an der „angina temporis" (Lübbe 1992: 349) Leidenden beginnen, sich verstärkt um sich selbst Sorgen zu machen. Doch schon Hölderlin machte uns aufmerksam: Wo aber Gefahr ist, wächst das Rettende auch. Die Krise der Zeiterfahrung – die, unbehandelt, ein Risikopotenzial im Hinblick auf eine Lebensführung bedeuten würde – zieht Offerten nach sich, die dem Prinzip Hilfe zur Selbsthilfe folgen. Zeitmanagement als Beratung des Selbst boomt. Als seismographische Indikatoren der gegenwärtigen Phase zeitthematischer Hochkonjunktur mögen ein paar eindrucksvolle Zahlen dienen: Eine gängige das Internet durchpflügende Suchmaschine bringt es auf „ungefähr 81.800" deutschsprachige Einträge zum Stichwort „Zeitmanagement", und der Marktführer der Online-Buchhandlungen liefert zum selben Stichwort 307 deutschsprachige Buchtitel.[1] Im Rahmen einer im Herbst 2003 durchgeführten telefonischen Befragung unter 2105 in Deutschland lebenden Bürgern stimmten 82,6% aller Befragten der Aussage „Ich bin immer sehr

---

1 Alle Angaben basieren auf Recherchen am 11. Januar 2004.

beschäftigt." tendenziell zu; 42,8% aller Befragten stimmten der Aussage „Ich fühle mich oft unter Zeitdruck und getrieben." tendenziell zu.[2]

Neben der Fülle an Zeit- und Selbstmanagementratgebern[3] – in Abhängigkeit von der jeweiligen Ordnungssystematik im Buchhandel entweder unter „Wirtschaft/Karriere" oder „Lebensberatung" zu finden – signalisieren auch Zeitmanagementworkshops für die unterschiedlichsten Zielgruppen, (Crash-)Kurse in Schnell-, Diagonal- und Schwerpunktlesetechniken sowie die nicht selten angebotenen „besinnlichen 10-Minuten-Andacht[en]" (Busch 1997: 194) eine hohe gesellschaftliche Sensibilisierung für die Zeitthematik. Im Zuge von „Beschleunigungsfieber" und „Vergleichzeitigungsepidemie" liegt all diesen Phänomenen die handlungsleitende Devise „Maximaler Zeitgewinn durch optimale Zeit(aus)nutzung" zugrunde.

2. Gesellschaftliche Kontexte

Welche Attribute können der Gesellschaft, in der wir leben und die uns vermittelt, ein persönliches Zeitmanagement sei zweckmäßig, wenn nicht gar dringend notwendig, zugeschrieben werden? Gegenwartssoziologische Analysen verorten uns in einer westlichen, post-industriellen Gesellschaft, zu deren Hauptcharakteristika funktionale Ausdifferenzierung – unter Primat der Ökonomie (Schimank 2002; Deutschmann 2002) – und soziale Komplexität zählen. Der gesellschaftliche Kontext kann darüber hinaus mit einer Vielzahl subsumierender Etikettierungen belegt werden, die die konstatierte Zeitproblematik in aufsteigendem Maße thematisieren: Die Gesellschaft, in der wir leben, gilt als Arbeitsgesellschaft (Offe 1984), Informations-, Kommunikations- und Mediengesellschaft (Hensel 1990; Münch 1991; Otto/Sonntag 1985), Wissen(schaft)sgesellschaft (Kreibich 1986; Stehr 1994), Freizeitgesellschaft (Opaschowski 1992), Erlebnisgesellschaft (Schulze 1992), Multioptionsgesellschaft (Gross 1994), Versäumnisgesellschaft (Heintel 1999), Nonstop-Gesellschaft (Adam/Geissler/Held 1998), ruhelose Gesellschaft (Rinderspacher 1987), Beschleunigungsgesellschaft (Rosa 2003). Dieser Auflistung ließe sich konsequenterweise und zugespitzt die „Zeitmangelgesellschaft" hinzufügen. Denn all diesen Gesellschaftsetikettierungen sind eine Reihe zeitthematisch relevanter Merkmale gemeinsam, die für die nachfol-

---

2 Diese Telefonbefragung ist Teil eines von der DFG geförderten Forschungsprojekts an der FernUniversität in Hagen unter der Leitung von Juniorprof. Dr. Nicole Burzan und Prof. Dr. Uwe Schimank („Inklusionsprofile – eine differenzierungstheoretische Sozialstrukturanalyse der Bundesrepublik Deutschland"). In Anlehnung an dieses Forschungsprojekt verfolge ich mein Dissertationsvorhaben zum Zusammenhang von Inklusionsprofilen und subjektiver Zeitwahrnehmung.

3 Gelegentlich werden diese beiden Begriffe synonym benutzt. Auch erscheinen sie zuweilen gemeinsam in Buchtiteln, z.B. „Zeit- und Selbstmanagement" (Hansen 2001).

gende Analyse des Untersuchungsgegenstands Zeitmanagement als Beratung des Selbst von Bedeutung sind:

- Sowohl die soziale Interdependenzdichte als auch – in der Konsequenz – die wechselseitige Erwartungsdichte ist hoch.
- Zahlreiche Gesellschaftsbereiche und Lebensaspekte unterliegen einer Ökonomisierung und Rationalisierung.
- Vor dem Hintergrund des Postulats der Selbstbestimmtheit herrscht die Vorstellung einer grundsätzlich mobilen Gesellschaft – räumlich wie auch sozial.
- Dem Einzelnen begegnen Selektionserfordernisse im Spannungsfeld zwischen Dringendem und Wichtigem.
- Eine zunehmende Tendenz zur Gleichzeitigkeit, der parallelen Verrichtung unterschiedlicher Tätigkeiten, ist beobachtbar.
- Soziale Normen und Werte stellen mitunter zeitproblemverschärfende gesellschaftliche Standards dar.

3. Die Ressource Zeit und das Zeitmanagement

Aus sozialwissenschaftlicher Sicht entspricht Zeit einer (Ordnungs-)Kategorie, die in ihrer inter- und intrasubjektiv wahrnehmbaren Form erst im sozialen Zusammenhang entsteht (Elias 1984).[4] Zielführend für die hier vorzunehmende Betrachtung des Zeitmanagements ist eine kurze Darlegung der sozialen und der individuellen Zeitdimension.

Nach Rammstedt (1975) lassen sich auf der Ebene der sozialen Zeitdimension vier idealtypische Formen des Zeitverständnisses unterscheiden; welche Zeitbewusstseinsform dominiert, hängt ab von der jeweiligen Gesellschaftsform sowie dem ihr inhärenten Rationalitätsniveau:

- okkasionelles Zeitbewusstsein, das lediglich zwischen Jetzt und Nicht-Jetzt differenziert;
- zyklisches Zeitbewusstsein, das den Rahmen bildet für kontinuierlich wiederkehrende Bewegungen im Zeitverlauf und auf diese Weise den Regeln des Werdens und Vergehens Rechnung trägt;
- linear geschlossenes Zeitbewusstsein, das zur Folge hat, dass die Zeitauffassung sich an einem fixen Ziel in der Zukunft orientiert;

---

4   Der Vollständigkeit halber – und um dem facettenreichen Charakter der Zeit zu entsprechen – sollte an dieser Stelle darauf hingewiesen werden, dass neben den in diesem Beitrag vorgestellten Zeitdimensionen andere Dimensionen, vor allem in nichtsozialwissenschaftlichen Fragestellungen, interessieren können; zu nennen wären etwa die physikalische, die astronomische und die biologische Zeit (vgl. Schlote 1996). Es sei auch darauf hingewiesen, dass sich Zeit auf vielfältige Weise weitergehend strukturieren lässt (vgl. beispielsweise Lübbe 1992, Maurer 1992, Nowotny 1989, Zerubavel 1981).

- linear offenes Zeitbewusstsein, das eine Vergegenwärtigung der Zukunft bedeutet, indem die als offen und damit formbar begriffene Zukunft bereits in der Gegenwart mitgedacht wird.

Auf der Ebene der individuellen Zeitdimension bietet sich eine unserer subjektiven Alltagserfahrung nahe stehende Differenzierung unterschiedlicher Zeiträume an:

- Vergangenheit als abgeschlossene Phase des individuellen Lebens;
- Gegenwart als aktuelle Jetztzeit des individuellen Lebens;
- Zukunft als Raum für Erwartungen und Antizipationen, Zielsetzungen und Planungen.

Zeitmanagement setzt zwar in der Gegenwart an – Motto: Organisieren Sie Ihr Leben, heute! –, doch seine temporale Ausrichtung auf die jeweils individuelle Zukunft ist offensichtlich: Zeitmanagement ist stets auch dazu gedacht, ein besseres Morgen zu ermöglichen. Der Lohn heutiger Selbstorganisation wird im gesteigerten morgigen Wohlbefinden gesehen; wer Zeitmanagement betreibt, tritt mithin in Vorleistung.

Das Gros populärwissenschaftlicher Zeitmanagementratgeber betrachtet Zeit als die wertvollste Ressource unseres Lebens.[5] Häufig wird sie in ihrer Bedeutung dem uns im Allgemeinen ebenfalls sehr wichtigen Geld gleichgesetzt – „Zeit ist Geld – und damit der Schlüssel zum wirtschaftlichen Erfolg" (Hindle 2001) –, gelegentlich jedoch wird sie aber auch deutlich von monetären Ressourcen unterschieden, nicht zuletzt, da sich zeitliche Ressourcen im Gegensatz zu letzteren nicht akkumulieren lassen. Unisono wird Zeit als „ein kostbares und knappes Gut betrachtet, das möglichst effektiv und gewinnbringend einzusetzen ist" (Regenscheidt 1997: 11). Jenseits dieser ökonomisch-nutzenorientierten Definitionen wird Zeiterleben als subjektives Konstrukt begriffen (Schlote 2002: 15); ihre sinnliche Wahrnehmung ist, nach Meinung der Zeitmanagementexperten, als Abhängige der inneren Haltung, eines „pro-aktiven [Lebens-]Modus" (Haynes 2003: 15) anzusehen

Zeitmanagement

Zeitmanagement bedeutet „eine bewusste Abkehr von bisher gepflegten Lebensgewohnheiten und Routinen" (Wieke 2001: 8), lässt sich abstrakt fassen als „Analyse und Planung" (Haynes 2003: 7) und mit folgenden Schlagwor-

---

5   Interessanterweise wird etwa in Gesundheitsratgebern, einem weiteren Feld der Selbstberatung, auch ein guter Gesundheitszustand als die wertvollste Ressource unseres Lebens erachtet. Auf diese Weise drängt sich der Eindruck einer Parallelität und Konkurrenz wertvollster Ressourcen auf; in Abhängigkeit von der jeweiligen themenspezifischen Zielgruppe wird die eine oder die andere wertvollste Ressource fokussiert.

ten konkretisieren: „Selbstmanagement" (Bossong 2000: 5), „Lebensmanagement" (Seiwert 2003b: 69), „Zielmanagement" (Knoblauch/Wöltje 2003), „Stressmanagement" (Mackenzie 1991). Zeitmanagement zielt vor allem ab auf eine Steigerung der Arbeitszufriedenheit – weitergedacht also auf eine bessere Austarierung der persönlichen Work-Life-Balance – und ist damit das „Schlüsselwort für moderne Planung und Arbeitsmethodik" (Neuburger 2003: 5) schlechthin.

Allen Ratgebern gemeinsam ist die zum Ausdruck gebrachte Absicht, dem Leser mehr Zeit für die wirklich wichtigen Dinge des Lebens zu verschaffen. Ungeklärt bleiben dabei allerdings zwei Fragen. Erstens: Was zählt zu den so genannten wirklich wichtigen Dinge des Lebens? Zweitens: Sind wir in der Lage, den mühsam erworbenen Zeitgewinn überhaupt erkennen und wahrnehmen können? Schließlich ist die Wahrnehmung eines Zeitgewinns eine Voraussetzung für dessen Nutzung.

Die Probleme im täglichen Umgang mit der Zeit, die ein Management derselben notwendig erscheinen lassen, dürften uns allen mehr oder weniger vertraut sein[6]: (1) unklare Ziele und Prioritäten; (2) schwache innere und äußere Selbstorganisation; (3) der Hang zum Aufschieben von Entscheidungen (aufgrund mangelnder Selbstdisziplin); (4) Perfektionismus; (5) Workaholismus (Arbeitssucht); (6) Interessenkollisionen im beruflichen Kontext sowie im Spannungsfeld zwischen Arbeit und Freizeit; (7) ineffiziente Kommunikation; (8) unprofessioneller Technikeinsatz; (9) Unfähigkeit zu delegieren; (10) Unfähigkeit „Nein" zu sagen. Diese Schwierigkeiten im Umgang mit der Zeit lassen sich zunächst plausibel zurückführen auf im Individuum begründete potenziell zeitproblemverursachende Charaktereigenschaften sowie individuell gewählte, sich zeitlich negativ auswirkende Handlungsoptionen. So dürfte beispielsweise leicht nachvollziehbar sein, dass die Neigung, Aufgaben vor sich herzuschieben, zu erheblichem Zeitdruck führen kann.

Mit Blick auf die oben aufgeführte Auflistung typischer Zeitprobleme kann also rasch der Eindruck entstehen, dass Probleme im Umgang mit der Zeit eigentlich allesamt individuell bedingt sind. Nach verschärfter Reflexion lassen sich diese vermeintlich individual bedingten Zeitprobleme jedoch zurückführen auf soziale Zusammenhänge, die den Einflussbereich eines Individuums transzendieren: Unsere Wahrnehmung von Zeit kann als abhängige Variable der Gesellschaft, in den wir leben, verstanden werden. Eine mögliche Ausprägung dieser Variable „Zeitwahrnehmung" ist die Zeitnot, die dann schließlich ein Zeitmanagement notwendig erscheinen lässt. Dabei ist zu berücksichtigen, dass Gesellschaften dem sozialen Wandel unterliegen, so dass sich im Laufe der Zeit – individuell und kollektiv – sowohl zeitliche Vor-

---

6 Eine Zuordnung dieser Auflistung typischer Zeitprobleme zu bestimmten Autoren ist meiner Ansicht nach nicht zweckmäßig, da sich die üblichen Zeitmanagementratgeber in diesem Punkt kaum unterscheiden.

stellungen als auch zeitliche Wahrnehmungen verändern können (Hallier 2002; Nowotny 1989; Plattner 1996; Schräder-Naef 1987). Zu welchen Ergebnissen gelangt eine soziologische Gegenwartsdiagnose, die die Zeitwahrnehmung in Augenschein nimmt? In der Zeitmangelgesellschaft ist eine Chiffrierung verankert, die kollektiv entschlüsselt werden kann: Schnell ist gut, denn Schnellsein bedeutet in der Leistungs- und Konkurrenzgesellschaft potenziell Erfolgreichsein. Vor dem Hintergrund der „Tempoideologie der Moderne" (Schöps 1980: 169) wird der vita activa das normative Primat über der vita contemplativa eingeräumt – umso mehr, da Optionenwachstum und Möglichkeitsüberschüsse (Gross 1994) zur Herausbildung des intersubjektiv geteilten Leitsatzes führen, nach dem „die genutzten Gelegenheiten [...] die verpassten in den Schatten stellen" (Gronemeyer 1993: 103). Doch die temporäre Aufholjagd des potenziell Versäumten ist trotz kollektiv implementierter Maßnahmen der Zeit(nutzungs)- und Leistungsverdichtung kaum zu gewinnen. Mit Luhmann (1971: 143) gesprochen: Selbst „Eilt-sehr-Mappen", „durch einen besonderen Zettel ‚Terminsache!'," gekennzeichnet, fällt es schwer, sich im „Wettbewerb um Aufmerksamkeit" durchzusetzen. Der Preis für die Vorherrschaft dieses auf Effizienzsteigerung abzielenden Beschleunigungsimperativs ist hoch: „Man fühlt sich selber als Geschoss in der Zeit" (Gross 1994: 157).

Doch wo liegen die Wurzeln dieses chronisch gewordenen Zeitbeschleunigungs- und Zeitknappheitsempfindes? Von Natur aus ist Zeit weder ein knappes noch ein kostbares Gut, als welches es von Zeitmanagementratgebern bezeichnet wird. Die Deklarierung von Zeit als einer limitierten Ressource entwickelte sich in der uns heute bekannten Form erst mit Eintritt in das Industriezeitalter, das das Fundament unserer heutigen Arbeitsgesellschaft schuf (Bergmann 1983: 483; Gronemeyer 1993: 76; Vogt 1986: 227). Seither kostet die Erzielung von Einkünften quantifizierbare Zeit, und seither ist die Frage nach den Opportunitätskosten – „was hätte verdient werden können, wenn gearbeitet worden wäre" (Nowotny 1989: 136) – legitim. Sowohl das individuelle als auch das kollektive Zeitbewusstsein wurden im Zuge der industriellen Entwicklungen vom geschlossenen Gegenwartsmodus zum ergebnisoffenen und von zeitlichem Linearitätsdenken geprägten Zukunftsmodus umgestellt (Friese 1981: 80; Neckel 1988: 477; Tismer 1985: 678). Flankiert wurde dieser Übergang von der okkasionellen Sorglosigkeit zur kausalen Vorsorge durch die Lehren der protestantischen (Arbeits-)Ethik, nach denen Zeitvergeudung als geradezu frevelhaft eingestuft wurde (Neumann 1988: 165; Schräder-Naef 1987: 31). Säkularisierung und Ökonomisierung, im Wirkungsverbund mit internalisierter Leistungsmotivation und Arbeitsethik, zogen eine rationale Lebensmethodik nach sich, die letztlich dazu führte, dass wir uns heute oft dem „Diktat der Uhrzeit" (Garhammer 1999: 35) beugen.

Neben diesem Wandel in den Bereichen Arbeit und Gesellschaft lassen sich wenigstens zwei weitere Aspekte anführen, die unsere heutige Zeitwahrnehmung ebenfalls maßgeblich prägen; der erste Aspekt bezieht sich auf den technologischen Fortschritt, der zweite auf sozial gültige Normen. Zum einen ist zu beobachten, dass die Wachstumsrate unserer Aktivitäten die durch technologische Innovationen ermöglichte Beschleunigungsrate übersteigt, d.h. dass technologiebasierte Zeitgewinne die Tendenz in sich tragen, alsbald kompensiert – gravierender noch: überkompensiert – zu werden durch erhöhte Ansprüche an die Zeit, durch eine gesteigerte Zeitnutzungsintensität (Eriksen 2002; Garhammer 1993 und vor allem Rosa 2003). So mag der Siegeszug der elektronischen Post zwar als Segen aufgefasst werden – und ein Zeitsparpotenzial bietet dieses Medium zweifellos –, aber die Steigerung der Korrespondenzdichte frisst den ursprünglichen Zeitgewinn wieder auf. Zum anderen führt die weithin etablierte Einstellung „ein zum Prinzip gewordener Mangel an Zeit gehör[e] zu den Merkmalen jeder modernen Elite" (Graf von Krockow 1989: 86) dazu, dass Zeitknappheit zum Statussymbol erhoben wird, denn „wer zugibt, viel Zeit zu haben, disqualifiziert sich selbst und scheidet aus der Gesellschaft derer, die etwas leisten, etwas fordern, etwas erhalten können, aus" (Luhmann 1971: 156). So gesehen wird zeitlicher Fremdzwang zu Selbstzwang.

4. Lösungen durch Zeitmanagement?

Die meisten Zeitmanagementratgeber versuchen in ihren lebenspraktischen Empfehlungen, Wissenschaftlichkeit mit gutem Zeithandwerk zu verbinden.[7] Nach einer kurzen Einführung über das Wesen der Ressource Zeit – auf diese kontextuale Einleitung wird zuweilen jedoch verzichtet; womöglich aus Zeitgründen? – wird in aller Regel zunächst eine detaillierte Zeitnutzungs- bzw. Zeitverwendungsanalyse in Form eines ein bis zwei Wochen lang zu führenden Zeitprotokolls empfohlen. Diese Zeittagebuchmethode soll der Vergegenwärtigung typischer temporaler Muster im eigenen (Alltags-)Leben dienen: Wozu nutze ich wie viel Zeit? Im Anschluss werden dem Leser grundsätzliche Strategien im Umgang mit der Zeit im modernen (Arbeits-)Kontext vorgestellt, so etwa die ABC-Analyse[8], das Eisenhower-Schema[9] und das Pa-

---

7   Auch hier erachte ich eine Zuordnung klassischer Zeitmanagementmethoden zu bestimmten Autoren als wenig zweckmäßig, da sich konventionelle Zeitmanagementratgeber in diesem Punkt, wie hinsichtlich der Vorstellung typischer Zeitprobleme, kaum unterscheiden.
8   Nach der ABC-Analyse, einer Vier-Felder-Prioritätenmatrix, werden unterschiedliche Aufgabenkategorien nach Wichtigkeit und Dringlichkeit unterschieden, wobei grundsätzlich gilt, dass Wichtigkeit einen höheren Wert genießt als Dringlichkeit, weil „die eiligen Dinge selten wichtig sind" (Seiwert 2003a: 138).
9   Das Eisenhower-Schema – benannt nach dem US-amerikanischen General und Präsidenten Dwight D. Eisenhower – stellt ein Hilfsmittel zur Bewertung der ABC-

reto-Prinzip[10]. Dieser Präsentation der Grundprinzipien von Lebensplanung und Lebensführung folgt zumeist ein Intermezzo eher wissenschaftlichen Charakters, in dem es um Bio- und Tagesrhythmen sowie um individuelle Leistungs- und Störungskurven – externen Ablenkungen – geht, an denen sich rechtzeitige Pausensetzungen orientieren sollten (Bossong 2000: 66ff.; Knoblauch/Wöltje 2003: 55). Den Hauptteil der Ratgeber nehmen sodann konkrete Tipps zum effizienten Zeiteinsatz ein, deren Erfolg von der Habitualisierung dieser Techniken abhängt (Mackenzie 1991: 20). Als praxisorientierte Zeitmanagementmethoden lassen sich exemplarisch nennen: (1) die intelligente Nutzung von Zeitplanungssystemen; (2) die Reservierung störungsfreier Zeiten sowie Pufferzeiten; (3) die Delegation von B- und C-Aufgaben an Mitarbeiter als Beispiel zeiteffizienter Zusammenarbeit; (4) das Setzen von Deadlines zum Zwecke der Selbstkontrolle; (5) Informationsselektion und Drosselung des Medienkonsums sowie effiziente Lesetechniken; (6) Entrümpelungen und Verfrachtung von D-Aufgaben in die Rundablage (Papierkorb); (7) Blockbildung bzw. „Serienfertigung" (Seiwert 2003a: 169) von Routinetätigkeiten; (8) Nutzung von Checklisten für wiederkehrende (zyklische) Aufgaben; (9) sinnvolle Nutzung von Wartezeiten; (10) „Nein" sagen können; (11) Steigerung der Entscheidungsfähigkeit; (12) Institutionalisierung von Tagesrückblicken zur Selbstkontrolle; (13) gute Büro- und Schreibtischorganisation.

Zahlreiche Ratgeber – vielfach im handlichen Pocketformat; für zwischendurch und um „Zeitüberhänge" (Seiwert 2003a: 171) sinnvoll zu nutzen (Seiwert 2003a: 171) – warten auf mit Infokästen, Zusammenfassungen und Checklisten gegen Ende eines jeden Kapitels. Damit werden Zeitmanagementratgeber den Bedürfnissen des zeit(stress)geplagten und querlesenden Lesers mit internalisierter Abhak-Mentalität durchaus gerecht. Als eine Art High-Speeder-Text könnten diese Überblicksdarstellungen bezeichnet werden.

Von der Beschleunigung zur Entschleunigung

Während in älteren, hier jedoch nicht näher betrachteten Zeitmanagementratgebern das stark an Leistung und Beschleunigung ausgerichtete, operative Zeitmanagement im Mittelpunkt stand, wird in aktuellen Titeln das eher ganzheitlich geprägte Lebenszeitmanagement ins Zentrum der Abhandlungen

---

Aufgaben dar; A-Aufgaben, die sowohl wichtig als auch dringlich sind, sollen dabei sofort und selbst erledigt, d.h. weder aufgeschoben noch delegiert werden. Vgl. dazu etwa Hütter 2002; Knoblauch/Wöltje 2003; Schmidt/Grisse-Seelmeyer 2002.

10   Dem Pareto-Prinzip – benannt nach dem italienischen Ökonomen Vilfredo Pareto – zufolge können mit 20% des Mitteleinsatzes bereits 80% der Zweckerfüllung erreicht werden. Das Pareto-Prinzip wird daher auch als 80/20-Regel bezeichnet. Vgl. dazu etwa Hütter 2002; Knoblauch/Wöltje 2003; Schmidt/Grisse-Seelmeyer 2002.

gerückt. Covey/Merrill/Merrill (2000) bezeichnen diese neueren Methoden des Zeitgewinn(en)s als „Zeitmanagement der vierten Generation". Charakteristisch für diesen Trend von der Beschleunigung zur Entschleunigung – wohlgemerkt: bei unveränderten Zeitgewinnungsabsichten! – ist das Streben nach einem Plus an persönlicher Lebensqualität, nach einer besseren, weil bekömmlicheren Work-Life-Balance. Als Stellvertreter dieses Time Shifts (McGee-Cooper 2003: 25) mögen die so genannten Slobbies[11] herangezogen werden.[12]

Der Wandel des Tenors, d.h. die graduelle Abkehr vom Tempowahn, wird nicht zuletzt auch an den Titeln aktueller Ratgeber offenkundig: „Mach langsam, wenn es schnell gehen soll" (Hallier 2002) oder der Satz des alten Laotse „Wenn du es eilig hast, gehe langsam" (Seiwert 2003b). In diesen Titeln, die auf den ersten Blick geradezu paradox anmuten, schwingen fernöstliche Lebensweisheiten mit.[13]

Obgleich die Zeit reif sei für diesen Paradigmenwechsel, gestehen die neueren Zeitmanagementexperten ein, dass es einer großen Portion Mut bedarf, sich bewusst von der herkömmlichen Attribuierung von Zeitknappheit und Getriebenheit mit materiellem Reichtum und Erfolg zu distanzieren (Plattner 1996: 134).

5. Bedeutung des Zeitmanagements für das Individuum

Populärwissenschaftliche Zeitmanagementratgeber konzentrieren sich auf das Individuum und dessen potenzielles Entscheiden und Handeln. Dabei ist das persönliche Zeiterleben, wie wir gesehen haben, stark sozial determiniert: Zeitprobleme des Einzelnen basieren nicht ausschließlich auf schwachen persönlichen Zielsetzungen und unkluger Zeiteinteilung, wie dies zahlreiche Ratgeber einseitig vermitteln. Diese Einseitigkeit ist eines ihrer Charakteristika, da sich Beratung am Einzelnen, dem Individuum, leichter realisieren lässt als am Aggregat vieler Einzelner, also der Gesellschaft.

---

11 Slobbies = slower but better working people (Seiwert 2003b: 15).
12 Das Lebenskonzept der Slobbies erinnert an jenes der so genannten Zeitpioniere (Hörning 1991). Diese gegen den schnellen Strom der Zeit schwimmende Avantgarde hat die positiven Aspekte der Langsamkeit für sich entdeckt und stellt eine kleine gesellschaftliche Gruppe dar, die dem hohen Lebenstempo den Kampf ansagt und die Insignien eines im herkömmlichen Sinne erfolgreichen Lebens – angesehener Beruf, voller Terminkalender, sattes Konto – bewusst eintauscht für ein Mehr an frei disponibler Zeit, für eine Drosselung des Lebenstempos aus freien Stücken.
13 Auf der Suche nach Alternativansätzen guter Lebensweise werden deutsche Leser bereits seit einigen Jahren im Fernen Osten fündig; exemplarisch sei an Feng Shui, der Kunst vom Leben in Harmonie mit der Umgebung, erinnert.

Welches Bild malt die Zeitmanagementbranche vom (selbst-)beratungsbedürftigen Individuum? Die zeitratsuchenden Individuen agieren im Spannungsfeld zwischen zeitlicher Fremd- und Selbstbestimmtheit; dies trifft vor allem auf den erwerbstätigen Teil der Bevölkerung bzw. der Leserschaft zu, an den sich die Mehrheit der Ratgeber richtet. Und doch werden selbst im Falle fremdstrukturierter (Arbeits-)Zeiten Möglichkeiten individualer Zeitgestaltung aufgezeigt (Haynes 2003: 9). Vielfach, so wird dem Leser erklärt, biete die Bekämpfung des „inneren Schweinehundes" (Stollreiter 2003: 13) den Schlüssel zum Erfolg, nämlich „mit 24 Stunden auszukommen" (Regenscheidt 1997: 5).

Dem Käufer und Leser der Zeitratgeber wird vermittelt, er erwerbe mit der Lektüre eines Zeitratgebers einen Konkurrenzvorteil gegenüber jenen Zeitgenossen, die sich nicht mit Zeitmanagementmethoden beschäftigen (Beyer/Beyer 1995: 18).[14]

Wenn es so ist, dass Zeitprobleme – Zeitknappheit, Zeitmangel – „eine schützende und zugleich karrierefördernde Funktion" (Plattner 1996: 91) haben, indem sie dem Zeitgestressten Ansehen, Wertschätzung und Protektion gegenüber Ansprüchen Außenstehender versprechen, dann müssen die guten Zeitmanagementratschläge – „So gewinnen Sie Zeit!" – ins Leere laufen; sie erscheinen geradezu kontrafunktional. Oder wie könnte die kraft Zeitmanagement gewonnene Zeit wirksam geschützt werden, wenn nicht – abermals – durch zumindest vorgetäuschte Zeitprobleme?

Unser derzeitiges gesellschaftliches Zeitbewusstsein mag der Natur des Menschen zuwiderlaufen, dennoch müssen wir uns mit ihm arrangieren, wollen wir inmitten unserer sozial gültigen Zeitnormen – erfolgreich – bestehen (Plattner 1996: 122). Erkennbar wird dieses Dilemma an zahlreichen in gesellschaftlicher Hinsicht indizierten Handlungsweisen, die einem vermeintlich guten Umgang mit der Ressource Zeit im Wege stehen; exemplarisch sei an dieser Stelle das – nicht nur in zeitlicher Hinsicht bedeutsame – Flexibilitätsparadigma sowohl im beruflichen als auch im privaten Kontext erinnert (Sennett 2000).

6. Bedeutung des Zeitmanagements für die Gesellschaft

Der Titel dieses Buches, „Die beratene Gesellschaft", provoziert mehrere Fragen, die bei der Erörterung des Begriffs der Beratung sowie bei seiner Verbindung mit dem der Gesellschaft beantwortet werden müssen. Wir können dabei drei verschiedene theoretische Perspektiven einnehmen, indem wir

---

14 Ein derartiges (Verkaufs-)Argument verhält sich allerdings diametral zu den unausgesprochenen Absichten der Ratgeberautorenschaft; die Vorstellung vereinzelter Zeitmanager torpediert den Verkaufserfolg ihrer Bücher.

a) kommunikationstheoretische, b) handlungstheoretische und c) strukturtheoretische Ansätze heranziehen. Die Antworten auf diese Fragen können Aufschluss geben über die gesellschaftliche Bedeutung von Beratung.

a) Der kommunikationstheoretische Ansatz eröffnet einen Zugang zum Themenfeld dadurch, dass Beratung als eine besondere Art der Kommunikation aufgefasst wird. Versteht man Kommunikation als „eine Form sozialen Handelns, durch das der Handelnde [...] mit Hilfe eines Kommunikationsmittels [...] Mitteilungen für einen oder mehrere Menschen [...] macht" (Endruweit 2002: 280; Herv. i.O.), so wird deutlich, dass Zeitberatung – treffender: Zeitmanagement als Beratung des Selbst – einen Zweck erfüllen soll, nämlich in erster Linie individuelle Aufklärungsarbeit zu leisten. In der hier betrachteten kommunikativen Konstellation ist der Handelnde der Autor, das Kommunikationsmitteln sein Zeitmanagementratgeber und der Adressat der Zeitratsuchende, der wiederum, sobald er sich mit Zeitmanagement beschäftigt, handelnd zum Mittel der Selbstberatung greift. Zeitberatung löst mithin Kommunikation über die Zeit aus dem gesellschaftlichen Kontext fokussierend heraus, bearbeitet sie in Form zahlreicher Abhandlungen über das Wesen der Zeit sowie den zweckrationalen Umgang mit ihr und fügt das Bearbeitete wieder in den Sozialzusammenhang ein, indem das behandelte Sujet dem sich der Beratung öffnenden Teil der Gesellschaft zugänglich und nutzbar gemacht wird.

Der Tatbestand des Zeitberatungsbedarfs kann darüber hinaus – systemtheoretisch – als eine Ausprägung kommunikativer Wirklichkeit aufgefasst werden. Diese kommunikativen Wirklichkeiten beschreibt Krause als „soziale Sachverhalte [...], die entweder Kommunikationen erst ermöglichen (Personen), sie von personalen Rücksichten entlasten (Rollen, Vertrauen), sie strukturieren (Programme) oder sie mit besonderen Zumutungen ausstatten (Werte, Moral, Normen)." (2001: 34) Diese Definition lässt sich empirisch füllen: (1) Kommunikation findet statt – und zwar zwischen Zeitratgebern und Zeitratsuchenden; (2) den an dieser Kommunikation beteiligten Akteuren werden bestimmte Rollen und damit auch Kompetenzen zugeschrieben; (3) es liegt ein Programm vor, als dessen Botschaft nicht nur die Zeitberatungsbedürftigkeit der Gesellschaft, sondern auch die gesellschaftliche Zeitberatungsfähigkeit und Zeitberatungswilligkeit zu interpretieren ist; (4) die an der Kommunikation über die Zeit teilnehmenden Akteure begegnen sozialen Erwünschtheiten im Hinblick auf den Umgang mit der Ressource Zeit.

Aus diesen Darlegungen sollte deutlich werden, welche Erwartungen in diesem Zusammenhang an Zeitberatung gerichtet werden: Zeitberatung soll Aufklärungsarbeit leisten.

b) Der handlungstheoretische Ansatz kann an der Perspektive ansetzen, dass Zeitberatung dem Ziel dient, alternativ wählbare Handlungsoptionen zu entwickeln und zu fördern. So werden beispielsweise soziale Rollenvorstellungen über die Zeit und den konkreten Umgang mit ihr – kontextbezogen und in Abhängigkeit von den jeweiligen sozialen Positionen –aufgedeckt. Kommt es zu einer Veränderung dieser Rollenerwartungen – Beispiel: „Auch Zeitnutzungsfetischisten dürfen sich Auszeiten genehmigen!" –, hat Beratung Wirkung gezeigt. Auf diese Weise werden veränderte kognitive Konzepte bezüglich Handlungsoptionen, Akteurskonstellationen und Machtlinien innerhalb des jeweils gegebenen sozialen Feldes in das dynamische Rollengefüge integriert.

Im handlungstheoretischen Zusammenhang bietet es sich zudem an, auf den Symbolischen Interaktionismus als theoretischem Grundstock zurückzugreifen. Ihm zufolge wird „die soziale Wirklichkeit durch interaktiv aufeinanderbezogene Handlungsabläufe und den Austausch von Symbolen hergestellt" (Lenz 2002: 251; Herv. i.O.). Interaktion gilt als elementare Einheit sozialen Geschehens, in der Individuen ihr Handeln aneinander orientieren. Menschen interagieren nicht nur in der Zeit, sondern auch über die Zeit, die wiederum eine Symbolfunktion einnehmen kann: auf die Uhr schauen, Zeitstress und Eile vermitteln, einen effizienten Umgang mit der Ressource Zeit demonstrieren. Es leuchtet ein, dass Zeitberatung mit dem Zweck der Bereitstellung alternativer Handlungsoptionen in dieses theoretische Grundgerüst eingepasst werden kann.

c) Der strukturtheoretische Ansatz verbindet den Begriff der Beratung mit gesellschaftlichen Strukturen, präziser: mit der Aufgabe der Strukturstabilisierung und des Strukturerhalts, also mit der Zielsetzung, gesellschaftliche Integrationsprobleme zu lösen.

Es sollte gleichwohl nicht der Eindruck erweckt werden, als sei mit Struktur ein statisches Beziehungsgeflecht gemeint; das unentwegt beobachtbare Phänomen des soziales Wandels wird mit Strukturwandel gleichgesetzt (Schäfers/Titscher 2002: 578) und im vorliegenden Zusammenhang etwa am weiter oben beschriebenen Paradigmenwechsel im Zeitmanagement erkennbar. Die beobachtbaren sozialen Prozesse sind „von sich differenzierenden und integrierenden Kräften geprägt, wobei letztere durch Sozialisation, Institutionalisierung, Uniformierung und Professionalisierung aufeinander bezogen sind und durch Differenzierungsprozesse (Individuation, Schichtenbildung, Absonderung, Auslese) bedroht sind" (Geenen 2002: 248). Auf der einen Seite gibt es Gesellschaftsmitglieder, die Beratung in Sachen Zeit annehmen – sei es im Rahmen ihrer Sozialisation oder in späteren Lebensphasen über professionelle Zeitratgeber – und damit zur sozial integrierenden Uniformierung der Zeitwahrnehmung sowie des Umgangs mit der Zeit beitragen. Auf der anderen Seite gibt es Gesellschaftsmitglieder, die sich einer Zeitberatung verweigern – indem sie bewusst auf Zeitmanagement verzichten und damit gewissermaßen Gegenkräfte produzieren. In diesem gedanklich-theoretischen

Modell kommt der Zeitberatung demnach eine integrierende Aufgabe zu, die Differenzierungen nur dort fördert, wo sie gesellschaftlich erwünscht sind – so wird praktiziertes Zeitmanagement z.b. als Konkurrenzvorteil aufgefasst –, und sie zu verhindern sucht, wo sie mit negativen gesamtgesellschaftlichen Folgen verknüpft sein könnten.

7. Schlussbetrachtung

Zeitmanagement als Beratung des Selbst weist aufgrund des Kollektivgutcharakters von Zeitstress eine hohe nutzenorientierte Anschlussfähigkeit auf. Die hier dargelegte thematische Hochkonjunktur, die Geissler als „Ausdruck einer Verunsicherung" (1992: 15) interpretiert, kann als Indiz einer ausgeprägten Beratungsbedürftigkeit des Selbst aufgefasst werden. Der Wunsch nach Selbstbestimmung und das Streben nach Autonomie florieren in Zeiten komplexer Unsicherheit.

Jedoch thematisieren nur wenige populärwissenschaftliche Zeitmanagementratgeber die sozial bedingten Ursachen unserer Schwierigkeiten im Umgang mit der Zeit, bevor sie Ratschläge geben, die letztlich auf eine Stabilisierung des Status Quo hinauslaufen. Durch die Übertragung tayloristischer Vorstellungen von Rationalität und Systematik auf unser Verhältnis zur Ressource Zeit wollen Zeitratgeber Virtuosen zeitlicher Alltagsorganisation hervorbringen. So betreiben sie kaum mehr als eine Symptombehandlung der konstatierten Zeitprobleme (Covey/Merrill/Merrill 2000: 17; Mackenzie 1995: 18). Es ist sogar zu befürchten, dass unerwünschte Nebeneffekte – so genannte transintentionale Handlungsfolgen (Schimank 2000: 173-196) – die Oberhand gewinnen, indem Zeitmanagement konventioneller Art tendenziell zu einer Verstärkung des Zeitstresses führt.

Zeitmanagement bietet ein anschauliches Beispiel für eine hohe Beratungsbedürftigkeit des Selbst bei gleichzeitiger Begrenztheit der Beratungsmöglichkeiten. Liegt also dem Zeitmanagement ein Mythos zu Grunde?

Literatur

Adam, Barbara/Geissler, Karlheinz A./Held, Martin (Hg.) (1998): Die Nonstop-Gesellschaft und ihr Preis. Vom Zeitmißbrauch zur Zeitkultur. Stuttgart, Leipzig.
Backhaus, Klaus/Bonus, Holger (Hg.) (1997): Die Beschleunigungsfalle oder der Triumph der Schildkröte. (2. erw. Aufl.) Stuttgart.
Bergmann, Werner (1983): Das Problem der Zeit in der Soziologie. Ein Literaturüberblick zum Stand der „zeitsoziologischen" Theorie und Forschung. In: Kölner Zeitschrift für Soziologie und Sozialpsychologie 35 (3), S. 462-504.
Beyer, Metta/Beyer, Günther (1995): Optimales Zeitmanagement. Ohne Streß Aufgaben bewältigen. Düsseldorf.

Bossong, Clemens (2000): Effektives Zeitmanagement. Mehr erreichen in weniger Zeit. München.
Busch, Peter (1997): Vergleichzeitigung um Zeit zu gewinnen!? In: Klaus Backhaus/ Holger Bonus (Hg.): Die Beschleunigungsfalle oder der Triumph der Schildkröte. (2. erw. Aufl.) Stuttgart.
Covey, Stephen R./Merrill, A. Roger/Merrill, Rebecca R. (2000): Der Weg zum Wesentlichen. Zeitmanagement der vierten Generation. Frankfurt/M.
Deutschmann, Christoph (2002): Money makes the world go around. Die Rolle der Wirtschaft. In: Uwe Schimank/Ute Volkmann (Hg.): Soziologische Gegenwartsdiagnosen II. Opladen, S. 51-67.
Elias, Norbert (1984): Über die Zeit. Frankfurt/M.
Endruweit, Günter (2002): Kommunikation. Günter Endruweit/Gisela Trommsdorff (Hg.): Wörterbuch der Soziologie. (2., völlig neu bearb. und erw. Aufl.) Stuttgart, S. 280-281.
Endruweit, Günter/Trommsdorff, Gisela (Hg.) (2002): Wörterbuch der Soziologie. (2., völlig neu bearb. und erw. Aufl.) Stuttgart.
Eriksen, Thomas (2002): Die Tyrannei des Augenblicks. Die Balance finden zwischen Schnelligkeit und Langsamkeit. Freiburg/Br., u.a.
Friese, Heinzgerd (1981): Heut ist die Zeit. Über alltägliches Zeitbewußtsein am Beispiel der Heute-Sprichwörter. In: Ästhetik und Kommunikation. Beiträge zur politischen Erziehung 12 (45/46), S. 77-85.
Fürstenberg, Friedrich/Mörth, Ingo (Hg.) (1986): Zeit als Strukturelement von Lebenswelt und Gesellschaft. Linz/Österreich.
Garhammer, Manfred (1993): Mehr Zeitsouveränität im Alltag durch neue Techniken? In: Sibylle Meyer/Eva Schulze (Hg.): Technisiertes Familienleben. Blick zurück und nach vorn. Berlin.
Garhammer, Manfred (1999): Wie Europäer ihre Zeit nutzen. Zeitstrukturen und Zeitkulturen im Zeichen der Globalisierung. Berlin.
Geenen, Elke M. (2002): Integration. In: Günter Endruweit/Gisela Trommsdorff (Hg.): Wörterbuch der Soziologie. (2., völlig neu bearb. und erw. Aufl.) Stuttgart, S. 247-249.
Geissler, Karlheinz A. (1992): Zeit leben. Vom Hasten und Rasten, Arbeiten und Lernen, Leben und Streben. (4. Aufl.) Weinheim, München.
Gronemeyer, Marianne (1993): Das Leben als letzte Gelegenheit. Sicherheitsbedürfnisse und Zeitknappheit. Darmstadt.
Gross, Peter (1994): Die Multioptionsgesellschaft. Frankfurt/M.
Hallier, Helmut (2002): Mach langsam, wenn es schnell gehen soll. Zeit gewinnen für das Wesentliche. Freiburg/Br., u.a.
Hansen, Katrin (2001): Zeit- und Selbstmanagement. Berlin.
Haynes, Marion E. (2003): Persönliches Zeitmanagement. So entkommen Sie der Zeitfalle. (2., akt. und erw. Aufl.) Frankfurt/M.
Heintel, Peter (1999): Innehalten. Gegen die Beschleunigung – für eine andere Zeitkultur. Freiburg/Br., u.a.
Hensel, Matthias (1990): Die Informationsgesellschaft. Neuere Ansätze zur Analyse eines Schlagworts. München.
Hindle, Tim (2001): Zeitmanagement. München.
Hörning, Karl H. (1991): Dem Tempo den Kampf ansagen. Individualisierung über die Zeit. In: Universitas 46 (10), S. 1000-1005.
Hütter, Heinz (2002): Zeitmanagement. Zeitfresser erkennen. Planungsinstrumente erfolgreich anwenden. Berlin.
Knoblauch, Jörg/Wöltje, Holger (2003): Zeitmanagement. Planegg bei München.

Krause, Detlef (2001): Luhmann-Lexikon. Eine Einführung in das Gesamtwerk von Niklas Luhmann. (3., neu bearb. und erw. Aufl.) Stuttgart.
Kreibich, Rolf (1986): Die Wissenschaftsgesellschaft. Von Galilei zur High-Tech-Revolution. Frankfurt/M.
Krockow, Christian Graf von (1989): „Wie uns die Stunde schlägt". Mensch und Gesellschaft im Wandel der Zeitorganisation. In: Rudolf Wendorff (Hg.): Im Netz der Zeit. Menschliches Zeiterleben interdisziplinär. Stuttgart.
Lenz, Karl (2002): Symbolischer Interaktionismus. In: Günter Endruweit/Gisela Trommsdorff (Hg.): Wörterbuch der Soziologie. (2., völlig neu bearb. und erw. Aufl.) Stuttgart, S. 251-255.
Lübbe, Hermann (1992): Im Zug der Zeit. Verkürzter Aufenthalt in der Gegenwart. Berlin, u.a.
Luhmann, Niklas (1971): Politische Planung. Aufsätze zur Soziologie von Politik und Verwaltung. Opladen.
Mackenzie, Alec (1995): Die Zeitfalle. Der Klassiker für Zeitmanagement in Neuausgabe. Heidelberg.
Maurer, Andrea (1992): Alles eine Frage der Zeit? Die Zweckrationalisierung von Arbeitszeit und Lebenszeit. Berlin.
Mc Gee-Cooper, Ann (2003): TimeShift – Veränderungen im Zeitmanagement. In: Lothar J. Seiwert: Wenn du es eilig hast, gehe langsam. Das neue Zeitmanagement in einer beschleunigten Welt. Frankfurt/M.
Meyer, Sibylle/Schulze, Eva (Hg.) (1993): Technisiertes Familienleben. Blick zurück und nach vorn. Berlin.
Münch, Richard (1991): Dialektik der Informationsgesellschaft. Frankfurt/M.
Neckel, Sighard (1988): Entzauberung der Zukunft. In: Rainer Zoll (Hg.): Zerstörung und Wiederaneignung der Zeit. Frankfurt/M.
Neuburger, Rahild (2003): Zeitmanagement. Erfolgreich organisieren und planen. München.
Neumann, Enno (1988): Das Zeitmuster der protestantischen Ethik. In: Rainer Zoll (Hg.): Zerstörung und Wiederaneignung von Zeit. Frankfurt/M.
Nowotny, Helga (1989): Eigenzeit. Entstehung und Strukturierung eines Zeitgefühls. Frankfurt/M.
Offe, Claus (1984): Arbeitsgesellschaft. Strukturprobleme und Zukunftsperspektiven. Frankfurt/M., New York.
Opaschowski, Horst W. (1992): Freizeit 2001. Ein Blick in die Zukunft unserer Freizeitwelt. Hamburg.
Otto, Peter/Sonntag, Philipp (1985): Wege in die Informationsgesellschaft. Steuerungsprobleme in Wirtschaft und Politik. München.
Plattner, Ilse E. (1996): Zeit haben. Für einen anderen Umgang mit der Zeit. München.
Rammstedt, Otthein (1975): Alltagsbewusstsein von Zeit. In: Kölner Zeitschrift für Soziologie und Sozialpsychologie 27 (1), S. 47-63.
Regenscheidt, Ulrike (1997): Die meisterhafte Zeitvermehrung. Wege zum bewußten Umgang mit der Zeit – Zeitmanagement als Gestaltungschance. München, Würzburg.
Rinderspacher, Jürgen P. (1985): Gesellschaft ohne Zeit. Individuelle Zeitverwendung und soziale Organisation der Arbeit. Frankfurt/M.
Rinderspacher, Jürgen P. (1987): Die ruhelose Gesellschaft. In: Das Argument 29 (164), S. 498-504.
Rosa, Hartmut (2003): Soziale Beschleunigung. Die Veränderung der Zeitstrukturen in der Moderne. Habilitationsschrift. Jena.
Schäfers, Bernhard/Titscher, Stefan (2002): Struktur. In: Günter Endruweit/Gisela Trommsdorff (Hg.): Wörterbuch der Soziologie. (2., völlig neu bearb. und erw. Aufl.) Stuttgart, S. 577-578.

Schöps, Martina (1980): Zeit und Gesellschaft. Stuttgart.

Schimank, Uwe (2000): Handeln und Strukturen. Einführung in die akteurtheoretische Soziologie. Weinheim, München.

Schimank, Uwe (2002): Gesellschaftliche Teilsysteme und Strukturdynamiken. In: Uwe Schimank/Ute Volkmann (Hg.): Soziologische Gegenwartsdiagnosen II. Opladen, S. 15-49.

Schimank, Uwe/Volkmann, Ute (Hg.) (2002): Soziologische Gegenwartsdiagnosen II. Opladen.

Schlote, Axel (1996): Widersprüche sozialer Zeit. Zeitorganisation im Alltag zwischen Herrschaft und Freiheit. Opladen.

Schlote, Axel (2002): Du liebe Zeit! Erfolgreich mit Zeit umgehen. Weinheim, Basel.

Schmidt, Iris/Grisse-Seelmeyer, Dörthe (2002): Zeitmanagement. So nutze ich meine Zeit optimal. Bindlach.

Schräder-Naef, Regula (1987): Keine Zeit? Sinnvolle Zeiteinteilung im Alltag. (2. überarb. Aufl.) Weinheim, Basel.

Schulze, Gerhard (2000): Die Erlebnisgesellschaft. Kultursoziologie der Gegenwart. (8. Aufl.) Frankfurt/M., New York.

Seiwert, Lothar J. (2003a): Mehr Zeit für das Wesentliche. Besseres Zeitmanagement mit der SEIWERT-Methode. Frankfurt/M.

Seiwert, Lothar J. (2003b): Wenn du es eilig hast, gehe langsam. Das neue Zeitmanagement in einer beschleunigten Welt. Frankfurt/M.

Sennett, Richard (2000): Der flexible Mensch. Die Kultur des neuen Kapitalismus. Berlin.

Stehr, Nico (1994): Arbeit, Eigentum und Wissen. Zur Theorie von Wissensgesellschaften. Frankfurt/M.

Stollreiter, Marc (2003): Aufschieberitis dauerhaft kurieren. Wie Sie sich selbst führen und Zeit gewinnen. München.

Tismer, Karl-Georg (1985): Zeitperspektive und soziale Schichtzugehörigkeit. In: Kölner Zeitschrift für Soziologie und Sozialpsychologie 37 (4), S. 677-697.

Vogt, Irmgard (1986): Zeiterfahrung und Zeitdisziplin. In: Friedrich Fürstenberg/Ingo Mörth (Hg.): Zeit als Strukturelement von Lebenswelt und Gesellschaft. Linz.

Wendorff, Rudolf (Hg.) (1989): Im Netz der Zeit. Menschliches Zeiterleben interdisziplinär. Stuttgart.

Wieke, Thomas (2001): Zeitmanagement. Wie Sie Ihren Berufsalltag erfolgreich planen und Zeitfallen vermeiden. Frankfurt/M.

Zerubavel, Eviatar (1981): Hidden Rhythms. Schedules and Calendars in Social Life. Chicago, London.

Zoll, Rainer (Hg.) (1988): Zerstörung und Wiederaneignung von Zeit. Frankfurt/M.

Frank Meier

Der Akteur, der Agent und der Andere – Elemente einer neo-institutionalistischen Theorie der Beratung

1. Einleitung

Beratung – das illustrieren nicht zuletzt die Beiträge in diesem Band – ist ein gesellschaftsweit erfolgreiches Phänomen: Beratung ist als kommunikative Form weder auf ein bestimmtes Funktionssystem beschränkt noch auf einen bestimmten Adressaten oder ein bestimmtes Kommunikationsmedium. Zu den vielfältigsten Themen ist elaborierter Rat problemlos und vor allem: rechenschaftsfrei verfügbar (Fuchs/Mahler 2000: 359). Beraten ist das reputierliche und oftmals auch einträgliche Unterfangen verschiedenster Professionen[1] und der Wissenschaft, Beratenwerden der ganz normale Alltag von nahezu allen Personen und Organisationen. Das wirft die Frage auf, ob sich nicht neben speziellen Faktoren, die die Rolle oder den Erfolg bestimmter Beratungsformen in bestimmten Kontexten zu klären und zu erklären im Stande sind, allgemeine, in der modernen Gesellschaft selbst angelegte Gründe für die Bedeutung von Beratung identifizieren lassen. Diese Frage stellt sich umso dringlicher, als ein unmittelbarer instrumenteller Wert von Beratung – etwa im Sinne einer besseren Tat durch guten Rat – nicht grundsätzlich unterstellt werden kann und sich im Einzelfall nur schwerlich nachweisen lässt (Ernst/Kieser 2002).

Ich werde im Folgenden dem Zusammenhang von Beratung und Gesellschaft mit Hilfe des soziologischen Neo-Institutionalismus nachgehen.[2] Wiewohl bislang keine explizit ausgearbeitete neo-institutionalistische Theorie der Beratung existiert, wird das Thema in vielen wichtigen Beiträgen behandelt. Zudem nimmt auch die Beratungsforschung – insbesondere jene zur Managementberatung – zum Teil bereits neo-institutionalistische Konzepte auf. Dies geschieht allerdings sehr selektiv.

Bei aller Heterogenität der mit dem Begriff Beratung bezeichneten Phänomene lässt sich ganz allgemein feststellen, dass sich Beratung gewöhnlich

---

1 Der in diesem Beitrag verwendete Begriff „Profession" ist – soweit nicht anders vermerkt – in dem weiteren Sinne des englischen „profession" zu verstehen, im Gegensatz zum anspruchsvolleren deutschen Professionsbegriff, der gewöhnlich im höheren Maße Organisiertheit, Standardisierung und Schließung impliziert.
2 Zu einer ersten allgemeinen Einführung in den soziologischen Neo-Institutionalismus siehe Hasse/Krücken (1999).

auf mögliche Handlungen anderer bezieht. Beratung basiert mithin auf der Unterscheidung von Rat und Tat (Fuchs/Mahler 2000), ist selbst, wenn man die brunssonsche Terminologie verwenden will, eher talk als action (Brunsson 1989). Zudem kann Beratung nur an adressierbare Einheiten gerichtet werden (Fuchs/Mahler 2000). Adressierbare Einheiten, denen Handlungsfähigkeit zugeschrieben wird, nennt man konventioneller Weise – und zunächst in einem noch nicht sehr anspruchsvollem Sinne – Akteure. Ich werde in diesem Beitrag zeigen, dass der Zusammenhang von Beratung und dem Akteurstatus von Personen, Organisationen und Nationalstaaten enger ist, als es diese ersten einleitenden Bemerkungen vermuten lassen.

2. Der organisationssoziologische Neo-Institutionalismus

Der soziologische Neo-Institutionalismus geht davon aus, dass soziales Handeln in der modernen Gesellschaft stark durch institutionalisierte Regeln geprägt ist. Diese Regeln nehmen nicht nur die Form kodifizierten Rechts, gesatzter Ordnungen oder formeller Vorschriften an, sondern stellen sich auch als Ideen, Theorien und Ideologien darüber dar, wie die Gesellschaft funktioniert oder wie sie funktionieren sollte, um kollektive Ziele zu erreichen (Meyer et al. 1994: 10). Die institutionelle Ordnung variiert somit in ihrem Formalisierungsgrad und beinhaltet nicht nur normative, sondern auch – und nicht minder wichtig für die Erzeugung sozialen Handelns – kognitive Komponenten (Scott 1995). Als expliziter Gegenentwurf zu Theorien rationaler Wahl, entzaubert – um nicht zu sagen: rationalisiert – der Neo-Institutionalismus die Rationalität selbst als Mythos der modernen Gesellschaft, den rationalen Akteur als soziales Konstrukt. Insofern scheint es viel versprechend zu sein, auf neo-institutionalistische Perspektiven zurückzugreifen, um zu einem neuen Verständnis des Verhältnisses von Rationalität und Beratung zu gelangen.

Der soziologische Neo-Institutionalismus wird vorwiegend mit seinen Beiträgen zur Organisationsforschung wahrgenommen. Hier wiederum sind es vor allem die klassischen Aufsätze von John Meyer und Brian Rowan (1977) sowie Paul DiMaggio und Walter Powell (1983), die bis heute das Bild des Neo-Institutionalismus prägen.[3] Auch die Forschung zur Managementberatung schließt gelegentlich an diese Arbeiten an (Faust 1998, 2000; Ernst/Kieser 2002). In der Tat lassen sich, wie ich im Folgenden kurz skizzie-

---

3 Zu einem Überblick zum organisationssoziologischen Neo-Institutionalismus empfiehlt sich der Sammelband Powell/DiMaggio (1991), der auch einen Wiederabdruck von Meyer/Rowan (1977) sowie eine überarbeitete Fassung von DiMaggio/Powell (1983) enthält.

ren werde, beide Aufsätze sehr instruktiv für Theorien der Beratung nutzbar machen.

Meyer und Rowan (1977) behaupten in ihrem klassischen Aufsatz, das Organisationen in ihren formalen Strukturen gesellschaftlich institutionalisierte Mythen der Rationalität zum Ausdruck bringen. Indem als modern und effizient geltende Elemente zeremoniell in die Organisationsstruktur eingebaut werden, gewinnt die Organisation an Legitimität gegenüber ihrer relevanten Umwelt. Dies gilt auch dann, wenn die Legitimitätsanforderungen mit den Effizienzanforderungen des technologischen Kerns konfligieren (Thompson 1967). Diesem Konflikt kann die Organisation mit einer nur losen Kopplung zwischen Aktivitäts- und Formalstruktur entgehen.

Beratung (hier: Organisationsberatung) lässt sich im Anschluss an dieses Konzept in drei Hinsichten als legitimatorische Ressource deuten. Erstens kann eine Organisation durch die bloße Tatsache, dass sie eine renommierte Organisationsberatung nutzt, nach innen und nach außen moderne Organisationsführung demonstrieren, auch wenn der Beratungsprozess im Effekt nicht zu effizienteren Strukturen führen mag (Meyer/Rowan 1977: 355). Zweitens ist es vielleicht nicht der Beratungsvorgang selbst, der Legitimität induziert, sondern die – wiederum womöglich nur formale – Anwendung der von den Beratungen vorgeschlagenen, den jeweiligen Management-Moden entsprechenden Restrukturierungsprozesse. Die Bedeutung von Organisationsberatungen wird dann vor allem darin gesehen, dass sie „Moden und Mythen des Organisierens" bereitstellen (Kieser 1996). Drittens können Beratungen als „Beglaubiger von Rationalitätsstandards" auftreten und durch den Beratungsprozess die Rationalität der bestehenden oder neu modifizierten Strukturen zertifizieren (Faust 1998: 166).

Natürlich ließe sich auch beratungspraktisch aus dem Konzept folgern, dass Organisationsberatung die Differenz von Formal- und Aktivitätsstruktur zu berücksichtigen habe. Dann könnte man – mit etwas Trivialisierung – zum Beispiel schließen, dass Beratung die etwaige Entkopplung abmildern solle oder im Gegenteil ihre subversive Nutzung zur Abwehr unlauterer Umwelterwartungen empfehlen. Im erstgenannten Fall müsste – durch welche Maßnahmen auch immer – dafür gesorgt werden, dass formale Änderungen der Organisationsstruktur auch die gewünschten Konsequenzen für die tägliche Praxis zeitigen, im zweiten Fall könnte man zu zeremoniellen Bekenntnissen raten, mit denen man den vielfältigen Ansprüchen externer Instanzen Rechnung trägt, ohne dass dies größere Folgen für die Organisation haben müsste.[4]

Auch DiMaggio und Powell (1983) thematisieren die Einbettung von Organisationen in durch institutionelle Regeln geprägte Umwelten. In ihrem Aufsatz versuchen die Autoren die oftmals geradezu erstaunliche Ähnlichkeit

---

4 Vgl. als Beispiel einer solchen Argumentation Meier/Schimank (2003).

zwischen Organisationen zu erklären. Sie identifizieren dazu drei institutionelle Mechanismen der strukturellen Angleichung („Isomorphismus") in organisationalen Feldern: Zwang, Nachahmung und normativer Druck.

Isomorphismus durch Zwang folgt aus formalem oder informalem Druck, den Organisationen auf von ihnen abhängige andere Organisationen ausüben.[5] Während dieser Mechanismus – gerade auch von den Autoren selbst – vor allem auf staatliche Regulierung bezogen wird, sollte er darauf nicht reduziert werden. Zwang kann ganz allgemein von Organisationen, die über kritische Ressourcen verfügen, auf andere Organisationen ausgeübt werden, die vom Zugang zu eben diesen Resssourcen abhängig sind (Pfeffer/Salancik 1978). Wenn man Isomorphismus durch Zwang so interpretiert, scheint dieser Mechanismus auch für den umfassenden Erfolg von Unternehmensberatung eine Rolle zu spielen. So vermutet Faust (1998) – mit Bezugnahme auf Dahl (1966) –, dass die Einschaltung von Unternehmensberatungen durchaus häufig auf mehr oder minder starken Druck von Banken auf ihre Klienten erfolgt.

Isomorphismus durch Nachahmung entsteht vornehmlich unter Bedingungen hoher Unsicherheit. Der Begriff bezeichnet das Kopieren struktureller Elemente von als erfolgreich, rational und legitim wahrgenommenen Organisationen („trendsetter") durch andere Organisationen desselben Feldes.[6] DiMaggio und Powell selbst schreiben Unternehmensberatungen eine gewisse Bedeutung für diesen Mechanismus zu. Beratungen – so die These – befördern die zielgerichtete Nachahmung als erfolgreich geltender Organisationen. Da sie insgesamt nur eine geringe Zahl von Modellen propagieren, tragen sie zur Strukturangleichung bei. Man kann hinzufügen, dass Unternehmensberatungen – wie andere Beratungseinrichtungen – auch Organisationen sind, die ihrerseits mimetischen Prozessen unterliegen. Sie lassen sich insofern nicht nur als „Agenten" dieses Mechanismus interpretieren sondern selbst auch als Nachahmer, wodurch der strukturangleichende Effekt verstärkt werden dürfte. Allerdings findet Nachahmung keineswegs nur absichtsvoll oder durch Beratungen vermittelt statt. Die Rolle, die Consultants in der Konzeption von DiMaggio und Powell spielen, sollte deshalb auch nicht überschätzt werden.

Isomorphismus durch normativen Druck wird vor allem durch Professionsgemeinschaften (hier im engeren Sinne verstanden) wirksam. Vermittelt durch geteilte Bildungshintergründe und professionelle Netzwerke entstehen

---

5   Nach DiMaggio und Powell folgt Isomorphismus durch Zwang auch aus „kulturellen Erwartungen in der Gesellschaft" (150), eine gerade im institutionalistischen Zusammenhang etwas unspezifische Formulierung, die sich aber hier offenbar auf Erwartungen bezieht, deren Nichtbeachtung mit unmittelbaren Sanktionen durch mächtige Akteure bedacht wird.

6   Nachahmung ist der prominenteste der drei Mechanismen. Die Rezeption des Aufsatzes bleibt vielfach darauf beschränkt (vgl. Mizruchi/Fein 1999).

in diesen geteilte Orientierungsrahmen und Muster der Problemlösung, die in Form eines „state of the art" verbindlich gemacht werden. Die Bedeutung dieses Mechanismus für die Beratungsforschung ist offensichtlich, da Beratung in vielen Fällen als professionalisierte Dienstleistung angeboten wird. Dort wo dies – noch – nicht der Fall ist, wie z.b. in der Unternehmensberatung, ergeben sich einerseits häufig Professionalisierungsbemühungen, die angesichts der Attraktivität von Professionalität nicht verwundern können; andererseits wird fehlende Standardisierung als mangelnde Qualitätssicherung beklagt (Kühl 2001; Groß 2003). In großen Unternehmensberatungen werden geteilte Orientierungsrahmen zum Teil durch umfangreiche in-house-Schulung erzeugt. So entstehen durch normativen Druck Beratungsstandards, die zwar nicht professionsweit, aber doch unternehmensweit – und das mag bisweilen auch heißen: global – gültig sind.

In einer Modifikation des Konzeptes von DiMaggio und Powell erweitert Krücken (2004) die Gruppe der für normativen Druck verantwortlichen Einrichtungen. An die Stelle der Professionen treten hier generell externe nichtstaatliche Instanzen. Im Falle des von ihm behandelten Feldes Hochschulpolitik sind dies neben Akkreditierungseinrichtungen auch Organisationsberatungen. Diese stellen demnach – analog zu Professionen in anderen Feldern – verbindliche Standards angemessener Problemlösungsmuster zur Verfügung. Gleichzeitig bieten sie Orientierungspunkte für Nachahmungsprozesse und bilden damit ein Bindeglied zwischen normativem Druck und Mimese. Wiewohl es durchaus sinnvoll erscheint, Isomorphismus durch normativen Druck nicht auf Professionen beschränkt zu denken (siehe oben), müsste jedoch im Einzelnen genauer herausgearbeitet werden, mit welchem *Mechanismus* es nicht-staatlichen Instanzen – für die hier behandelte Fragestellung interessieren natürlich insbesondere Beratungseinrichtungen – gelingen kann, einheitliche Standards der Angemessenheit zu entwickeln und durchzusetzen.

Die klassischen organisationssoziologischen Arbeiten von Meyer und Rowan sowie von DiMaggio und Powell bieten also in verschiedenen Hinsichten wichtige Anschlussmöglichkeiten für die Beratungsforschung. Erstens lassen sich auf ihrer Grundlage Erklärungen für den Erfolg von Beratung entwickeln, die nicht auf die Vorstellung eines unmittelbaren instrumentellen Wertes des beraterischen Wissens angewiesen sind, sondern vor allem auf deren legitimatorische Funktion abzielen.[7] Zweitens kann man mit ihnen nach dem Beitrag von Beratungen – insbesondere von Unternehmensbera-

---

7   Wobei nicht ausgeschlossen ist, dass Beratung rein instrumentell zur Legitimation eingesetzt werden kann. Die Frage ist dann aber: Wieso – also auf Grund welcher institutionellen Bedingungen – funktioniert das? Und: Wenn der Erfolg von Beratung ausschließlich auf absichtsvollem window-dressing beruhte, wer oder was zwingt die Organisationen hinter die Rationalitätsfassaden (vgl. Meyer et al. 1994: 16)? Und warum? Allgemein zur instrumentellen Nutzung institutioneller Vorgaben siehe Swidler (1986) und Jepperson/Swidler (1994).

tungen – zu Prozessen der Strukturangleichung in organisationalen Feldern fragen. Drittens erlauben sie, die institutionellen Einflüsse auf Berater, Beratungsorganisationen und Beratungsprozesse selbst zu analysieren.

Dennoch: Weder stellen die genannten Arbeiten den neuesten Stand des soziologischen Neo-Institutionalismus dar, noch sind sie dessen interessanteste Beiträge zum Verhältnis von Beratung und Gesellschaft. Im Gegenteil: Gerade in Hinblick auf dieses Verhältnis scheinen neuere Arbeiten von John Meyer und Mitarbeitern wesentlich aufschlussreicher zu sein, zumal Meyer/Rowan noch mit einem recht diffusen Gesellschaftsbegriff arbeiten, und DiMaggio/Powell sich mit organisationalen Feldern auf recht enge soziale Kontexte beziehen. Die neueren Arbeiten, die meiner Einschätzung nach in der Beratungsforschung viel zu wenig wahrgenommen werden, aber natürlich auch selbst nur einen kleinen Ausschnitt der inzwischen sehr umfangreichen neo-institutionalistischen Forschungsliteratur darstellen, haben einen weiteren theoretischen Fokus als die klassischen Texte und stellen fundamentalere Fragen.[8] Beratung ist in diesem theoretischen Rahmen eng verwoben mit den Schlüsselelementen der Kultur der modernen Weltgesellschaft.

3. Institutionelle Voraussetzungen für mimetischen Isomorphismus

Fragt man zum Beispiel nach den grundlegenden Bedingungen für die Nachahmung von Vorbildern, zeigt sich, dass es alles andere als voraussetzungslos ist, dass Organisationen andere Organisationen kopieren. Bleiben wir zunächst beim Beispiel der Unternehmensberatungen: Um die Nachahmung von Vorbildern plausibel zu machen, genügt es nicht, dass Management-Consultants einfach ein Modell propagieren, vielmehr müssen sie zusätzlich wichtige Interpretationsleistungen erbringen (Meyer 1994: 36). Diese Leistungen entstehen zwar in spezifischen lokalen Kontexten und lassen sich auch mitunter aus diesen heraus erklären, in der Regel sind sie aber entscheidend durch weitere institutionelle Umwelten geprägt und insofern kulturell überformt (Strang/Meyer 1993).

Nachahmung erscheint erst dann als eine plausible Option, wenn das Vorbild und der potenzielle Nachahmer als Organisationen, die in wichtigen Hinsichten Ähnlichkeiten haben, interpretiert werden können. Denn warum sollte man Organisationen kopieren, die zwar erfolgreich sind, aber vielleicht

---

8   Für eine deutschsprachige Sammlung neuerer Texte John Meyers zur Globalisierungsdiskussion siehe Meyer (2004). Der Band enthält auch deutsche Fassungen von den im Weiteren im Original zitierten Aufsätzen Meyer et al. (1994) und Meyer/Jepperson (2000).

unter ganz anderen Voraussetzungen operieren? Die Ähnlichkeit mag etwa darauf beruhen, dass die Vorbildorganisation eine Firma ist, die in direkter Konkurrenz im selben Sektor agiert wie der Nachahmer, oder auch nur darauf, dass sie aus einem in bestimmten Hinsichten vergleichbaren Land kommt. Zunehmend wird es aber offensichtlich plausibel, Ähnlichkeit viel abstrakter zu konstruieren und Unternehmen, Krankenhäuser, Universitäten und öffentliche Verwaltungen in erster Linie als Organisationen zu begreifen, die dann typische organisationale Probleme haben, denen man mit effizienten organisationalen Lösungen begegnen kann. Management wird dann zu einer abstrakten Fähigkeit, die sich auf verschiedenste Organisationen über verschiedenste kulturelle Kontexte hinweg anwenden lässt. Die Zahl der Organisationen, die sinnvoll als Modell gewählt werden können, weitet sich damit aus: Vorbilder lassen sich nun auf der ganzen Welt und in den verschiedensten Typen von Organisationen finden (Meyer 1994: 43-45).

Dieser Zusammenhang lässt sich noch allgemeiner fassen und zudem nicht nur auf Organisationen, sondern auch auf Staaten und Individuen beziehen: In einem Beitrag zur Theorie sozialer Diffusionsprozesse identifizieren David Strang und John Meyer (1993) institutionelle Faktoren, die die Diffusion von kulturellem „Material" wahrscheinlicher machen. Zentral für die Diffusion zwischen zwei Einheiten ist demnach die von diesen und ihrer Umwelt geteilte Wahrnehmung, dass eine fundamentale Ähnlichkeit zwischen ihnen besteht und sie deshalb einer gemeinsamen Kategorie von Einheiten (neben Organisationen zum Beispiel eben auch Staaten oder Individuen) angehören. Die Einheiten greifen bei diesen Prozessen „kategorialer Selbstzurechnung" (Stichweh 2000: 255) auf institutionelle Interpretationsangebote in Form theoretischer Modelle zurück. Solche Modelle beinhalten auch Vorstellungen über kausale Zusammenhänge zwischen den gebildeten Kategorien, binden sie also mithin in einen allgemeinen kulturellen Rahmen ein. Wir werden darauf später zurückkommen. Zunächst ist aber wichtig, dass die Verortung in Kategorien einerseits Nachahmung zwischen zwei Einheiten der selben Kategorie als plausibel erscheinen lässt, andererseits offenbar intensive wechselseitige Beobachtung befördert, und dadurch – auch globale[9] – Nachahmungsmöglichkeiten schafft.

Wie lässt sich nun Beratung im Lichte dieser abstrakteren Überlegungen deuten? Zunächst ist bemerkenswert, welche Bedeutung „Theorie" für die Diffusion kultureller Gehalte zugeschrieben wird. Professionalisierte Berater und Beratungen gehören – neben der wissenschaftlichen Forschung – zu den wichtigsten Produzenten und Agenten solcher Theorien über Organisationen, Staaten und Individuen. Sie dienen also nicht nur *strukturell* als Knotenpunkte der Diffusion – indem sie als bloße Transportwege bestimmter Ideen fungieren –, sondern sie schaffen auch die *institutionell* notwendigen Vorrau-

---

9   Stichweh (2000) erkennt hier einen Mechanismus der Globalisierung.

setzungen, indem sie Vorstellungsgehalte propagieren, in deren Licht die Übernahme der zur Diffusion anstehenden Ideen überhaupt erst als vernünftig erscheinen kann.

Der hier verwendete Theoriebegriff sollte nicht fehlleiten: Theorien werden in diesem Zusammenhang als eine Erscheinungsform institutioneller Regeln verstanden (Meyer et al. 1994: 9).[10] Insofern spiegeln sie in ihrem Kern nicht die idiosynkratischen Gedankengänge ihrer Produzenten, sondern gesellschaftlich institutionalisierte Vorstellungen wider. In genau diesem Sinne sind z.b. Unternehmensberater „Agenten" und Produzenten universalistischer Theorien der Organisation – sowohl im formalen Beratungsprozess als auch in ihren Beiträgen zur Managementliteratur. Sie behandeln Organisationen als Einheiten mit ähnlichen grundlegenden Eigenschaften und Problemen, die deshalb sinnvoller Weise institutionelle Elemente von vorbildlichen anderen Organisationen kopieren können und sollen. Managementberater affirmieren damit einerseits grundlegende Vorstellungen über das Wesen der Organisation, andererseits sind diese Vorstellungen aber auch Voraussetzung ihrer Beratung. Gerade die für Management-Consultants typische „best-practice"-Ideologie funktioniert ja erst unter sehr weitgehenden Universalisierbarkeitsannahmen.

4. Die Konstruktion von Akteuren

Die im vorangegangenen Abschnitt beschriebene Idee einer an institutionellen Vorgaben orientierten „kategorialen Selbstzurechnung" ist theoretisch folgenreicher für das neo-institutionalistische Verständnis von Organisationen, Staaten und Individuen, als es vordergründig scheinen mag. Sie führt nämlich dazu, dass diese Akteure als sozial konstruiert gedacht werden müssen.[11] Während die Vorstellung der sozialen Konstruiertheit von formalen Organisationen oder von Staaten noch als relativ konventionelles soziologisches Gedankengut gelten kann, widerspricht die analoge Diagnose für individuelle Akteure zumindest solchen akteurtheoretischen Positionen, die den Akteurstatus von Individuen als naturgegeben voraussetzen.

Dass individuelle Akteure als konstruiert gelten, heißt freilich nicht, dass die neo-institutionalistischen Autoren an der Existenz von Menschen zwei-

---

10 Damit kontrastiert das im Grunde positivistische Wissenschaftsverständnis, das die neo-institutionalistischen Autoren im Bezug auf ihre eigenen Theorien pflegen. Diese – so die Vorstellung – sollen testbare und das heißt letztenendes auch: falsifizierbare Hypothesen generieren.
11 Mit einem weniger anspruchsvollen Akteurbegriff ist dieser Schluss allerdings nicht zwingend.

felten. Sie gehen umstandslos davon aus, das es Leute („people")[12] gibt. Allerdings wird behauptet, dass diese Leute mit Hilfe kulturell bereitgestellter Deutungsmuster als Individuen mit unveräußerlichen Rechten, mit Würde und mit Wert definiert werden[13] und ihr Tun mit Hilfe solcher Muster als absichtsvolles Handeln und Ausdruck individueller Wahl und Entscheidung, die aus individuellen Motiven und Wahrnehmungen hervorgehen, interpretieren. In genau diesem Sinne ist der individuelle Akteur eine soziale Konstruktion (Meyer et al. 1994: 10), ein moderner Mythos: „In our terms [...] the individual is an institutional myth evolving out of the rationalized theories of economic, political, and cultural action" (ebd.: 21).

Der moderne Akteur entspringt – wie das Zitat andeutet – theoretischen Vorstellungen; ebenso spielen Theorien eine wichtige Rolle in der fortwährenden Erweiterung des Akteurs. Sie schaffen neue plausible Anlässe und Motive für ein Handeln, helfen mit Handlungskapazitäten auszubauen und geben gute Gründe zur Schaffung neuer Akteure (Meyer/Jepperson 2000: 112f.). Nicht zuletzt aber wirken sie an der Entwicklung von Formen mit, in denen der moderne Akteur seine Handlungsfähigkeit, die zum Wert an sich avanciert, nach Innen und Außen beweisen kann. Man denke zum Beispiel an Managementkonzepte, die auf allen Ebenen „Leitbilder", „Visionen" oder „Strategien" einfordern.

Wiederum werden professionelle Beratungen – neben wissenschaftlicher Forschung – als zentrale Orte der Produktion und Diffusion entsprechender theoretischer Konzepte gedacht. Dabei ist es einerseits natürlich keineswegs verwunderlich, dass sich Beratungen in der Begründung und der Ausweitung der Handlungsfähigkeit von Akteuren engagieren, immerhin bezieht sich ja Beratung im Kern auf Handlung, setzt handlungs- und entscheidungsfähige Akteure voraus. Andererseits könnte man aber vermuten, dass Theorie zumindest in einigen Feldern – bei aller Bedeutung von formaler Bildung – gar keine so herausragende Rolle für die Beratungspraxis spielt: Gerade in der Managementberatung wird das eigene Wissen häufig als primär erfahrungsgestützt stilisiert und damit von dem praxisfernen und „nur" theoretischen Wissen der Wissenschaft abgegrenzt. Im Gegenzug amüsiert sich die „kritische" Beratungsforschung gerne über die wissenschaftliche Inadäquanz beraterischer Konzepte (Clark/Fincham 2002). Insofern entbehrt es nicht einer gewissen Ironie, dass es gerade die theoretischen Leistungen der Berater sein sollen, die den Unterschied machen. Immerhin könnte sich das von Beratern

---

12 Mit dieser etwas legere wirkenden Wortwahl sollen mit Bedeutungen überladene Begriffe wie „Mensch", „Person" oder „Individuum" vermieden werden. Es lässt sich daran aber auch das offensichtlich geringe theoretische Interesse des Neo-Institutionalismus an der Klärung der eigenen anthropologischen Randannahmen ablesen.

13 Dieses Menschenbild und dazu passende Bilder des Nationalstaats werden nicht zuletzt durch die Vereinten Nationen verkörpert und befördert. Vgl. z.B. die UN-Charta oder die Allgemeine Erklärung der Menschenrechte.

generierte Wissen auch als erfahrungsgesättigte Übersetzung eher akademischer Theorien in praktische Kontexte interpretieren lassen (Meyer 2002). Wichtiger aber ist die Erkenntnis, dass auch die Vorstellung, man könne Erfahrungen, die man mit einem Akteur gemacht hat, auf einen anderen Akteur übertragen, basale universalistische Theorien über das Wesen von Akteuren impliziert. Vermutlich liegt die besondere institutionelle Bedeutung professioneller Beratung gerade an dieser Stelle.

Wenn wir oben also Organisationsberater als Agenten universalistischer Theorien der Organisation identifiziert haben, lässt sich jetzt allgemeiner formulieren: Professionelle Berater sind Agenten universalistischer Theorien des Akteurs. Akteure wiederum sind sozial konstruierte Kategorien, die in einen weiteren kulturellen Kontext eingebettet sind. In der Konzeption von John Meyer und Mitarbeitern (insbesondere Meyer et al. 1994; Meyer/Jepperson 2000), die im nächsten Abschnitt ausführlicher dargelegt werden soll, sind sie in den dominanten kulturellen Rahmen der modernen Weltgesellschaft eingebettet: in die Moderne selbst.

5. Das Rationalisierungsprojekt der Moderne

Nach Meyer et al. (1994) ist die Moderne ein vom Ursprung her „westlicher", aber inzwischen globalisierter kultureller Rahmen, der sich in Anlehnung an Weber (1922) als Rationalisierungsprojekt fassen lässt. Dieser Rahmen ist nicht nur in räumlicher Hinsicht umfassend, sondern stellt auch eine grundlegende, gleichermaßen abstrakte wie komplexe Vorstellungswelt über die ontologischen und moralischen Strukturen von Natur und Gesellschaft bereit.

Die Natur ist in diesem Bild ein entzauberter, gemäß universeller und unabänderlicher Naturgesetze funktionierender und verstehbarer Zusammenhang von Einheiten, die in sich wiederum gesetzmäßig und verstehbar aufgebaut sind und funktionieren. Die Rationalisierung der Natur ist eng mit der Entwicklung und Ausweitung der Wissenschaft sowie dem Aufstieg wissenschaftlicher Autorität verknüpft (Drori et al. 2003). Die Bedeutung der Wissenschaft liegt dabei nicht nur darin, dass sie große Mengen regelförmigen Wissens über die Natur generiert hat, sondern auch darin, dass das dominante generelle Naturkonzept der Moderne als Ausdruck eines wissenschaftlichen Blickes auf die Welt („scientific outlook") verstanden werden kann (Meyer/ Jepperson 2000: 103). Zudem erhalten auch spezifische Aussagen über die Natur – auch die Natur der Gesellschaft – mehr Autorität, wenn sie auf wissenschaftliches Wissen Bezug nehmen können. Mit der Verwissenschaftlichung der Natur einhergehend entstehen verwissenschaftlichte Professionen, die mit rationalisierten Vorstellungen von Natur und Gesellschaft operieren und auch selber weiter an deren Rationalisierung arbeiten. Zugleich stellen sie ihren Klienten rationalisierte Modelle der Weltbeobachtung und Skripts des vernünftigen handelnden Eingriffs in die Natur zur Verfügung. Sie fungieren also institutionell – und strukturell – als „Agenten" der Rationalisierung.

Während immer mehr Einheiten in das – verwissenschaftlichte – kognitive System der rationalisierten Natur aufgenommen werden (z.b. Psychen oder Ökosysteme, aber eben auch Organisationen und Gesellschaften), verschwinden magische und animistische Elemente vollständig (ebd.: 103f.). Man mag dann ja noch immer an die Geister der Ahnen glauben, aber wer sich vor Gericht auf spirituelle Einsagungen beruft, wird feststellen, wie viel mehr Autorität ein psychiatrisches Gutachten zu haben pflegt. Die Geister sind jetzt jenseitig – wie im Übrigen auch Gott – und eine diesseitige Intervention wird ihnen kaum mehr zugestanden.

Wer jetzt sein Tun nach Außen oder Innen rechtfertigen möchte, muss sich auf innerweltliche Autorität, das heißt vor allem auf den guten Rat von Wissenschaft oder verwissenschaftlichten Professionen berufen. Oder um es mit Meyer/Jepperson (2000: 103f.) zu sagen: „A competent defense in a trial court or a legislative hearing, or before the court of public opinion, must claim that one's actions were guided by the best scientific and professional advice: the claim that one acted under advice from a palm reader has little standing".

Mit dem Auszug zunächst spiritueller und dann göttlicher Autorität aus Natur und Gesellschaft verändert sich auch die Form der moralischen Ordnung grundlegend. Diese stellt sich zunehmend in abstrakten und universellen Prinzipien dar, die jetzt selbst mit geradezu sakraler Autorität ausgestattet sind, namentlich und letzten Endes Fortschritt und Gerechtigkeit. Diese wiederum gelten als die zentralen Ziele des „Projektes" Gesellschaft und sind eng verbunden mit der *Ontologie* der Moderne (Meyer et al. 1994), denn Konzepte von Gerechtigkeit und Fortschritt setzen „real" existierende Einheiten als Bezugspunkte voraus.[14] In der Moderne sind die entscheidenden Bezugspunkte Akteure. Sie haben grundlegende Eigenschaften und Rechte, denen unhinterfragt Realität und ein hoher Eigenwert zugebilligt werden.

Der Akteur ist aber nicht nur Bezugspunkt von Gerechtigkeit und Fortschritt. Als entscheidungs- und handlungsfähige Einheit trägt er auch eine Verantwortung für die Verwirklichung dieser Ziele (Meyer et al. 1994: 25); er tritt dann legitimer Weise als deren „Agent" auf. Der Wert des Akteurs liegt also nicht nur in ihm selbst, sondern auch darin, dass er die kollektiven Zwecke der modernen Weltgesellschaft verfolgt, die wie gesagt wiederum auf Akteure bezogen sind. Unter Bedingungen einer als regelhaft und verstehbar interpretierten Natur und „geheiligten" Zwecken, ist der Akteur normativ um nicht zu sagen: sittlich verpflichtet, vernünftige Mittel zu deren Er-

---

14 Dass den Geistern der Ahnen Gerechtigkeit widerfahren sollte, ist in der Moderne ein Anliegen, dem bestenfalls in Horrorfilmen Rechnung getragen werden muss.

reichung zu verwenden. Das oberste moralische Prinzip der Moderne lautet deshalb: „Sei rational!"

Was lässt sich aus dieser neo-instutionalistischen Beschreibung eines globalen kulturellen Rahmens für die Rolle der Beratung in der modernen Gesellschaft folgern? Einerseits fungieren (professionelle und wissenschaftliche) Beratungen offenbar – wie oben schon angedeutet – als Agenten der Rationalisierung, andererseits bieten sie ihren Klienten an, sie kognitiv mit den Möglichkeiten eines angemessenen Handelns auszurüsten. Sie erlauben den Akteuren damit, moralisch zu agieren. Wer auf externe Beratung verzichtet, setzt sich damit eines erheblichen Risikos aus. Denn natürlich ist es auch möglich zu scheitern, wenn man beraten wird – Spötter mögen sogar behaupten: gerade dann ist es wahrscheinlich. Wer aber absichtlich auf Beratung verzichtet und dann scheitert, handelt nicht nur töricht, sondern überdies unmoralisch, denn er vergeht sich an den kollektiven Zielen der Weltgesellschaft. Insofern finden sich in der Kultur der Moderne gute Gründe, sich beraten zu lassen.

Rationalität im Dienste kollektiver Zwecke bedeutet in der neo-institutionalistischen Lesart übrigens keinesfalls zwingend Altruismus. Im Gegenteil: Gerade das Agieren im Sinne vermeintlicher eigener oder gar ureigenster Interessen verherrlicht ja den Eigenwert des Akteurs. Außerdem gilt eigennütziges Handeln in wirtschaftlichen Austauschprozessen als ein legitimes Mittel zur Erreichung wirtschaftlicher Entwicklung, also von Fortschritt. Fortschritt wird seinerseits als Voraussetzung von Verteilung interpretiert, also von Gerechtigkeit. Dennoch: Das – durchaus auch uneigennützige – Handeln im Sinne Anderer und abstrakter Prinzipien ist typisch für moderne Akteure.

6. Der Agent und der Andere

In diesem Beitrag hat schon des Öfteren – und zugegebener Maßen etwas unvermittelt – der Begriff „Agent" Verwendung gefunden. Agenten werden hier – wie bei Meyer/Jepperson (2000) – in nur loser und kritischer Anlehnung an ökonomische principal/agent-Theorien (Ross 1973) als Einheiten verstanden, die in Abarbeitung kultureller Skripts im Sinne oder zum Wohle von Akteuren und abstrakten Prinzipien[15] agieren und sich damit als „echte" moderne Akteure erweisen. Dabei können nach Meyer/Jepperson (2000: 106-108) vier Grundformen der Agentschaft („agency") unterschieden werden:

Moderne Akteure können erstens Agenten ihrer selbst oder genauer: ihres Selbst sein. Indem sie im Sinne als legitim geltender „eigener" Interessen agieren, arbeiten sie institutionelle Skripts ab: zum Beispiel bilden Staaten die üblichen Insignien nationaler Souveränität aus oder verwirklichen Indivi-

---

15 Im englischen Original ergibt sich hier ein Wortspiel mit „principal" und „principle".

duen ihre individuelle Persönlichkeit (Stichweh 2000: 255). Dabei entwikkeln Akteure auch Ressourcen der Handlungsfähigkeit, die ihnen wiederum Agentschaft für sich und andere ermöglichen.

Zweitens treten Akteure in erstaunlichem Maße – d.h. wesentlich mehr als in einem weniger rationalisierten kulturellen System zu erwarten ist – als Agenten für andere Akteure auf. Sie stehen anderen Akteuren mit Tat und vor allem mit Rat zur Seite, klären sie über ihre wahren Interessen auf und dienen liebend gerne als Vorbild[16]: „Individuals in an instant can advise others of their true interests, or can participate in complete good faith as advisors and consultants to organizations that they might have known nothing about previously" (Meyer/Jepperson 2000: 107). Das erstaunliche Selbstbewusstsein, mit dem Akteure als Agenten anderer auftreten, liegt darin begründet, dass in einer rationalisierten Welt vielfältiges universalistisches Wissen über jeden denkbaren Gegenstand ebenso verfügbar ist wie das sichere Bewusstsein, im Sinne der moralischen Ordnung zu agieren. Agentschaft ist unter solchen Bedingungen auch ohne besondere Kenntnisse kontextspezifischer Besonderheiten plausibel.

Drittens agieren Akteure vermehrt zum Wohle von Einheiten, die keine Akteure sind. Ob Weltklima, wilde Bienen oder aussterbende Sprachen, für die verschiedensten Nicht-Akteure werden Agenten tätig. Dabei spielt offenbar die Wissenschaft eine nicht unerhebliche Rolle bei der Erzeugung entsprechender Anlässe für Agentschaft.

Viertens treten Akteure als Agenten abstrakter Prinzipien auf. Diese Prinzipien, die im Rationalisierungsprojekt der modernen Weltgesellschaft verankert sind (siehe oben), genießen im besonderen Maße Autorität und Hochachtung.

Beratung ist – wie gesehen – Beratung von Akteuren und in diesem Sinne immer auch Agentschaft im Sinne der zweiten hier dargestellten Grundform. Besondere Autorität und besonderes Ansehen erhält Beratung aber erst, wenn sie nicht nur dem profanen Nutzen eines gewöhnlichen Klienten dient, sondern den schon mehrfach genannten höheren Prinzipien der Moderne verpflichtet ist. In loser Anlehnung an George Herbert Meads Konzept des „generalisierten Anderen" (Mead 1934) lassen sich Agenten – und damit auch Berater – als „Andere" bezeichnen (Meyer 1994, 1996; Meyer/Jepperson 2000). „Andere" versorgen Nationalstaaten, Organisationen und Personen mit reflexiven Abbildern einer ihnen als „richtige" Akteure angemessenen Rolle. Dabei erbringen sie vielfältige Interpretations- und Deutungsleistungen und wirken an der Konstruktion von Akteuren mit (vgl. Abschnitt 4).

In einer früheren Fassung des Agentschaftskonzepts war John Meyer (1994: 45-49) noch davon ausgegangen, dass Agenten spezielle Organisationen oder Personen seien, die ohne über besondere Handlungsfähigkeit oder

---

16 Vgl. im Gegensatz dazu DiMaggio/Powell (1983: 151).

-verantwortung zu verfügen, ohne selbst Akteur zu sein, im Sinne Anderer und abstrakter Prinzipien Agentschaft ausübten.[17] Ihre Domäne sei *talk* nicht *action* (Brunsson 1989). Meyer/Jepperson (2000) hingegen begreifen Agentschaft als einen integralen Bestandteil des modernen Akteurs, des „agentic actor". Agentschaft ist dann nicht nur das Geschäft spezialisierter Einrichtungen, sondern das eines jeden modernen Akteurs. Ebenso ist Beratung, wenn auch oft weder gegen Bezahlung noch als formaler Akt, ein Unternehmen, bei dem jeder und jede schnell und unproblematisch mitwirkt. Natürlich erteilt bei weitem nicht jeder Rat die höheren Weihen moderner Autorität; und natürlich kann Beratung auch als illegitim gelten, etwa wenn sie sich auf deviantes Tun bezieht (z.b. Selbstmordberatung im Internet) oder den Eindruck von Kumpanei, Klüngel und Korruption erweckt. Dennoch ist – zumindest legitime – Beratung für den Beratenden eines der reputierlichsten Unterfangen in der modernen Weltgesellschaft. So reputierlich offenbar, dass in Prozessen öffentlicher Beratung auch schon mal der Konkurrenz – gegen eigene Wettbewerbsinteressen[18] – das eine oder andere Erfolgsgeheimnis aufgedrängt wird (Meyer 1996: 245). Wenn Beratung aber doch finanziell vergütet wird, so spiegeln die fließenden Summen die Reputation des Agierens als „Anderer" („otherhood") wieder. Insofern existieren zweifellos auch profane Anreize dafür, sich in den Dienst der guten Sache zu stellen. Der Segen der Moderne liegt aber vor allem auf jenen, die in reinem Streben nach Fortschritt, Wahrheit und Gerechtigkeit trachten.

Dass diese hehren Vorstellungen der uneigennützigen „otherhood" nicht die reale Praxis von Wissenschaft und professionellen Beratungen abbilden, ist noch kein Einwand gegen das neo-institutionalistische Modell. Wie üblich wird auch hier eine eher lose Kopplung zwischen *talk* und *action* vermutet (Meyer/Jepperson 2000: 112 und Anm. 6). Eher ist fraglich, ob nicht die Beschreibung der institutionellen Ebene selbst zu ungenau bleibt. Gerade wenn es zutrifft, dass sich die Orte der elaborierten Produktion anspruchsvollen Wissens in einer Gesellschaft, die sich zunehmend als Wissensgesellschaft beschreibt, vervielfältigen und ausdifferenzieren (z.B. Stichweh 2002), erscheint das holzschnittartige Bild eines mit universeller Autorität und Wertschätzung ausgestatteten wissenschaftlich-professionellen Komplexes zunehmend fragwürdig. Meyer/Jepperson (2000: 115f.) weisen lediglich darauf hin, dass das Ansehen reiner (Grundlagen-)Forschung höher sei als das Lösen ordinärer Probleme gewöhnlicher Klienten. Institutionelle Differenzen kön-

---

17 In dieser frühen Fassung hielt Meyer die Begriffe Akteur und Agent allerdings auf Grund ihrer in jahrelangem sozial- und wirtschaftswissenschaftlichen Gebrauch erworbenen Konnotationen letztlich für ungeeignet: „Terms such as *actor* and *agent* are hopelessly contaminated" (Meyer 1994: 47; Hervorh. im Orig.).

18 Soweit man solche „eigentlichen" Interessen plausibel unterstellen darf. Vgl. dazu auch die etwas unbefriedigende und kaum ausgearbeitete Konstruktion des „raw actor" (Meyer/Jepperson 2000: 110).

nen also nur als eine hierarchische Schichtung von Autorität analysiert werden. Selbst wenn man diese Vorstellung akzeptiert, kann man Zweifel hegen, ob einer Instanz, die sich der profanen Nöte ihrer Klienten annimmt, grundsätzlich ein niedrigerer Status zukommt als einer solchen, die sich ausschließlich den reinen Prinzipien der Moderne verpflichtet. Zum Beispiel weist das von Forschungseinrichtungen zunehmend erwartete Engagement im Wissens- und Technologietransfer in eine andere Richtung. Die Universitäten, immerhin traditioneller Hort der reinen Wissenschaft, sollen sich dezidiert kleiner und mittlerer Unternehmen aus ihrer Region annehmen, mit ihnen kooperieren und sie in ihrer Innovationskraft und Wettbewerbsfähigkeit stärken. Mithin sollen sich gar Lehr- und Forschungsbemühungen an den Bedürfnissen der regionalen Wirtschaft orientieren. Natürlich bleibt auch diese Erwartung auf gesellschaftliche Fortschrittsvorstellungen angewiesen. Und natürlich wird Transfer von einigen Stellen nach wie vor argwöhnisch beäugt und als Ausverkauf der Wissenschaft an die Profitinteressen des Kapitals interpretiert. Dennoch deutet die insgesamt unübersehbar gestiegene Reputation von Wissens- und Technologietransfer darauf hin, dass die Strahlkraft reiner Prinzipien zunehmend nicht mehr ausreicht, um Autorität und Wertschätzung zu begründen. Gerade deshalb mag Beratung als spezifische Verbindung zweier Typen von Agentschaft (für andere Akteure und für abstrakte Prinzipien) zu einem derart erfolgreichen Phänomen avancieren.

Letztlich scheint aber wenig überzeugend, dass sich die gesellschaftlich institutionalisierten Vorstellungen über das Wesen und den Wert von Wissensformen, also die institutionelle Wissensordnung, in eine einzige universelle Rangordnung bringen lassen soll. Zudem ist es wohl so, dass die Autorität und Wertschätzung beraterischen Wissens sehr stark vom Verwendungskontext abhängt. So mag für eine Gewerkschaftsorganisation die Empfehlung einer industriesoziologischen Studie überzeugender sein als der Rat der reputiertesten Unternehmensberatung. Für die Leitung eines Industrieunternehmens sieht dies in der Regel wohl anders aus. Aber auch innerhalb ein und der selben Organisation mag es Anlässe geben, die wissenschaftlichen Rat überzeugender erscheinen lassen und solche, die eher die Anerkennung der professionellen Expertise von Beratungsunternehmen wahrscheinlich machen. Insgesamt ist es also notwendig, *Bedingungen* von Autorität und Wertschätzung anzugeben. Zudem kann man fragen, was passiert, wenn konfligierende mit beraterischer Autorität versehene Ansprüche aufeinander treffen und der neo-institutionalistische Standardausweg „Entkopplung" – ausnahmsweise – keine Option ist. Gefordert ist somit eine differenziertere Theorie der Autorität von Wissensansprüchen.

7. Zusammenfassung und Ausblick

Der neo-institutionalistische Beitrag zur Theorie der Beratung erschöpft sich nicht in ein paar klassischen Texten zur Organisationssoziologie. Gerade neuere Konzepte von John Meyer und Mitarbeitern erlauben es, die enge Verbindung zwischen – vor allem wissenschaftlicher und professioneller – Beratung und der Kultur der moderne Weltgesellschaft herauszuarbeiten. Dann zeigt sich, dass Beratung sich nicht nur an Akteure wendet, sondern qua Agentschaft für universalistische Theorien aktiv an deren Konstruktion mitwirkt. In der rationalisierten Moderne lässt sich eigenes Handeln vor allem dadurch autoritativ absichern, dass auf guten Rat aus Wissenschaft und von professionalisierten Beratungen Bezug genommen werden kann. Gleichzeitig wird Rationalität zur moralischen Verpflichtung, Beratung sichert an dieser Stelle gegen sittliche Verfehlungen ab. Der moderne Akteur ist immer auch Agent: für sich, für andere, für abstrakte Prinzipien. Gerade wenn er – wie in der Beratung – für andere als „Anderer" agiert, gewinnt er für sich die Legitimität, Autorität und Reputation der Moderne.

Der Reiz dieser Art neo-institutionalistischer Theoriebildung liegt ganz offensichtlich darin, dass sie die Begrenztheit der üblichen, sehr eng bestimmten Kontexten verhafteten Fragestellungen der Beratungsforschung überwindet und – im doppelten Sinne – generellere Vorstellungen der Gesellschaft einbezieht. Diese Stärke wird dem Neo-Institutionalismus standardmäßig auch als Schwäche ausgelegt. Die Theorie – so der Einwand – setze *zu* allgemein an und überschätze die Homogenität institutioneller Muster – weil sie nach genau dieser Homogenität suche – und unterschätze kulturelle Differenzen. Für eine allgemeine Theorie der Beratung müssten meiner Einschätzung nach insbesondere ein differenziertes Verständnis von Agentschaft und der Autorität von Wissensansprüchen ausgearbeitet werden. Es mag wie ein Gemeinplatz klingen, mir scheint es aber zentral für institutionalistische Analysen zu sein, universelle Erwartungsstrukturen der modernen Gesellschaft aufzudecken und *gleichzeitig* kontextspezifischere Differenzen zu berücksichtigen. „Bringing difference back in", sollte daher ein Leitsatz der Weiterentwicklung des soziologischen Neo-Institutionalismus sein.

Literatur

Brunsson, Nils (1989): The Organization of Hypocrisy. Talk, Decisions and Actions in Organizations. Chichester.
Clark, Timothy/Fincham, Robin (Hg.) (2002): Critical Consulting. Oxford, Malden.
Dahl, Edgar (1966): Die Unternehmensberatung. Eine Untersuchung ausgewählter Aspekte beratender Tätigkeiten in der Bundesrepublik Deutschland. (Diss.) Köln.
DiMaggio, Paul J./Powell, Walter W. (1983): The Iron Cage Revisited. Institutional Isomorphism and Collective Rationality in Organizational Fields, In: American Sociological Review 48, pp. 147-160.

Drori, Gili S./Meyer, John W./Ramirez, Francisco O./Schofer, Evan (2003): Science in the Modern World Polity. Institutionalization and Globalization. Stanford.
Ernst, Berit/Kieser, Alfred (2002): In Search of Explanations for the Consulting Explosion. In: Kerstin Sahlin/Lars Engwall (Hg.): The Expansion of Management Knowledge. Carriers, Flows and Sources. Stanford, pp. 47-73.
Faust, Michael (1998): Die Selbstverständlichkeit der Unternehmensberatung. In: Jürgen Howaldt/Ralf Kopp (Hg.): Sozialwissenschaftliche Organisationsberatung. Auf der Suche nach einem spezifischen Beratungsverhältnis. Berlin, S. 147-181.
Faust, Michael (2000): Warum boomt die Managementberatung? Und warum nicht zu allen Zeiten und Überall. In: SOFI-Mitteilungen 28, S. 59-85.
Fuchs, Peter/Mahler, Enrico (2000): Form und Funktion von Beratung. In: Soziale Systeme 6, S. 349-368.
Groß, Claudia (2003): Unternehmensberatung – auf dem Weg zur Profession? In: Soziale Welt 54, S. 93-116.
Hasse, Raimund/Krücken, Georg (1999): Neo-Institutionalismus. Bielefeld.
Jepperson, Ronald L./Swidler, Ann (1994): What Properties of Culture Should we Measure? In: Poetics 22, pp. 359-371.
Kieser, Alfred (1996): Moden & Mythen des Organisierens. In: Die Betriebswirtschaft 56, S. 21-39.
Krücken, Georg (2004): Wettbewerb als Reformpolitik: De- oder Re-Regulierung des deutschen Hochschulsystems? In: Jürgen Beyer/Petra Stykow (Hg.): Gesellschaft mit beschränkter Hoffnung. Die ungewisse Aussichtslosigkeit rationaler Politik, Opladen. (im Erscheinen)
Kühl, Stefan (2001) Professionalität ohne Profession. Das Ende des Traums von der Organisationsentwicklung als eigenständige Profession und die Konsequenzen für die soziologische Beratungsdiskussion. In: Nina Degele/Tanja Münch/Hans J. Pongratz/Nicole J. Saam (Hg): Soziologische Beratungsforschung. Perspektiven für Theorie und Praxis der Organisationsberatung. Opladen, S. 209-237.
Mead, George Herbert (1934): Mind, Self and Society. From the Standpoint of a Social Behaviorist. Chicago.
Meier, Frank/Schimank, Uwe (2003): Profilentwicklung der österreichischen Universitäten – Jenseits von Prokrustesbett und Heuchelei? In: Stefan Titscher/Sigurd Höllinger (Hg.): Hochschulreform in Europa – konkret. Österreichs Universitäten auf dem Weg vom Gesetz zur Realität. Opladen S. 119-138.
Meyer, John W. (1994): Rationalized Environments. In: W. Richard Scott/John W. Meyer (Hg.): Institutional Environments and Organizations. Structural Complexity and Indiviudalism. Thousand Oaks, pp. 28-54.
Meyer, John W. (1996): Otherhood – The Promulgation and Transmission of Ideas in the Modern Organizational Environment. In: Barbara Czarniawska/Guje Sevón (Hg.): Translating Organizational Change. Berlin, New York, S. 241-252.
Meyer, John W. (2002): Globalization and the Expansion and Standardization of Management. In: Kerstin Sahlin/Lars Engwall (Hg.): The Expansion of Management Knowledge. Carriers, Flows and Sources, pp. 33-44, Stanford.
Meyer, John W. (2004): Der „world polity"-Ansatz, hg. und eingeleitet von Georg Krücken. Frankfurt/M. (im Erscheinen)
Meyer, John. W./Boli, John/Thomas, George M. (1994): Ontology and Rationalization in the Western Cultural Account. In: W. Richard Scott/John W. Meyer (Hg.): Institutional Environments and Organizations. Structural Complexity and Indiviudalism. Thousand Oaks, pp. 9-27.
Meyer, John W./Jepperson, Ronald L. (2000): The „Actors" of Modern Society: The Cultural Construction of Social Agency. In: Sociological Theory 18, pp. 100-120.

Meyer, John W./Rowan, Brian (1977): Institutionalized Organizations: Formal Structures as Myth and Ceremony. In: American Journal of Sociology 83, pp. 340-363.

Mizruchi, Mark S./Fein, Lisa C. (1999): The Social Construction of Organizational Knowledge: A Study of the Uses of Coercive, Mimetic and Normative Isomorphism. In: Administrative Science Quarterly 44, pp. 653-683.

Pfeffer, Jeffrey/Salancik, Gerald (1978): The External Control of Organizations: A Ressource Dependance Perspective. New York.

Powell, Walter W./DiMaggio, Paul J. (Hg.) (1991): The New Institutionalism in Organizational Analysis. Chicago, London.

Ross, Stephan A. (1973): The Economic Theory of Agency: The Principal's Problem. In: American Economic Review 63, pp. 134-139.

Scott, W. Richard (1995): Institutions and Organizations. Thousand Oaks.

Stichweh, Rudolf (2000): Zur Genese der Weltgesellschaft. Innovationen und Mechanismen. In: ders.: Die Weltgesellschaft. Soziologische Analysen. Frankfurt/M.

Stichweh, Rudolf (2002): Wissensgesellschaft und Wissenschaftssystem. Ms.

Strang, David/Meyer, John W. (1993): Institutional Conditions for Diffusion. In: Theory and Society 22, pp. 487-511.

Swidler, Ann (1986): Culture in Action. Symbols and Strategies. In: American Sociological Review 51, pp. 273-286.

Thompson, James D. (1967): Organizations in Action. New York.

Weber, Max (1972): Wirtschaft und Gesellschaft. Tübingen.

Peter Fuchs

Die magische Welt der Beratung

Das Beratungsgeschäft, worunter hier institutionalisierte bzw. organisierte Beratungskontexte verstanden sein sollen, hat seit einiger Zeit starken Diffamierungen standzuhalten, die sich im wesentlichen darauf beziehen, dass es ein Geschäft auf unsicherer Grundlage ist. Einerseits profitiert es von der gesellschaftlich zirkulierenden Unsicherheit und Orientierungslosigkeit in allen Fragen des Lebens. Kaum einer will beratungsfrei das ihm zugewiesene Schicksal schultern. Und wenn er es doch unternähme, wäre er im Fall seines Scheiterns auch noch haftbar, weil er sich nicht hat beraten lassen. Andererseits ist Beratung eingebunden in eben diese Umstände. Sie kann in ernsthaften Angelegenheiten nicht mehr beraten, ohne beraten zu werden. Dabei kann sie sich vor allem der Wissenschaft bedienen, die sich darin gefällt, Berater zu beraten; aber seit einiger Zeit wird ihr gerade von dort (insbesondere von der Systemtheorie her, mit der sich Beratungsunternehmen nicht selten zu schmücken pflegen) mitgeteilt, dass die Sache der Beratung möglicherweise ein profitabler Luftzirkus sei, gar eine Narretei, die eine ganz andere Funktion bediene, als sie selbst meint (Fuchs 2002a).

Ihr wird außerdem angesonnen, Kommunikationssperren und Verschweigemuster in die Beratungskommunikation einbauen zu müssen und vielleicht gerade deshalb unter Kontingenz- und Alternativitätsdruck zu geraten, weil man die Berater je nachdem wählen könnte, was sie verschweigen und was nicht (Luhmann 1990b). Das Beratungsgeschäft muss sich damit arrangieren, dass es nicht tun kann, was es tut. Es hat also hinreichend Schweigepotenzial vorzuhalten.[1] Es muss ferner zur Kenntnis nehmen, dass es in einer hoch temporalisierten Gesellschaft vielleicht nur die segensreiche Funktion der Entschleunigung erfüllt, darin vergleichbar der Bürokratie und der Demokratie (Fuchs/Mahler 2000). Wenn an all diesen Einschätzungen etwas Wahres ist, dann ist es wie ein Wunder, dass Beratung immer noch funktioniert. Fast möchte man meinen: Sie habe etwas Magisches. Und genau das ist es, worum die folgenden Überlegungen kreisen.[1]

---

1 Vgl. zum größeren theoretischen Rahmen Fuchs 1999; Fuchs 1994a; Fuchs 1994b.

I.

Zunächst muss festgehalten werden, dass die Annahme, mit Beratung sei etwas Magisches verknüpft, sie sei eine Art magischer Praxis, nicht automatisch schon bedeutet, dass sie in Gefahr gerät, als ein anachronistisches Phänomen eingeschätzt zu werden. Magie ist nicht einfach etwas Überholtes oder so etwas wie ein Relikt aus finsteren unaufgeklärten Zeiten. Sie ist auf vielen gesellschaftlichen Ebenen präsent, sei es, dass Formen wie die rites des passages, Initiationsverfahren, Abwehrparaphernalia, fattura und contrafattura, weiße und schwarze magische Kulte, Heilsteine und Bachblütentherapie etc. weltweit noch gepflegt bzw. revitalisiert werden und sich soziologisch beobachten lassen[2], sei es, dass auf gehobenem intellektuellen und künstlerischen Niveau der Entzauberung durch die Moderne eine Wiederverzauberung folgt.[3] Vieles, was man als esoterische und okkultistische Bewegungen auffasst, ist unter dem Titel ‚Magie' gut aufgehoben – für ‚aufgeklärte' Beobachter, die die Welt hinterweltslos denken und deshalb von magie-inspirierten Beobachtern als kognitiv armselige Leute hingestellt werden, die nichts als die Schulweisheit kennen.[4]

Klar dürfte aber sein, dass die Magie, in welchen Formen sie auch immer auftritt und aus welchen historisch kontingenten Quellen sie sich speisen mag, daran erkannt werden kann, dass sie Hinter- und Nebenwelten postuliert, in denen Wesen hausen, die der Durchschnittswahrnehmung entgehen.[5] Diese Wesen und Gewalten können aus der Transzendenz in die Immanenz hineinwirken und müssen sich dabei nicht um immanente Kausalbewandtnisse kümmern. Magie ist in dieser Hinsicht religionsnah, sie muss Immanenz und Transzendenz unterscheiden. Das Besondere an der Magie ist, dass sich die Mächte des Jenseits im Diesseits bezwingen, dass sie sich so manipulieren lassen, dass ihre supra-kausalen, ihre übernatürlichen Fähigkeiten imma-

---

2 Siehe als soziologische Grundlagenwerke van Gennep (1909). Zur Theorie der Magie grundlegend Marcel Mauss (1974) (erster Teil: Entwurf einer allgemeinen Theorie der Magie). Nicht ohne Bedeutung ist, dass im 20. Jahrhundert Kant als Philosoph der Aufklärung zum Hintergrund einer voluntaristischen und psychosomatischen Magie werden kann, etwa bei Marcus (1924). Vgl. zur Modernität des Themas auch die Beiträge in Ahrendt-Schulte et al. (Hg.) (2002). Siehe als ‚dichte' Untersuchung einer magischen Praxis Knoblauch (1991). Vgl. auch die Beiträge in Zingerle/Mongardini (Hg.) (1987). Ferner dazu, dass Goethe eine starke Witterung für die Modernität der Magie hatte, Binswanger (1985).

3 Man denke etwa an die *art magique*, die von Harald Szeemann ausgerichtete Documenta 1982 (Individuelle Mythologien), die *arte povera*, die Anthropometrie, an Niki de Saint Phalle mit ihren Schießbildern oder an den Schamanen Joseph Beuys.

4 Kurzum: Magie ist nicht einfach ein „Überlebsel" der Vergangenheit in der Moderne. Vgl. Tylor (1871 (zit. nach Mauss 1974: 45).

5 Solche Wesenheiten können auch Blut, Boden, Volk etc. sein und dann zu ideologisch-propagandistischen Zwecken ausgenutzt werden (vgl. Vondung 1971).

nent ausgenutzt werden können, vorausgesetzt, jemand beherrscht die *Technik*, die dazu erforderlich ist. Mit Hilfe der Magie kann man Zustände der aktuellen, diesseitigen Welt zielgerichtet verändern, wozu es dann Zeichen, also auch Kommunikation braucht, anderenfalls die Soziologie nichts von ihr wüßte (Knoblauch 1991: 22ff.).

In stärker theoretisch ausgerichteter Formulierung: Magie operiert auf dem Schema Immanenz/Transzendenz, baut aber zwischen den Schemaseiten (unter den Schied hindurch, wenn man so will) Tunnel ein, durch die in jeder Aktualität Kausalbeziehungen zwischen hüben und drüben laufen können – im Sinne eines aktuellen, aber verborgenen ‚Unten-durch-Grenzverkehrs' (Spencer Brown 1971: 35; Junge 1993: 128ff.). Magische Praxis wäre demnach: immanente Untertunnelungsarbeit im Schema Immanenz/Transzendenz. Sie disponiert über eine Doppelrealität (Diesseits/Jenseits) und bedient sich dabei kausaler Beeinflussungsmöglichkeiten, die dem Alltagsmenschen nicht zu Gebote stehen. Das Management dieser Doppelrealität und ihrer Untertunnelung macht es notwendig, über Geheimnisse zu verfügen, die Eingeweihte kennen, die deshalb die Nicht-Eingeweihten zu Opfern ihrer Manipulationen machen können.

Seit Sigmund Freud (1956) ist es leicht, dieses Verschweigen in die Notwendigkeit zu transformieren, sich das Verschweigen selbst verschweigen zu müssen. Hinter dem Glauben an das Magische steckt eine im Kern animistische Technik, durch die sich die magische Weltbemächtigungspraxis eine Welt aus „einem Punkte" heraus konstruiert (ebd.: 88). Der Gedanke (die Psyche) will „Allmacht" (ebd.: 97) Die Dinge sollen so sein, wie es das „Seelenleben" will (ebd.: 103). Von der Form her gesehen, wird freilich durch dieses Konzept eine weitere Hinterwelt errichtet, die erklären soll, warum jemand Hinter- und Vorderwelten unterscheidet, und es ist ein immerhin amüsanter Gedanke (und einer, der Theoretiker nachdenklich stimmen sollte, die mit der Manifest/Latent-Differenz arbeiten), dass sich zumindest die Psychoanalyse selbst in das magische Spiel verstrickt, das sie beschreibt.[6] Sie hat viele Merkmale, die zumindest magie-analog erscheinen.

Wie man sich aber auch zu dieser Re-description der magischen Praxis durch Freud stellen mag, festhalten lässt sich der Gesichtspunkt, dass es in ihr um Weltbemächtigung geht und die Welt selbst das Ganze, das Übergreifende ist, in dem Immanenz und Transzendenz zusammen die Einheit dieser Welt so ausmachen, dass man in ihr Operationen starten kann, die berechenbare Effekte haben. Magie ist immer auch der Anspruch auf Intervention, darin dann vergleichbar solchen Traditionen, die die Heilung der Welt aus der scheinbar so anderen Quelle der Vernunft, der Rationalität und (wie man heute sagen müßte) der Konsensüberschätzung heraus unternehmen.

---

6   Für die Soziologie vgl. (mit der Einsicht, dass nichts dahintersteckt) Luhmann (1993).

Das macht es möglich, die magische wie die rationale Bezwingungspraxis als Formen aufzufassen, die im Übergang von der stratifizierten zur funktional differenzierten Gesellschaft eine eigentümliche Modernität entfalten, und zwar genau deswegen, weil die neue Differenzierungstypik sowohl die Einheit der Weltbeobachtung von einer Idee her, von einem Repräsentationszentrum aus, radikal zerbricht als auch Ansprüche auf kontrollierbare Intervention nachhaltig sabotiert.[7] Diese Gesellschaft ruiniert nämlich die Ständeordnung, indem sie sich ‚zerlegt' in autonome Funktionssysteme, die (jedes für sich) die Welt totalisieren, so dass die eine Welt ausfällt.[8] Es bleibt nur noch das ‚Stottern' im Sinne eines fortwährend repetierten ‚und-und-und ...', das sich nicht mehr zur einen Welt, zu einer universitas rerum, zu einer chain of being zusammenschweißen lässt.[9] Die Welt wird Anhäufung von Welten, oder in frühromantischer Diktion: Fragment von Fragmenten.[10] Das kann als Krisenlage beobachtet werden unter dem Titel horror plenitudinis[11] und führt dazu, dass sich im Übergang vom 18. zum 19. Jahrhundert so etwas wie ein Epochenschwellenbewußtsein unter jungen Intellektuellen einstellt (Kluckhohn 1934: 9f.).

Im 20. Jahrhundert kann dieser Befund unter den Begriff der Polykontexturalität gefasst werden (Günther 1979). Mit ihm geht man davon aus, dass die Welt der Moderne kein „universales Seinsmilieu" mehr darstellt (Merleau-Ponty 1993: 151). Sie ist, wie es scheint, unheilbar zersplittert und bietet keinen Ort mehr an, von dem man aus ohne Widerstreit und mit der Garantie auf Gültigkeit die Welt in toto beobachten könnte. In diesem Zusammenhang beginnen die Ideologien und die Fundamentalismen zu florieren, werden auf allen denkbaren Gebieten Orientierungsgewissheiten gesucht und angeboten oder wird unter den Auspizien der Postmoderne der unentwirrbar-rhizomatische Sinn- und Differenzendschungel beklagt, der nur noch partiell und individuell (be)glückende Sinnmöglichkeiten offeriert, aber von

---

7   Siehe als Beispiele für die Analyse von Funktionssystemen Luhmann (1975), (1977), (1982), (1988) (1990a) sowie Luhmann/Schorr (1979). Siehe ferner Mayntz (1988).
8   Damit wird auch eine Pluralität von Ontologien möglich. Siehe etwa Rombach (1983). Siehe für die Konsequenzen, die die Auflösung der *einen* Welt auch für die Idee einer großen einheitlichen Welttheorie im Kontext hat Rohrlich, (1988). Bei Schelling findet sich schon der Hinweis, dass „Welt (nach dem altdeutschen Worte) eine Währung, eine Dauer, eine bestimmte Zeit bedeutet." (Schelling 1827/28, 4. Vorlesung, S. 15). Es geht nicht mehr um ein Totum.
9   Siehe zu diesem „und" als „schöpferische(m) Stottern" Deleuze (1993: 67f.). Es ist im übrigen nicht zufällig, dass die Systemtheorie (in ihrer bisherigen Form) dem „und so weiter" jedes Sinns zutraut, Weltgesellschaft als Begriff zu plausibilisieren. Siehe Stichweh (1995).
10 Siehe zum romantischen Fragmentarismus Neumann (1976), Mennemeier (1980), Ostermann (1991), Fuchs (1993).
11 Vgl. zum horror plenitudinis als Ausdruck der Kommunikationskrise im Übergang zur funktionalen Differenzierung (insbesondere Frühromantik) Frühwald (1986: 130ff.).

nirgends aus quasi archimedisch observiert werden kann.[12] Polykontexturalität ist der Name für die Unbezwingbarkeit einer dissoluten oder dissonanten Welt und als Begriff die Möglichkeit, das Problem zu formulieren, das unter anderem das Phänomen der Beratung generiert: als Krisenbewältigungsanstrengung, die quer durch die Gesellschaft läuft. Es ist pikant in unserem Kontext, dass auch Magie allem Herkommen nach auf Krisenlagen bezogen ist.

II.

Polykontexturalität besagt, dass Beobachtungsprozesse immer gegenbeobachtet werden können, dass es also nicht mehr möglich ist (es sei denn: um den Preis nur mühsam zu stabilisierender Dogmatik), von unstrittigen Dingen und Sachlagen zu reden. Das heißt nicht, dass die Wirklichkeit vollkommen mit arbiträren Prozessen durchzogen sei[13], sondern nur, dass das Verhältnis der Beobachter zu dieser Wirklichkeit (in die Beobachter eingeschlossen sind) vom Indikativ in den Konjunktiv gewechselt ist.[14] Unter solchen Voraussetzungen lässt sich erwarten, dass ein außerordentlicher Aufwand getrieben werden muss, wenn – sozusagen gegen Polykontexturalität – Beobachtungen als gültige Beobachtungen stabilisiert und dabei von Kontingenz abgesehen werden soll. Dies würde ja heißen, dass ein *inviolate level* aufzubauen wäre, der im Grunde *eine* andere Beobachtungen bindende Sicht auf die Welt gestattet. Sie müßte (zumindest dem Anspruch nach und in wesentlichen Aspekten) kontingenzfest sein.

Tatsächlich sind Phänomene, die sich resistent gegenüber abweichenden Beobachtungen verhalten, bekannt. Die funktionale Differenzierung selbst richtet solche Resistenzen zwar nicht für die Gesellschaft ein, aber in den Funktionssystemen, deren Codes die Kommunikationen in ihrem Einzugsbereich vollkommen unstritig ordnen.[15] Organisationen, die mit der funktiona-

---

12 Auch nicht von der Systemtheorie her, die im Rückschluss auf sich selbst den Befund, den sie erhebt, auf sich selbst beziehen muss.
13 Passend dazu Woody Allen: „Ich mag die Wirklichkeit auch nicht, aber es ist der einzige Ort, wo man ein anständiges Steak bekommt."
14 Unübertrefflich: „Wenn es aber Wirklichkeitssinn gibt [...], dann muß es auch etwas geben, das man Möglichkeitssinn nennen kann. Wer ihn besitzt, sagt beispielsweise nicht: Hier ist dies oder das geschehen, wird geschehen, muß geschehen; sondern er erfindet: Hier könnte, sollte oder müßte geschehen; und wenn man ihm von irgend etwas erklärt, daß es so sei, wie es sei, dann denkt er: Nun, es könnte wahrscheinlich auch anders sein. So ließe sich der Möglichkeitssinn geradezu als die Fähigkeit definieren, alles, was ebensogut sein könnte, zu denken und das, was ist, nicht wichtiger zu nehmen als das, was nicht ist." Musil 1978, Bd. 1, S. 16.
15 Genau betrachtet, schaffen sie das durch eine geniale Tautologie. Was dazugehört, gehört dazu, was nicht das nicht, und die Entscheidung fällt nicht per Abstimmung oder Diskussion, sie ist der schiere Anschluss. Ein interessanter Fall ist das Sportsys-

len Differenzierung rein quantitativ so zunehmen, dass man heute von einer Organisationsgesellschaft reden könnte, blockieren ebenfalls Alternativität und verhindern (etwa durch Hierarchie, die intern nicht bestritten werden kann), dass sie von Moment zu Moment als austauschbar oder anders möglich begriffen werden können. Und es liegt auf der Hand, dass sich das Beratungsphänomen in diese erweiterbare Äquivalenzreihe einordnen lässt: Jeder, der berät oder sich beraten lässt, müßte die Idee als vollkommen abwegig behandeln, dass die soziale/psychische Welt durch und durch kontingent beobachtbar ist. Ausgeschlossen ist die *Wonderworld* von Alice.[16]

Die stattdessen vorausgesetzte Welt ist nicht indifferent gegenüber Handlungen[17], von denen aus sich die Zukunft besser oder schlechter darstellen wird, und diese Handlungen sind frei wählbar, insofern der Beratene sich für oder gegen das, wozu ihm geraten wird, enscheiden kann. Beratung muss – so gesehen – einen okkulten Freiheitsbegriff pflegen, der an dem alten Modell des *liberum arbitrium* orientiert ist, der Wahlfreiheit von Individuen, denen durch die Sinnwelt Alternativen offeriert werden, die in gewisser Weise im Gleichgewicht sind für den, der zwischen den Alternativenseiten zu wählen hat. Dabei ist die Sinnwelt, die dies leistet, zeitlich so konstant, dass die Effekte der Selektionen durch Beratene/Berater noch geprüft werden können, und: Die Verhältnisse der Beratungswelt sind so geartet, dass sie dem Grunde nach als steigerungsfähig gelten.

Auf einen Punkt gebracht: Die Welt der Beratung ist Volitionswelt[18] und daher auch (unter welchen Verkleidungen auch immer): klassische Handlungswelt.[19] Da es hier nicht um eine philosophische, sondern um eine soziologische Fragestellung geht, können wir von einer fungierenden Ontologie

---

tem, das sich durch die Gewinnen/Verlieren-Codierung eine gegen Kontingenz stabile Geschichte verschafft. Siehe dazu grundlegend Bette (1999).

16 „Würde der Zinnober bald rot, bald schwarz, bald leicht, bald schwer sein, ein Mensch bald in diese, bald in jene tierische Gestalt verändert werden, am längsten Tage bald das Land mit Früchten, bald mit Eis und Schnee bedeckt sein, so könnte meine empirische Einbildungskraft nicht einmal Gelegenheit bekommen, bei der Vorstellung der roten Farbe den schweren Zinnober in die Gedanken zu bekommen, oder würde ein gewisses Wort bald diesem, bald jenem Dinge beigeleget, oder eben daßelbe Ding bald so, bald anders benannt, ohne das hierin eine gewisse Regel, der die Erscheinungen schon von selbst unterworfen sind, herrschte, so könnte keine empirische Synthesis der Reproduktion stattfinden." Kant, I., Kritik der reinen Vernunft, A 100, hier zit. nach Söffler 1994: 248).

17 Sie ist also nicht Natur im Sinne von Schellings „Einleitung zu dem Entwurf eines Systems der Naturphilosophie" (Schelling 1982: 309).

18 Siehe zum Begriff der Volition und seiner seltsamen Stellung zur Systemtheorie Ort (2003).

19 Schon das lässt darüber staunen, wie Berater (wenn es nicht um Bratpfannen oder Waschbrettbäuche geht) von der soziologischen Systemtheorie fasziniert sein können. Denn dass es von dort keinen Weg zu Volition gibt, ist ausgemacht, so wenig wie zur Handlung, die ein Beobachter noch „monokausal" verstehen könnte.

oder von einem cognized model sprechen.[20] Es wäre ebenfalls möglich (obwohl Beratung hier nicht aufgefasst ist als ein gesellschaftsweit operierendes, geschlossenes System, sondern eher als anwählbare Kommunikationsform), den Begriff Kontingenzformel heranzuziehen, womit dann gemeint ist, dass Beratungskommunikation strikt Kommunikation über die Unmöglichkeit von Volition ausschließt und deshalb ihre Sinnwelt (ihre fungierende Ontologie) weder deterministisch noch fatalistisch gestalten kann.[21] Sie operiert aus einem Voluntarismus heraus, dessen Herkunft aus der Metaphysik ebenso im Dunkeln gehalten wird (und gar nicht thematisch werden könnte) wie die Steigerungsfähigkeit der Sinnwelt durch kausalistische (ratioide) Intervention. Die Bezwingbarkeit von krisenhaften Lagen in der Welt ist die conditio sine qua non der Beratung, und deswegen erweist sie sich mehr und mehr als attraktiv im Moment, in dem Polykontexturalität zu einer der zentralen Folgen funktionaler Differenzierung wird und es der Beratung dennoch gelingt, ihr Weltbild sozial plausibel zu halten.

Man könnte auch sagen, dass diese Idee der Bezwingbarkeit verflochten ist mit dem paradoxen Zwang zur Freiheit. Im Geschiebe der Welt muss es Freiheits- und also Manipulationsmöglichkeiten geben, tief wirksame Abkopplungen von durchgreifender (determinierender) Kausalität. In der Magie sind es die Mächte und Gewalten der Transzendenz, die immanent eingesetzt werden, um immanente Kausalität zu brechen. In der Beratung wird stattdessen ein Menschenbild gepflegt, das zutiefst konservativ ist. Einerseits sind Menschen freiheitsfähige Subjekte, die über Kausalitäten nicht-deterministisch disponieren können; anderseits liegen (wie das Wort ‚Subjekt' schon sagt) diese Subjekte der ganzen Welt zugrunde.[22] Auch wenn Beratung sich auf soziale Systeme bezieht (etwa auf Organisationen), adressiert sie letztlich appellationsfähige Individuen, die über (vernunftgestützte) Entscheidungsmöglichkeiten verfügen. Sie wird darin bestätigt durch den Umstand, dass es

---

20 „In [...] auf Wittgenstein zurückgehender Formulierung kann man [...] sagen: Ein System kann nur sehen, was es sehen kann. Es kann nicht sehen, was es nicht sehen kann. Es kann auch nicht sehen, dass es nicht sehen kann, was es nicht sehen kann. Das verbirgt sich für das System 4 ‚hinter' dem Horizont, der für das System kein ‚dahinter' hat. Das, was man ‚cognized model' genannt hat, ist für das System absolute Realität. Es hat Seinsqualität, oder, logisch gesprochen: Einwertigkeit. Es ist, was es ist [...]" (Luhmann 1986: 52).
21 Das bedeutet nicht, dass Beratung nicht einkalkulieren könnte, dass die Beratenen Zwängen unterliegen, die sie nicht kontrollieren könnten, aber sie kann nicht ohne schwerwiegende logische Probleme einrechnen, dass mangelnde Kontrolle nicht feststellbar wäre, aber ebendas setzt ja schon eine Welt mit eingebauten Kontroll- und deswegen Entscheidungsmöglichkeiten voraus.
22 Die Subjekte werden damit ‚Hinterweltwesen' oder zu McGuffins.

diese Vorstellung ist, die zumindest in den westlich geprägten Domänen der Gesellschaft alltäglich immerzu in Anspruch genommen wird.[23]

Man könnte allerdings auch sagen, dass Volition nur eine mögliche Beschreibung für den Umstand ist, dass alles, was sinnförmig geschieht, nachträglich beobachtet werden kann als Ausblendungsleistung, als Ignoranz gegenüber dem, was auch hätte geschehen können, also als Informationsraffung.[24] *„Wollen heißt, nicht alles bedenken."*, formuliert Paul Valery (1989: 308), als er sich darüber wundert, dass das Leben sich durch Unabhängigkeit definieren lässt. Dass etwas gewollt ist, hinter einer Handlung ein Wille steckt, etwas durch jemand, der wollen kann, entschieden wird, das sind konventionelle Ausdrücke dafür, dass sich in der Welt Determinationslücken finden, in die hinein Beratene entscheiden können, wofür sie dann Freiheit und Willen benötigen.[25] Diese Lücken ermöglichen den Kontingenzimport, den die Beratung braucht, um beraten zu können. Sie ist darauf angewiesen, dass es Konjunktive nicht nur gibt als Strukturmoment der Sprache, sondern als Eigenschaft der Welt.

Die Ereignisse müssen anders ausfallen können, als sie ausfielen, wenn nur geschähe, was geschieht – von dieser Position aus kann sich Beratung mühelos einordnen in die zunehmende Kontingenz der Weltbeobachtung, die mit Polykontexturalität bezeichnet wird. Die Ereignisse dürfen aber nicht beliebig anders ausfallen können, als sie ausfielen, wenn nur geschähe, was geschieht – sonst wäre die Welt chaotisch und Beratung vollkommen unplausibel. Eine Gratwanderung ist damit vorgezeichnet, die zwischen zuwenig Kontingenz und zuviel Kontingenz verläuft. Es bedarf offenbar magisch anmutender Operationen, um den Absturz zur einen oder anderen Seite hin zu vermeiden.

Nun ist aber das, was gerade diskutiert wurde, alles andere als die plakatierfähige Philosophie von Beratung. Sie muss auf der Basis operieren, dass Kontexte in der Welt steigerungsfähig oder korrigierbar sind. Das ist, wenn man berät oder sich beraten lässt, so klar, dass das Aufbieten von Gegenevi-

---

23 Eine Idee, die sich rekonstruieren lässt als Effekt dessen, dass Kommunikation unentwegt auf Mitteilende zurechnet, die intern einen Umgang mit sich selbst pflegen, der von außen nicht einsehbar ist und deshalb praktischerweise als Freiheit beschrieben werden kann.

24 Vgl. zum Begriff Günther (1969). Dass man heute vor allem mitsehen kann, dass Bewusstseinsprozesse möglicherweise dann einsetzen, wenn schon geschehen ist, wovon sie meinen, dass sie es ausgelöst hätten, verdankt sich sowohl der Zeittheorie der Autopoiesis (Zentrum: différance) als auch der Neurophysiologie.

25 Deswegen fällt es manchem schwer, Organisation als Autopoiesis von Entscheidungen zu begreifen, die noch darüber entscheiden, wer als Entscheider gelten soll. Dazu ist keinerlei Willen erforderlich.

denzen keine Effekte haben kann.[26] Es ist nicht nötig, dass Beratung mitteilt, welche Welt sie voraussetzt. Es genügt, dass die Operation, durch die sie sich vollzieht, ebendiese Welt inszeniert.

III.

Die Form der Beratung beruht zunächst auf der alten Unterscheidung von Rat und Tat.[27] Diese Unterscheidung ist kurios verschachtelt, insofern das Ratgeben selbst als Tat (als Handlung) aufgefasst werden muss, wohingegen die Tat, die dem Rat folgt (ob für oder gegen ihn), in der Gegenwart aufgeschoben wird. Das Beraten bezieht sich demnach auf Handlungen, die noch nicht stattgefunden haben. Die Zukunft wird in der Aktualität als Register einer Mehrheit möglicher Alternativen vorgeführt. Die Erzeugung dieses Registers nimmt Zeit in Anspruch und schiebt die Tat auf – durch die Modalisierung zukünftiger Gegenwarten.

Die Referenz auf Zukunft öffnet nämlich Kontingenzspielräume, indem sie fiktive Ereignisreihen aufmarschieren lässt, die die Folgen zukünftig möglicher Taten in Argumente ummünzen, die die Auswahl unter den Alternativen sozusagen aus der Zukunft her konditionieren. Daran wird noch einmal deutlich, wie wichtig für Beratung die in ihre Welt eingebauten Möglichkeiten sind, obwohl diese Möglichkeiten in keiner Aktualität zuhanden sind. Deshalb müssen sie in die Zukunft (die aber ebenfalls nicht erreichbar ist) projiziert werden. Die Zukunft fungiert als gegenwärtiger Projektionsschirm, der die Gegenwart mit Kontingenz ‚verzaubert', wiewohl keine Gegenwart kontingent ist, sondern nur (und alternativenfrei) als das geschieht, was geschieht.

Darin liegt eine so hohe Unwahrscheinlichkeit, dass besondere Maßnahmen der sozialen Plausibilisierung zu erwarten sind. Sie werden ebenfalls in der Zeitdimension eingespielt und zwar als: Modalisierung der Vergangenheit. Das Vergangene wird aufgefasst als eine Menge jetzt nicht mehr erreichbarer Tatsachen und Ereignisse, die zum Zeitpunkt, als sie zustandekamen, anders hätten ablaufen können, so dass die Präsenz, die aktuelle Realität, ebenfalls eine andere wäre, wenn nicht geschehen wäre, was geschehen ist. Mit diesem Trick wird die Gegenwart kontingent beobachtbar. Die Vergangenheit wird von der Gegenwart her erinnert als das, was geschah, und als das, was hätte stattdessen geschehen können, und wiederum: obwohl nie etwas stattdessen stattgefunden hat, weil die vergangene Gegenwart so mög-

---

26 Oder allenfalls als Ressource für weitere attraktive Sprachregelungen genutzt wird, die auf dem Beratungsmarkt Novitätenwert haben. Vgl. zu den Gegenevidenzen Fuchs (1999).
27 Vgl. zur Tradition, die so unterscheidet, Fuchs/Mahler (2000):

lichkeitsfrei ist war, wie es jede Gegenwart ist, die gerade durch Ausschluss von Kontingenz in actu ihr ‚Selbstbeweis' ist.[28]

Der Vergleich zwischen dem, was die Vergangenheit war und was sie hätte sein können, muss durch jemanden geleistet werden, der die Faktenreihe und die Möglichkeitsreihe erinnern kann und sich insbesondere daran erinnert, dass manches gut ging, manches schlecht, und dass manches hätte gut oder schlecht gehen können, wenn zuvor andere Ereignisse gewesen wären als die tatsächlichen. Die Vergangenheit lässt es zu, Schlüsse auf die Zukunft zu ziehen, wenn der vergleichende Beobachter aus dem Vergleich Erfahrungen (bzw. Wissen) gewinnt. Diese Schlüsse führen die aktuelle Projektion von möglichen Ereignissen in der Gegenwart eng. Der Spielraum der Mutmaßungen wird auf diese Weise de-arbitrarisiert.[29]

Die Form der Beratung beruht demnach auf einer mehrfachen Modalisierung: Die Zukunft wird beobachtet als ‚Raum', in dem Möglichkeiten hausen, aus denen in der künftigen Gegenwart durch Selektion (durch Taten) jeweils eine wirkliche Wirklichkeit entstehen wird. Die Vergangenheit wird beobachtet als ‚Raum', in dem Möglichkeiten gehaust haben, aus denen durch Selektion (durch Taten) jeweils eine wirkliche Wirklichkeit entstanden ist. Die Gegenwart entzieht sich diesen Modalisierungen, sie ist die der Beratung, also des Aufschubs. In gewisser Weise verschwindet sie im aristotelischen ‚Nun', der zeitlichen Null der Präsenz. Sie ist dasjenige, was sich nicht modalisieren lässt und deswegen nur später (wenn sie Vergangenheit ist) modalisiert werden kann: Der Erfolg der Beratung wird gemessen an der zukünftigen Vergangenheit: Der Klient hat oder hat nicht getan, was ihm als Möglichkeit (für seine damalige Zukunft) offeriert wurde. Beratung (und auch das ist einem magischen Vorgang vergleichbar) reduziert – sobald sie stattgefunden hat – die Welt des Beratenen auf zwei Möglichkeiten: Er ist dem Rat gefolgt oder nicht, wobei gilt, dass das Nicht-Folgen auch dann attribuiert werden kann, wenn der Beratene die Alternativen, die ihm angesonnen wurden, verwirft und ganz anders handelt. Das Anders-Handeln ist immer: nicht auf den Rat hören. Das ist ein Resultat dessen, dass die Optionen, die durch Beratung nahegelegt werden, präferentiell strukturiert sind. Beratung wäre nicht Beratung, wenn sie keine Argumente beibrächte für das Vorziehen (und das Negativ-Besetzen) bestimmter Wahlmöglichkeiten.

---

28 Die Formulierung ist angelehnt an den Satz: „Der Geist führt einen ewigen Selbstbeweis." Novalis (Friedrich von Hardenberg) (1984: 5).
29 Wenn ein Berater gefragt wird, wie man etwa eine Organisation ans Lernen bringen kann, kann er kaum erwidern: Alle leitenden Mitarbeiter sollen sich Frikadellen ans Knie nageln. Wenn er es doch tut, ist er womöglich auf paradoxe Intervention aus, aber genau dies ist nicht: Beratung.

Die magische Welt der Beratung 249

IV.

Beratung hat sich ihre fungierende Ontologie durch ein zeitlich komplexes Beobachtungsspiel eingerichtet. Innerhalb dieses Spiels kann sie an Polykontexturalität nicht scheitern. Sie bietet ja Ordnungsmöglichkeiten an im Rahmen einer Welt, in der kontingente, unbeherrschbare Beobachtung bezwingbar erscheint. Sie greift dabei (und das erlaubt die Analogie zur magischen Praxis) auf okkulte Instanzen zu, die etwas können müssen: nämlich Handeln unter Freiheitsbedingungen. Aber wer oder was ist das?

Zieht man zur Beantwortung dieser Frage die Systemtheorie heran[30], dann ist von vornherein klar, dass das, was als Handlung beobachtet wird, deswegen Handlung ist, weil es sozial so beobachtet wird.[31] Handlungen werden nicht konzipiert als naturale Momente der Welt, sondern als Konstruktionen der Kommunikation.[32] Ebendies bezeichnet man, wenn man sagt, dass die Systemtheorie die Einheit des Sozialen von Handlung auf Kommunikation umgestellt hat, wobei zugleich behauptet wird, dass selbst das Mitteilungshandeln nicht irgendwie ontologisch vorliegt, sondern von Kommunikation (im Sinne einer Selbstsimplifikation, eines Ausflaggens) errechnet wird (Luhmann 1984: 226). Von dieser Position aus war es überhaupt möglich die Beratungswelt als fungierende Ontologie zu kennzeichnen, in der Handlungen und Volition als Tatsachen auftauchen.

Nimmt man jedoch Handlung und Handelnde als Konstrukte der Kommunikation, dann stößt man auf das Problem, wer überhaupt als Handelnder oder Handelndes in Frage kommt. Das müssten dann abgrenzbare Einheiten sein, die intern eine Kopie ihrer Innen/Außen-Differenz anfertigen können oder denen es unterstellt werden kann, dass die Innen/Außen-Differenz intern noch einmal beobachtet wird. Erforderlich sind adressable Systeme (Fuchs 1997; 2003a). Kürzt man diese Annahme auf das, was hier notwendig ist, läuft sie darauf hinaus, dass nur solche Systeme als Akteure adressabel sind, die über eine ‚Stelle' verfügen, durch die sie repräsentiert sind und an die man sich wenden kann. Daraus folgt, dass die Beratung mit ihrer fungierenden Ontologie beileibe nicht alles beraten kann, sondern nur selbst-repräsentable Systeme.[33] Eine andere Formulierung dafür wäre, dass die Beratung

---

30 Etwa das Kapitel über Kommunikation in Luhmann (1984).
31 Einschlägig ist hier auch die Unterscheidung von Erleben und Handeln, die im Prinzip besagt, dass Handeln dann vorliegt, wenn ein Ereignis dem System, Erleben dann, wenn ein Ereignis der Umwelt zugerechnet wird (vgl. Luhmann 1978).
32 Die empirischen Plausibilitäten für diesen Schritt liefert die Attributionstheorie. Vgl. grundlegend Jones/Nisbett (1971).
33 Selbst-repräsentable Systeme sind Systeme, die ein Element enthalten, das alle anderen Elemente des Systems vollständig spiegelt, also eine logische Unmöglichkeit. Siehe Royce (1901). Vgl. auch einen Aufsatz von John C. Maraldo, der leider nur in japanischer Sprache erschienen ist (in: Shizuteru, U., Hg., Nishida Tetsugaku e no toi

sich nur auf Systeme beziehen könnte, die zurückbeobachten und als Zurückbeobachter identifizierbar sind. Oder noch anders: Beraten werden können nur Beobachter, die sich verzeichnen lassen als bestimmte (gleichsam postalisch erreichbare) Adressaten.[34]
Damit wird zunächst viel mehr ausgeschlossen, als man auf Anhieb denken könnte. Nicht adressabel ist offenkundig die Gesellschaft. Man kann ihr nichts mitteilen (ihr zum Beispiel einen Brief schreiben), und sie selbst (als dieses SIE) kann ebenfalls nicht mitteilen, also eine Botschaft abschicken, die mit ihr (mit diesem Namen) als Absender signiert ist.[35] Man kann die Gesellschaft auch nicht über etwas informieren oder durch sie (wieder durch SIE) über etwas informiert werden. Ebensowenig macht es Sinn, zu erwarten, dass man von der Gesellschaft verstanden würde oder sie (SIE) verstehen könnte. Und schließlich: Die Gesellschaft tut nichts, ihr (IHR) kann kein Handeln zugerechnet, sie kann zu keinem bestimmten Handeln überredet, ihr kann kein bestimmtes Handeln ausgeredet werden. Oder kurz: Die Gesellschaft ist ein Unjekt par excellence.

Diese Nicht-Erreichbarkeit gilt nicht minder für die Funktionssysteme. Auch sie sind keine Einheiten, die intern Repräsentanzen ihrer selbst einrichten. Man kann weder an die Politik schreiben noch an die Wirtschaft, weder an die Wissenschaft noch an die Religion, weder an die Erziehung noch an die Kunst, weder an den Sport noch an das Recht, und aus diesem Grund kann man Systeme dieses Typs auch nicht beraten.[36] Sie sind nicht renitent und auch nicht resistent gegen Beratung. Sie können in deren Welt nicht vorkommen, weil der Punkt nicht auffindbar ist, von dem aus zurechenbare Entscheidungen und Beobachtungen ausgehen. Es ist ja genau die Ebene der Gesellschaft und ihrer primären Subsysteme, auf der die Form von Polykontexturalität so entsteht, dass sie jedes Steigerungsansinnen (das ja Mutmaßungen über besser und schlechter vorsehen müßte, mithin archimedische Beobachtungspositionen) wie automatisch unterläuft.

Als prinzipiell beratbar verbleiben dann Leute und Organisationen – die Leute, insofern sie schon via Namen als Einheiten der Eigen-Repräsentanz aufgefasst werden müssen, und die Organisationen, insofern sie – und seien es noch so flache – Hierarchien realisieren, deren Spitze die Einheit des Sys-

---

(Questioning Nishida´s Philosophy), Tokyo 1990, S.85-95) und deshalb von mir nach der englischen Manuskriptfassung zitiert wird: Maraldo, J., Self-Mirroring and Self-Awareness: Dedekind, Royce and Nishida.

34 Auf das in dieser Formulierung verschwindende Problem komme ich zurücl.
35 Das konnten Kaiser und Könige etc. tun, solange sie die Gesellschaft repräsentierten. Und auch dann, wie man seit Kafka weiß, ist es müßig, auf die kaiserliche Botschaft zu warten.
36 Es ist also eine kleine Schwindelei dabei, wenn man von Politik- oder Wirtschaftsberatung etc. spricht.

tems hinreichend stark symbolisiert.[37] In diesen Fällen kann auf Handeln zugerechnet werden, weil die Repräsentanz des Systems im System als ‚Ort' genommen wird, an dem die Unterscheidung zwischen Fremd- und Selbstreferenz intern traktabel ist. Das ist die Voraussetzung dafür, jene Determinationslücken oder Freiheitsmöglichkeiten plausibel zu machen, auf die Beratung in ihrer fungierenden Ontologie angewiesen ist. Damit lässt sich auch die Fülle der Beratungen locker auf einer Linie anordnen, die den je primären Bezug (Leute oder Familien oder Organisationen) unterscheidet und – darauf bezogen – ihre Beratungsressourcen aufbaut.

Nun scheint dieses Bild nicht übel zu sein. Dass die Gesellschaft sich nicht beraten lässt, kann man eigentlich verschmerzen. Sie hat ja nicht einmal ein Konto, von dem aus sie die Beratung honorieren könnte. Und dass sich die Funktionssysteme mit Beratung nicht erreichen lassen, muss auch nicht sonderlich aufregen, solange die Leute und die Organisationen verbleiben. Aber wie wäre es, wenn sich auch hierin eine seltsame Täuschung aufdecken ließe und es eigentlich immer noch nicht klar wäre, wer denn beraten wird, wenn beraten wird, auch dann nicht, wenn man Leute und Organisationen vor Augen hat?

V.

Handeln (im Sinne der Möglichkeit des Ausnutzens von Freiheitsspielräumen) ist für die Volitionswelt der Beratung eine unabdingbare Voraussetzung. Sie kommt deswegen nicht um Adressaten herum, denen Handeln unterstellt werden kann, und findet dafür hinreichend Plausibilitäten, da Kommunikation ohne die laufende Konstruktion von Mitteilungshandelnden nicht auskäme, also die fungierende Ontologie der Beratung in einem fort zu bestätigen scheint. Eine wesentliche Einschränkung ergab sich allerdings aus dem Umstand, dass weder die Gesellschaft noch die Funktionssysteme als soziale Adressen in Frage kommen. Es bleiben nur Instanzen, die als Repräsentanzen ihrer selbst aufgefasst werden können, Leute und Organisationen und, wie man wohl sagen müßte, Leute, die man als Mitglieder von Organisationen begreift.

Die Schwierigkeit ergibt sich daraus, dass der Status dieser Instanzen ungeklärt ist, da sie (unter den Voraussetzungen dieser Theorie) nicht als volitionsfähige Subjekte konzipiert sind. Im Zentrum steht ja die Annahme, dass

---

37 Als Kandidat für Beratung käme noch die Familie in Frage, wenn man sie organisationsnah konzipiert und in einem ‚Haushaltsvorstand' denjenigen sieht, der die Familie repräsentiert. Eigentlich wäre Familie nur beratbar, wenn sie – horribile dictu – streng hierarchisch wäre und *einen* intern hätte, der sie wie von einer Spitze aus zu spiegeln wüßte.

die Kommunikation die Handelnden konstruiert im Sinne einer Selbstsimplifikation und dabei auf die Binnenkontingenz der Einheiten setzen muss, die sie dafür in Anspruch nimmt. Personen etwa sind gerade nicht solche Instanzen, sondern kommunikative Strukturen, die weder über Leben noch über Bewußtsein verfügen (Luhmann 1995; Fuchs 2003a). Sie sind, wenn man den älteren Ausdruck aus der Rollentheorie heranzieht, gebündelte Verhaltenserwartungen, nicht: Menschen. Beratungskommunikation arbeitet wie jede Kommunikation auf der Basis dieser Strukturen ohne jede Art von Direktkontakt mit der psychophysischen Umwelt, an die sie strukturell gekoppelt ist, mit der sie also keine durchlaufenden Operationen (schon gar keine des kausalistischen Typs) unterhalten kann. Die Form der Beratung wirft, wenn man so will, die Positionen des Beraters und des Beratenen aus, so wie sie (abstrakter gesehen) unentwegt die Positionen Ego und Alter auswirft, aber diese Positionen sind nicht ‚Fleisch und Bein', sind nicht Hirne oder Bewußtseine, sondern zurechnungstechnisch gewonnene Arrangements, die im Fall der Beratung auf Volition hin stilisiert werden.[38]

Beratbar ist demnach niemand, der nicht so stilisiert werden kann. Auch wenn es etwa um Leute geht (und nicht nur um die Gesellschaft oder Funktionssysteme), fallen diejenigen heraus, die sich dieser Trimmung nicht anbequemen bzw. das komplizierte Zeitspiel der Beratung nicht spielen können, schwer geistig Behinderte beispielsweise, massiv psychiatrisch gestörte Menschen oder etwa Jugendliche, die sozial so belastet sind, dass ihr Verhalten als durch sie selbst nicht mehr korrigierbar, also als beratungsresistent begriffen werden muss.[39] Deshalb ließe sich durchaus sagen, dass die Beratung streng selektiv ist im Blick auf die Anforderungen, die an die Position des Beratenen gestellt werden, eine Härte, die unmittelbar Effekt ihrer fungierenden Ontologie ist.[40]

Zieht man an dieser Stelle die Theorieschraube an, würde man jedem zustimmen müssen, der den Einwand erhebt, dass doch jenseits der Kommunikation, jenseits ihrer Strukturen und Zurechnungsarrangements etwas sei, mit dem die Beratung strukturell gekoppelt ist, wenn nicht schon ein Subjekt,

---

38 Man kann sich diesen Sachverhalt verdeutlichen daran, dass offensichtlich niemand EGO sein kann ohne ALTER, niemand MANN ohne FRAU, niemand BERATER ohne jemanden, der der BERATENE ist. All dies sind keine Eigenschaften. Auch hier macht das Wort ‚SEIN' wenig Sinn. Niemand *ist* ein Anderer oder ein Ich etc.
39 Typisch werden dann diejenigen beraten, die diese Menschen betreuen.
40 Ebensowenig könnte eine Organisation ohne Binnenrepräsentanz beraten werden. Das könnten chaosnahe Organisationen sein, die Weisungsketten eindampfen und Spitzen löschen (manche Parteien scheinen sich in dieser Lage zu befinden) oder kafkaeske Verwaltungen mit zirkulären Verweisungsstrukturen. Wer einmal im Prager Hauptbahnhof versucht hat, eine komplizerte Ticket-Operation durchzuführen, wird schnell begreifen, dass Zuständigkeiten wie erodiert erscheinen. Dieses Beispiel habe ich von Marie-Christin Fuchs. Aber der Hinweis auf die Ausgangssituation der Köpenickiade mag ausreichen.

aber dann doch wenigstens wahrnehmende, kognitionsfähige, bewußte Einheiten, kurz: nicht-kommunikative Beobachter. Die Schwierigkeit ist – immer von der Theorie her gesehen, nicht von der Beratung aus, die diese Schwierigkeit camouflieren muss –, dass das Bewußtsein als ein autopoietisches System angesetzt wird, das in einer zeittechnisch hoch komplexen Weise Beobachtungen miteinander verkettet – unter Inanspruchnahme von Zeichen im Medium Sinn (Fuchs 2002b; Fuchs 2003b; Fuchs 2003c). Die Eigentümlichkeit autopoietischer Systeme, die nicht minder für Bewußtsein gilt, ist, dass im Durchsatz der Beobachtungen, die das System ausmachen, kein ‚Ort' anfällt und sich stabilisieren lässt, an dem der Beobachter residiert. Der Beobachter ist immer imaginär, da er (ein ganz klassischer Topos), wenn er sich selbst beobachten will, von der Beobachtungsoperation Gebrauch machen muss, die er durchführt.[41]

Wenn wir absehen von den erheblichen Komplikationen, die dies für eine Theorie des Beobachters bedeutet, lässt sich festhalten, dass der Nicht-Ort (die U-topie) des Beobachters wie eine ‚Leerstelle' (wie ein *unwritten cross* im Kalkül Spencer-Browns) vorgestellt werden kann.[42] Sie ist aus eigener Kraft des Systems nicht besetzbar, das den *Origo*, den Ursprung seiner Beobachtungsoperationen nicht auffindet, weil es nur beobachtet.[43] Die Möglichkeiten, wie es sich selbst als Beobachter thematisieren, wie es entsprechende Strukturen, Wiedererkennbarkeiten, Reflexivitäten entwickeln kann, werden sozial ‚aufgespielt'. Das ungeschriebene Kreuz der Beobachtung (der Beobachter) ist substituierbar, wenn durch Kommunikation das Ansinnen, als bestimmter Beobachter zu fungieren, laufend vorgebracht wird. Die ‚Leerstelle' wird zur ‚Lernstelle', die sich besetzen lässt durch das, was an Konzepten über Beobachter sozial ‚gelehrt' werden kann und in bestimmten historischen und kulturellen Situationen jeweils plausibel ist.[44] Will man den älteren Aus-

---

41 Diese Überlegung kann man theoretisch anreichern mit der Formulierung, dass der Beobachter nie *derselbe* und dennoch *derselbe* ist (Glanville 1981). Im übrigen muss die unmögliche Operation der Selbstbeobachtung nicht scheitern. „Aufgabe: Die Selbstanschauung ‚Ich' ausführen. Auflösung: Man führt sie ohne weiteres aus." Chr.Fr. Krause, zit. nach Mach 1991: 16, Anm. 2.

42 Der ‚Geist' ist ist schon bei Aristoteles formlos, ein Ort der Formen. Siehe jedenfalls Aristoteles, Über die Seele, 429 a 15ff. und 27ff. Zum einschlägigen Kalkül vgl. Spencer-Brown (1971).

43 Da ist also ein *proton pseudos*, die Ursprungslüge, durch die die „Inkonsistenz der symbolischenOrdnung" verborgen/verdeckt wird (Zizek 1996: 11).

44 Dass Ich ein Anderer ist, wird entsprechend von Rimbaud bis Lacan bezeugt. *Ich* ist komplette Alterität. Das Problem formuliert bekanntlich auch Fichte, J. G., Sämtliche Werke (Hg. I.H. Fichte) Berlin 1845/46, Bd.1, S. 277: „Hier erst wird der Sinn des Satzes: das Ich setzt sich selbst schlechthin, völlig klar. Es ist in demselben gar nicht die Rede von dem im wirklichen Bewußtsein gegebenen Ich, denn dieses ist nie schlechthin, sondern sein Zustand ist immer entweder unmittelbar oder mittelbar durch etwas außer dem Ich begründet; sondern von einer Idee des Ich, die seiner

druck, der Mensch habe eine zweite, eine soziokulturelle Geburt, vor der er gar nicht als Mensch geboren worden sei, präzisieren, so würde er bedeuten, dass erst mit der Installation einer sozialen Adresse, die Prozesse beginnen, durch die das Bewußtsein Angebote erhält, sich selbst als ein konturierter Beobachter zu beschreiben und nicht einfach nur als ein bloßes Fluten von aufblitzenden und wieder verschwindenden Beobachtungen[45], als hingegossenes Öl.[46]

Wenn der Beobachter imaginär ist und deswegen imaginiert werden kann (was hier heisst: dass sich das Bewußtsein der in einer jeweiligen Kultur und Zeit den sozial verfügbaren *imagines agentes* von Beobachtern anbequemt), dann ist klar, wie Beratung am unwritten cross des Beobachters parasitiert. Sie bedient sich, wenn man so sagen darf, des alteuropäischen Konzeptes jener Volitions- und Handlungswelt, die oben diskutiert wurde, und unterläuft damit das Problem der Polykontexturalität. Sie schneidet sich den Beobachter, den sie berät oder der beratbar ist, entsprechend ihrer fungierenden Ontologie zu, und sie muss sich selbst ebenso behandeln, damit ihr das Beraten als Handeln und mit dem Handeln auch dessen Effekte so zugerechnet werden können, dass sie sich finanziell verrechnen lassen. Auf diese Weise entgeht sie sogar der Schwierigkeit, dass Beratungserfolg/Misserfolg eigentlich empirisch nicht messbar ist, denn es gibt keinen Weg, zu zeigen, was geschehen wäre, wenn etwas nicht stattgefunden hätte.

Die Beratung projiziert Wesenheiten (freiheitsfähige, volitionsfähige Einheiten) in eine mit Freiheitslücken ausstaffierte Welt, also Mächte und Gewalten, die Kausalitäten überblicken und lancieren können, ohne dass man wissen könnte, wie sie dies machen, Mächte und Gewalten, die durch Beratung domestiziert werden. Sie speist sich offenkundig aus einer okkulten Metaphysik und parasitiert daran, dass diese Metaphysik sozial und bewusst konfirmiert wird. Der besondere Clou ist, dass sie – aber das wäre ein weiteres Thema – ihrerseits die Krisenlagen entwirft und bestätigt, die zu lösen sie antritt.

Was, wenn nicht das, ist magisch?

---

praktischen unendlichen Forderung notwendig zu Grunde gelegt werden muß, die aber für unser Bewußtsein unerreichbar ist ..."

45 Das legt es nahe, den so stark psychoanalytisch konnotierten Begriff des Begehrens durch den der Adressabilität zu ersetzen (Fuchs 1997).
46 Siehe zu dieser Öl-Metapher Deleuze/Guattari (1997: 41). Dass sich die Ölmetapher im Kontext zumindest des neuronalen Systems schon früh findet, erkennt man an folgender Frage von Ritter (1946: 50): „Sind die ätherischen Öle der Pflanzen wohl gleichsam flüssige Nerven und Hirne derselben?"

Literatur

Ahrendt-Schulte, Ingrid, u.a. (Hg.) (2002): Geschlecht, Magie und Hexenverfolgung. Bielefeld.
Bette, Karl-Heinz (1999): Systemtheorie und Sport. Frankfurt/M.
Binswanger, Hans Christoph (1985): Geld und Magie. Deutung und Kritik der modernen Wirtschaft anhand von Goethes Faust. Stuttgart.
Deleuze, Gilles (1993): Unterhandlungen 1972-1990. Frankfurt/M.
Deleuze, Gilles/Guattari, Felix (1997): Tausend Plateaus. Kapitalismus und Schizophrenie. Berlin. (Mille plateaux. Paris 1980).
Freud, Sigmund (1956): Animismus, Magie und Allmacht der Gedanken. In: ders.: Totem und Tabu. Frankfurt/M.
Frühwald, Wolfgang (1986): Die Idee kultureller Nationenbildung und die Entstehung der Literatursprache in Deutschland. In: Otto Dann (Hg.): Nationalismus in vorindustrieller Zeit. München. S.129-141.
Fuchs, Peter (1993): Die Form romantischer Kommunikation: In: Ernst Behler, u.a. (Hg.): Athenäum. Jahrbuch für Romantik. Jg. 3, S. 199-222. Paderborn, u.a.
Fuchs, Peter (1994a): Die Form beratender Kommunikation. Zur Struktur einer kommunikativen Gattung. In: Peter Fuchs/Eckart Pankoke: Beratungsgesellschaft, hg. von Gerhard Krems. Veröffentlichungen der Katholischen Akademie Schwerte 42, Schwerte, S. 13-25.
Fuchs, Peter (1994b): Und wer berät die Gesellschaft? Gesellschaftstheorie und Beratungsphänomen in soziologischer Sicht. In: Peter Fuchs/Eckart Pankoke: Beratungsgesellschaft, hg. von Gerhard Krems. Veröffentlichungen der Katholischen Akademie Schwerte 42, Schwerte, S. 67-77.
Fuchs, Peter (1997): Adressabilität als Grundbegriff der soziologischen Systemtheorie. In: Soziale Systeme 3 (1), S. 57-79.
Fuchs, Peter (1999): Intervention und Erfahrung. Frankfurt/M.
Fuchs, Peter (2002a): Hofnarren und Organisationsberater. Zur Funktion der Narretei, des Hofnarrentums und der Organisationsberatung. In: Organisationsentwicklung 21 (3), S. 4-15.
Fuchs, Peter (2002b): Die Form der autopoietischen Reproduktion von Kommunikation und Bewußtsein. In: Soziale Systeme 8 (2), S. 333-351.
Fuchs, Peter (2003a): Der Eigen-Sinn des Bewußtseins. Die Person, die Psyche, die Signatur. Bielefeld.
Fuchs, Peter (2003b): Das psychische System und die Funktion des Bewußtseins. In: Oliver Jahraus/Nina Ort (Hg.): Theorie, Prozeß, Selbstreferenz. Systemtheorie und transdisziplinäre Theoriebildung, Konstanz, S. 25-47.
Fuchs, Peter (2003c): Die Signatur des Bewusstseins: Zur Erwirtschaftung von Eigen-Sinn in psychischen Systemen. In: Jörg Huber (Hg.): Person/Schauplatz. Zürich, Wien, New York, S. 123-135.
Fuchs, Peter/Mahler, Enrico (2000): Form und Funktion von Beratung. In: Soziale Systeme 6 (2), S. 349-368.
Gennep, Arnold van (1909): Les rites des passages. Paris.
Glanville, Ranulph (1981) The Same is Different. In: Milan Zeleny (Hg.): Autopoiesis: A Theory of Living Organization. New York, Oxford. S. 252-262.
Günther, Gotthard (1969): Bewußtsein als Informationsraffer. In: Grundlagenstudien aus Kybernetik und Geisteswissenschaften 10, S. 1-6.
Günther, Gotthard (1979): Life as Poly-Contexturality. In: ders.: Beiträge zur Grundlegung einer operationsfähigen Dialektik, Bd .II. Hamburg, S. 283-306.
Jones, Edward E./Nisbett, R.E. (1971): The Actor and the Observer: Divergent Perceptions of the Causes of Behavior. In: Jones, Edward E. et al.: Attribution: Perceiving the Causes of Behavior. Morristown N.J., S. 79-94.

Junge, Kay (1993): Medien als Selbstreferenzunterbrecher. In: Dirk Baecker (Hg.): Kalkül der Form. Frankfurt/M., S. 112-151.
Kluckhohn, Paul (Hg.) (1934): Die Idee des Volkes im Schrifttum der deutschen Bewegung von Möser und Herder bis Grimm. Berlin.
Knoblauch, Hubert (1991): Die Welt der Wünschelrutengänger und Pendler. Erkundungen einer verborgenen Wirklichkeit. Frankfurt/M., New York.
Luhmann, Niklas (1975): Macht. Stuttgart.
Luhmann, Niklas (1977): Funktion der Religion. Frankfurt/M.
Luhmann, Niklas (1978): Erleben und Handeln. In Hans Lenk (Hg.): Handlungstheorien interdisziplinär Bd. 2.1. München, S. 235-253.
Luhmann, Niklas (1982): Liebe als Passion. Zur Codierung von Intimität. Frankfurt/M.
Luhmann, Niklas (1984): Soziale Systeme. Grundriß einer allgemeinen Theorie. Frankfurt/.M.
Luhmann, Niklas (1986): Ökologische Kommunikation. Kann die moderne Gesellschaft sich auf ökologische Gefährdungen einlassen? Opladen.
Luhmann, Niklas (1988): Die Wirtschaft der Gesellschaft. Frankfurt/M.
Luhmann, Niklas (1990a): Die Wissenschaft der Gesellschaft. Frankfurt/M.
Luhmann, Niklas (1990b), Kommunikationssperren in der Unternehmensberatung. In: Roswita Königswieser/Christian Lutz (Hg.): Das systemisch evolutionäre Management: Der neue Horizont für Unternehmer. Wien, S. 237-250. (auch in: Niklas Luhmann/Peter Fuchs (1989): Reden und Schweigen. Frankfurt/M.).
Luhmann, Niklas (1993): Was ist der Fall, was steckt dahinter? Die zwei Soziologien und die Gesellschaftstheorie. In: Zeitschrift für Soziologie 22, S. 245-260.
Luhmann, Niklas (1995): Die Form „Person". In: ders.: Soziologische Aufklärung, Bd. 6: Die Soziologie und der Mensch. Opladen, S.142-168.
Luhmann, Niklas/Schorr, Eberhard (1979): Reflexionsprobleme im Erziehungssystem. Stuttgart.
Mach, Ernst (1991): Die Analyse der Empfindungen (Nachdruck der 9. Aufl. 1991, Jena 1922). Darmstadt.
Marcus, Ernst (1924): Theorie einer natürlichen Magie gegründet auf Kants Weltlehre. München.
Mauss, Marcel (1974): Soziologie und Anthropologie 1: Theorie der Magie, Soziale Morphologie. München.
Mayntz, Renate (1988): Funktionelle Teilsysteme in der Theorie sozialer Differenzierung. In: dies. et al.: Differenzierung und Verselbständigung: Zur Entwicklung gesellschaftlicher Teilsysteme. Frankfurt/M., New York, S. 11-44.
Mennemeier, Franz Norbert (1980): Fragment und Ironie beim jungen Friedrich Schlegel. Versuch der Konstruktion einer nicht geschriebenen Theorie. In: Klaus Peter (Hg.): Romantikforschung seit 1945. Königstein/Ts., S. 229-250.
Merleau-Ponty, Maurice (1993): Die Prosa der Welt. München.
Musil, Robert (1978): Der Mann ohne Eigenschaften (von Adolf Frisé besorgte, neu durchgesehene und verbesserte Ausgabe). Hamburg.
Neumann, Gerhard (1976): Ideenparadiese. Untersuchungen zur Aphoristik von Lichtenberg, Novalis, Friedrich Schlegel und Goethe. München.
Novalis (Friedrich von Hardenberg) (1984): Fragmente und Studien. Die Christenheit oder Europa. Hg. von Carl. Paschek. Stuttgart.
Ort, Nina (2003): Volition – ein einen nicht-empirischen operativen Zeichenbegriff. In: Oliver Jahraus/Nina Ort (Hg.): Theorie – Prozess – Selbstreferenz, Systemtheorie und transdisziplinäre Theoriebildung. Konstanz, S. 261-280.
Ostermann, Eberhard (1991): Der Begriff des Fragments als Leitmetapher der ästhetischen Moderne: In: Ernst Behler et al. (Hg.): Athenäum. Jahrbuch für Romantik. Jg.1. Paderborn, u.a., S. 189-205.

Ritter, Johann Wilhelm (1976): Fragmente aus dem Nachlaß eines jungen Physikers. Stuttgart.
Rohrlich, Fritz (1988): Pluralistic Ontology and Theory Reduction in the Physical Sciences In: The British Journal for the Philosophy of Science 39, pp. 295-312.
Rombach, Heinrich (1983): Welt und Gegenwelt. Umdenken über die Wirklichkeit. Die philosophische Hermetik. Basel.
Royce, Josiah (1901): The World and the Individual, First Series. New York 1959.
Schelling, Friedrich Wilhelm Joseph von (1827/28): System der Weltalter. .Münchener Vorlesung 1827/28 in einer Nachschrift von Ernst von Lasaulx (hg. und eingeleitet von Siegbert Peetz). Frankfurt/M. 1998 (2. erw. Aufl.).
Schelling, Friedrich Wilhelm Joseph von (1982): Einleitung zu dem Entwurf eines Systems der Naturphilosophie. In: ders.: Schriften von 1799-1801. Darmstadt.
Söffler, Detlev (1994): Auf dem Weg zu Kants Theorie der Zeit. Frankfurt/M., u.a.
Spencer-Brown, George (1971): Laws of Form. London.
Stichweh, Rudolf (1995): Zur Theorie der Weltgesellschaft. In: Soziale Systeme 1, S. 29-45.
Tylor, Edward B. (1871): Primitive Culture. London.
Valery, Paul (1989): Cahiers/Hefte, Bd. 3. Frankfurt/M.
Vondung, Klaus (1971): Magie und Manipulation, Ideologischer Kult und politische Religion des Nationalsozialismus. Göttingen.
Zingerle, Arnold/Mongardini, Carlo (Hg.) (1987): Magie und Moderne. Berlin.
Zizek, Slavoj (1996): Die Metastasen des Geniessens: sechs erotisch-politische Versuche. Wien.

Thomas Brüsemeister

Beratung zwischen Profession und Organisation

Wenn man sich mit gesellschaftlichen Dimensionen von Beratung beschäftigt, sind augenscheinliche Fragen, erstens wieso Beratungen in vielen Bereichen der Gesellschaft Einzug halten können und zweitens welche Form oder Formen man Beratungen unterstellen muss, damit ein solches Können der Beratung soziologisch erklärbar wird. Anders gesagt: Die unterschiedlichen Facetten von Beratung werfen die Frage nach der Einheitlichkeit des Phänomens Beratung auf, die offensichtlich so beantwortet werden muss, dass gleichzeitig die differenten Anwendungen von Beratungen, die sich beobachten lassen, zu berücksichtigen sind.

Im Folgenden soll ein Vorschlag unterbreitet werden, eine solche Einheitlichkeit der Beratung begrifflich zu konzipieren. Die These lautet: Beratung besteht aus einer Zwei-Seiten-Form; die zwei Formen sind Profession einerseits sowie Organisation andererseits. In Beratungsvorgängen, wie es sie in verschiedenen sozialen Feldern gibt, kommen die beiden Pole in unterschiedlicher Gewichtung vor. Diese These muss gewiss weiter ausgearbeitet werden. Sie soll nachfolgend nur – aber immerhin – als eine Heuristik kenntlich gemacht werden.

1. Zur Grundlogik der Zwei-Seiten-Form

Es lässt sich erkennen, dass Beratung zum einen darin besteht, in einer engen Interaktionssituation zwischen dem Berater und dem „Klient" ein Orientierungswissen zu erarbeiten.[1] Zum anderen soll dieses Wissen letztlich zu mehreren Problemlösungs- und Entscheidungsalternativen zugespitzt werden; eine Entscheidung des Klienten für eine der Alternativen soll folgen. Man kann hierin eine „organisationale", via Entscheidungen vorgenommene Form der

---

1   Ich spreche nachfolgend von „Klient", verwende also eine Bezeichnung aus Professionen, die nicht passt, wenn man von einer Zwei-Seiten-Form der Beratung ausgeht. Um die Sache begrifflich nicht zu verkomplizieren, sei der Begriff jedoch nachfolgend beibehalten.

Bearbeitung von Beratungsinhalten sehen, die zuvor „professional", d.h. in einer engen Interaktion zwischen Berater und Klient, erarbeitet wurden. Kurz: Beratung bedient sich der Form Profession und gleichzeitig der Form Organisation (vgl. Tab. 1).

Tab. 1: Die Zwei-Seiten-Form von Beratung

Beratung:	
Form Profession	Form Organisation
Beratungsprozess	Beratungsergebnis
Prozesse der Herstellung von Orientierungsalternativen in einer engen Interaktion zw. Berater/Klient = Professions-/Interaktionsförmigkeit der Beratung	Neuentwickeln von Entscheidungsalternativen = Organisationsförmigkeit der Beratung
Moratorium der Beratungssituation	Wahl zw. Handlungsalternativen im jeweiligen gesellschaftlichen Feld
Vergrößerung des Orientierungswissens	Vergrößerung des Entscheidungswissens
Vertrauen des „Klienten" in die Rollenübermacht des Beraters (unterstellte Ungleichheit zugunsten des Beraters und seiner Fähigkeiten, Orientierungen zu entwickeln)	Rollengleichheit zw. Berater und Beratenem bezüglich Entscheidungskompetenzen
><	
künftige Entscheidungen als Mittelbeschaffung für aktuelle Orientierungen	vorangehende Orientierungen als Mittelbeschaffung für aktuelle Entscheidungen

Diese beiden Formen sind nicht als entweder/oder gemeint, sondern als zwei Pole der Beratung, innerhalb derer sie sich abspielt, die ineinander übergehen, zwischen denen Beratung als eine einheitliche gesellschaftliche Form changiert, und mit der sie in unterschiedlichen sozialen Feldern verwendet werden kann. Doch was beinhalten die beiden in der Beratung kombinierten Formen der Professions- und der Organisationsförmigkeit überhaupt? Dies wird deutlicher, wenn man beiden Formen nacheinander anspricht.

1.1 Zur Professionsförmigkeit der Beratung

Die Professionsförmigkeit der Beratung beinhaltet eine Moratoriumssituation für die an der Beratung Beteiligten. Dass Beratungen Moratorien konstituieren, ist in der Literatur bekannt (z.B. Vogel 2001: 116-118). Allerdings wurde dies bislang weniger mit einer Professionsförmigkeit in Verbindung gebracht. Schaut man sich jedoch Beratungsprozesse im Einzelnen an, lassen sich professionsförmige Elemente nicht übersehen. Die Moratoriumssituation der Beratung beinhaltet z.b. einen Vertrauensvorschuss des Klienten für den Berater, in der Erwartung, die Beratungsergebnisse würden die eigene individuelle Problemsituation in irgendeiner Weise verbessern. In der Moratoriumssituation ist der Ratsuchende dabei vom alltäglichen Entscheidungsdruck entlastet. In der Situation geht es darum, im Rahmen enger Interaktionsbeziehungen das Rezeptwissen des Beraters so auf eine individuelle Problemsituation eines Klienten zu beziehen, dass letztlich Entscheidungsalternativen für ihn erarbeitet werden können, zwischen denen sich der Klient dann entscheiden kann. Zunächst geht es jedoch um die professionelle Erarbeitung der Situation des Klienten innerhalb des Moratoriums bzw. in der Beratung als Beratungs*prozess*. Hier kommt es auf eine angemessene Berücksichtigung der Situation des Klienten an; es spielt, wie erwähnt, wechselseitiges Vertrauen eine wichtige Rolle (so genauer auch Schützeichel am Ende des Bandes); der Berater fungiert als ein Quasi-Professioneller, sofern es darum geht, ein *Orientierungswissen* für den Klienten zu erarbeiten, und zwar losgelöst vom konkreten Entscheidungs- oder Problemlösungsdruck, wie ihn der Klient in seinem Handlungsfeld wahrnimmt und der ihn motiviert hat, überhaupt Beratung in Anspruch zu nehmen. Orientierungswissen zu erarbeiten bedeutet, dass der Berater Wissensbestände anbietet und diese auf die Situation des Klienten anpasst. Dies beinhaltet wie in herkömmlichen Professionen eine Asymmetrie zugunsten des Beraterwissens. Im Zuge der Darlegung von Orientierungsalternativen kommt es darüber hinaus beim Klienten zu Selbstvergegenwärtigungen. Dies sowie der Aufbau von Vertrauen, das Kennenlernen der Situation des Klienten und die Transformation von Rezeptwissen, die der Berater hinsichtlich dieser Klientensituation vornehmen muss: all dies erfordert Zeit, was den Beratungsprozess hinsichtlich ihrer Professionsförmigkeit zu einem gesellschaftlichen Entschleunigungsvorgang macht (so auch Fuchs in diesem Band).

Für die Professionsförmigkeit der Beratung sowie für das Generieren von Orientierungswissen ist zudem wichtig, dass die im späteren Beratungsvorgang entwickelten Entscheidungsalternativen von Beginn an im Horizont der Beratungskommunikation mit anwesend sind, d.h. auch während der Darlegung von neuen Orientierungshorizonten im professionsförmigen Teil der Beratung. In diesem Teil sind sie jedoch nicht dominant bzw. explizites Ziel. Während Berater und der Beratene Orientierungsalternativen jenseits des Handlungs- und Entscheidungsdrucks des Beratenen frei entfalten, fragen sie nicht schon nach möglichen Nutzenaspekten von Orientierungsvarianten für spätere Entscheidungs- und Problemlösungen, sondern konzentrieren sich auf ein gleichsam experimentelles Aufzeigen von ganz anderen Möglichkeitsvarianten des Denkens und Handelns. Gleichzeitig ist präsent, dass dies kein Selbstzweck ist, sondern dazu dient, im späteren Prozess der Beratung Entscheidungsalternativen zu entwickeln. Das Entwickeln von Entscheidungen, das Erhöhen der Entscheidungsfähigkeit des Klienten, ist als letztendliches Ziel der Beratung und als Element der Organisationsförmigkeit also auch innerhalb der Professionsförmigkeit der Beratung fortlaufend präsent. Jedoch wird innerhalb der Moratoriumssituation die für die Zukunft zu erwartende größere Entscheidungsförmigkeit zu einem Mittel (degradiert), freie Orientierungen bzw. ein Orientierungswissen zu generieren. Umgekehrt wird später – in der Phase der Beratung, in der die Entscheidungs- und Organisationsförmigkeit dominiert – das erarbeitete Orientierungswissen als Mittelbeschaffung für Entscheidungen verwendet („degradiert").

In einer ersten, professionsförmigen Phase der Beratung hat diese also das Ziel, Orientierungswissen jenseits von bekannten Entscheidungsalternativen und einem Handlungsdruck zu erarbeiten – und gleichzeitig deuten sich innerhalb des frei entwickelten Orientierungswissen immer schon Entscheidungsalternativen an, die erst später genauer thematisiert werden sollen, die jedoch in der Aktualkommunikation schon als antizipierte Mittel instrumentalisiert werden und dazu motivieren, die Professionsförmigkeit und das Entwickeln von Orientierungswissen möglichst extensiv zu betreiben. Würde man dieses Ineinanderverschränktsein von Orientierungswissen des professionsförmigen Teils mit dem Entscheidungswissen aus dem organisationsförmigen Teil der Beratung als einen intentionalen Vorgang formulieren, so hieße dies: Gerade sofern die Beteiligten wissen, dass eine Beratung auf die Verbesserung der Entscheidungsförmigkeit des Klienten zuläuft – und zulaufen muss, soll sie erfolgreich sein –, erscheint die Moratoriumssituation als eine „luxuriöse" Auszeit, die möglichst gut, d.h. extensiv, ohne Begrenzungen auf konkrete Entscheidungsalternativen, genutzt werden muss. Sich in einem Moratorium befindend ist den an der Beratung Beteiligten deutlich, dass eine extensive Auslegung, Darlegung oder Entwicklung von neuen Orientierungshorizonten begrenzt ist; später muss die Beratung wieder zu den Entscheidungs- und Handlungszwängen des sozialen Feldes des Klienten zurückkehren. Und in diesem Bewusstsein einer künftig abzuschließenden und möglichst mit neuen Entscheidungsalternativen versehenen Beratung wird die Auslegung von Orientierungen in der professionsförmigen Phase der Beratung motiviert zu einer extensiven Auslegung. Gleichzeitig dient das bereits erarbeitet Orientierungswissen später als Mittel für das Generieren von Entscheidungen; diese Phase der Entscheidungsförmigkeit wird gleich anzusprechen sein.

Zunächst gilt es jedoch als weiter auszuarbeitende These festzuhalten: Die Einheitlichkeit der aus zwei Formen bestehenden Beratung liegt offensichtlich darin, dass ein doppelter link zwischen Orientierungs- und Entscheidungswissen hergestellt wird, und zwar mit einer wechselseitigen Einsetzung von Orientierungen und Entscheidungen als Mittel für das Weiterlaufen der Beratungskommunikation.

1.2 Zur Organisationsförmigkeit der Beratung

Die Moratoriumssituation der Beratung und die in ihr dominierende Professionsförmigkeit ist – wie im vorigen Absatz vorweggenommen – nicht das Ganze der Beratung. Irgendwann ist der Beratungs*prozess* beendet. Es gibt ein Beratungs*ergebnis*, welches auch in der professionellen Betreuung schon fortlaufend antizipiert ist. Dieses Beratungsergebnis sind Entscheidungsalternativen, die es vorher nicht gab (so auch Schützeichel im letzten Beitrag des Buches). Würde Beratung es nur dabei belassen, Orientierungswissen zu erarbeiten, so würde ein Klient mit einem belastenden Mehr an Wissen irritiert zurückgelassen. Es ist dagegen notwendig und auch das primäre Ziel der Beratung, dieses Wissen zu Entscheidungsalternativen zuzuspitzen, und zwar mit Blick auf die nun wieder verstärkt berücksichtigten Handlungs- und Entscheidungsprobleme des Klienten, wie er sie in seinem sozialen Feld wahrnimmt. Die experimentelle Auslegung von Orientierungshorizonten dient nun dazu, Entscheidungen zu konturieren – die ohne die vorangehende professionelle Explikation von Orientierungen deutlich weniger kontrastreich und begründet wären.

Dies beinhaltet, dass zum Beratungsergebnis aus Sicht des Klienten nicht nur die Wahl einer der Entscheidungsalternativen zählt, die mit Hilfe des Orientierungswissens generiert wurden, sondern auch die Nichtwahl einer dieser Entscheidungsalternativen. Denn auch sie bleibt auf den Horizont des in der Beratung vergrößerten Orientierungswissens bezogen; Entscheidungen und Nichtentscheidungen werden vor einem erweiterten Orientierungshintergrund gefällt. Auch die Nichtwahl einer Entscheidungsalternative bringt also eine breitere und verstärkte Orientierung des Klienten zum Ausdruck, hinter der in der Regel auch eine stabilisierte Identität des Klienten steht.

Dieses mögliche Ergebnis von Beratung erklärt offensichtlich auch mit diejenigen von der Organisationssoziologie untersuchten Beratungsprozesse, in denen der Klient zwar der Umwelt gegenüber eine Nutzung von Beratung demonstriert, dann jedoch – scheinbar – so weiter handelt wie zuvor. Diese Diskrepanz zwischen einer äußeren Formal- und einer inneren Aktivitätsstruktur (Hasse/Krücken 1999: 22), zwischen „talk" und „action" (Brunsson 1989) lässt sich in Bezug auf die Professionsförmigkeit und das herausgearbeitete Orientierungswissen so lesen, dass auch die Nichtwahl von Entscheidungsalternativen ein Erfolg der Beratung ist, sofern die Nichtwahl vor dem Hintergrund eines vergrößerten und abgesicherten Orientierungshorizonts erfolgt. Auch wenn ein Klient sich entscheidet, in der Beratung entwickelte Entscheidungsalternativen nicht aufzugreifen, weiß er deutlicher, was er tut, sofern auch die nicht gewählten Alternativen auf den neuen Orientierungshorizont bezogen bleiben.[2]

---

2 Und natürlich weiß der Klient erst Recht was er tut, wenn er eine der herausgearbeiteten Entscheidungsalternativen wählt.

Wichtig ist außerdem, dass angesichts der durch Beratungen produzierten Entscheidungsalternativen die Asymmetrie zugunsten des Beraterwissens spätestens jetzt offensichtlich aufgehoben wird. Denn der Beratene wird nun als Akteur gesehen, der Entscheidungen handhaben, zwischen neu entstandenen Entscheidungsalternativen wählen kann. Mit dieser Zuerkennung ist er im Rollenmodus dem Berater gleichgestellt. Dieser am Ende der Beratung sichtbare Befund prägt jedoch auch stillschweigend schon den professionsförmigen Teil der Beratung, denn in ihm gibt es eine Antizipation der künftigen (erhöhten) Entscheidungsfähigkeiten des Klienten. Gemeinsam durchlaufen Berater und Beratener die Professionsförmigkeit der Beratung – mitsamt der Rollenasymmetrie zugunsten des Beraters – im Bewusstsein einer künftig erhöhten Entscheidungsfähigkeit des Klienten. Und auch vor sowie während der Beratungssituation besteht die Entscheidungsfähigkeit des Beratenen. Sie kommt nicht zuletzt darin zum Ausdruck, dass dieser sich entschieden hat, eine Beratung aufzusuchen, um mit einem Mehrgewinn an Entscheidungsmöglichkeiten die Beratungssituation verlassen zu können. Es gibt also auch trotz der Rollenübermacht des Beraters ein gemeinsames Wissen der Beteiligten um die Entscheidungsmächtigkeit des Beratenen, nur dass dieses in der Moratoriumssituation virtuell zurückgestellt ist. Intentional verkürzt ausgedrückt: Der Beratene simuliert in der Situation der Professionsförmigkeit, als hätte er keinen Entscheidungsdruck in seinen Handlungsfeldern auszuhalten, als wüsste er nicht, dass und wie er auf die Deutungsangebote des Beraters mit Entscheidungen reagieren könnte – und er simuliert dies deshalb, um die freie Entwicklung von Orientierungen nicht vorschnell durch den Rekurs auf bisherige Erfahrungen und Entscheidungen zu begrenzen. Auch der Berater weiß, dass in der Professionsförmigkeit der Beratung keine echte Rollenasymmetrie vorliegt, dass die Zurücknahme der Entscheidungsfähigkeit des Klienten nur gespielt ist – eben um zunächst ohne Begrenzungen neue Wissensorientierungen aufzeigen zu können. Dieses ernsthafte Spielen oder Simulieren einer Entscheidungs*un*fähigkeit des Klienten ist der wesentliche Unterschied zu einer Beratungssituation, wie sie in Professionen für sich betrachtet vorkommt. Denn in dieser Situation gibt der Klient Hinweise, dass seine Entscheidungsfähigkeit in irgendeiner Weise von der Profession tatsächlich als beschädigt angesehen werden muss.

Darüber hinaus lässt sich davon ausgehen, dass mit dem Beratungsergebnis, nämlich neuen Entscheidungsalternativen – die durch den Rekurs auf ein professionsförmig generiertes Orientierungswissen zustande gekommen sind – die Beratung Teil einer Beschleunigung der Gesellschaft ist. Es werden Entscheidungs- und Handlungsalternativen generiert, auf die man ansonsten nur durch Zufall gekommen wäre oder die man der längerfristigen Evolution hätte anvertrauen müssen. Durch das Generieren von Entscheidungsalternativen – und zwar unter professionellen Bedingungen in einer entlastenden Moratoriumssituation – eröffnet Beratung Zukunftsalternativen.

Nimmt man zu diesem Befund die Entschleunigungsvorgänge aus dem professionsförmigen Teil der Beratung mit hinzu, lässt sich davon ausgehen, dass Beratung eine einheitliche Form von Be- und Entschleunigung ist, sofern eine zeitweilige Entscheidungs*un*fähigkeit simuliert wird – was die Generierung neuer Orientierungshorizonte eröffnet –, um diese Unfähigkeit am Ende in eine größere Entscheidungsfähigkeit zu verwandeln. Diese Kombination macht offensichtlich Beratungen in vielen gesellschaftlichen Feldern durchschlagskräftig, was nun grob skizziert werden soll.

2. Zur gesellschaftlichen Durchschlagskraft der Zwei-Seiten-Form

Die doppelte Form von Beratung als eine gleichzeitig professions- und organisationsförmige könnte erstens die Attraktivität von Beratungen in jenen gesellschaftlichen Teilbereichen erklären, die überwiegend durch das Vorkommen von Entscheidungswissen geprägt sind, wie zum Beispiel in der Politik oder in Organisationen. Offensichtlich generiert in diesen gesellschaftlichen Systemen die Beratung mit ihrer Professionsförmigkeit ein Orientierungswissen, das zum Entscheidungswissen hinzugenommen wird. Beratung eröffnet in dieser Hinsicht gleichsam „Auszeiten" von einem Entscheidungsdruck, in dem sie mittels Moratorien erlaubt, die spezifische Situation von Akteuren einmal hinsichtlich eines „ganz anderen" Möglichkeitshorizonts auszuleuchten. Diese Prozesse verschaffen Organisationen einen Vorteil gegenüber jenen Organisationen, die, ohne Beratungen nutzen zu können, unter einem dauernden Druck eigener Entscheidungen und Folgeentscheidungen stehen und dabei eben auf keine anderen Alternativen zurückgreifen können, als die, die man durch vorangehende Entscheidungen selbst in Gang gebracht hat. Beratung könnte also Einrichtungen einen Vorteil verschaffen, einer Selbstfestlegung durch eigene Entscheidungen zu entkommen, sofern sie ein breiteres Orientierungswissen bereitstellt und den Entscheidungsinstanzen andere Möglichkeitshorizonte aufzeigt. Diese Horizonte werden nicht mit Hilfe eines generellen Rezeptwissens, sondern durch die Transformation dieses Wissens auf die besondere Situation eines „Klienten" gemeinsam mit diesem erarbeitet. Dabei wird zwar immer schon die Produktion von künftigen Entscheidungsalternativen als Ziel der Beratung antizipiert. Im professionellen Bereitstellen von Orientierungswissen geht es jedoch in diesem Teil des Beratungshandelns schwerpunktmäßig vor allem darum, kognitive Informationen über anderes Wissen sowie evaluativ andere, wünschenswerte Ziele aufzuzeigen.

Zweitens könnte die doppelte Form von Beratung – diesmal mit Blick auf ihre Organisations- und Entscheidungsförmigkeit – auch für Professionen attraktiv sein. Hier würde Beratung Alternativen eröffnen, eben nicht in dem sie den von Professionen ohnehin schon kommunizierten Möglichkeitsräumen, die die Ausdeutung einer Lebenssituation eines Klienten beinhalten, weitere Ausdeutungen hinzufügt, sondern in dem sie zeigt, dass auch Entscheidungen Möglichkeitsräume eröffnen. Beratungen und die Entscheidungsmöglichkeiten, die sie vermitteln, verweisen in diesem Fall auf den Professionellen als einen Akteur, der zwischen Entscheidungen wählen kann; und die Beratung fordert so den Akteur zu einer Selbstbesinnung über eigene Möglichkeiten heraus. Dies ist eine gänzlich andere Blickrichtung, wie sie Professionelle ansonsten in ihrem Tagesgeschäft praktizieren, nämlich sich vor allem mit der Situation eines Klienten zu beschäftigen, aber innerhalb dieser Beschäftigung die eigene Leistung als Profession weitgehend nicht mitkommunizieren zu dürfen. Die Praxis der Ausübung von Professionen hat sich historisch gesehen auf kommunikative Adressierungen eines Gegenüber spezialisiert, auf Hilfen z.B. für Klienten, Schüler, Sozialhilfeempfänger und Gläubige. Und *während* der Praxis der Ausübung professionellen Wissens hat sich der Adressierer darauf verpflichtet, sich nicht selbst zum Thema zu machen, sondern die Situation des Klienten in den Vordergrund zu stellen.[3] Es ist – aus guten Gründen der Klientenbetreuung – eine Schieflage entstanden. Einerseits gibt es dem Klienten gegenüber ausgefeilte Kommunikationen; Ziel ist hierbei in der Regel, die Autonomie des Klienten zu erreichen oder wiederherzustellen. Die Qualität einer professionellen Praxis bemisst sich jedoch andererseits gerade daran, die eigenen Entscheidungsleistungen gleichsam zum Verschwinden zu bringen, um sich auf ein Orientierungswissen zu konzentrieren, das man dem Klienten zur Verfügung stellt. Damit hat eine Profession für sich selbst gesehen klassischerweise Schwierigkeiten, gegenüber der Umwelt auch ihre eigenen Entscheidungsleistungen als solche zu kommunizieren, die sie in ihrem professionellen Geschäft tagtäglich erbringt. Nach Stichweh kann dies sogar beinhalten, dass eine Profession immer weniger an einem innergesellschaftlichen Status interessiert ist; stattdessen erfolgt eine Konzentration nach innen, im Sinne einer „professional purity" (Stichweh 1994: 304).

Zudem gehört zu Professionen ebenfalls klassischerweise, dass sie einen Ausschnitt der sozialen Wirklichkeit neu definieren (Heidenreich 1999: 47). Insofern reduzieren Professionen nicht Komplexität, sondern steigern sie. Die Verbindung mit der Organisationsförmigkeit eröffnet demgegenüber wieder eine Reduktion von Komplexität via Entscheidungen. Gerade angesichts einer Organisationsgesellschaft, die die Organisationalisierung weitgehender Bereiche der Gesellschaft beinhaltet und diese Bereiche zunehmend mit Maßgaben der Effizienz, Berechenbarkeit und Vorhersagbarkeit konfrontiert,

---

3   Ich meine hier explizit nicht die Profession, die als Vertretung ihrer Eigeninteressen im – vor allem – politischen Raum auftritt, sondern die Profession in der Praxis der Ausübung ihres Kerngeschäfts.

kann diese Kombination der Professions- mit einer Organisationsförmigkeit attraktiv sein. Es ist nicht mehr einsichtig, warum sich nicht auch Professionen verstärkt zu ihren Entscheidungen bekennen sollten, die sie in ihrer tagtäglichen Arbeit treffen und die Teil ihrer Effizienz sind. Und Beratung ist hierbei offensichtlich eine der Hauptagenturen, die Entscheidungsförmigkeit von Kommunikationen gesellschaftlich zu verbreiten, d.h. in diesem Fall: Professionen zu offerieren. Für Professionen kann es in einem gesellschaftlichen Klima eines verstärkten Effizienznachweises wichtig werden, sich mehr mit sich selbst zu beschäftigen, in dem Sinne, dass das professionelle Kerngeschäft organisational dargestellt wird. Man entscheidet sich unter Zuhilfenahme von Beratung, eben nur ganz bestimmte Professionsleistungen, die im Erarbeiten von Orientierungshorizonten bestehen, gegenüber der Umwelt auszuweisen. Man kann in diesem Zusammenhang vermuten – so auch mein Beitrag zu Beratungen im Schulsystem –, dass auch die Ablehnung von Beratungsinhalten eine Entscheidungsförmigkeit einer Profession provoziert, sofern sie dazu führen kann, sich eigener professioneller Leistungen bewusst zu werden. Es wäre also notwendig, sich Beratungen einmal genauer dahingehend anzuschauen, ob und wie sie Professionen zu einem größeren professionellem *und* organisationalen Selbstbewusstsein verhelfen, in dem sie – selbst aus zwei Formen bestehend – die Professions- und die Organisationsförmigkeit professionellen Handelns zueinander vermitteln bzw. einander „aufschlüsseln".

Die Attraktivität dieser Leistung von Beratungen für Professionen scheint gegenwärtig groß. Denn es ist nicht von der Hand zu weisen, dass im gegenwärtigen Um- oder Abbau des Sozialstaats Professionen notwendigerweise die Entscheidungsförmigkeit ihres Handelns stärken müssen, um sich gegen eine Konkurrenz auf Quasi-Märkten zu behaupten, um eigene professionelle Leistungen herauszustellen, um sich neue „Märkte" zu suchen oder um in bestehenden Märkten zu überleben. Beratungen breiten sich also offensichtlich nicht durch „feindliche Übernahmen" aus, sondern werden von Professionen aufgesucht, sofern sie Vorteile im Entscheidungshandeln verschaffen und die Leistungsfähigkeit von Profession auch in diesem Bereich – nicht nur beim Aufzeigen von Orientierungsalternativen – herausstellen. Dass für Professionen dabei ein gestärktes Selbstbewusstsein heraus kommen kann, das eben darin besteht, auch Entscheidungen als Leistungen der eigenen Profession auszuweisen: dies scheint in einem Klima einer „audit society" (Power 1997) unumgänglich, sofern auch Profession zu einer verstärkten Rechenschaftslegung gedrängt werden.

Zur unterschiedlichen Gewichtung der Professions- und Organisationsförmigkeit in gesellschaftlichen Feldern

Exemplarisch lässt sich mit dem Beitrag von Ursula Bohn und Stefan Kühl schließlich auch andeuten, dass in den jeweiligen gesellschaftlichen Feldern die beiden Formen der Beratung zum einen in unterschiedlicher Gewichtung vorliegen, zum anderen, dass sich die Gewichtung in einem gesellschaftlichen Feld historisch gesehen verändern kann. Auch dazu nun erste Überlegungen, die weiter geprüft werden müssen.

Der Versuch, die Organisationsberatung mehr oder weniger vollständig zu professionalisieren – dies ist das Thema der beiden AutorInnen –, könnte deshalb gescheitert sein, weil dies bedeutet hätte, die Zwei-Seiten-Form nach einer Seite hin aufzulösen. Oder anders gesagt: Das Bestehen auf eine Professionalisierung der Organisationsberatung hätte den professionellen Mitteln des Herausarbeitens von Orientierungshorizonten ein viel größeres Gewicht gegeben, als den Entscheidungsalternativen im organisationsförmigen Teil der Beratung. Im Feld der Organisationsberatung – so auch Bohn/Kühl – sind jedoch angesichts der dominierenden Form Organisation gerade Entscheidungen und Entscheidungsalternativen gewünscht, zu denen die Beratung verhelfen soll. Und dies bedeutet, dass es relativ nachgeordnet ist, wie diese Alternativen zustande kommen. Die Beratung hätte in organisationalen Feldern demnach die wichtigste Aufgabe, überhaupt Entscheidungsalternativen zu produzieren – ob dies dann in einer hochgradig professionellen Interaktion oder in einer machtbesetzten Konstellation, in der Berater (zeitweilig) dominieren, geschieht, ist sekundär.

Allerdings: Gerade das Insistieren auf Professionalisierung in Feldern, in denen überwiegend die Entscheidungsförmigkeit wichtig ist, zeigt eben auch die Relevanz der Professionsförmigkeit inmitten der Organisationsförmigkeit an. Bohn und Kühl legen somit indirekt dar, nicht nur dass es offensichtlich eine Zwei-Seiten-Form der Beratung gibt, sondern auch, dass sich in verschiedenen institutionellen Feldern historisch gesehen Schwerpunkte für eine der beiden Seiten herausgebildet haben, ohne die anderen Seite der Form jeweils außer Acht lassen zu können. Die beiden AutorInnen zeigen hierbei an ihrem Themenbeispiel, dass und wie sich ein bestimmtes Feld sperrt, überwiegend Profession zu werden, ohne dass deshalb die Aufgabe verschwände, Orientierungshorizonte (die Entscheidungsalternativen generieren) in der engen Interaktion mit Anderen erst einmal erzeugen zu müssen – was tendenziell auf Professionalisierung zielt.

Weiter zu überlegen wäre im Anschluss an Bohn und Kühl, ob zukünftig im Feld der Organisationsberatung weitere Schübe in Richtung Professionalisierung folgen – und wiederum scheitern, da es den Beratenen vielleicht nach wie vor überwiegend um neue Entscheidungsalternativen geht. Man könnte sich aber auch vorstellen, dass beratene Organisationen vielleicht später einmal mehr Wert auf eine professionelle Form der Beratung legen, vielleicht wenn dadurch Entscheidungsalternativen präziser würden.

Dominanz der Entscheidungsförmigkeit innerhalb der beiden Formen

Schließlich lässt sich abschließend als weiter auszuarbeitender Aspekt von Beratungen problematisieren, dass bei der Zwei-Seiten-Form der Beratung letztlich die Entscheidungsförmigkeit als Endziel der Beratung im Vordergrund steht. Diese Überlegung ergibt sich insbesondere aus Beispielen der Beratung, in der es zu Beratungsallianzen kommt, die einer solchen Allianz eine Vergrößerung ihres Entscheidungswissens ermöglicht, von dem andere, nicht beratene Bereiche der Gesellschaft abgekoppelt werden.

Exemplarisch steht dafür der Beitrag von Uwe Schimank, in dem Beratung als triadische Struktur aufgezeigt wird. Sie entsteht, wenn Berater als Wissenschaftler andere Wissenschaftler evaluieren und dann mit dem Evaluationswissen Entscheidungen der Politik beraten. Es entsteht eine Art Beratungskoalitionen, der gegenüber vierte Parteien – zum Beispiel die Öffentlichkeit – relativ benachteiligt sind. Denn aus Sicht solcher Instanzen oder Personen, die außerhalb der triadischen Struktur stehen, nimmt sich der Beratungsvorgang so aus, dass eben nur die triadische Struktur selbst über eine Neuorganisation – hier der Wissenschaft – entscheidet. Damit werden gatekeeping-Funktionen von Beratungsallianzen sichtbar.[4] Wenn man, wie Schützeichel am Ende dieses Buches in seiner Skizze zu einer Soziologie der Beratung überlegt, hierbei das Evozieren von Entscheidungsalternativen als untrennbaren Teil von Beratung sieht, dann beinhaltet das Nichtteilnehmen an solchen Beratungsallianzen eine Benachteiligung für alle, die außerhalb der Allianz stehen, und zwar grundsätzlich, sofern ein Ausschluss von der zunehmenden Entscheidungsförmigkeit der Gesellschaft als solcher vorliegt, wie sie durch Beratung generiert wird. Wenn es richtig ist, dass Beratung letztlich dazu dient, Entscheidungsalternativen zu erzeugen – die sich so evolutionär vielleicht nicht oder nur sehr viel langsamer durchgesetzt hätten –, wenn es stimmt, dass Beratungen weitere Beratungen sowie Entscheidungen weitere Entscheidungen nach sich ziehen, dann deutet sich bezüglich der Beratungsallianzen eine dauerhafte Dynamisierung eben nur bestimmter Teile der Gesellschaft an, der andere Teile der Gesellschaft gegenüberstehen, die dauerhaft weniger zu entscheiden haben, die weniger zwischen Entschei-

---

4   Diese könnten öffentliche Willenbildungsprozesse unterlaufen, sofern zwar die Politik ein generelles Mandat für die Verantwortung des Wissenschaftsbetriebes hat, nicht aber eine öffentliche Willensbekundung zur Einsetzung einer Beratungskoalition besteht.

dungsalternativen wählen und sich dabei auch weniger auf ein Orientierungswissen stützen können. Was dies zum einen für die Sozialintegration und die Lebenschancen von Individuen, zum anderen für die Systemintegration bedeutet, dies hätten Ungleichheits- und Differenzierungstheorien weiter auszuarbeiten.

3. Fazit

Die Einheitlichkeit der Zwei-Seiten-Form besteht aus einem doppelten link zwischen Orientierungs- und Entscheidungswissen, zwischen Professions- und Organisationsförmigkeit der Kommunikation. Die wechselseitige Aufschließung dieser Kommunikationsformen geschieht, in dem Orientierungen und Entscheidungen jeweils als Mittel füreinander instrumentalisiert werden. Dies beinhaltet letztendlich eine Vergrößerung der Entscheidungsfähigkeit des Beratenen.

Das wechselseitige Aufschließen der beiden Formen gelingt aus Sicht des professionsförmigen Teils der Beratung, sofern aus Sicht antizipierter Entscheidungsfindungen die Aktualkommunikation als Moratorium wahrgenommen wird, das motiviert, Orientierungshorizonte extensiv auszulegen. Aus Sicht des organisations- oder entscheidungsförmigen Teils der Beratung gelingt die Aufschließung, indem Entscheidungen sowie Nichtentscheidungen auf einen erweiterten Orientierungshorizont bezogen bleiben, der vorangehend im professionsförmigen Teil generiert wurde. In der Verbindung der gewählten sowie der nicht gewählten Entscheidungsalternativen mit einem Orientierungswissen verleiht Beratung dem Klienten Sinn, verstärkt die Identität der Beratenen – dies auch nach dem Ende der eigentlichen Beratung; die erweiterte Entscheidungsfähigkeit des Klienten beinhaltet im Einzelfall vielleicht auch, im nachhinein selbst die Leistung des Beraters negieren zu können. Selbst dies bleibt aber auf erweiterte Orientierungshorizonte bezogen und es bleibt eine Entscheidungsleistung der Beratungskommunikation. Bezogen auf die zuvor im Beratungsprozess professionsförmig generierten Orientierungshorizonte kann man sagen, dass ein Akteur gleichsam „von hinten", aus der Sicht dieser vorangehend erarbeiteten Horizonte motiviert wird. Der Beratungsprozess als solcher wird dabei ebenfalls auch „von vorn" motiviert, aus Sicht antizipierter vergrößerter Entscheidungsmöglichkeiten. Die wechselseitige Aufschließung der Formen und die damit verbundene doppelte Motivierung der beratenen Akteure ist möglich, sofern, wie erwähnt, indem Orientierungen und Entscheidungen jeweils als Mittel für die Beratungskommunikation instrumentalisiert werden. Diese Kombination ist offensichtlich mit verantwortlich für die gesellschaftliche Durchschlagskraft von Beratung.

Literatur

Brunsson, Nils (1989): The Organization of Hypocrisy: Talk, Decisions and Actions in Organizations. Chichester.
Hasse, Raimund/Krücken, Georg (1999): Neo-Institutionalismus. Bielefeld.
Heidenreich, Martin (1999): Berufskonstruktion und Professionalisierung. Erträge der soziologischen Forschung. In: Hans Jürgen Apel/Klaus-Peter Horn/Peter Lundgreen, Uwe Sandfuchs (Hg.): Professionalisierung pädagogischer Berufe im historischen Prozeß. Bad Heilbrunn, S. 35-58.
Lazega, Emmanuel (2003): The Theory of collegiality and its relevance for understanding professsions and knowledge intensive organizations. Vortrag auf der 6. Tagung der AG Organisationssoziologie „Organisation und Profession in der Gesellschaft des Wissens", Dortmund, 8.-9. Oktober.
Power, Michael (1997): The Audit Society. Rituals of Verification. Oxford.
Stichweh, Rudolf (1994): Wissenschaft, Universität, Profession. Soziologische Analysen. Frankfurt a.M.
Vogel, Annette (2001): Soziologen als Organisationsberater. Ergebnisse der Kölner Beratungsstudie. In: Nina Degele, Tanja Münch/Hans J. Pongratz/Nicole J. Saam (Hg.): Soziologische Beratungsforschung. Perspektiven für Theorie und Praxis der Organisationsberatung. Opladen, S. 111-132.

Rainer Schützeichel

Skizzen zu einer Soziologie der Beratung

Die moderne Gesellschaft ist von einem feinmaschigen Netz von Beratungen durchdrungen, von der Politik- über die Organisations- und Unternehmensberatung, die Finanzberatung und Rechtsberatung, die Arbeits- und Berufsberatung, die Familien-, Ehe- und Erziehungsberatung, die Verbraucher- und Life-Style-Beratung, von Formen der Supervision und des Coachings bis schließlich zu Beratungen über die angemessene Beratung. Kaum ein gesellschaftlicher Bereich, kaum eine organisatorische Entscheidung und kaum eine individuelle Wahlentscheidung, die sich nicht mit Beratungsangeboten konfrontiert sieht oder auf Beratungen zurückgreift. Selbstverständlich ist nicht überall Beratung „drin", wo Beratung „drauf steht", aber selbst ein möglicher Etikettenschwindel zeugt von der suggestiven Kraft und dem gesellschaftlichen Einfluss des Beratungskonzeptes.

Die Soziologie hat eine besondere Affinität zum Thema Beratung. Max Weber gab ihr, wie den anderen Wissenschaften, in seinen Ausführungen über die Werturteilsfreiheit (Weber 1919) den Rat, sich als eine beratende Institution zu verstehen, die zwar Tatsachen analysieren und bei gegebenen Zwecken Handlungen als Mittel empfehlen und mögliche Handlungsfolgen abschätzen kann, aber eines strikt unterlassen soll: Sie könne und solle nicht lehren, was geschehen soll. Damit hat Weber schon früh, ohne dies nun explizit so zu nennen, wesentliche Faktoren von Beratungsprozessen herausgearbeitet.

Auch in anderer Hinsicht ist in der Soziologie die Beratung mittlerweile zu einem Thema geworden. Allerdings dominiert hier aus Professionalisierungsgründen die Frage, wie auch die Soziologie neben den anderen Disziplinen wie der Ökonomie, der Psychologie oder den Ingenieurwissenschaften noch auf die in den letzten Jahren explosionsartig anschwillende Beratungswelle aufspringen und sich ein erkleckliches Terrain sichern kann (von Alemann 2002; Bewyl 1996). Entsprechend stehen in der soziologischen Diskussion zwei Fragen im Vordergrund: Die erste gilt der Spezifität soziologischer Beratung: Welche Differenz macht eine soziologische Beratung? Worin liegt die besondere Kompetenz von soziologischer Beratung und soziologischen Beratern? Als soziologiespezifisch wird dabei oft die Form der soziologischen Beratung als einer Beobachtung zweiter Ordnung mit dem Ziel der Aufdeckung sozialer Latenzen herausgestellt. Man schaut „hinter die Kulissen", gegebenenfalls auch hinter die Kulissen von Beratungsprozessen selbst (Iding 2000). Und zweitens geht es um die Frage der Rationalität von Beratung: Wie kann man Beratungsprozesse strukturieren und optimieren? Oder was geschieht in Beratungsprozessen? Kann man überhaupt beraten? Der Beratungsprozess selbst wird reflektierender Analyse unterzogen.

Dies alles beruht auf einem wichtigen und legitimen soziologischen Interesse. Dabei bleibt jedoch eine genuin soziologische Aufgabe außen vor, nämlich die soziologische Erkundung der beratenen Gesellschaft als solcher. Eine soziologische Theorie der Beratung gibt es nur in Ansätzen. Dieser Aufgabe gehen die Beiträge in diesem Band nach. Ohne diese in irgendeiner Weise resümieren zu wollen oder zu können, werden im Folgenden einige Überlegungen zu dem möglichen Rahmen einer Soziologie der Beratung unterbreitet. Dabei empfiehlt es sich zunächst, ein soziologisches Konzept von „Beratung" zu skizzieren.

I. Beratung als kommunikative Gattung

Die phänotypische Gestalt von Beratungen in den verschiedenen sozialen Kontexten divergiert sehr. Es scheint nicht möglich, sie auf „den Begriff zu bringen". Dennoch müssen wir der Analyse halber über einigermaßen prägnante Konzepte verfügen. In solchen Situationen hat Max Weber die idealtypische Vorgehensweise empfohlen. Entsprechend soll im Folgenden ein Idealtypus der Beratung entwickelt werden, der bestimmte Eigenschaften in den Vordergrund stellt, andere hingegen unberücksichtigt bleiben lässt. Und dies mit dem Ziel, Beratung gegen andere, gesellschaftliche relevante Formen der Kommunikation abzugrenzen und die Übergänge zu anderen kommunikativen Gattungen ausweisen zu können.

Denn dies scheint die erste wichtige Eigenschaft von Beratungen zu sein – es handelt sich um Kommunikationen zwischen einem Ratgeber und einem Ratsuchenden. Die beratende Kommunikation ist dabei durch feste Erwartungshaltungen geprägt. Kommunikationen, die sich an solch festen Strukturen orientieren können, werden in der Literatur als kommunikative Gattungen bezeichnet. Dabei handelt es sich um institutionalisierte, gegen andere Kommunikationsweisen in sozialer, sachlicher und zeitlicher Form abgrenzbare Einheiten, die aus dem Fluss der alltäglichen Kommunikation herausragen. Oder in der Beschreibung ihres Inaugurators: „[Im Gegensatz zu spontanen kommunikativen Handlungen (R. S.)] gibt es wohl in allen Gesellschaften kommunikative Handlungen, in denen sich der Handelnde schon im Entwurf an einem Gesamtmuster orientiert, als dem Mittel, das seinen Zwecken dient. Dieses Gesamtmuster bestimmt weitgehend die Auswahl der verschiedenen

Elemente aus dem kommunikativen ‚Code', und der Verlauf der Handlung ist hinsichtlich jener Elemente, die vom Gesamtmuster bestimmt sind, verhältnismäßig gut voraussagbar. Wenn solche Gesamtmuster vorliegen, zu Bestandteilen des gesellschaftlichen Wissensvorrats geworden sind und im konkreten kommunikativen Handeln erkennbar sind, wollen wir von kommunikativen Gattungen sprechen" (Luckmann 1986: 201f.).

Kommunikative Gattungen sind immer auf bestimmte kommunikative Problemlagen zugeschnitten. So stellt sich oftmals die Frage, wie Ereignisse, Erfahrungen oder Sachverhalte thematisiert werden können. Wie kann man zum Beispiel voneinander Abschied nehmen? Wie begrüßt man sich? Wie kommuniziert man mit Trauernden? Wie belehrt man oder wie berät man jemanden? Hier helfen institutionalisierte Erwartungshaltungen, die den Akteuren ein Ordnungsprinzip und ein festes Handlungs- und Interaktionsmuster an die Hand geben. Sie zeichnen sich dadurch aus, dass sie bestimmte Verlaufspläne aufzeigen, die von den einzelnen Beteiligten mit ihren eigenen Beiträgen ausgefüllt werden müssen. Kommunikative Gattungen geben in einer mehr oder minder verbindlichen Weise vor, wie man kommunikative oder außerkommunikative soziale Probleme auf einem kommunikativen Wege löst, indem man sich an bestimmten kommunikativen Abläufen orientiert.

Kommunikative Gattungen weisen eine Binnen- und eine Außenstruktur auf. Zu ihrer Binnenstruktur gehören die je typischen Ordnungsmuster, die die Selektion der Themen und der Mitteilungsformen bestimmen, aber auch die rein sprachlichen Merkmale: Fragen der Prosodie, der Sprachvarietät oder der verwendeten stilistischen Figuren und schließlich in sozialer Hinsicht Fragen der Ordnung und Abfolge der kommunikativen Sequenzen. Wer darf wann welche Sequenzen einleiten und welche kommunikative Rolle übernehmen? Zur Außenstruktur werden all jene Faktoren gezählt, die das Verhältnis der kommunikativen Gattung zu ihrer sozialstrukturellen Umwelt ausmachen. In welchen gesellschaftlichen Situationen und Kontexten, welchen Milieus, welchen Rollen werden welche Formen von kommunikativen Gattungen verlangt? Die Binnenstruktur der kommunikativen Gattung der Beratung ist schon zum Gegenstand von soziologischen und linguistischen Untersuchungen gemacht worden (Kallmeyer 2000). Auch formalpragmatische Analysen sind hier dienlich. In unserem Kontext ist hingegen vor allem die Außenstruktur von Beratungen und ihre Differenz zu anderen kommunikativen Gattungen von Interesse. Wenn wir Beratungen als eine kommunikative Gattung thematisieren, dann greifen wir auf Anregungen von Bergmann u.a. (1998) und Fuchs (1994a) zurück. Was sind aber die konstitutiven Erwartungsstrukturen dieser kommunikativen Gattung? Es scheint hier sinnvoll zu sein, zwischen temporalen, sachlichen und sozialen Strukturen zu unterscheiden.

In temporaler Hinsicht ist zunächst zu bemerken, dass Beratungen in ihrer zeitlichen Ausdehnung sehr stark limitiert sind. Es handelt sich im Alltag meist um kurze kommunikative Sequenzen, in fest installierten Beratungen um länger ausgedehnte Beratungsprozesse, die aber alle rigide auf einen Anfang und ein Ende festgelegt sind. Eine Beratung, die sich und uns kein Ende gönnt, würden wir nicht lange als eine Beratung, sondern schnell als eine Belästigung empfinden. Dadurch, dass Beratungen über mögliche Folgen der Wahl oder Nichtwahl von Optionen informieren, versuchen sie, in einem Ausblick auf mögliche gegenwärtige Zukünfte über mögliche zukünftige Gegenwarten abzuklären.

In sachlicher Hinsicht befassen sich Beratungen mit Entscheidungsproblemen. Beratungen sind auf Problemstellungen und deren Lösung durch Entscheidungen bezogen. Das heißt nicht, dass Beratungen erst dann gewünscht werden, wenn Entscheidungsprobleme vorliegen. Gerade in unseren modernen Zeiten dürfte es sich eher umgekehrt verhalten. Durch die Omnipräsenz von Beratungsangeboten werden Entscheidungen provoziert und Entscheidungssituationen generiert. Denn schon allein die Frage, ob man sich bei einem vorliegenden Angebot beraten lässt oder nicht, bedarf einer Entscheidung. Beratungen und Entscheidungen stellen komplementäre Sachverhalte dar.

In Beratungen geht es um die Entscheidungsprobleme des Ratsuchenden. Der Rat eines Ratgebers kann sich in drei Dimensionen bewegen: Er kann sich auf die Situation beziehen, in der sich der Ratsuchende befindet, er kann mögliche Handlungsempfehlungen geben und Handlungsoptionen vortragen, wie sich angesichts einer beschriebenen Situation der Ratsuchende verhalten könnte, und er kann sich auf mögliche Haupt- und Nebenfolgen bei der Wahl oder Nichtwahl einer dieser Optionen beziehen. Der Rat kann sich also thematisch erstrecken auf:

- Präsentation von Situationsdefinitionen und Situationsbeschreibungen;
- Präsentation von Handlungsoptionen;
- Darstellung von Haupt- und Nebenfolgen bezüglich der Wahl/Nichtwahl dieser Optionen.

In sozialer Hinsicht wird in der Regel unterstellt, dass zwischen dem Ratgeber und dem Ratsuchenden eine Wissens- oder Informationsdifferenz bezüglich des Entscheidungsproblems besteht. Beratungen setzen eine (wie auch immer unterstellte) Wissensasymmetrie voraus, sonst müßte man sich nicht beraten lassen. Das heißt nicht, dass diese Wissensasymmetrie rollenmäßig gebunden sein muss. Die Rollen zwischen Ratgeber und Ratsucher sind in Interaktionen sehr schnell austauschbar. Es kann auch so sein, dass – worauf Scherr (in diesem Band) hinweist – im Sinne eines wechselseitigen „Sich-Beratens" die Asymmetrie weitgehend aufgelöst wird, um zu gemeinsamen Situationsdefinitionen oder einem gemeinsamen Probehandeln zu gelangen. Aber auch in solchen Konstellationen geht es um die Veränderung von Wissen, den (vermeintlichen) Abbau von Wissensdifferenzen oder den wechselseitigen, komplementären Aufbau von Wissenspotenzialen in Entscheidungssituationen. Und man muss hinzufügen, dass Beratungen durchaus nicht aus einem Mangel an Wissen oder Informationen resultieren müssen, sondern sich gerade auch solchen Situationen verdanken, die durch einen Überschuss an Information und Wissen gekennzeichnet sind und deshalb Entscheidungen hemmen. Gerade angesichts der modernen Kommunikationstechniken, die uns kaum mehr ein „Vergessen" gestatten, dürfte gerade der Überfluss an Informationen, an Wissen und an zu viel Rat zu beratungsbedürftigen Entscheidungsproblemen führen.

Aber das Programm der kommunikativen Gattung sieht in einer anderen Hinsicht eine feste Rollenverteilung vor. Der Ratsuchende ist derjenige, der die Entscheidung darüber trifft, welcher Situationsdefinition und welcher Handlungsoption er folgen will, welche Konsequenzen er gegebenenfalls in Kauf zu nehmen bereit ist und ob er überhaupt auf den Rat hören will. Der Ratgeber führt Optionen und Alternativen an, der Ratsuchende trägt die Last der Entscheidung. Beratungen gehen also in sozialer Hinsicht mit einer Attribution und Delegation von Entscheidungen einher. Der Ratsuchende wird notwendigerweise qua Beratung in die Rolle des Entscheiders versetzt. Das heißt nicht, dass er sich nicht seinerseits als falsch beraten ansehen kann und den Ratgeber für eine schlechte Beratung verantwortlich machen kann. Aber das erlöst ihn nicht von der primären Verantwortung für die getroffene Entscheidung.

Damit ist ein anderer Punkt angesprochen: Grundlage für Beratungsprozesse ist das Vertrauen des Ratsuchenden in die Kompetenz und die Interesselosigkeit des Ratgebers. Beratungen sind auf Vertrauen angewiesen. Wenn man den Empfehlungen und Deutungen des Ratgebers nicht vertrauen kann, dann dürfte es schwer fallen, sie dennoch zur Grundlage seiner Entscheidungen zu machen. Dabei richtet sich das Vertrauen nicht nur in die Problemlösungskompetenz, sondern vor allem auch in das „interesselose Wohlgefallen" des Ratgebers. Das Vertrauen in eine Beratung würde zerstört, wenn der Ratsuchende die Empfehlungen des Beraters in der Weise als strategisch motiviert erleben würde, dass dieser ein eigenes Interesse an einer spezifischen Entscheidung hat. Entsprechend stellen Überlegungen zum Vertrauensmanagement in Beratungsprozessen einen großen Teil der Beratungsliteratur und ihrer wissenschaftlichen Analyse, vor allem im Rahmen von Prinzipal-Agenten-Beziehungen (Saam 2001), dar. Dazu gehört auch, dass sich Berater und Ratsuchender als Teil einer von beiden Seiten freiwillig eingegangenen Arbeitsbeziehung begreifen. Einem erzwungenen Rat kann man nicht vertrauen, und die Nachfrage nach Rat kann man ohnehin nicht erzwingen. Es gehört zum Grundprinzip der Freiwilligkeit der Beratung, dass beide Seiten den Beratungsprozess ohne nachteilige Folgen beenden können. Aber die Freiwilligkeit der Beratung findet ihr Ende schnell dort, wo, wie in unseren Tagen gerade in der öffentlichen Verwaltung und in den privaten Unternehmungen häufig zu beobachten, die Entscheidung gegen eine Beratung als irrational bezeichnet wird. Beratungen werden dann oktroyiert, wenn der Umgang mit Alternativen alternativlos verordnet wird.

Damit haben wir idealtypisch folgende Kriterien identifiziert, um die kommunikative Gattung näher bestimmen zu können. Es handelt sich um thematisch bzw. sachlich auf Entscheidungsprobleme fokussierte, zeitlich limitierte Kommunikationen zwischen einem Alternativen offerierenden Ratgeber und einem um Entscheidungen ringenden Ratsuchenden. Diese Kriterien können nun dazu dienen, die kommunikative Gattung der Beratung gegen andere Gattungen abzugrenzen.

Dazu müssen wir aber zunächst noch eine kommunikationstheoretische Vorüberlegung anstellen. Wir verbinden das aus der sozialphänomenologischen Soziologie stammende Konzept der kommunikativen Gattung mit dem systemtheoretischen Konzept der Kommunikation, um einen vorläufigen Rahmen für eine Typologie von kommunikativen Gattungen zu gewinnen. Das systemtheoretische Konzept geht (hier sehr vereinfacht vorgetragen) davon aus, dass drei Problemschwellen überwunden werden müssen, damit sich Kommunikation vollziehen kann. Die mitgeteilte Information eines Akteurs A muss von einem anderen Akteur B verstanden werden können, sie muss Akteur B erreichen können und Akteur B muss seinerseits entscheiden, ob er die mitgeteilte Information akzeptiert oder nicht. Kommunikationen haben es also mit dem Problem des Verstehens, des Erreichens von Adressaten und dem Problem der Annahme bzw. Ablehnung von Kommunikationsofferten zu tun. Kommunikative Gattungen bearbeiten nun in unterschiedlicher Weise eine der drei Problembezüge. Für die kommunikative Gattung der Beratung haben wir schon eine Vorentscheidung getroffen. Beratungen sind auf das Problem der Entscheidung bzw. der Frage der Annahme oder Ablehnung von Kommunikationsofferten focussiert. Sie befassen sich also vornehmlich mit der Frage, wie ein Akteur angesichts von (wie auch immer und auf welchem Wege) mitgeteilten Informationen sein Verhalten und Handeln festlegen kann. Ein Akteur sieht sich vor eine Situation gestellt, die eine Entscheidung von ihm fordert, und er sucht Beratungen nach, um sich mit anderen Situationsdefinitionen und mit möglichen Handlungsempfehlungen ausstatten zu lassen. So sucht ein junger Mann den Rat seines Freundes, wenn er nicht weiß, ob er den Avancen einer jungen Dame trauen kann, ein in heftige Auseinandersetzungen verstricktes Ehepaar sucht eine Therapeutin auf, um die zwischen ihnen gesponnenen Fäden zu entwirren, ein Politiker sucht den institutionalisierten Expertenrat, wenn er sich über die möglichen Strategien seiner Gegner oder die möglichen Konsequenzen seines Tuns informieren möchte, und ein Aktienbesitzer bittet um Beratung, wenn er angesichts eines drohenden Nachlassens der Börsenwerte unsicher ist, ob er verkaufen oder seine Aktien halten soll. Das soll selbstverständlich nicht heißen, dass in allen Entscheidungssituationen um Beratung nachgefragt wird. Trotz der enormen Zunahme von Beratungsangeboten in allen Lebensbereichen dürfte es sich eher so verhalten, dass die meisten Entscheidungsprobleme mit Hilfe von Daumenregeln, durch Konventionen, moralische Maximen, habitualisierte Praktiken oder neuerdings immer mehr durch die Vorgaben einer massenmedial erzeugten „Prominenz" gelöst werden.

Aber halten wir nochmals fest: Beratungen sind auf Entscheidungsprobleme focussiert, und zwar in einer Weise, dass dem Ratsuchenden letztlich die Verantwortung für die Entscheidungsselektion zugeschrieben wird. Dadurch unterscheidet sich die Beratung zum einen von der großen Familie der kommunikativen Gattungen, die nicht auf Entscheidungsprobleme, sondern auf die Probleme des Verstehens und des Erreichens von Kommunikationen orientiert sind. Zu diesen gehören etwa normale Alltagsgespräche, Klatsch, Ansprachen, Benachrichtigungen, Vorträge, Publikationen. Wichtiger ist jedoch die Unterscheidung von solchen kommunikativen Gattungen, die ebenfalls Entscheidungs- oder Akzeptanzprobleme bearbeiten. Dabei lassen sich Beratungen zum einen gegen „Belehrungen", zum anderen gegen „Betreuungen" abgrenzen.

„Belehrungen" unterscheiden sich von Beratungen dadurch, dass ein Akteur spezifische Situationsdefinitionen und spezifische Handlungen übernehmen muss. Seine Selektionen werden evaluiert, weil es Maßstäbe dafür gibt, welche die richtigen und welche die falschen Selektionen sind. Zu dieser großen Gattung der „Belehrung" gehört beispielsweise der Schul- oder Universitätsunterricht. Ein Lehrer kann seinen Schülern oder Studenten nicht, wie in einer Beratung, überlassen, welche Konsequenzen aus seinem kommunikativen Angebot gemacht werden. Sondern er hat die Aufgabe, diese zu bewerten und diejenigen, die die falschen Selektionen liefern, zu sanktionieren. Auch der Polizist, der einen Autofahrer zur Einhaltung der Höchstgeschwindigkeit ermahnt, berät diesen nicht, sondern belehrt ihn. Belehrungen haben andererseits nicht die Funktion, einen Akteur zu einem ganz bestimmten Verhalten zu zwingen. Er soll aus Einsicht handeln und zu einer selbständigen Übernahme von bestimmten Kommunikationsangeboten aus „freien Stücken" bereit sein. Dies unterscheidet die Gattung der Belehrung von der der Betreuung.

„Betreuungen" sind dadurch gekennzeichnet, dass ein Akteur A für einen Akteur B die Entscheidungen trifft. Betreuungen zeichnen sich dadurch aus, dass die Selektions- und Entscheidungsmöglichkeiten eines Akteurs beschnitten werden. Zahlreiche soziale Felder findet man durchsetzt mit solchen kommunikativen Formen, von der Erziehung über das System der sozialen Hilfe (ehemals: „Fürsorge"), das Gesundheitssystem, die Justiz bis hin zum Militär.

Beratungen konstituieren einen Akteur als einen Entscheider, Belehrungen evaluieren die Selektionen bzw. Entscheidungen, die ein Akteur trifft, und Betreuungen verringern die Entscheidungsmacht eines Akteurs. Diese drei großen kommunikativen Gattungen sind institutionelle Vorrichtungen, die mit dem Entscheidungs- und Akzeptanzproblem von sozialen Kommunikationen befasst sind. Viele Kommunikationen in sozialen Systemen lassen sich ihnen in einer eindeutigen Weise zuordnen. Andere hingegen changieren zwischen diesen drei Formen, beispielsweise die ärztliche oder psychologische Therapie oder der Bereich der Sozialen Hilfe, die zwischen diesen verschiedenen Gattungen je nach Situation und je nach Klient „switchen" können.

II. Function follows Form

Kommen wir nun zu der Frage nach dem Zusammenhang der kommunikativen Gattung der Beratung und gesellschaftlichen Modernisierungsprozessen? Inwiefern ist die moderne Gesellschaft eine „beratene Gesellschaft". Man kann in aller Vorläufigkeit folgenden Zusammenhang behaupten: Viele Modernisierungsprozesse können sich nur dadurch etablieren, dass sie auf die kommunikative Gattung der Beratung zurückgreifen können. Die im vorigen Abschnitt herausgearbeiteten Strukturen dieser kommunikativen Gattung ebnen Modernisierungsprozessen den Weg und forcieren gewisse Entwicklungspfade, die ihnen durch andere kommunikative Gattungen versperrt sind. Und andererseits forcieren bestimmte Modernisierungspfade die soziale Anwendung der kommunikativen Gattung der Beratung. Diesen Zusammenhang sollte man nicht kausal denken, sondern im Sinne eines wechselseitigen, evolutionären „Passens" von Kommunikationsgattung und Kommunikationsproblem.

Damit ist eine sehr weit reichende These aufgestellt. Und sie betrifft bei genauerer Hinsicht nicht nur das Verhältnis von Beratung und gesellschaftlicher Modernisierung, sondern auch das allgemeine Verhältnis von kommunikativen Gattungen und sozialem Wandel. Gehen wir zunächst auf die erste Problemstellung ein und unterscheiden auch hier wiederum verschiedene Dimensionen:

In temporaler Hinsicht führen Beratungsprozesse zu einer Entschleunigung oder gar zu einer Verzögerung. Dieser Aspekt wird vor allem von Peter Fuchs betont (Fuchs, in diesem Band; Fuchs 1994b; Fuchs/Mahler 2000). Beratungen intervenieren in typische Handlungsabläufe, sie verzögern Entscheidungen, indem sie einen manchmal sehr aufwendigen Beratungsprozess zwischen Problemstellung und Problemlösung zwischenschalten. In anderer Hinsicht stärken Beratungsprozesse die Zukunftsorientiertheit moderner Gesellschaften. Entscheidungen sind zukunftsorientiert. Das Wissen, welches in Beratungen präsentiert und generiert wird, wird reflexiv und immer stärker „rationalisiert" und enttraditionalisiert. Die Zukunftsorientierung führt zu einer Beschleunigung des Wissensverfalls.

In sachlicher Hinsicht führen Beratungen zu einer stärkeren Entscheidungsförmigkeit und Entscheidungsbasiertheit sozialer Kommunikation. Beratungen sind auf Entscheidungen bezogen und sie generieren Entscheidungen auch dort, wo bis dato Routine, Tradition, Macht, Autorität oder Sitte den Gang der Dinge beherrschten. Dadurch bieten Beratungen ein Einfallstor für Innovationen in lebensweltliche Zusammenhänge. Immer weniger können wir traditionellen Orientierungsmustern oder Autoritäten vertrauen, weil sie sich der Komplexität der modernen Lebenswelt nicht gewachsen zeigen. Auf dem Wege der Beratung schleicht sich „technisches Wissen" (Max Weber 1919) in unsere Lebenswelt ein und hebt traditionelle Vergemeinschaftungen auf. Unsere Lebenswelt wird mit Kontingenzen durchsetzt und in kognitiver, affektiver und interaktiver Hinsicht auf andere Möglichkeiten des Handelns und Erlebens aufmerksam gemacht. Es handelt sich um „Schulen des Pluralismus" (Bergmann u.a. 1998; Luckmann 1998).[1]

Aber auch wenn Beratungen einerseits die Pluralisierung der Lebenswelt forcieren, so kann andererseits nicht bestritten werden, dass sich Beratungen vorzüglich dazu eignen, standardisierte Programme und standardisiertes Wissen für spezifische Entscheidungssituationen zu transferieren. Dieser Aspekt wird insbesondere von der neoinstitutionalistischen Soziologie (Meyer/Jepperson 2000; Meier, in diesem Band) analysiert. Aber auch andere Theorien können Konzepte zur Analyse dieses Sachverhalts bereitstellen, wie etwa die Parsonianische Soziologie, die „sozialen Einfluss" als eines der wichtigsten Medien zur Steuerung und Regulierung moderner Gesellschaften bezeichnet. Nach Parsons stellt „Einfluss" dasjenige Kommunikationsmedium dar, welches der Erzeugung und der Änderung von Meinungen und Einstellungen dient (Parsons 1963). Und mit guten Gründen kann man behaupten, dass Berater ihre Wirkung mit Hilfe eben dieses Mediums entfalten können und dass es die Berater sind, die in der Gesellschaft in besonderer Weise über dieses Medium verfügen und dabei mit anderen Einflussgrößen wie Intellektuellen, Wissenschaftlern oder Politikern durchaus zu konkurrieren in der Lage sind.

Aber es gilt auch umgekehrt: Beratungen evozieren nicht nur Entscheidungsbedarf, sondern ihre Omnipräsenz ist Resultat der durchschlagenden, entscheidungserzwingenden Binarisierung unserer Kommunikation. Die Teilnahmemöglichkeiten an spezifischen Kommunikationen, vor allen Dingen an solchen, die, wie in den sozialen Funktionssystemen, binär codiert sind, werden immer stärker durch reflexive Entscheidungsprozesse strukturiert. Soll man für eine Dienstleistung oder eine Ware zahlen oder nicht zah-

---

1 Eine erste Auflösung des engen Bandes zwischen sozialer Beratung und moralischer Autorität kann man in der Aufklärung feststellen. Bei Kant wird erstmals der Begriff des Rates nur noch für nicht-moralische Handlungsregeln verwendet, also für solche „technischen" und pragmatischen Maximen, die Klugheitsregeln und nicht moralischen Imperativen folgen – siehe Kersting 1992.

len? Soll man sich von einem Arzt behandeln lassen oder nicht? Ist Sport wirklich gesund? Welche Karrierewege stehen offen, um Leistungsrollen in Funktionssystemen zu besetzen? Die Tatsache, dass unsere Gesellschaft in vielen ihrer Funktionsfelder binär strukturiert ist und die Teilnahme die Wahl der einen oder anderen Seite voraussetzt, provoziert Beratungsbedarf. Beratungen nisten sich an den Nahtstellen sozialer Systeme ein. Überall dort, wo unter den Bedingungen hochdifferenzierter Gesellschaften die Eigenlogik von Systemen aufeinanderstößt, stellt die kommunikative Gattung der Beratung ein Instrument der Intervention in personale und organisationale Systeme dar. Beratungen setzen als Beratung die Eigenlogik dieser Systeme voraus und fördern sie, statt sie zu beeinträchtigen. Sie stellen ein Mittel der gesellschaftlichen Integration dar, weil sie gerade die Differenziertheit und die Polykontexturalität der Systeme perpetuieren. Wenn es Beratungen in der modernen Gesellschaft nicht geben würde, so müßte man sie erfinden.

Wie sich in einer beratenen Gesellschaft das soziale Wissen verändern wird, kann noch nicht ausgemacht werden. Es hängt davon ab, in welchen sozialen Bereichen sich welche Beratungskonstellationen durchsetzen werden. Denn unterschiedliche Beratungskonstellationen generieren unterschiedliches Beratungswissen. Dabei kann man prototypisch folgende Konstellationen unterscheiden:

- Beratung als Expertenkommunikation: Die Kommunikation zwischen einem Experten und einem Laien trifft wohl am ehesten den Kern von Beratung in einem traditionellen Verständnis. In dieser Kommunikation wird ein vorab konstituiertes, von Experten generiertes Wissen einem Laien offeriert. Es handelt sich um eine asymmetrische, rollenfixierte Kommunikation, in welcher der Ort der Produktion und die Situation der Anwendung dieses Wissens auseinanderfallen.
- Beratung als gemeinsame Problemlösung: Diese Form der Kommunikation zwischen einem Ratgeber und einem Ratsuchenden stellt die Gemeinsamkeit der Situationsdefinition und der Suche nach möglichen Problemlösungen in den Vordergrund. Hier offeriert nicht ein Experte ein vorab verfertigtes Wissen, sondern das Wissen wird in der Beratungssituation anwendungs- und problemlösungsbezogen generiert. Diese Form der Beratung hat jüngst in der Wissenschaftssoziologie als neuer, sogenannter „Mode-2" in der Beziehung zwischen Wissenschaft und außerwissenschaftlichen Anwendungsbereichen Karriere gemacht (Gibbons u.a. 1994; Nowotny u.a. 2001).
- Beratung als maieutischer Dialog: In dieser Beratungsform wird davon ausgegangen, dass das geforderte Wissen schon in den zu beratenden Systemen latent vorhanden ist und durch geeignete Techniken nur evoziert werden muss. Beispielhaft hierfür steht das berühmte Beispiel der sokratischen Dialoge, in welchen durch eine geschickte Heuristik dem Frage-

steller oder Ratsuchendem das Wissen vor Augen geführt wird, über welches er immer schon verfügt. Beispiele für die sozialwissenschaftliche Praxis finden sich etwa in Formen systemischer Beratung, in denen es darum geht, personale oder soziale Systeme bei ihren Veränderungsprozessen prozedural zu unterstützen. Dabei wird der Beratung nicht die Aufgabe der Instruktion, sondern der Unterstützung von Selbstreflexionsprozessen zugedacht. Der Ort der Wissensproduktion und der Ort der Wissensanwendung bzw. der Problemlösung fallen zusammen.

In sozialer Hinsicht wird der „homo consultabilis" (Thiersch 1989) konstituiert. Beratungen geben die Möglichkeit, in einem zunehmenden Maße Verantwortlichkeiten zu verankern. Primär betrifft dies den Ratsuchenden. Sobald er um Rat nachsucht oder auch eine Beratung ablehnt, wird seine Handlung als eine Entscheidung beobachtet. Sekundär betrifft dies aber den Ratgeber, dessen Situationsdefinitionen und Handlungsempfehlungen gerade dann, wenn sie einer Problemlösung nicht zureichend sind, verantwortlich gemacht werden. Damit zeichnet sich eine enge Affinität zwischen der kommunikativen Gattung der Beratung und den gesellschaftlichen Individualisierungstendenzen ab. Wie immer man nun „Individualisierung" im einzelnen bestimmen mag, so gehört zum Kern, dass es sich die Individuen angesichts vielfältiger und zunehmender Optionen immer mehr gefallen lassen müssen, als Entscheidungsinstanzen in Anspruch genommen zu werden. Durch Beratungen werden beide Aspekte forciert: Sie öffnen die Horizonte der Einzelnen für immer mehr Optionen, und sie konstituieren den Einzelnen als Entscheider.

Durch Beratungen wird schließlich auch in einer anspruchsvollen und von daher sehr anfälligen Weise soziales Vertrauen generiert. Beratungen können nur dann prozessieren, wenn sich die Parteien wechselseitig vertrauen. Dabei handelt es sich aber nicht um ein implizites Vertrauensverhältnis, sondern um ein explizites, welches seine Ressourcen sehr schnell aufzehren kann. Es wäre deshalb zu einseitig, wenn man sagen würde, dass Beratungen wechselseitiges Vertrauen generieren und nicht etwa Mißtrauen säen würden. Nein, gerade da Beratungen auf Vertrauen zurückgreifen müssen, wird Vertrauen reflexiv und von daher einer verstärkten Überprüfung ausgesetzt.

Die gesellschaftstheoretische Relevanz der kommunikativen Gattung der Beratung kann hier zugegebenermaßen nur in sehr groben Skizzen dargestellt werden. Sie harrt näherer Analyse. Auffällig dürfte aber sein, dass Beratungen sehr ambivalente Konsequenzen mit sich bringen. Sie geben der Zukunftsorientierung der Gesellschaft eine kommunikative Basis, aber sie verzögern und entschleunigen gesellschaftliche Prozesse. Sie forcieren Vertrauensbeziehungen und säen andererseits Misstrauen. Sie konstituieren verstärkt Individuen und Organisationen als Entscheidungsträger, aber eine Entscheidung gegen Beratungen scheint kaum mehr möglich. Sie vervielfältigen die Optionen und laden die Lebenswelt mit Kontingenz auf, aber in einer durchaus standardisierten Weise. Sie werden nachgefragt in Zeiten gesellschaftlicher Orientierungslosigkeit, aber sie erhöhen diese gerade dadurch, dass sie die Kontingenz des Entscheidens beobachtbar und kommunizierbar machen. Sie sind die Konsequenz von gesellschaftlichen Differenzierungsprozessen, und sie forcieren diese in einem erstaunlichen Maße. Sie stellen ein Mittel der Integration oder der strukturellen Kopplung von Systemen dar, indem sie gerade die Differenz dieser Systeme aufrecht erhalten. Sie sind ein vorzügliches Instrument reflexiver, auf sich selbst und ihre Folgen angewendeter Differenzierung.

Kommen wir zum Abschluss noch kurz auf die zweite Frage nach dem Zusammenhang von kommunikativen Gattungen und sozialem Wandel oder soziokultureller Evolution zu sprechen. In kommunikationstheoretisch untermauerten Theorieansätzen wird der Zusammenhang von Kommunikationsmedien und sozialer Evolution herausgestellt. Habermas (1981) knüpft die soziokulturelle Evolution an das Rationalitätspotenzial des Mediums der Sprache. Luhmann (1997) stellt die Bedeutung der verschiedenen Kommunikationsmedien für die soziokulturelle Evolution heraus. Es ist aber Aufgabe der zukünftigen Forschung, feinkörniger und feingliedriger die Relevanz der kommunikativen Gattungen für die soziokulturelle Evolution zu analysieren. Ist es nicht so, dass der soziale Wandel sich darin orientiert, welche Gattungen ihm die Kommunikation zur Verfügung stellt? Mit wenigen Strichen haben wir versucht, dies für Beratungen aufzuweisen. An diesem Beispiel zeigt sich, dass nicht immer die kommunikativen Formen auf gesellschaftliche Probleme und Funktionen folgen, sondern die Formen und die Struktur der kommunikativen Gattungen erst nachträglich zu ihren Funktionen kommen: „Function follows Form". Denn dies ist das Fazit unserer Überlegungen: Kommunikative Gattungen üben spezifische Effekte auf die allgemeinen sozialen Strukturen aus. Oder im Hinblick auf die kommunikative Gattung „Beratung": Wenn man sich in vielen sozialen Bereichen auf Beratungen einlässt, dann stellen sich reflexive, individualisierende, entscheidungsforcierende soziale Beziehungen ein – ob man das will oder nicht.

Literatur

Alemann, Annette von (2002): Soziologen als Berater: eine empirische Untersuchung über die Professionalisierung der Soziologie. Opladen.
Bergmann, Jörg, u.a. (1998): Sinnorientierung durch Beratung? Funktionen von Beratungseinrichtungen in der pluralistischen Gesellschaft. In: Thomas Luckmann (Hg.): Moral im Alltag. Gütersloh, S. 143-218.
Bewyl, Wolfgang u.a. (1996): Grundlagen und Qualifikationen soziologischer Beratung. In: Sozialwissenschaften und Berufspraxis 19, S. 267-270.
Fuchs, Peter (1994a): Die Form beratender Kommunikation. Zur Struktur einer kommunikativen Gattung. In: Peter Fuchs/Eckart Pankoke: Beratungsgesellschaft. Katholische Akademie Schwerte, Schwerte, S. 13-25.

Fuchs, Peter (1994b): Und wer berät die Gesellschaft? Gesellschaftstheorie und Beratungsphänomen. In: Peter Fuchs/Eckart Pankoke: Beratungsgesellschaft. Katholische Akademie Schwerte, Schwerte, S. 67-77.
Fuchs, Peter/Mahler, Enrico (2000): Form und Funktion von Beratung. In: Soziale Systeme 6, S. 349-368.
Gibbons, Michael u.a. (1994): The New Production of Knowledge. London.
Habermas, Jürgen (1981): Die Theorie des kommunikativen Handelns. 2 Bände. Frankfurt/M.
Iding, Hermann (2000): Hinter den Kulissen der Organisationsberatung. Qualitative Fallstudien von Beratungsprozessen im Krankenhaus. Opladen.
Kallmeyer, Werner (2000): Beraten und Betreuen. In: Zeitschrift für qualitative Bildungs-, Beratungs- und Sozialforschung 2, S. 277-252.
Kersting, Wolfgang (1992): Artikel: Rat II: Von der Patristik bis zur Neuzeit. In: Historisches Wörterbuch der Philosophie, hg. von Joachim Ritter/Karlfried Gründer, Bd. 8. Basel, S. 34-38.
Luckmann, Thomas (1986): Grundformen der gesellschaftlichen Vermittlung des Wissens: Kommunikative Gattungen. In: Friedhelm Neidhart/M. Rainer Lepsius/Johannes Weiss (Hg.): Kultur und Gesellschaft. (Kölner Zeitschrift für Soziologie und Sozialpsychologie, Sonderheft 27), Opladen, S. 191-211.
Luckmann, Thomas (1998): Resümee. In: ders.(Hg.): Moral im Alltag. Gütersloh.
Luhmann, Niklas (1997): Die Gesellschaft der Gesellschaft. Frankfurt/M.
Meyer, John W./Jepperson, Ronald L. (2000): The „Actors" of Modern Society: The Cultural Construction of Social Agency. In: Sociological Theory 18, pp. 100-120.
Nowotny, Helga u.a. (2001): Re-Thinking Science. Knowledge and the Public in an Age of Uncertainty. Cambridge, Oxford.
Parsons, Talcott (1963): On the Concept of Influence. In: Public Opinion Quarterly 27, pp. 37-62.
Saam, Nicole J. (2001): Agenturtheorie als Grundlage einer sozialwissenschaftlichen Beratungsforschung. In: Nina Degele u.a. (Hg.): Soziologische Beratungsforschung. Opladen, S. 15-37.
Thiersch, Hans (1989): Homo consultabilis: Zur Moral institutionalisierter Beratung. In: Karin Böllert/Hans-Uwe Otto (Hg.): Soziale Arbeit auf der Suche nach Zukunft. Bielefeld, S. 175-193.
Weber, Max (1919): Wissenschaft als Beruf. In: ders.: Gesammelte Aufsätze zur Wissenschaftslehre. Tübingen 1988 (7. Aufl.), S. 582-613.

Autorenverzeichnis

Eva Maria Bäcker, Dipl.-Soz., Mitglied der Geschäftsleitung in einem Familienunternehmen, seit 2002 freie Beraterin, wiss. Dozentin am Institut für KulturManagement der FernUniversität in Hagen, Tele-Tutorin an der Teleakademie der Fachhochschule Furtwangen. Arbeitsschwerpunkte: E-Learning, Biographiearbeit, Kommunikation in Unternehmen. Email: mail@lebenswelt-marketing.de.

Ursula Bohn, Dipl.-Soz., Arbeitsschwerpunkte: Arbeits-, Berufs-, und Organisationssoziologie, Arbeitsort: München.
Email: ursula.bohn@soziologen.de.

Stephan Bröchler, PD Dr., Diplom-Verwaltungswissenschaftler, Privatdozent für Politik- und Verwaltungswissenschaft an der FernUniversität in Hagen, Studium an der Universitäten Köln, Duisburg, Konstanz. Arbeitsschwerpunkte: Vergleichende Regierungsforschung, Technikpolitik und Politikberatung. Email: Stephan.Broechler@FernUni-Hagen.de.

Thomas Brüsemeister, PD Dr., seit 1999 wissenschaftlicher Assistent im Lehrgebiet Soziologie II/Handeln und Strukturen (Prof. Dr. Uwe Schimank) an der FernUniversität in Hagen. Arbeitsschwerpunkte: Differenzierungstheorien, Inklusionsbedingungen des Schulsystems, soziologische Gegenwartsdiagnosen, qualitative Methoden der Sozialforschung. Email: thomas.bruesemeister@fernuni-hagen.de.

Karin Esch, Studium der Politikwissenschaft mit den Nebenfächern Volkswirtschaftslehre und Öffentliches Recht an den Universitäten Trier, Orlando (USA), San Diego (USA) und Duisburg. Seit 1999 wissenschaftliche Angestellte am Institut Arbeit und Technik im Wissenschaftszentrum Nordrhein-Westfalen, Forschungs- und Beratungsprojekte zur Reorganisation des öffentlichen Sektors; seit 2002 Mitarbeiterin des neuen Forschungsschwerpunkts „Bildung und Erziehung im Strukturwandel".

Peter Fuchs, Prof. Dr. rer. soc., von 1972-1984 Heilerziehungspfleger, Studium der Sozialwissenschaften und der Soziologie 1985-1989 in Bielefeld, Dortmund, Hagen. 1991 Promotion in Gießen. Seit 1992 Professur für allgemeine Soziologie und Soziologie der Behinderung an der FH-Neubrandenburg.

Autorenverzeichnis

ᴊozent für Arbeits-, Berufs- und Organisationssoziologie an . und Organisationsberater der Firma Metaplan in Quickborn. ᴊoziologische Theorie, Organisationssoziologie, Entwicklungsᴅen der Organisationsforschung. Email: stefan.kuehl@ soziologie.

ιpl.-Soz, seit 2003 wissenschaftlicher Mitarbeiter am Institut für Wisιd Technikforschung der Universität Bielefeld. Arbeitsschwerpunkte: ιrschung, Organisationssoziologie, soziologischer Neo-Institutionalismus. ιk.meier1@uni-bielefeld.de.

Scherr, Prof. Dr., Promotion 1985 an der Universität Frankfurt, Habilitation an der Universität Karlsruhe, 1990-2002 Professor für Soziologie und Jugend-ᴊagogik an der Fachhochschule Darmstadt, seit 2002 Professor für Soziologie an ᴊr Pädagogischen Hochschule Freiburg, Institut für Sozialwissenschaften. Arbeitsᴊchwerpunkte: Soziologie der Sozialen Arbeit, Jugendforschung und Jugendarbeit, Rechtsextremismus und Fremdenfeindlichkeit.

Uwe Schimank, Prof. Dr., Professor im Lehrgebiet Soziologie II (Handeln und Stukturen) an der FernUniversität in Hagen. Forschungsschwerpunkte sind: Soziologische Gesellschaftstheorien und Gegenwartsdiagnosen, Theorien gesellschaftlicher Differenzierung, Sportsoziologie und Wissenschaftssoziologie. Email: uwe.schimank@ fernuni-hagen.de.

Nadine M. Schöneck, Diplom-Sozialwissenschaftlerin, Studium in Bochum, Austin/ Texas und Oxford. Seit 2003 wissenschaftliche Mitarbeiterin an der FernUniversität in Hagen im DFG-Forschungsprojekt „Inklusionsprofile" unter der Leitung von Prof. Dr. Uwe Schimank und Dr. Nicole Burzan. Dissertationsvorhaben zum Zusammenhang von Sozialstruktur und Zeitwahrnehmung. Email: nadine.schoeneck@ fernunihagen.de.

Rainer Schützeichel, Dr., wissenschaftlicher Mitarbeiter am Lehrstuhl Soziologie I des Instituts für Soziologie der FernUniversität in Hagen. Arbeitsschwerpunkte: Soziologische Theorie, Historische Soziologie, Wissenssoziologie. Email: Rainer. Schuetzeichel@ FernUni-hagen.de.

Sybille Stöbe-Blossey, Dr., Studium der Sozialwissenschaften mit den Nebenfächern Rechts- und Wirtschaftswissenschaften in Mainz, Rennes (Frankreich) und Duisburg, seit 1989 als Wissenschaftlerin am Institut Arbeit und Technik, Promotion 1992 in Bochum, 1992 bis 2001 zahlreiche Forschungs- und Beratungsprojekte zur Verwaltungsmodernisierung, seit 2002 Aufbau und Leitung des neuen Forschungsschwerpunktes „Bildung und Erziehung im Strukturwandel".

Heidemarie Winkel, Dr., ist wissenschaftliche Assistentin am Lehrstuhl für Geschlechtersoziologie an der Universität Erfurt. 2002 hat sie promoviert mit einer auf biographischen Interviews basierenden Studie zu Trauer als Kommunikationsmedium. Arbeitsschwerpunkte: Soziologische Theorie, Geschlechtersoziologie, Biographieforschung, Religionssoziologie.